DICIONÁRIO
DOS
SONHOS E PESADELOS

ORIENTAÇÃO MÉDICA
PSICOLÓGICA E PSIQUIÁTRICA

Max Sussol

Dicionário dos Sonhos e Pesadelos
Orientação Médica, Psicológica e Psiquiátrica

Max Sussol

Capa
Ana Carolina Vidal Xavier

Fotolitos/Impressão/Acabamento
Digitop Gráfica Editora

Direitos Reservados
Nenhuma parte pode ser duplicada ou reproduzida sem expressa autorização do Editor.

sarvier
Sarvier Editora de Livros Médicos Ltda.
Rua dos Chanés 320 – Indianópolis
04087-031 – São Paulo – Brasil
Telefone (11) 5093-6966
sarvier@sarvier.com.br
www.sarvier.com.br

Dados Internacionais de Catalogação na Publicação (CIP)
(Câmara Brasileira do Livro, SP, Brasil)

Sussol, Max
   Dicionário dos sonhos e pesadelos : orientação médica, psicológica e psiquiátrica / Max Sussol. -- São Paulo : SARVIER, 2020.

   ISBN 978-65-5686-002-2

   1. Pesadelos 2. Psicologia 3. Psiquiatria 4. Sonhos 5. Sonhos – Dicionários I. Título.

20-37852   CDD-154.63

Índices para catálogo sistemático:
1. Sonhos : Psicologia   154.63

Cibele Maria Dias – Bibliotecária – CRB-8/9427

Sarvier, 1ª edição, 2020

DICIONÁRIO
DOS
SONHOS E PESADELOS

ORIENTAÇÃO MÉDICA
PSICOLÓGICA E PSIQUIÁTRICA

Max Sussol

sarvier

LEMBRANDO

ALBERT EINSTEIN
Uma noite Albert Einstein sonhou que estava pilotando 1 trenó que descia a toda velocidade 1 morro repleto de neve. O trenó estava tão rápido que atingiu a velocidade da luz, Seu interesse pela velocidade da luz, dizem, teria começado ali. Existem outros relatos ligando descobertas d´Einstein a sonhos que ele teve, alguns ainda em sua adolescência. O físico tinha a habilidade de lembrar dos sonhos e destrinchar aquelas cenas aparentemente insondáveis em desdobramentos não só coerentes como de uma perspicácia embasbacante, como quando ele sonhou que estava numa fazenda cheia de vacas. O fazendeiro, que estava do lado de lá de uma dessas cercas elétricas, ligou a corrente, fazendo com que as vacas pulassem todas de uma vez. Mas esse foi o ponto de vista d´ Einstein. Para o fazendeiro, elas pularam uma de cada vez, como uma espécie de "ola". Em vez de contar essa história maluca para alguém no café da manhã, o futuro físico entendeu que naquele sonho estava o princípio da relatividade. Uma noite Albert Einstein sonhou que estava pilotando 1 trenó que descia a toda velocidade 1 morro repleto de neve. O trenó estava tão rápido que atingiu a velocidade da luz, fazendo com que todas as cores se unissem numa só.

DMITRI MENDELEV
Ele iria mudar pra sempre a história da química. Dmitri também era obcecado pela ideia de que existia 1 padrão desconhecido unindo as coisas que existiam e dedicou sua vida a isso. Até então, os elementos eram divididos em duas categorias: por peso atômico ou pelas propriedades comuns – metais com metais e gases com gases, por exemplo. Até que numa manhã de 1869 Dmitri acordou com o mistério solucionado. "*Num sonho eu vi uma tabela em que todos os elementos s´encaixavam. Ao acordar, imediatamente escrevi aquilo num pedaço de papel*" – ele declarou mais tarde. Pronto, a tabela periódica estava ali. O mais incrível é que a tabela descrita por Dmitri continha espaços em branco para os elementos que ainda seriam descobertos pelo homem...

NIELS BOHR
Desenvolveu o modelo atômico. Foi por causa desse sonho que, anos depois, o dinamarquês recebeu o Nobel de Química de 1922 devido aos "*serviços na investigação da estrutura dos átomos e da radiação emanada por eles*". Em vida, Bohr não escondia a importância do fatídico sonho para sua façanha.

AUGUST KEKULÉ

Foi o químico alemão que propôs a estrutura molecular do benzeno. Ele teve o insight durante 1 cochilo num ônibus. Eis seu relato: *"Eu estava voltando no último ônibus pelas ruas desertas da cidade e entrei num devaneio. Os átomos estavam pipocando em frente aos meus olhos. Até então, esses pequenos seres sempre apareciam pra mim em movimento, mas agora eu via 2 átomos menores formarem 1 par e 1 átomo maior vinha e abraçava-os. Eu via como outros átomos ainda maiores seguravam 3 ou até 4 dos menores, enquanto o conjunto continuava girando numa dança vertiginosa. Eu via como os maiores formavam uma cadeia, arrastando os menores para a ponta. Quando o motorista gritou o nome da parada, eu acordei e passei a noite colocando o sonho no papel".*

ELIAS HOWE

Elias estava num país distante cujo rei ordenara: *"Se em 24 horas você não construir uma máquina de costura que funcione bem, eu o exterminarei!"*. Como não queria morrer, Elias fez o que pode e tentou fazer a melhor máquina que conseguia, mas ela nunca ficava boa o suficiente. Acabou desistindo. Passadas as 24 horas, os soldados vieram para dar cabo ao sacrifício e foi nessa hora que Elias viu que todas as cabeças das lanças dos selvagens assassinos estavam perfuradas. Elias então saiu correndo para sua oficina e desenhou o projeto daquilo que seria a máquina de costura moderna. Elias Howe foi 1 inventor americano que deteve a 1ª patente concedida pelo governo dos USA para máquinas de costura. Ele botou na cabeça que tinha de aprimorar o design desse equipamento, mas sofria com o local em que colocaria o chamado olho da agulha. Esse sofrimento cresceu a tal ponto que uma noite Elias sonhou que estava sendo ameaçado de morte por 1 rei selvagem que o mataria caso ele não achasse uma alternativa logo.

N´arte, o pintor *Salvador Dali* (1904-1989) teve todas as suas obras inspiradas em sonhos. Segundo o artista, é durante o sono que nos vemos libertos de nossa realidade.

ALGUNS SUCESSOS MUSICAIS GRAÇAS AOS SONHOS

- Quem pensa que fazer uma música é muito complicado pode até estar certo. Porém, certas canções vieram "prontas" nos sonhos dos artistas. Paul McCartney, por exemplo, sonhou com *Yesterday*, em 1965, e a transformou num dos maiores símbolos dos *Beatles*. Além desta, confira mais 10 músicas que fizeram sucesso depois de seus autores terem sonhado com elas.
- *I Can't Get No Satisfaction* com os *The Rolling Stones*. Keith Richards sonhou com o *riff* sensacional e com as palavras "*I can't get no satisfaction*". Acordou, gravou o trecho numa fita cassete e voltou a dormir. A música se tornou 1 dos maiores ícones da carreira dos *Rolling Stones*.
- *Purple Haze* com Jimi Hendrix. Uma das maiores representantes do rock and roll, *Purple Haze* teria sido sonhada por Hendrix após ele ler o livro *Night of Light*, de Philip Jose Farmer. No sonho, o cantor caminhava sobre o mar até ser encoberto por uma névoa roxa.
- *Let it Be* com *The Beatles*. *Yesterday* não foi o único sucesso dos *Beatles* que surgiu em sonho: Paul McCartney teria sonhado que sua mãe, que faleceu quando ele tinha 14 anos, aparecia para lhe dizer "deixe estar".
- *The Prophet's Song* com os *Queen*. Enquanto tratava a hepatite contraída por meio de uma agulha contaminada, Brian May teve sonhos bastante febris. Nm deles, surgiu *The Prophet's Song*.
- *Every Breath You Take* com *The Police*. Sting teria acordado com o trecho "*every breath you take, I'll be watching you*" no 1/2 noite e escrito a música mais famosa do *The Police* em apenas 30 minutos.
- *It's The End Of The World As We Know It* com os *R.E.M.* Michael Stipe sonhou com uma festa que ele tinha ido aos 19 anos, mas em seus devaneios todo mundo tinha iniciais *LB* no nome, como Lester Bangs e Leonard Bernstein citados na canção. Além disso, as únicas comidas da festa e do sonho eram *cheesecake* e balinhas de goma (*Birthday party, cheesecake, jelly bean, Boom*).
- *The River of Dreams* com Billy Joel. O nome da faixa-título do álbum de Joel de 1993 veio após ele acordar de 1 sonho em que cantava trechos do que viria a se tornar *The River of Dreams*.

- *The Man Comes Around"* com Johnny Cash. A faixa lançada em 2002 começou a ser esboçada muitos anos antes, quando Cash sonhou que se reunia com a rainha Elizabeth 2ª, da Inglaterra, que lhe teria dito que ele era 1 *"espinheiro pego num turbilhão".* Anos mais tarde, ele teria lido algo semelhante no livro do *Apocalipse*, da *Bíblia*, se recordando do sonho e trabalhando na canção.
- EnterluIde com os *The Killers*. O vocalista Brandon Flowers teria sonhado com Kurt Cobain cantando parecido com Bob Dylan em cima de 1 navio. A música que Cobain cantava se tornou *Enterlude* no arranjo do *The Killers*.
- *If Only For a Night* com *Florence and the Machine*. Durante uma turnê n´Alemanha, a vocalista Florence Welch teria sonhado com sua falecida avó, que lhe dava conselhos para a vida. Os conselhos viraram música.

APRESENTAÇÃO

Os sonhos que foram no passado estudados por 1 longo tempo como meras suposições ou concepções da fantasia humana, atualmente já são uma parte importante da psicanálise moderna. Interpretar sonhos hoje já nos ajudam a nos conhecer melhor, a nos desenvolver como pessoas, a superar medos e inseguranças. Descobrir seu significado, nos permite alcançar a harmonia entre corpo, mente e alma. Assim, nossa medicina já está dando a entender que o significado de 1 sonho não só depende de cada 1 em particular, mas que também revelam aspectos universais . Nossa intenção é pois ajudar a classe médica a descobrir o significado desse labirinto onírico, para que os seus consultantes possam superar seus medos mais profundos que o seu subconsciente sem pedir vênia se atreve a trazer à luz, numa linguagem que já está se começando a compreender.

Max Sussol

ORIENTAÇÕES PARA MÉDICOS, PSICÓLOGOS E PSIQUIATRAS EM GERAL

Enquanto dormimos muitas coisas acontecem e uma dessas coisas é o sonho. Os sonhos que temos durante esse período de repouso podem ter muitos significados e podem representar situações que talvez nem tenhamos percebido ou dado importância em nossas vidas. Entender o significado dos sonhos pode ajudar e muito no seu autoconhecimento e também na resolução dos seus problemas.

Os sonhos pois, são 1 outro modo de olharmos para nós mesmos. Eles nos mostram quem somos, o que desejamos e o que sentimentos. Mostram até mesmo o que mais queremos esconder, por isso, os sonhos se tornam tão importantes em nossa vida. São uma forma de nos autoconhecermos ou até mesmo perceber melhor quem está em nossa volta. Afinal, os sonhos revelam muitos fatos que enquanto acordados não percebemos. Essas revelações podem ser explicitas, fáceis de compreender ou subjetivas, camufladas numa representação ou várias. É difícil conseguir decifrar alguns sonhos, porém eles podem ser muito importantes para você. Por isso, temos o intuito de lhe ajudar a decifrar símbolos que aparecem em seus sonhos. Os significados são importantes pois ajudam você a descobrir mais o que o seu sonho representa. Como frisamos, os significados que apresentamos são gerais e por isso, é importante que você analise com cuidado detalhes e sensações do seu sonho e depois disso acrescente o que lhe passamos.

MEUS AGRADECIMENTOS A

FREUD – para acabar com todas as impertinentes pressuposições filosóficas, divinas ou sobrenaturais do passado, aparece o genial Sigmund Freud, dizendo que os sonhos eram fruto dos nossos desejos mais profundos. Segundo ele, tais desejos são tão estranhos à nossa consciência quando acordados, que os libertamos apenas durante o sono, mas apenas em forma de símbolos, e não na forma real do que pensamos. Assim ele se tornaria o criador da psicanalise, demonstrando que todo sonho tem 1 significado que se liga a uma realização de 1 desejo reprimido pela sua consciência. Normalmente esses desejos são primitivos e, portanto, essa repressão surge por serem desejos vetados pela moral vigente da cultura na qual o sujeito está inserido, ou então até mesmo por estar relacionado a questões e aspirações pessoais dele. Os sonhos então realizam esses desejos de alguma forma simbólica, para compensar essa repressão.

CARL JUNG – psiquiatra, psicoterapeuta e fundador da psicologia analítica, foi por muitos anos amigo e confidente de Freud, porém, com o tempo, suas diferentes visões sobre a psicologia acabaram por afastá-los. Ele analisou 20.000 sonhos ao longo de sua vida e teorizou que os sonhos eram a chave para entender a psique. Estudiosos e profissionais que seguem essa escola de pensamento acreditam na terapia focada no mundo inconsciente em vez do consciente e esse trabalho ajuda as pessoas a descobrirem o que os sonhos estão querendo comunicar. Ao contrário de Freud, Jung possui uma abordagem finalista dos sonhos, isso é, ele enxerga os pensamentos oníricos como algo que tem uma finalidade e trabalha com suas finalidades e não com as suas causas. Na hora de interpretar sonho, Jung pede que você: Perceba os símbolos nos seus sonhos, perceba os símbolos nos seus sonhos. Considere a função compensatória dos sonhos, decifrando e convertendo os resultados ao seu favor. *"Os sonhos fornecem informações extremamente interessantes a quem s´empenhar em compreender o seu simbolismo. O resultado, é verdade, pouco tem a ver com preocupações mundanas como comprar e vender. Mas o sentido da vida não é explicado pelos negócios que se fez, assim como os desejos profundos do coração não são satisfeitos por uma conta bancária"* – escreveu Jung.

CARDER STOUT – seguidor de Jung, ele por sua vez explica que ao longo das nossas vidas experimentamos coisas negativas e as internalizamos, criando traumas emocionais ocultos. A mente humana se destaca por poder guardar essas memórias em vez de liberar os traumas criados. E a supressão consistente deles é onde reside a raiz dos pesadelos recorrentes. Mas o que sabemos mesmo, é que por muito tempo, a interpretação dos sonhos foi considerada apenas uma superstição similar à astrologia, tarô e adivinhação. Mas, cada vez mais, o estudo do universo onírico ganha status científico. A exemplo da psicanálise, a medicina também já é capaz de dar algumas explicações coerentes sobre os sonhos e, mais ainda, de relacioná-los ao estado geral d´organismo. Noutras palavras – como vários estudiosos afirmam, isso quer dizer que sonhar com o mesmo tipo de situação frequentemente pode ser uma pista confiável sim ou até 1 sintoma precoce de diversas doenças. Assim sendo, isto mostra que os sonhos nada mais são do que pensamentos que ocorrem enquanto estamos dormindo e como produtos do cérebro, eles sofrem influência d´organismo como 1 todo e podem ser alterados por uma descompensarão física — como explica o neurologista especialista em sono Luciano Ribeiro Pinto Júnior, do *Instituto do Sono,* em S. Paulo.

DRAUZIO VARELA – 1 dos mais famosos médicos brasileiros, explica que n´Antiguidade, os sonhos só eram considerados premonitórios. Freud entretanto, estabeleceu sua ligação com o inconsciente. Na década de 1950, quando se conheceu melhor a fisiologia do sonho, passou-se a entendê-lo como simples descarga de informação inútil – uma forma do sistema nervoso livrar-se do que não lhe interessa. Só mais tarde, as experiências realizadas com outros mamíferos mostraram o sonho funcionando como uma estratégia de sobrevivência d´organismo humano empregada pela nossa mente. Daí, já há pelo menos 20 anos, que médicos e psicólogos começaram a usar inclusive técnicas de sugestão e visualização para modificar pesadelos terríveis e assustadores. Com treino diário e acompanhamento terapêutico, suas manifestações e efeitos já podem hoje ser amenizados e até mesmo desaparecer. Recentemente, em Praga, na República Tcheca, foi divulgada uma considerável pesquisa sobre o assunto, confirmando resultados positivos.

NATHALIA NORONHA – explica a renomada psicóloga carioca, que sonhos são processos psíquicos vitais, experiências subjetivas, criados através da relação do nosso mundo interior com o exterior. São construções da nossa psique com função de regular e equilibrar nossa vida. Sonhar é uma forma de comunicação com nosso inconsciente e também com o inconsciente coletivo. Eles começaram a ser objetos d´estudo da psicologia com Freud – e 1 marco importante dessa inserção no campo científico é sua obra *Interpretação dos sonhos,* de 1899. É a partir daí que os sonhos começam a ser vistos como uma forma de comunicação da psique inconsciente.

DRA. MARIE-LOUISE VON FRANZ – a maior autoridade mundial em psicologia analítica e provavelmente a mais importante discípula viva de C.G. Jung: "*Os sonhos não nos protegem das vicissitudes, doenças e eventos dolorosos da existência. Mas eles nos fornecem uma linha mestra de como lidar com esses aspectos, como encontrar 1 sentido em nossa vida, como cumprir nosso próprio destino, como seguir nossa própria estrela, por assim dizer, a fim de realizar o potencial de vida que há em nós*". O papel do *psicólogo:* Os sonhos são difíceis de interpretar pois dizem sobre coisas que ainda não sabemos. Tendemos a explicá-los com base em nossas experiências já conscientes e por muitas vezes nos auto-sabotamos na conclusão dos significados. Acabamos não dando a atenção e "passamos por cima" dos conteúdos que podem dizer sobre coisas desagradáveis, por exemplo. Sempre temos muito a descobrir sobre nós. Marie Louise disse: *"A dificuldade de interpretar nossos próprios sonhos é que não podemos ver nossas próprias costas. Se as mostrarmos para outra pessoa, esta poderá vê-las; nós não…"* Nesse caso, dentro de 1 processo de análise, os sonhos são vistos a partir de 1 olhar mais amplo. Psicólogo e sonhador podem, juntos, explorar estes conteúdos e chegar a interpretações enriquecedoras, que podem contribuir e esclarecer aspectos e dinâmicas da vida da pessoa. Um bom exercício para quem quer dar mais atenção aos sonhos é anotá-los logo após acordar de manhã, nos 1ºs minutos. A anotação facilita e organiza a lembrança. Ler os as anotações recorrentes e observar os elementos ou dinâmicas que se repetem, que se transformam, é uma atividade bastante interessante. Dar atenção aos sonhos é uma forma de dar atenção a si mesmo e a medida que isso acontece vamos nos conhecendo, aprendendo sobre nós com nosso inconsciente. Isso pode melhorar a vida nos tornando mais despertos, mais observadores e menos "vítimas" de nós mesmos.

CATHY PAGANO – diz a famosíssima psicanalista junguiana, que os sonhos usam a linguagem de símbolos e arquétipos para transmitir, do nosso interior, o que não somos capazes de compreender em nosso dia a dia — por causa de nossas crenças, medos, normas sociais e outras barreiras ao autoconhecimento. Por meio da interpretação dos sonhos, os psicólogos podem ajudar seus pacientes a enxergar a si próprios e a seus desejos de uma maneira que os libera de toda essa bagagem.

TINA GOODIN – fundadora do *Psychology Center,* em Palm Beach, na Flórida esclarece: *"Muitas vezes temos sentimentos que acompanham o enigma do sonho. Parece ter relação com algo, mas não podemos colocar o dedo* – diz – *Nosso desejo de saber, a sensação de que algo está se agitando dentro de nós, é irresistível."*

DRA. TINA GOODIN – do *Psychology Center,* da Flórida pensa: *" Um sonho que retorna mais de uma vez pode ser seu subconsciente insistindo para que você aborde algo. Frequentemente, sonhos recorrentes estão apontando para algo não resolvido e 1 pouco de análise pode revelar 1 bloqueio psicológico que o está segurando ou 1 conflito persistente que precisa de sua atenção. O sonho recorrente é 1 símbolo de urgência, convidando-nos a trabalhar para que o entendamos* – diz Goodin – *A análise começa na superfície, do manifesto até o conteúdo latente do sonho. Às vezes, é literal, às vezes, simbólico."*

DRA. ANJHULA MYA SINGH BAIS – a psicóloga nata em Sri Lanka e psicóloga expoente em Londres. alerta que nem todos os sonhos são criados da mesma forma. Alguns podem revelar desejos secretos, perigos ocultos e ideias não examinadas, mas outros são simplesmente uma maneira para a mente processar estímulos em excesso. *"Estamos classificando e expelindo o bombardeio de imagens, pensamentos, ideias e encontros com os quais lidamos todos os dias"* – diz Bais – *Podem estar cheios de significados ocultos, mas os "insights" não são apresentados literalmente — eles vem em forma de símbolos. E esses símbolos significarão coisas diferentes para pessoas diferentes, dependendo dos assuntos com os quais elas estão lidando e seu contexto cultural. Sonhar com a morte, por exemplo, não significa necessariamente que você ou alguém que você ama vai morrer em breve* – explica Bais.- *Normalmente simboliza o fim de algo importante, como 1 projeto ou 1 relacionamento, ou mesmo o começo de algo.*

DRA. EMILY ANHALT – uma das maiores especialistas sobre comportamento humano nos USA, sempre diz em seus concorridos *workshops*.que *"A interpretação dos sonhos não é uma ferramenta de tamanho único para qualquer área"* e, que em vez de comprar 1 best-seller sobre sonhos, ela recomenda que a sonhadora(o) faça 1 curso de psicoterapia com 1 especialista em psicodinâmica ou psicanálise treinado em interpretação dos sonhos e que possa ajuda-la(o) a entender de fato os sonhos no contexto de sua própria vida.

DRA. NANCY MRAMOR KAJUTH – perita em mídia, autora premiada, palestrante internacional e psicoterapeuta em Pittsburg, USA, afirma que existem "sonhos clássicos" comuns a várias pessoas — como chegar atrasado para 1 exame e não estar preparado, estar atrasado para ir ao trabalho e não saber como chegar, tentar correr e gritar e não conseguir. Esses sonhos têm uma mensagem básica e subjacente que geralmente é a mesma para todas as pessoas. (No caso dos sonhos mencionados, é o medo do fracasso). Mas mesmo estes sonhos terão significados mais específicos, que se diferenciam de pessoa para pessoa: *"Noutros casos, 1 sonho sobre estar perdido pode indicar que uma pessoa está sem direção-* diz Kajuth *– Sonhos de outra pessoa podem sugerir algo sobre seu relacionamento com ela, ou podem estar relacionados com aspectos dela que atualmente têm a ver com você."*

CARDER STOUT – psicoterapeuta junguiano que mora em Los Angeles, avaliou profundamente 10 cenários comuns no mundo dos sonhos: *"Os sonhos são uma janela para o inconsciente de nossa psique – Você pode extrair informações valiosas que vão ajudá-lo a ser uma pessoa mais feliz, saudável e evoluída."*

E aos seus eminentes escolásticos:
Wikipedia, Google, IG, UOL, BOL, Enciclopédia Beritânica, Mystic Br, Planeta, Smorfia, StudyforLife, Blogodrium, Activa Sonhos, MeuSonhar, Sonharemsonhos, Site80, SignificadodosSonhos, BrasilAstral, SapoPt, SonhosMísticos, SonharCom, Sonhar, CérebroMasculino, , Alto Astral, Traduzindo Sonhos, MysticBr, A MenteMaravilhosa, Google, Site 180, FatosCuriosos, Carminha Levy – entre as principais fontes também consultadas.

ÍNDICE

ACIDENTES 1
    Atropelamento, De avião, De bicicleta, De botijão, De carro, De incêndio, De naufrágio, De ônibus, De invalidez, De naufrágio, Invalidez

ADOLESCENTE 7

ÁGUA 7

ALIENÍGENAS 7

ANJO 11

ARRANHÕES 11

ARTISTA 11

ASSASSINATO 12

ATAQUE 12

BANHO 12

BÊBADO 12
    Ressaca

BEBÊ 14
    Adoção, Babá, Bebê morto, Feto, Berçario, Berço, Cesariana, Cordão umbilical, Filho, Fraldas, Gestação, Mamadeira, Nascimento, Placenta, Sangue,

BOCEJAR 25

CAMA 25

CELULAR/SMARPHONE 26

CÉU 28
    Inferno, Paraíso, Purgatório

5 SENTIDOS 31
Audição, Olfato, Paladar, Tato, Visão

CLONE 33

COMER 34
Almoçar, Apetite, Canibalismo, Comida, Dieta, Emagrecer, Engordar, Fome, Jantar, Jejuar, Mastigar, Refeições, Comer almôndegas, Comer amêndoas, Comer amendoim, Comer arroz com feijão, Comer assado, Comer aveia, Comer azeitonas, Comer batatas fritas, Comer biscoitos, Comer bolinho, Comer cachorro quente, Comer bolo, Comer camarão, Comer caranguejo, Comer carne, Comer castanhas, Comer caviar, Comer chocolate, Comer churrasco, Comer cocada, Comer coco, Comer codorna, Comer cogumelos, Comer comida baiana, Comer comida chinesa, Comer comida enlatada, Comer comida espanhola, Comer comida exótica, Comer comida fast-food, Comer comida francesa, Comer comida fresca, Comer comida italiana, Comer comida de panela, Comer comida típica, Comer comida vegetariana, Comer croissant, Comer doces, Comer donuts, Comer espetinho, Comer fast food, Comer feijoada, Comer frango assado, Comer frutas, Comer frutos do mar, Comer geleia, Comer guisado, Comer hambúrguer, Comer iogurte, Comer kasher, Comer ketchup, Comer lagosta, Comer lagostim, Comer lanche, Comer legumes, Comer lentilhas, Comer linguado, Comer lula, Comer macarrão, Comer maionese, Comer manteiga, Comer marmelada, Comer marshmallow, Comer mel, Comer milho, Comer nachos, Comer nozes, Comer omelete, Comer ostras, Comer ovos, Comer pão, Comer passas, Comer pastel, Comer pato, Comer peixe, Comer peru, Comer pipoca, Comer pizza, Comer polvo, Comer presunto, Comer queijo, Comer quindim, Comer rã, Comer num restaurante, Comer rosquinhas, Comer salada, Comer salgadinhos, Comer sanduíche, Comer sardinhas, Comer sobremesa, Comer sopa, Comer torradas, Comer pinhões, Comer verduras, Dieta , Emagrecer , Engordar, Fome, Jejum, Mastigar

CORES 53

CORPO 55
Abdômen, Baço, Barriga, Bexiga , Cintura, Coração, Entranhas, Estômago, Pâncreas, Umbigo, Ventre, Vesícula biliar, Vísceras, Braços, Axilas, Cotovelos, Dedos, Mãos, Ombros, Unhas, Cabeça, Cabelo, Cérebro, Pescoço, Costas, Bunda, Nádegas, Anus, Costelas , Garganta, Amígdalas, Tiroide, Voz, Intestinos, Músculos, Órgãos Genitais, Ovários, Trompas, Útero, Órgão sexuais, Pênis, Testículos, Vagina, Ossos, Coluna vertebral, Esqueleto, Quadris, Ancas, Rosto, Barba, Bigode, Boca, Bochecha,Cavanhaque, Dentes, Gengivas, Lábios, Língua, Nariz, Narinas, Olhos, Orelhas, Queixo, Seio , Veias, Artérias

CORRER 117

CRIANÇAS 117

CURA 119

DAR À LUZ 119
    Aborto, Aborto legal, Adoção, Amamentação, Berço, Filho, Fraldas, Mamadeira, Nascimento,

DEFECAR 130

DEITAR 131

DESASTRES DA NATUREZA 132
    Avalanche, Chuva forte, Ciclone, Deslizamentos de terra e lama, Explosão vulcânica, Furacão, Inundação, Queimada na mata, Seca, Tempestade, Terremoto Tsunami,

DESPEDIDA 136

DESPIR-SE 136

DINHEIRO 137
    Dívida

DOENÇAS 137
    Cura, Abcesso, Alergia, Alucinações, Alzheimer, Angina, Amigdalite, Amnésia, Angina, Anorexia, Apendicite, Apneia, Articulações, Artrite, Asfixia, Asma, Ataques, Ataque cardíaco, Ataque de nervos, Ataque de risos, Autismo, Azia, Batimentos cardíacos, Bócio, Bronquite, Câimbras, Calvice, Câncer, Catapora, Caxumba, Cegueira, Cego, Choque, Colapso, Cólera, Cólicas, Coma, Constipação, Contusões, Convulsões, Coqueluche, Danos ao organismo, Debilidade, Defeitos, físicos, Derrame/AVC, Dificuldades orgânicas, Doenças cardíacas, Doenças contagiosas, Lepra, Doenças venereas, Doenças mentais, Colapso nervoso, Esquizofrenia, Loucura, Hospício, Paranoia, Doenças mortais, Doenças dos olhos, Daltonismo, Estrabismo, Glaucoma, Miopia, Pálpebras, Doenças da pele, Acne, Coceira, Dermatite, Erupções, Espinhas, Sarna, Urticária, Verrugas, Doenças terminais, Ebola, Hiv/Aids, Doenças venéreas, Gonorreia, Herpes, Hiv/Aids, Impotência, Sífilis, Dormência, Edemas, Embriaguez, Engasgo, Entorpecimento, Epilepsia, Escarlatina, Estresse, Fadiga, Falta-de-ar, Falta de memória, Febre, Feridas/Úlceras, Ferimentos, Flatulência, Frieira, Gangrena, Gastrite, Gota, Gripe, Hematomas, Hemorragias, Hemorroidas, Hérnia, Hipertensão, Icterícia, Inchaço, Incontinência urinária, Indigestão, Infarto, Inflamações, Insolação, Insônia, Intoxicação, Labotomia, Laringite, Leucemia, Lombrigas,

Machucados, Mal de Parkinson, Malária, Mancar, Mau hálito, Micose, Náuseas, Nervosismo, Obesidade, Obstáculos orgânicos, Paralisia, Parasitas, Pedras na bexiga, Pedras nos rins, Pressão alta, Pressão baixa, Prisão de ventre, Problemas femininos, Aborto, Aborto ilegal, Aborto espontâneo, Corrimentos, Frieza sexual, Menstruação, Pus, Quedas, Queimaduras, Raiva, Respiração, Reumatismo, Ronquidão, Sarampo, Senilidade, Sinusite, Sufocação, Surdo/Mudo, Tétano, Tontura, Torcicolo, Tosse, Transes, Traumas, Tuberculose, Úlceras, Tumor, Várias doenças, Virose, Vômito

DOR 202

DORMIR 204

DRAGÃO 205

DROGAS 206

ENCRUZILHADA 225

ESCÂNDALO 225

ESPÍRITO 225

ESPIRRAR 225

ESPORTES 226
  Alpinismo, Arremesso de lança ou peso, Atletismo, Automobilismo, Basquete, Canoagem, Corrida a pé, Esgrima, Esqui, Futebol, Futsal, Golfe, Hipismo, Lutas marciais, Motociclismo, Natação, Patinação, Pesca, Regata, Rugby, Saltos ornamentais, Tênis, Tênis de mesa, Velejar, Volei

FAMILIA 234
  Avós, Enteada, Esposa, Esposo, Filhos, Irmã, Irmão, Madrasta, Mãe, Netos, Padrasto, Padrinho, Pai, Sobrinha, Sobrinho, Sogra

FEZES/EXCREMENTOS 242

FOGO 243

FUGIR 244

FUTURO 247

GEMIDOS 248

GLS 249

GUERRA 250

HOMEM 252

LABIRINTO 257

LAVAR 257

LAZER 257
Baralho, Cantar, Cinema, Circo, Acrobata, Andar na corda bamba, Domador de animais, Equilibrista, Mágico, Malabarista, Palhaço, Picadeiro, Pipoca, Dança, Disneylândia, Divertimentos, Jogos, Dominó, Ler, Loteria, Música, Canção de ninar, Grandes Músicos, Músicas cantadas, Música clássica, Música para dançar, Música Gospel, Música lenta, Música popular, Heavy metal, Rock, Parque de diversões, Montanha russa, Tiro ao alvo, Trem fantasma , Pintura, Teatro, TV

MEDOS/FOBIAS 276
Medo de abismo, Medo de abusos sexuais, Medo de afogamento Medo de água, Medo de altura, Medo de 1 amor não correspondido, Medo de aranha, Medo de assalto, medo de ser assaltada e roubarem seu celular, Medo de atravessar certas ruas, Medo de ser atropelada, Medo de barata, Medo de bater o carro, Medo de cachorro, Medo de cair, Medo de cair num abismo, Medo de cegueira, Medo de cemitério, Medo de cobra, Medo d´elevador, Medo de colisão, Medo de dirigir, Medo de dirigir, Medo de dor, Medo d´envelhecer, Medo d´escuridão, Medo d´espírito, Medo de ficar velha, Medo d´escorpião, Medo de ser estuprada, Medo de fantasma, Medo de ficar para titia, Medo de fogo, Medo de fracasso, Medo de impotência, Medo de insetos, Medo de lobisomem, Medo de morrer, Medo de mulher, Medo de perder o controle, Medo de ser perseguida, Medo de rato, Medo de rugas, Medo de solidão, Medo de sucesso, Medo de tomar banho, Medo de tragédias, Medo de transar, Medo de tubarão, Medo de Viajar, Medo de voar

MORTE 304
Agonia, Alma d´outro mundo, Autopsia, Caixão, Carro funerário, Carro funerário Cemitério, Coveiro, Cremação, Enterro, Funeral, Luto, Obituário, Pessoas mortas, Testamento, Túmulo

MULHER 315
Amásia, Bonita, Com cabelos bagunçados, Com cabelos brancos, Com cabelos Coloridos, Com cabelos Compridos, Com cabelos curtos, Com cabelos extravagantes, Com cabelos loiros, Com cabelos negros, Com cabelos platinados, Com cabelos soltos, Conhecida, Feia, Grávida, Jovem, Loira, Magra, Mal-humorada, Mocinha, Morena, Mulata, Negra, Nua, Pílula, Ruiva, Tagarela, Velhinha, Problemas de mulher, Aborto, Corrimento vaginal, Falta de orgasmo, Frieza sexual, Histeria

NERD	330
PASSADO	330
PEIDAR	330
PERSEGUIÇÃO	330
PIERCING	330
RELIGIÃO	331
ROUPAS ÍNTIMAS	331

Calcinha, Camisola, Cinta-liga, Lingerie, Negligê, Sutiã

SANGUE	334

Absorvente, Menstruação, Nariz sangrando, Transfusão

SAÚDE	343

Acupuntura. Ambulância, Amputações, Castração do pênis, Anestesia, Anestesista , Antibiótico, Cardiologista, Cirurgia, Cirurgia plástica, Lipoaspíração, Cirurgião, Consulta médica, Curativo, Dentista, Dialise, Doutor, DNA, Endoscopia, Enfermeira/o, Estetoscópio, Exames médicos, Biopsia, Clínicos, Médicos, Próstata , Ginecologista, Hospital, Implante, Injeção, Laboratório clínico, Laxante, Massagem, Médico, Micróbios, Obstetra, Oftamologista, Ortodontista, Oxigênio, Máscara de oxigênio, Parteira, Parto, Pediatra, Pomada, Pressão alta, Pressão baixa Psicólogo, Psiquiatra, Radiografia/Raio X, Reabilitação, Rejeição, Remédios, Termômetro, Ultrasom

SENTIMENTOS	373

Abandono, Aborrecimentos, Abstinência, Adultério, Afeto, Aflição, Agonia, Agressão, Alegria, Alucinações, Amargura, Amor, Abraço, Beijo, Carta de amor, Casamento, Casamento gay, Ciúmes, Companheiro, Divorcio, Ex, Lua de mel, Namorada(o), Noivado, Noiva, Noivo, Anseio, Ansiedade, Arrependimento, Arrepio, Bloqueios, Calma, Calor, Cansaço, Choro/Lágrimas, Ciúmes, Cócegas, Conflitos sentimentais, Consciência, Constrangimentos, Covardia, Crueldade, Culpa, Decepção, Delírio, Depressão, Desespero, Desolação, Desprezo, Emoção, Esgotamento, Estremecer, Excitação, Fadiga, Fanatismo, Fome, Frio, Fúria, Hipocrisia, Horror, Humor, Impaciência, Infelicidade, Infidelidade, Ingratidão, Inveja, Ingratidão, Irritação, Luxúria, Ódio, Orgulho, Paixão, Piedade, Perseguição, Pesadelo, Preguiça, Preocupação, Raiva, Remorsos, Saudade, Sedução, Separação, Solidão, Traição, Tristeza, Vaidade, Vergonha, Zanga

SEXO 424
Amante, Bissexual, Anticoncepcional, Camisinha, Estupro, Excitação, Fazer amor, Gay, Homofobia, Homossexual, Hermafrodita, Incesto, Lésbica, Luxúria , Masturbação, Motel, Nudez, Orgasmo, Orgia, Semen, Sexo anal, Sexo oral, Tesão, Transexual

SONHOS 441
Sonhos de aviso, Sonhos bizarros, Sonhos compensatórios, Sonhos com curas milagrosas, Sonhos eróticos, Sonhos incestuosos, Sonhos precognitivos

SUICÍDIO 451

TATUAGENS 452

VÍCIOS 457

WITHSAPP 459

XIXI 459

EPÍLOGO 462

ACIDENTES

O sonho com acidente pode causar momentos de muita aflição, sempre ligados a dor e medo. Apesar de trazer esta sensação para quem sonha, o significado de sonhar com acidente vai muito além disso. Sonhar com acidente pode significar que grandes mudanças estão prestes a acontecer em sua vida, mas para que você consiga vê-las será preciso pensar melhor suas própris atitudes e dar novos significados às suas metas. Além disso, o sonho com acidente também pode estar ligado a coisas que você fez no passado, mas ainda sente culpa. Talvez seja a hora de rever estas coisas e trabalhar para mudá-las, sempre em busca de mudanças positivas.

> + *Cuidados*: o sonho com acidente também pode ser 1 indício de que você precisa tomar mais cuidado com o próprio corpo: sua saúde pode não estar indo muito bem ultimamente. Que tal aparecer para exames de rotina?

Se em seu sonho você vê 1 acidente acontecendo: pode significar que você não mantém relacionamentos emocionalmente estáveis. Não se tratando apenas de 1 relacionamento amoroso, mas significa que talvez você não esteja realmente liga do a alguém como 1 todo.

Medo de se machucar num acidente: às vezes é melhor correr o risco. Avalie melhor os seus relacionamentos, aprofunde-os, mantenha contato; ter amigos com quem contar é muito importante.

Sonhar que sofre 1 acidente: tome cuidado com quem você se relaciona. Algumas pessoas podem estar em sua vida porque têm algum interesse, não respeitando quem você realmente é.

Sonhar que sofre 1 acidente e sai ileso: quando você não se machuca no acidente, uma etapa importante de sua vida será conquistada. Trabalhando para isso seu êxito será grande e mesmo envolto a dificuldades você alcançará esta vitória.

Atropelamento

Sonhar que é atropelado: preste atenção a este sonho, já que ele significa que você precisa tomar mais cuidado com suas ações.

> + *Cuidados*: não tome decisões precipitadas: pense bem antes de agir, não atropele suas emoções e pensamentos.

Sonhar com acidente de avião: apesar de ser 1 sonho muito trágico, seu significado é bom. Este sonho é o indício de que você está crescendo na vida, principalmente em sua profissão e à medida que você s'esforça mais o seu reconhecimento chega. Este sonho mostra que finalmente você está atingindo suas metas profissionais. Além disso, o acidente de avião pode significar que você terá uma longa vida.

Se em seu sonho acontece 1 acidente de moto: preste atenção em como você conduz sua vida. O significado deste sonho é de que você não vive as coisas boas da vida: está sempre trabalhando, sai pouco com os amigos, não aproveita a família. O êxito da vida não é apenas sucesso financeiro, mas aproveitar as pequenas coisas que fazem parte dela.

> + *Cuidados*: comece a prestar mais atenção a isso, aproveitando as pessoas que te cercam e os momentos bons que podem ser compartilhados com elas.

Sonhar com acidente no mar: pode ser 1indício de que o seu relacionamento amoroso passa por problemas e você sente que alguma coisa ruim está prestes a acontecer.

> + *Cuidados*: repense suas atitudes, evite brigas desnecessárias e, aos poucos, reconstrua o relacionamento, resolvendo os problemas.

Se algum conhecido seu se envolve num acidente durante o seu sonho: tome cuidado com as pessoas que estão ao seu redor, pode acontecer de alguma delas estar planejando uma traição contra você.

Sonhar com acidente grave: **1 acidente muito grave**: pode significar que seu estilo de vida o esteja afetando negativamente.

> + *Cuidados*: é preciso dar mais atenção à sua saúde mental e emocional, fazendo alterações em sua rotina que te proporcionem viver de forma mais leve. Prestar atenção a seus relacionamentos também é essencial, a fim de reconhecer o que realmente faz diferença ou não para seu crescimento pessoal.

Sonhar que houve morte em acidente grave: se alguém morreu num acidente em seu sonho, fique tranquilo, este sonho significa que as pessoas que você ama passam por 1 período muito bom, cheio de saúde e tranquilidade.

Queda de avião: se por acaso, no seu sonho, você presenciou 1 acidente de avião, o sinal é de que você será prestigiado no trabalho. Pode esperar que aquela tão almejada promoção, aumento de salário, ou qualquer outra coisa do tipo, pode estar por sair.

De bicicleta

Quando você cai de uma bicicleta no sonho: a situação parece negativa devido a sensação das experiências anteriores que você já possa ter vivido. Mas a verdade é que essa não é uma mensagem ruim e trate-se justamente de suas experiências. Sonhar que cai de bicicleta indica que está sendo bem-sucedido no aprendizado da vida. Você pode até cometer erros ou encontrar obstáculos que eventualmente te desequilibram e talvez derrubem, mas você é capaz de aprender com esses erros e melhorar. Não é o sucesso certo que nos garante 1 futuro melhor, mas sim a capacidade de aprender e melhorar com esse aprendizado.

Sonhar com uma bicicleta quebrada num acidente: traz à tona 1 pouco mais de cuidados, indicando que algo pode estar correndo mal, ou que 1 problema irá surgir em breve. No entanto, é importante notar que esse sonho não tem o intuito de te desanimar, pelo contrário. Essa bicicleta quebrada serve justamente para avisar você do problema, para que então possa se preparar e não desanimar com o imprevisto. Qualquer que seja o problema prestes a surgir, provavelmente se trata apenas de uma fase ruim.

Com botijão de gás

Sonhar com botijão de gás: simboliza que você pode estar se sentindo reprimido ou sob pressão no trabalho ou na vida social. O botijão de gás, no sonho, também pode indicar temperamento explosivo.

Cair de 1 cavalo

Cair de 1 cavalo no sonho: indica que, apesar de você ser muito bom no que faz, na verdade não precisa se preocupar tanto em querer carregar o mundo nas costas. É necessário entender que cada um tem o seu papel e que você deve aprender a confiar nas pessoas, principalmente nos mais próximos. Todos têm a capacidade de andar sozinhos por 1 momento e resolver os seus próprios problemas.

+ *Cuidados*: tente relaxar pouco e deixar que tudo ao seu redor caminhe com pouco mais de independência, seja confiante.

Cair de 1 cavalo branco: está ligado a uma resposta ou necessidade em que o seu inconsciente está pedindo que venha à consciência. Essa necessidade geralmente está relacionada à paz. Pode ser que você esteja passando por momentos turbulentos, mas este sonho revela que eles estão chegando ao fim e que, em breve, você poderá finalmente descansar.

Cair de 1 cavalo marrom: é 1 sinal de que novas descobertas estão por vir. A cor marrom indica o caminho por representar a própria terra, e mais além, ela representa os pés no chão. Isso quer dizer que suas ideias estão centradas e, seus objetivos, lançados. Agora é só continuar caminhando na direção certa para alcançar aquilo que tanto almeja já há algum tempo.

Cair de 1 cavalo preto: a cor preta é bastante mística e misteriosa. Representa a noite e aquilo que ainda está oculto. Sonhar com cavalo preto é algo muito forte, juntando a força e o companheirismo do cavalo com a escuridão e o mistério do preto. Este tipo de sonho está relacionado à confiança ou à fé propriamente dita. Para alcançar o próximo patamar, este é o momento de mergulhar fundo com a esperança de que tudo está sob controle. Vá em frente!

Cair de 1 bravo: é sinal de que você está sendo alertado sobre uma situação de perigo ou desconforto que ainda não identificou. Pode ser no trabalho ou em seus relacionamentos. O cavalo bravo nada mais é do que 1 aviso para que preste atenção e repense suas atitudes e de como você está se relacionando ultimamente.

+ *Cuidados*: tente encontrar a essência que a sua intuição diz para que você tome a decisão certa e siga o melhor caminho: o seu caminho.

Cair de 1 cavalo vermelho: representa mais do que paixão, esse sonho revela muito amor envolvido. Tanto pela resistência que o cavalo traz com a força de sua figura quanto pelo vermelho, que é a cor da paixão e do amor. Além, é claro, de estar relacionado ao fogo. Se no sonho o cavalo vermelho lembra fogo, está ligado ainda a questões espirituais. Em todos os pontos, é 1 sonho altamente positivo e de muito poder.

De carro

Sonhar que comete 1 acidente dirigindo 1 veículo: mostra que, apesar de ter perdido o controle no sonho, você tem controle de suas ações e pensamentos. Sua vida neste momento s'encontra muito mais organizada e definida, já que você sabe como agir diante de muitas responsabilidades.

Quando não é você quem conduziu o veículo, mas fez parte do acidente: pode significar que você não está se envolvendo na vida como 1 todo.

+ *Cuidados*: acorde, faça valer a pena, coloque a cara a bater! É importante ser o protagonista da própria vida, não viver de coadjuvante.

Se em seu sonho você não teve culpa do acidente causado: pense se em sua vida você realmente toma conta de tudo que deveria. Fazer as coisas por si mesmo é essencial, sem precisar sempre de ajuda. Ser responsável pelos próprios atos é importante para crescer, mas se você tem esse sonho, quer dizer que neste quesito você não cumpre seu papel.

Sonhar com acidente de carro: quer dizer que você precisa parar e respirar 1 pouco. Este sonho veio para dizer que você está levando sua vida na velocidade, sem realmente pensar no que está acontecendo e tomar as atitudes certas.

+ *Cuidados*: É muito importante prestar atenção a todos os seus atos e caminhos pelos quais está passando. Viva com mais sensibilidade, analisando os detalhes, este pode ser o caminho para todos os seus problemas. Outro significado deste sonho pode ser que, dentro de suas relações, você esteja s'esforçando muito mais que a outra parte. Talvez seja a hora de analisar isso e ver se realmente vale a pena continuar neste estado.

De ônibus

O sonho com acidente de ônibus: vem para abrir seus olhos em relação ao dinheiro. Neste momento você deve se preparar, pois num futuro breve surgirão problemas financeiros difíceis de controlar, ou grande insegurança envolvendo dinheiro.

+ *Cuidados*: faça uma pequena reserva para evitar constrangimentos com dinheiro.

Incêndio

Este sonho geralmente tem 1 significado negativo, pois ele simboliza sentimentos destrutivos; indica necessidade de ajuda em questão de tratamentos sem observância médica.

Se o incêndio for rasteiro: seu equilíbrio emocional está ameaçado.

Dica psicológica: acender uma vela numa igreja de S.Benedito, para as milhares de vítimas fatais que morreram em suas casas incendiadas pelos terroristas n'Africa.

Naufrágio

O sonho em que você se vê num náufrago: vem como 1 alerta: alguém muito invejoso está rondando a sua vida. Você pode estar rodeado de falsos amigos que estão tramando traição e intrigas. Esteja sempre atento, pois isso pode te prejudicar de forma muito intensa. Procure observar quem são realmente os seus amigos e quem realmente quer o seu bem. Lembre-se sempre de que os amigos verdadeiros são poucos.

Se você em seu sonho viu 1 naufrágio: o significado pode ter duas interpretações: num 1º momento, o sonho pode ser 1 indicativo de que você pode passar, em breve, por desentendimentos em seu lar. Engula o seu orgulho e resolva seus problemas com aqueles que você ama; numa 2ª interpretação, o sonho pode significar que você finalmente passará por melhorias em sua vida financeira e encontrará momentos de muita prosperidade. É o momento ideal para fechar novos negócios e investir em sua carreira. Abra os olhos para as oportunidades que podem surgir.

O sonho em que você se vê num barco que naufragou: é 1 indicativo de que você precisa lidar com algumas questões emocionais. O navio vem como 1 indicativo do curso que sua vida tem tomado, podendo demonstrar que você está em maus tempos emocionais. Se você vê 1 salva-vidas, este elemento agregado ao sonho indica a sua necessidade de ser resgatado de seus problemas emocionais. Você tem ficado aflito constantemente e procura encontrar a paz. Abra sua mente e seu coração com alguém em quem confie para passar por essa turbulência emocional.

Se você viu-se envolvida(o) em qualquer tipo de catástrofe: grandes mudanças acontecerão.

Em geral: os acontecimentos estão contra o sonhador(a); ele(a) não deve insistir se a luta for desigual.

> *Dica psicológica*: o médico pode sugerir que ele(a) acenda duas velas para todas as vítimas que morreram nos terríveis tsunamis deste século.

Invalidez

Ver-se ou sentir-se inválido devido 1 acidente: saiba que a quebra de rotina mudará completamente sua vida; se outra pessoa s'encontrava nessa situação, é sinal de que terá maior possibilidade de se projetar socialmente. Sonho em que se recupera de uma invalidez, o conselho é para que você coloque sua auto-estima para cima e verá que os obstáculos desaparecerão, animese.

Sonhar em que está-se recuperando de uma invalidez: sugere que o sonhador(a) coloque sua auto-estima para cima, pois verá que os obstáculos desaparecerão; assim ele poderá animar-se.

> *Dica psicológica*: acender uma vela e bater palmas para Helena Keller, Sudha Chandram, Marla Runyan, Frida Karlo, Cristy Brown, John Nash, Jean Domenique Bauby – exemplos extraordinários de força de vontade, embora inválidos.

Ser 1 inválido: você se restabelecerá de uma doença.

Filhos inválidos: enfrentará dificuldades antes de obter êxito.

Parentes inválidos: trabalho agradável e boas notícias.

Amigos inválidos: todos os negócios correrão bem.

Inimigos inválidos: tenha cautela nos empreendimentos comerciais.

Ficar inválido pelo resto da vida: logo receberá dinheiro.

ADOLESCENTE

Alternativamente, sonhar que é 1 adolescente: sugere que você está lutando pela sua independência e autonomia. Deseja ser algo mais do que aparenta, mais adulto, maduro e com mais responsabilidades. Pode ainda significar que se deseja manter jovem e saudável, enfrentado novos desafios na vida, sempre com uma mente aberta a todo o tipo de ocorrências.

Se você já não é 1 adolescente e sonhou que é 1 adolescente: significa que ainda convive com algum tipo de imaturidade de sua adolescência. Em algum aspecto você ainda pode precisar se desenvolver para alcançar a maturidade plena. Por outro lado, também pode significar 1 espírito jovem que faz questão de manter a jovialidade e mente aberta para novos desafios. Outro significado é que você pode estar vivendo uma fase de luta por sua independência e autonomia.

Se você é do sexo feminino e sonho que você vê ou é 1 rapaz: então, é interpretado como a masculinidade em seu personagem. Talvez você está desenvolvendo a nova parte masculina ou característica de seu caráter individual. Por outro lado, 1 rapaz pode indicar 1 sinal de paixão e desejo. Talvez você tenha sentimentos muito emocionais sobre 1 rapaz de vida real, que tem em mente o tempo todo. Ele é importante e significativo para você. Você pode estar apaixonado por este rapaz e suas ideias, pensamentos e concepções dele tem transitadas em seu subconsciente. Mundo dos sonhos está respondendo aos seus sentimentos expressivos da vida real.

ÁGUA

O que a água significa nos sonhos? Como você pode supor, a água é 1 dos símbolos mais comuns nos sonhos. Está geralmente ligado às suas emoções e ao inconsciente.

Sonhar com grandes massas de água: como o oceano, o lago ou o rio, significa que seu inconsciente tenta transmitir uma mensagem. Você está se sentindo sobrecarregado por emoções diferentes? Seu sonho então reflete seu estado mental.

ALIENÍGENAS

O que significa sonhar com alienígenas? 1º de tudo, este sonho indica que você tem se negligenciado e se sentindo alienado na vida. O sonho dos alienígenas pode incluir muitos aspectos diferentes. Sim, pode demorar 1 pouco para você entender esse sonho, mas decodificar todos os aspectos lhe dará uma maior percepção espiritual.

O que Carl Jung pensa sobre sonhos alienígenas? De acordo com Carl Jung, o alienígena está ligado à nossa psique interior. O que isto significa? Basicamente, sonhar com 1 alienígena é uma associação de características ocultas desconhecidas na vida. É minha firme convicção que o primeiro passo para compreender o seu sonho é descobrir a parte oculta de si mesmo! A única maneira de você entender o que isso significa é olhar para dentro. Comece a conhecer áreas de você mesmo que você não conhece. O símbolo alienígena está associado às nossas próprias qualidades internas. Talvez você tenha sonhado com a vida como alienígenas, ou homenzinhos verdes do espaço, ou sua casa seja invadida, mais preocupante ainda que você tenha sido sequestrado por alienígenas. Haverá anos.

O que significa sonhar em ser 1 alienígena? Se você sonha que é o alienígena, isso significa que você está se sentindo 1 estranho em reuniões sociais e gostaria de descobrir novos amigos. Para se ver como 1 andrógeno (uma criatura sem gênero) foi apresentado, então isso representa um estágio de desenvolvimento necessário em sua vida.

Se em seu sonho: ***você foi abduzido por mais de 1 alienígena; você foi levado a 1 quarto ou porão trancado; no sonho você se sentiu infeliz; uma arma foi usada; você se sentiu assustado em seu sonho***: significa novos começos em sua vida são necessários.

Sonhar que você viu 1 OVNI no céu: indica que você provavelmente sofrerá infortúnio do descuido dos outros – este é 1 sonho típico se você tiver dificuldades no trabalho.

Sonhar com sondas alienígenas: se em seu sonho você testemunhou sondas em pequena escala ou feixes de luz, isso demonstra que novos começos estão em andamento. É hora de relaxar e aproveitar sua vida. Freud acreditava que 1 raio de luz ou 1 símbolo agudo indica prazer sexual.

Bebês alienígenas: se você deu à luz ou carregou 1 bebê alienígena em seu sonho, sugere que está confuso sobre certas coisas da vida. Em suma, este sonho significa que você está claramente procurando por algo em sua vida e você não tem certeza do que é ainda. O alienígena, nesse sentido, representa sua própria voz interior e intuição. A mensagem espiritual é seguir o seu coração!

Zumbis alienígenas: ser perseguido por zumbis alienígenas sugere que você precisa encarar suas responsabilidades. Há uma indicação de que você tem vivido num mundo de fantasia e é hora de se conectar à realidade. Se os zumbis alienígenas estão doentes e perseguindo você, isso significa que você vai passar por 1 pequeno problema de saúde.

Exame alienígena? Se você estava sendo examinado por 1 ser alienígena, isso significa que as coisas da vida estão acabando com você. Se você sentir qualquer ferimento ou tortura em seu sonho, isso estará ligado à sua capacidade de enfrentar consequências difíceis no futuro.

Transformação alienígena: sonhar em ser 1 alienígena mostra que é provável que você seja assediado por pessoas ao seu redor no futuro próximo. É importante tentar fazer amizades com antecedência para que isso aconteça.

Sequestrado por alienígenas: se você for levado por 1 alienígena (por exemplo, abdução), então isso mostra que é provável que você se sinta oprimido e dominado por 1 membro da família no futuro. Se você é vítima do sonho, isso mostra que é provável que você encontre 1 projeto no trabalho complexo e difícil d'entender. Se você for abduzido por mais de 1 alienígena, indica que você tem inimigos perigosos ao seu redor que provavelmente destruirão uma parte significativa de sua vida no futuro. É importante que você reconheça que existem pessoas em sua vida que precisam ser cautelosas antes de causar qualquer dano.

Decapitado por alienígenas: sonhar que você foi sequestrado e, em seguida, você é decapitado geralmente indica que você vai sofrer algum pequeno fracasso no futuro próximo. Sim, esse sonho pode ser bastante preocupante, talvez você tenha acordado de 1 pesadelo. Também pode indicar que você precisa manter uma cabeça clara em face da preocupação!

Forma d' OVNI: se em seu sonho você encontrou 1 OVNI triangular e até mesmo 1 navio-mãe, isso demonstra que há pessoas num nível mais elevado do que você, que pode fornecer conselhos.

Alienígenas atacando: se em seu sonho os alienígenas estavam atacando nosso mundo, ou certas cidades, então esse sonho mostra sua resistência à mudança quando necessário. O "ataque" está ligado ao sentimento de ser atacado na vida desperta. Ver alienígenas dominando o mundo no sonho, ou acabar com o mundo devido a ataques, geralmente se deve à falta de confiança no trabalho. Você tem se preocupado com alguém assumindo o seu negócio ou emprego? Sonhos de alienígenas atacando são comuns quando o trabalho se torna menos agradável.

Estuprada por alienígenas: Sim, esse sonho pode ser bastante preocupante! Sonhar que você foi raptada(o) e estuprada(o) indica que é provável que você fique chocada(o) com a angústia de seus amigos se estiverem passando tempos difíceis.

O que significa ver uma nave alienígena num sonho? Você sonhou com 1 pouso na nave espacial? Ou você foi levado num ovni? Se você for levado a 1 ovni em seu sonho, então você precisa pensar em como você aborda os outros numa situação de trabalho/equipe, pois você pode ser bastante expressivo e pode ofender as pessoas.

O que significa ver alienígenas amigáveis num sonho? Alienígenas amigáveis em sonhos podem sugerir que você terá uma ampla gama de eventos sociais chegando em breve – 1 alienígena amigável em sonhos significa alguém em vida que vai lhe oferecer ajuda e conselhos. Sim, de todas as interpretações dos sonhos alienígenas, esta é a mais positiva. Se o alienígena parecia real no sonho, ou era lúcido ou vívido na natureza, então 1 alienígena amigável pode sugerir que você vai se concentrar em socializar e relaxar num futuro próximo.

O que os sonhos de abdução alienígena realmente significam? Obviamente, este sonho está incomodando você por muitas razões, mas desperta a sensação d'estar exausto e incapaz de lidar com seus eventos na vida. Agora, ver-se tomado por alienígenas no sonho indica que você está experimentando uma área de sua vida em que você está se sentindo abandonado ou abduzido por alguém ou por uma situação. Na maioria das vezes esse sonho está ligado a uma situação de trabalho. Se em seu sonho você foi abduzido por alienígenas e foi 1 pesadelo, então este sonho mostra a necessidade de colocar seus medos em repouso. É vital que você olhe para os outros significados associados a esse sonho, como a sua família (você percebeu s'estava sozinho durante o rapto?) Geralmente, normalmente temos esse tipo de sonho quando precisamos nos fazer algumas perguntas importantes.

O que significa falar com alienígenas em seu sonho? Falar com 1 alienígena no mundo dos sonhos representa uma solução para 1 problema. Você pode encontrar-se pedindo ajuda de alguém próximo a você. Talvez você esteja sentindo que trabalhou duro para chegar onde está na vida e que está gostando de seus projetos e rotina, mas sabe que é hora de seguir em frente.

O que significa ver lutadores alienígenas em sonhos? Este não é 1 sonho positivo e também pode indicar 1 infortúnio menor. De alguma forma, forma ou forma, se você está vendo muitos alienígenas em conflito, então este sonho é sobre o controle. Algo em sua vida está afetando negativamente sua mente subconsciente. Sim, é hora de recuar e começar a pensar no que você quer daqui para frente. Esse carro grande e veloz é realmente algo que te inspira ou você quer aumentar seu círculo de amigos?

Resumo de sonhar com alienígenas: vamos resumir. Esse sonho está associado a como você se sente em relação aos outros ao seu redor. A interpretação dos sonhos é útil porque está associada a algo não natural ao que você está acostumado. O sonho pode significar que 1 estágio de sua vida precisa ser completado e que você está se sentindo separado da sociedade. Nos sonhos, 1 sentimento pode ser determinado para reconhecer se a experiência é assustadora ou desconhecida. Este sonho também pode demonstrar alguma forma de desenvolvimento espiritual ou totalidade alternativa ou quando uma área da sua vida é completa. Se você é abduzido(a) por alienígenas, nesse sonho mostra que você está sendo tomado por uma força contra sua vontade; portanto, o significado do sonho é simplesmente isso – é literal.

ANJO

Sonhar com anjo é 1 bom presságio. A aparência de tais figuras num sonho, significa que o sonhador(a) está procurando a estabilidade que precisa para que ele(a) possa finalmente entrar no caminho certo.

Dica psicológica: o médico pode recomendar que o sonhador(a) acenda uma vela a cada dia 24/4 para os 1.500.000 de armênios que entre 1915 e 1917, no Império-otomano, foram levados para a morte através de uma série d'execuções coletivas e tortuosas travessias no deserto que os mataram de inanição e exaustão. O consulente também, pode perguntar a 1 de seus padres, onde estava o anjo de guarda de cada uma dessas vítimas naqueles morticínios.

ARRANHÕES

Feitos por 1 gato: é indicação de doenças e aflições para aqueles que sonham estar recebendo-os.

ARTISTA

Sonhar com artista: significa que você tem a criatividade para criar seu próprio universo. Pode representar uma auto-avaliação, uma mudança de vida ou que você precisa tomar cuidado com as pessoas que andam ao seu redor.

Você foi 1 artista em sonho – deve-se ficar tranquilo e não temer a concorrência, pois, no final, atingirá sua meta.

Ver 1 artista trabalhando, será responsável por 1 coração pulsar mais forte. Participar de uma reunião com artistas é sinal de que conseguirá aquilo que deseja, no momento.

ASSASSINATO

Testemunhar 1: é sinal de mudança de residência.

Ser o assassino: indica brigas em família ou que poderá sofrer alguma injustiça.

Ver 1 assassino ir para a cadeia: mudanças breves em sua vida.

ATAQUE

Alguns sonhos como ser atacado ou perseguido por alguém, são estressantes. Isso pode ser 1 sinal precoce do cérebro ou de alguma doença do sistema nervoso, como o mal de Alzheimer ou Parkinson – explica o especialista Oscroft.

BANHO

Sonhar com banho: significa a dissipação de 1 medo ou de 1 estresse, sair de uma doença. Pode indicar também 1 sentimento de culpa muito grande, alguma coisa velha ou suja do qual o sonhador(a) está querendo se livrar.

Banho de chuveiro: pode significar que o sonhador(a) sente a necessidade de limpar os velhos sentimentos de sua alma e espírito para relaxar e refrescar, tendo assim condições mais favoráveis no futuro. Deve pois refletir sobre os acontecimentos passados e assumir novos comportamentos.

Banhar-se numa banheira: é 1 sinal de que o sonhador(a) deve ter cuidado com danos corporais.

Banho de sol: sonhar com banho de sol mostra que os sentimentos do sonhador(a) estão mais expostos agora.

Banho de sauna: traduz que você deveria estar 1 pouco mais aberto e receptivo a outras opiniões e ideias. Necessariamente você não precisa concordar com outras opiniões, mas ouvi-las e tirar suas próprias conclusões pode ser importante.

BÊBADO

Sonhar com bêbado sugere que o sonhador(a) está a agir descuidadamente e de forma sensível. Está a perder o controle de tudo, inclusive da própria realidade, talvez por estar tentando escapar de alguma situação.

Quando o sonhador (a) sonha com álcool ou com alguém bêbado: ele(a) precisa se certificar de que os processos em sua vida estão corretos. Isso, psicologicamene, mostra que é importante certificar-se de que ele(a) não esconde seus verdadeiros sentimentos.

Estar bêbado(a): este tipo de sonho acontece quando o sonhador tem o hábito de beber demais e agora está se recriminando por isso.

> *Dica psicológica*: ir à uma farmácia, adquirir uma caixa de remédios que ajudam deixar de beber e leva-la como presente à uma *Associação de Alcóolicos Anônimos* de sua cidade.

Sonhar que conduz bêbado: indica que a sua vida está fora de controle. Alguém ou algo que o(a) incomoda está a dominá-lo(a) severamente. No pior dos casos, simplesmente seja bem seletivo em relação às suas companhias, pois pode estar sob o efeito de más influências.

Em geral: neste tipo de sonhos, o que se passa é muito simples: o sonhador(a) precisa estabelecer ordem na sua vida, seja lá como for. Deve também abandonar certas pessoas, fazer mudanças drásticas, viajar para longe, etc. Alguma coisa terá de servir. O que é certo é que não existe qualquer réstia de sossego e assim depressa entra em conflito tanto consigo, como com os outros. A chave de momento é seguir em frente por novos e brilhantes caminhos. Os alcoólatras em sonhos estão relacionados com sentimentos reprimidos.

Se sonhar que vê 1 alcoólatra na rua: é 1 sinal de que você experimentará perdas financeiras.

Sonhar que você é o tal: significa que você terá que estar ciente de seu estilo de vida imprudente, se você quiser ter sorte na vida.

Sonhar que você bebe demais em casa: significa que você pode ter uma falha em breve,

Simbolismo psicológico do sonho com bêbado: estar bêbado num sonho não é tão diferente do que estar bêbado na vida real; é uma forma d'escapar. Mas também de tentar evitar realidades cruéis e d'encontrar uma âncora em algo fora de si mesmo. Beber faz com que a pessoa se sinta bem por 1 curto período de tempo. Se alguém está bêbado(a) em seu sonho, a interpretação e o significado desse sonho vão ser muito dependentes da sua relação com o álcool, uma vez que as relações com o álcool em nossa sociedade podem ser muito complexas. E são bastan te diferentes para cada pessoa. Assim sendo, sonhar estrar(a) bêbado(a) pode representar que você está perdendo o controle de alguns aspectos da sua vida. Por isso, se você tiver 1 desses sonhos, pode valer a pena considerar cuidadosamente o que está saindo fora dos eixos em sua vida e – importante – o que você está tentando evitar.

Se você está comemorando algo em seu sonho e vê 1 alcoólatra bebendo muito (talvez até se olhando num espelho): então as coisas vão ser difíceis. Se você tiver filhos, é importante passar 1 tempo de qualidade com eles. E'importante certificar-se de que as crianças são levadas em consideração. Lembre-se do que é importante para você na sua vida. Pare de tentar colocar uma nuvem de fumaça e leve a vida mais a sério.

Ressaca

Qualquer forma de ressaca em sonho é certeza de que o sonhador(a) precisa assumir suas responsabilidades.

BEBÊ

Em geral

Sonhar com bebê pode ter vários significados, depende muito de como é o contexto do sonho. No entanto, geralmente, sonhar com esses serzinhos é sinônimo de felicidade e 1 futuro promissor. Ou seja, positividade em tudo. Mas o que são os sonhos? Os sonhos nada mais são do que mensagens inconsciente. Ou seja, não significa que o que sonhamos vá se realizar ou está acontecendo no momento. Dessa forma, quando for interpretar seu sonho, procure analisar de forma lúdica e mais introspectiva.Por isso, preste muita atenção ao seu contexto social:

Abandonado

Contudo, ter 1 sonho como este, apenas, vendo 1 bebê abandonado significa boas notícias, inclusive que você pode ganhar algum presente especial. Mas também, esse sonho pode significar medo da sua parte. Ou seja, pode ser que você tenha medo de ser mãe ou não acredita que pode ser capaz de cuidar de 1 bebê.

Amamentando 1 bebê

Sonhar amamentar 1 nenê bonito e, sobretudo, saudável significa muita sorte no futuro. Mas se esse bebê estiver com a aparência frágil ou até mesmo doente, pode significar muitas turbulências pelo seu caminho, que claro serão superadas com muito esforço. Por isso, mantenha-se preparada.

Andando

Pode significar momento de grandes decisões e momentos importantes na sua vida. Dessa forma, você vai se sentir mais preparado e com autenticidade para encarar novos desafios, que tem tudo para fazer você evoluir. Então use esse período maravilhoso, para investir nas suas ideias.

Aquecendo 1 bebê: Pode remeter ao seu instinto de proteção. Por isso, tome cuidado e obser-ve se você não está sufocando demais a quem ama. Como amigos, familiares ou companheiro de relacionamento.Esse sonho pode indicar que você está obsessiva. Além disso, pode indicar também que você tem dificuldade de receber carinho ou afeto, por isso deve se proteger demais.

Brincando

Pode significar que você receberá visitas em breve, que pode ser de 1 parente não tão próximo, ou até mesmo de 1 amigo da família.Com isso, significa que você está aberto e próximo de quem ama, disposta a ter trocas com essas pessoas. Por isso, viva o presente intensamente e relembre o passado com muito carinho. Agora, se você estiver brincando com a criança no sonho, pode significar descobertas de pessoas bem próximas. Esses segredos podem ser surpreendentes e bastante peculiares,coisas que você provavelmente não sabia.

Chá de bebê:Representa que possivelmente uma pessoa bem próxima a você pode estar esperando 1 bebê. Com isso, esse sonho significa a chegada de uma nova vida e também o laço de amizade com essa pessoa.

Chorando

Geralmente, sonhar com bebê chorando significa que você é quem está carente e precisando de 1 carinho, daquela pessoal especial. tem outra questão que o sonho pode ser sinônimo, pode ser sinal de desapontamento até mesmo insatisfação. Por isso, é adequado que se retire esse espaço para refletir sobre seus reais objetivos, sobre si mesma. Procure se valorizar e se auto-agradar, mas sem perder o foco de realizar atividades que são necessárias.

De fralda suja: Este sonho significa que você está num momento leve e feliz da sua vida. Por isso, investir em momentos simples mas prazerosos tem sido sua maior felicidade. Como, por exemplo, tomar 1 sorvete enquanto caminha num parque. Isso também pode ser sinal que sua vida amora anda bem e que você e seu parceiro (a) estão s'entendo muito bem.

Dormindo: Geralmente, pode indicar que você precisa descansar e voltar a se reconectar com o seu "eu" lá da infância. Por isso, procure fazer uma reflexão interna, voltada para sua essência e personalidade.

Encontrando 1 bebê: Pode significar que está procurando 1 novo caminho. E se esse bebê estiver em público, quer dizer que você procura 1 novo caminho, em que possa estar em contato com várias pessoas, onde desenvolverá seus dons e talentos.Já se você encontrar o nenê em lugar vazio, significa que você vai descobrir algo dentro de você. Ou seja, pode ser uma redescoberta sobre sua personalidade ou mudança de ares.

Fezes de bebê: Por mais que não deva ser agradável sonhar com bebê cheio de fezes, você vai se surpreender ao saber que este sonho tem como significado muita riqueza, luxo e sorte.Agora, caso o neném esteja sujo e precisando de cuidados, é sinal que você precisa repensar sua vida financeira em relação a sua vida pessoal. Portanto, tome cuidado, pois ao mesmo tempo que pode te trazer muita sorte, este sonho pode significar a perca de algo muito valioso pra você. Então, é importante que você saiba administrar e, sobretudo, equilibrar quantidade com qualidade.

Nascendo: Geralmente significa grandes mudanças. Agora caso esses recém nascidos sejam gêmeos, isso quer dizer paz. Com isso, sua casa e família estará em paz e harmonia. Ou seja, o bem-estar e convivência estarão perfeitos. No entanto, o recém nascido é 1 símbolo de pureza e renovação. Desta forma, pode vir a ser 1 compromisso de casamento também.

No colo: Se o bebê que você sonhou no seu colo estiver confortável, é sinal que você está mais que preparada para começar projetos ou até mesmo conclui-los com total exito. No entanto, depende de como você vai lidar com a situação, pois é tão delicado quanto segurar 1 bebê no colo. Com isso, se o nenê no seu colo estiver dormindo, significa que tais projetos ainda são apenas ideias e você pode colocá-los em prática. O sonho pode mostrar ainda que nesse momento da sua vida, você s'encontra com mais carinho, afeto e generosidade. O que é ótimo para a prosperidade. Agora se o bebê estiver no colo de outra pessoa, pode significar que alguma novidade lhe espera. Mas é somente a longo prazo, então é necessário ter paciência. Esse algo novo depende muito de você e das suas atitudes diante do tempo e do espaço d' espera. Além disso, tem o ponto de até onde suas ações interferem no contexto d'outro. Por isso, mantenha o foco e siga suas metas, em breve algo novo está a sua espera.

Recém-nascido

Prematuro: Este sonho pode indicar 1 pouco de ansiedade. Caso o bebê ainda está para nascer ou até mesmo em trabalho de parto, significa que alguma decisão que você tomou de forma precipitada pode ser revertida. No entanto, se o nenê já estiver nascido pode significar que você deva controlar mais seu sistema emocional. Como, por exemplo, o estresse e a ansiedade. Então não tenha pressa por realizar as coisas, respeite o tempo natural do universo, organize-se e relaxe. Não permita que pequenas coisas te tirem do sério ou alterem bruscamente seu humor.

Morto

Infelizmente, ter esse tipo de sonho pode indicar algum tipo de trauma da infância, ou de problemas sofridos recentemente. Caso no sonho o bebê é seu, significa que são questões voltadas sobre você mesma, ou seja, só podem ser resolvidas por você própria. Por isso, dê 1 tempo para você, faça uma reflexão e procure dentro de você. Dessa forma, ajudará na resolução deste dilema.

Sonhar com roupa de bebê: Significa inconstância, ou seja, está ligado diretamente a como você ver as coisas e como elas podem mudar, por esse fato. Agora se você viu roupas de bebê apenas para comprar, significa que você está suscetível a mudar de opinião no momento presente, sobre algo que esteja acontecendo.

Sonhar com 1 feto

Significa soluções para problemas, novas oportunidades ou até mesmo perceptivas diferentes. Por mais que sua situação no momento possa estar difícil, esse sonho significa uma esperança aos seus problemas.

Sorrindo: Este pode significar leveza e despreocupação com problemas rotineiros. Ele representa a pura energia positiva e alegria. Além de significar também que você pode conquistar a pessoa amada.

O que diz se você sonha com 1 bebê "demônio"? Há sonhos como esses que podem fazer você pensar por dias quando acordar; 1 demônio ou 1 "bebê maligno" num sonho representa seus medos mais profundos. Isso pode significar que você está com medo do que você pode e não pode fazer. Você está preocupado com a "vida" em geral? Existe 1 novo projeto que você tem medo? Você está assumindo mais do que você pode lidar? Se sim, peço-lhe que pense no quadro maior. Os bebês naturalmente acordam chorando e 1 bebê diabólico pode indicar que você geralmente se preocupa com novas mudanças à frente. Se você está esperando 1 bebê, este não é 1 sonho incomum. Se você tem filhos, esse sonho pode apenas implicar que você está lidando com ser pai e, às vezes, achará algo difícil.

Ver 1 bebê recém-nascido em seu sonho é 1 presságio maravilhoso. Isso denota que a harmonia, o contentamento, a felicidade alegre na felicidade está vindo em sua direção, você pode ter dado à luz no sonho e então visto 1 bebê recém-nascido segurando alternativamente o bebê. O gênero do bebê neste contexto é irrelevante, mas sugere que 1 novo começo está vindo em sua direção. Isso exigirá disciplina ao mesmo tempo irá ajudá-lo a construir sua confiança.

Ver 1 bebê grande ou dar à luz 1 adulto em seu sonho: pode ser bastante estranho. Bebês grandes ou filhos que já tenham crescido, sugerem que você precisa de 1 novo começo na vida para se sentir mais animado. Isso poderia ser simplesmente uma mudança de residência ou 1 novo emprego.

Se o bebê era deformado de alguma forma: então isso prediz que os dramas emocionais estão nas cartas. Pode indicar que haverá alguém que você não gostará, mas com o tempo desfrutará de sua companhia.

Sonhar com 1 bebê com 1 terceiro olho: o 3º olho nos dá a capacidade de ver o invisível em termos espirituais. Pense no 3º olho como nossos próprios sentidos. De fato, sua intuição. É possível realmente usar o 3º olho? Basicamente, isso é tudo sobre energia e nos sonhos ver 1 terceiro olho é sobre como você está usando seus sentidos – especialmente sua intuição! Sonhar com 1 bebê com 1 terceiro olho é 1 sonho incomum e raro, se assim posso dizer. Representa que você está ciente do perigo e da consciência, espiritualmente. Você pode ter encontrado alguém que pode pensar que você pode sair mal com o comportamento – e agir de forma descuidada. Há sempre alguém assistindo e você deve prestar atenção extra ao seu entorno.

O que significa sonhar em cuidar de 1 bebê? Esses tipos de sonhos são maravilhosos. Nós todos sabemos que ser mãe pode ser incrivelmente gratificante, mas também muito trabalho – especialmente quando se trata de amamentar seu bebê. Ver a si mesmo amamentando em público pode indicar que você está preocupado em expor seu corpo – mas você não deveria estar. Usar uma capa enquanto amamenta em seu sonho pode sugerir que você pense em canalizar suas características femininas internas. A amamentação, afinal, é tudo sobre ser uma super mãe. Dar ao seu filho o leite de que necessita em seu sonho, é 1 presságio positivo espiritual. Pense em como é maravilhoso o seu corpo! Que você deu vida humana, mesmo no sonho. As mulheres alimentam bebês desde que estamos na Terra. Carl Jung acreditava que o sonho com bebês é 1 dos sonhos mais comuns que 1 pai pode ter, especialmente para as mulheres. Em geral, o sonho representa sus esperanças e planos para 1 futuro melhor.

Sonhar em ver outra mulher amamentando seu bebê em público: pode implicar que você está sendo sensível quando se trata de seu futuro e do futuro de sua família, porque você trabalhou muito para tornar a vida confortável. Esse sonho é tudo sobre "dedicação". Se você está feliz enquanto amamenta no sonho, isso implica que seus esforços serão recompensados. Caso contrário, você terá que passar mais alguns obstáculos até que você aproveite sua felicidade. Para o sonho ser adverso de alguma forma indica que você pode encontrar 1 ato político no futuro.

O que dizer se você esqueceu o seu bebê depois de dar à luz num sonho? Talvez, de repente, no estado de sonho, lembre-se de que você tem 1 bebê, mas esqueceu-se dele ou dela. Não ser capaz de lembrar onde você coloca seu pacote de alegria num sonho é comum. Mas temos ótimas notícias: a interpretação do seu sonho é positiva. Mas, como qualquer coisa desses sonhos, mesmo que enervante possa implicar, há uma parte de você que se sente abandonada, mas logo se sentirá amada novamente. Este sonho também representa sentimentos de 1 novo começo em sua vida. Olhe para as outras partes do sonho em busca de pistas.

O que significa sonhar em cuidar de 1 bebê? Esses tipos de sonhos são maravilhosos. Nós todos sabemos que ser mãe pode ser incrivelmente gratificante, mas também muito trabalho – especialmente quando se trata de amamentar seu bebê. Ver a si mesmo amamentando em público pode indicar que você está preocupado em expor seu corpo – mas você não deveria estar. Usar uma capa enquanto amamenta em seu sonho pode sugerir que você pense em canalizar suas características femininas internas. A amamentação, afinal, é tudo sobre ser uma super mãe. Dar ao seu filho o leite de que necessita em seu sonho, é 1 presságio positivo espiritual. Pense em como é maravilhoso o seu corpo! Que você deu vida humana, mesmo no sonho. As mulheres alimentam bebês desde que estamos na Terra. Carl Jung acreditava que os sonhos dos bebês é 1 dos sonhos mais comuns que 1 pai pode ter, especialmente para as mulheres. Em geral, o sonho representa suas esperanças e planos para 1 futuro melhor.

Sonhar em ver outra mulher amamentando seu bebê em público: pode implicar que você está sendo sensível quando se trata de seu futuro e do futuro de sua família, porque você trabalhou muito para tornar a vida confortável. Esse sonho é tudo sobre "dedicação". Se você está feliz enquanto amamenta no sonho, isso implica que seus esforços serão recompensados. Caso contrário, você terá que passar mais alguns obstáculos até que você aproveite sua felicidade.

Em geral, você será recompensado pelos sacrifícios que fizer.

O que dizer se você esqueceu o seu bebê depois de dar à luz num sonho? Talvez, de repente, no estado de sonho, lembre-se de que você tem 1 bebê, mas esqueceu-se dele ou dela. Não ser capaz de lembrar onde você coloca seu pacote de alegria num sonho é comum. Eu mesmo experimentei acordar pensando que deixei meu bebê em algum lugar nessas horas de sono. Pode ser aterrorizante – é claro, até você acordar e perceber que foi apenas 1 sonho. Mas temos ótimas notícias: a interpretação do seu sonho é positiva. Mas, como qualquer coisa desses sonhos, mesmo que enervante possa implicar, há uma parte de você que se sente abandonada, mas logo se sentirá amada novamente. Este sonho também representa sentimentos de 1 novo começo em sua vida. Olhe para as outras partes do sonho em busca de pistas.

> + *Cuidados*: sonhar com ele, pode significar que a sonhadora não deve usar madeiras que não sejam de vidro, devido o perigo do BPA contido nas mamadeiras plásticas, principalmente nas importadas da China.

Se você esqueceu de alimentar 1 bebê recém-nascido no sonho: isso indica 1 novo emprego, uma nova atuação, uma nova responsabilidade.

Se em seu sonho você entrega 1 bebê prematuro: isso está ligado ao fato de que você está achando difícil entender alguém próximo a você. Isso pode ser atribuído a 1 contexto de trabalho, destacando que você não estará interessado principalmente em ganhos materiais. Você está particularmente interessado em educação. No futuro, deve ter cuidado na profissão ou rumo profissional que escolher.

O ultrassom é uma maneira fantástica de monitorar o bebê durante a gravidez, então, o que acontece se isso aparecer em seu estado de sonho? Este é 1 sonho simbólico tanto de ansiedade. Se você sonha que lhe disseram que seu bebê está morto durante 1 ultrassom, isso pode ser 1 sonho traumático. Seu sentido simbólico, significa que você não deve ouvir as fofocas de outras pessoas.

Sonhar com a experiência de pré-eclâmpsia ou que os seus pés incharam durante 1 sonho: indica que você é altamente inventiva. Você estará realizando grandes feitos e tarefas ambiciosas no futuro.

Adormecer 1 bebê: dinheiro.

Beijar 1 bebê: falta de sinceridade.

Adoção

O sonho sobre adotar uma criança: externa assumir algo novo e diferente. Também pode ser a representação de 1 aspecto descartado ou indesejado de sua vida que está se renovado.

Dica psicológica: em vez de amar cães, leva-los a passar para fazer xixi e cocô pelas ruas, avenidas e praças, fotografa-los todos os dias, comprar-lhes roupas, agasalhos, perfumes, shampoos, coleiras, brinquedinhos e guloseimas vitaminadas, leva-los periodicamente para cortar o cabelo e as unhas, banhar-se no mar, em piscinas ou banheiras aromatizadas, beija-los na boca, dormir com eles (certas madames até mantêm cães maiores para transarem com eles), que tal adotar uma criança órfã ou abandonada? Têm milhões à escolha...e o dinheiro neste caso economizado, pode pagar tranquilamente uma babá...

Amamentação

Se você sonha em amamentar: então esse sonho indica o afeto, a maternidade e a inocência. O sonhador está chegando a 1 ponto de sua vida, onde a ternura e segurança vai cercá-lo. Se o homem estava sonhando com a amamentação, então esse sonho prediz sobre desejos sexuais ocultos ou a necessidade de amor e carinho, que foi recebido na infância da mãe. O cuidado que você receberá também é possível. Para obter a interpretação dos sonhos mais detalhadas sobre o seu sonho, por favor, consulte também o significado d'enfermagem, uma vez que iria dar-lhe muito mais do que a explicação sobre o seu sonho. Também pode ser sinal de gravidez próxima.

+ *Cuidados*: deve apalpar periodicamente seus seios para ver se não têm "bolas" dentro.

Dica psicológica: seria bom se a sonhadora levasse de vez em quando algumas latas de leite em pó para algumas das entidades sociais de sua cidade que cuidam de mães que não têm leite.

Babá

O sonho com uma babá: simboliza seus sentimentos sobre cuidar de problema de outra pessoa. Você pode se sentir entediado com sua vida ou retido devido a problemas de outra pessoa. Negativamente, uma babá pode refletir a responsabilidade ou problemas que você sente tem sido objeto de *dumping* para você. Sentimento que você tem que proteger ou cuidar de alguém que é vulnerável, porque mais obstáculos até que você aproveite sua felicidade. Também pode ser a representação dos sentimentos d'estar subordinada a alguém com poder imerecida sobre você. Sendo controlada por alguém mimado. Além disso, uma babá num sonho pode refletir seus sentimentos sobre educar seus filhos na vida real.

Se a pessoa mesma sonha pedindo serviço de baby-sitter: mostra que ela precisa reconhecer ainda estar agindo como uma criança em muitas coisas.

Em geral: quando você sonha com uma babá, simboliza que você precisa cuidar de si mesmo, já que há uma parte de você que precisa ser cuidada.

Berçario

Ver o berçário de 1 bebê em seu sonho: simboliza seu instinto maternal. O sonho pode sugerir que você está esperando uma nova adição à sua família. Alternativamente, 1 berçário indica que você está regredindo de volta à sua infância. Talvez você esteja querendo voltar a 1 tempo mais simples, onde você foi cuidado e não precisa se preocupar com nada.

Berço

Berço é uma cama para bebés. É 1 local sagrado quando a criança é pequena, uma vez que todos os pais gostam de passar horas a apreciar os seus rebentos a descansar no respectivo berço. Nos sonhos, ao sonhar com berços, desde ela ou ele esteja casado, está tudo bem! O pior é se não está.

Ao sonhar que está a deitar 1 recém-nascido no seu berço: isso demonstra que está a passar por uma época feliz onde a vinda da criança foi considerada uma dádiva de Deus e é 100% sã.

Sonhar com 1 berço vazio: reflete insegurança e insatisfação consigo mesmo.

Encontrar ou ver 1 berço: tem significado profundo e se destaca como 1 presságio para a dependência. Berço indica que o sonhador(a) está confiando demais em si mesmo, significando que requer o auxílio de outra pessoa para apoio. Talvez ele(a) está no processo de recuperar algum controlo na sua vida. Por outro o sonho pode ter 1 significado simbólico de uma nova tarefa, projeto, plano, esquema. Inclusive uma pequena cama baixa para criança, também simboliza 1 recomeço em sua vida.

Para as pessoas que não se casaram, ao sonharem que de estão num berço: isso significa que ocorrerão mudanças infelizes no campo pessoal e profissional.

Canção de ninar

Você cantou no seu sonho: significa sua capacidade de acalmar os outros. Você traz paz e harmonia a uma situação.

Ouvir uma canção de ninar em seu sonho: representa sua busca por tranquilidade e paz.

Filho

Sonho sobre 1 filho(a): simboliza 1 investimento emocional ou d'esperança para o futuro numa situação onde você é o dominante, assertivo ou insensível. Sentimentos de proteção determinados. Fazendo tudo o possível para manter o controle sobre uma situação. Ficar preso com uma decisão onde você tem uma participação de líder ou de controle. Decidindo a afirmar-se ou ser agressivo e agora viver com as consequências ou a responsabilidade dessa decisão; 1 aspecto masculino em desenvolvimento da sua personalidade ou vida. O sonho sobre 1 filho que você tem na vida real pode representar uma situação em que você espera ver suceder ou prosperar. Se você tiver mais de 1 filho na vida real, então cada filho representará 1 aspecto diferente de si mesmo com base em seus sentimentos mais honestos então. Pergunte a mesmo que qualidades ou sentimentos destacam-se a mais com você sobre seu filho e tentam ver como que podem se aplicar a uma situação na vida real. Alternativamente, sonhar com o seu filho pode refletir sua relação de vida acordado com ele. Maus filhos simbolizam aspectos negativos ou corrompidos de sua personalidade que é encorajador. Ele também pode apontar para uma situação ruim ou problema que você está apoiando. Você pode sentir que sua própria agressão ou assertividade se transformou em você.

Fraldas

O sonho sobre fraldas simboliza algo na vida do sonhador(a) que tem que ser cuidado o tempo todo. Um problema muito exigente ou algo que exige responsabilidade constante, devendo-se tomar precauções para evitar a vergonha que está propensa a acontecer, impedindo o pior: 1 comportamento infantil.

O sonho de mudar uma fralda: simboliza o esforço do sonhador(a) para cuidar ou gerenciar 1 problema, uma pessoa ou área da sua vida que requer atenção constante, manter algo arriscado ou perigoso que deve ficar sob controle. Como alternativa, pode refletir seus sentimentos sobre a limpeza de 1 comportamento vergonhosamente infantil.

Fralda suja: traduz a consciência que se deve ter referente a 1 problema na vida que precisa de atenção; a necessidade de forma responsável ou discreta, tratar e resolver uma situação.

Fralda molhada: pode representar falhas de responsabilidade em ser atencioso(a) suficiente ou ter os cuidados necessários que ele deveria demonstrar com 3os. Negativamente, pode refletir sentimentos de culpa, vergonha, por ser impotente para fazer qualquer coisa, muito menos.

Usar uma fralda: pode refletir problemas com a mãe.

Em geral: 1 bebê de fraldas reflete seu desejo de criar uma criança.

Mamadeira

Alimentar 1 bebê: se no sonho você alimenta 1 bebê com uma mamadeira, é prenúncio que em breve, sua família aumentará. Uma nova criança pode estar a caminho e irá trazer muitas alegrias.

Alimentando alguém com mamadeira: se em sonho você alimenta alguém com uma mamadeira, é uma representação do sentimento de responsabilidade que você tem sob essa pessoa. Pode ser quem apareceu no sonho, mas também pode ser relacionado a outras pessoas. Você provavelmente se vê como tutora desse alguém e quer protegê-lo do mal. Ainda é creditado à situação em que essa pessoa está passando, na sua necessidade de cuidar dela.

Ser alimentado com mamadeira: quando num devaneio você é a pessoa alimentada com a mamadeira, esteja ciente de que é 1 aviso do seu subconsciente. Suas atitudes e emoções refletem algo que está acontecendo no seu interior, podendo dizer que você está emocionalmente regredindo.

  + *Cuidados*: procure respirar e observar as situações com 1 olhar mais adulto. Lembre-se que tudo, no final, se resolve.

Nascimento

Se você sonhou que 1 filho seu nasceu: esse sonho prenuncia 1 feliz melhorar de sua vida e é possível que você espere em breve o nascimento de 1 bebê muito bacana.

Se você sonhou que vai casar devido 1 bebê a caminho: é a sua consciência que o adverte sobre a necessidade de respeitar a proteção da sua reputação e sua dignidade. O sonho também pode pressagiar uma notícia alegre, herança, etc.

Mulher casada ver no sonho que ela vai ter 1 filho: é 1 sinal de grande alegria e de grande herança.

Mulher solteira ter esse sonho: prenuncia uma perda de reputação e uma ruptura com o seu amante.

Se 1 jovem demais se casa num sonho: é advertência sobre a necessidade de mais reflexão e responsabilidade.

Em geral: o nascimento de uma criança, visto num sonho, prediz uma melhoria feliz na vida da sonhadora e alegres mudanças.

BOCEJAR

Bocejar: pequenas dificuldades.

Bocejar em ocasiões sociais: você não está à altura de sua posição.

Bocejar de manhã: será abandonado pela pessoa amada.

Bocejar na igreja: será humilhado.

Durante o sonho ver a si ou alguém bocejando: significa que o sonhador precisa ser emocionalmente e intelectualmente estimulado para se manter motivado. Ele precisa muita energia e vitalidade em sua vida.

Se você tem no sonho 1 bocejo de tédio na presença de alguém: ele anuncia confortante receber notícias de amigos distantes.

Se você sonha se vendo a bocejar numa reunião, conferência ou cerimônia terrivelmente chata: na realidade você chegue até a se divertir com as mesmas pessoas.

Se você sonha e vê 1 amigo seu bocejando: significa que em breve será seguido por uma proposta de casamento muito aguardada ou que logo você estará numa busca vã de 1 novo objeto de sua paixão insaciável.

Se você sonha se vendo a bocejar numa reunião, conferência ou cerimônia terrivelmente chata: na realidade você chegue até a se divertir com as mesmas pessoas.

Se uma garota sonha que seu amante boceja: significa que ela vai receber uma proposta de casamento surpresa. No entanto, 1 sonho em que ela boceja ao lado de 1 homem apaixonado por ela, prenuncia a solidão por causa de sua legibilidade e mania excessiva na escolha de 1 parceiro de vida. Talvez ela esteja à espera d'encontrar a pessoa perfeita, que só existe em seus sonhos.

CAMA

Em geral: sonhos com cama podem simbolizar necessidades íntimas que não são realizadas. Este sonho também pode significar sensualidade incontida, contato íntimo que não acontece e perspectivas de doenças sexuais.

Estar deitado numa cama: triunfará no campo profissional.

Cama desarrumada: surpresas agradáveis.

Molhar a cama: representa uma falta de controle em sua vida. Você está passando por muitas ansiedades. Você pode estar preocupado em não ser aceito por causa de suas crenças ou comportamentos. O sonho também pode apontar para problemas em suas relações sexuais ou sexualidade.

Se sonhou estar deitado debaixo da cama: sugere que você deve cuidar melhor de sua saúde, pois você precisa de descanso e recuperação d'estresse.

Se você estiver na cama com 1 estranho (a), ou numa cama estranha: você pode acabar lidando com problemas causados por falta de prudência em suas relações sexuais.

Se você sonha em flutuar acima de sua cama: isso indica que você se sente desconectado das pessoas em sua vida privada; mas por outro lado, se você gostou da sensação da flutuação. Psicologicamente o sonho também pode indicar o desejo de se desconectar de algo problemático.

Cama de hospital: este sonho é geralmente relacionado com a cura, embora possa haver alguns pedaços de dor ou assustadores nele. Psicologicamente também pode significar desentendimentos amorosos.

Ver-se num leito de morte, é iminente visita de uma pessoa que você não vê há muito tempo.

Se você estiver no leito de morte de uma determinada pessoa: então isso significa que em breve você vai ver a pessoa após 1 longo tempo que não a vê.

CELULAR/SMARTPHONE

Freud não tinha celular. No entanto, à medida que se tornam mais prevalente na sociedade são, obviamente, objeto dos sonhos das pessoas. Os celulares deixaram de ser 1 símbolo de status para 1 símbolo de segurança. Sentimos uma sensação de conexão com nossos recursos, quando o celular está próximo. Esses sonhos indicam que você está sendo receptivo a novas informações. Ele também representa a sua mobilidade. Alternativamente, o sonho significa falta de compreensão. Talvez você está tendo dificuldades para falar com alguém.

Sonhar com celular: é 1 sinal de proximidade psicológica ou emocional com alguém novo. Sonhar com celular, é 1 sinal de proximidade psicológica ou emocional com alguém novo. Você está tendo sentimentos de necessidade de algo urgente. Pode indicar sentimentos que está tentando evitar perder, ou que acha que é necessário ter. Esse tipo de sonho também pode mostrar que você quer certo acesso ou conexões a pessoas ou recursos. Pode ser com coisas que você quer em sua posse, algo que você quer fazer, ou apenas algo que ocupa seus pensamentos com frequência. O significado mais comum desse tipo de sonho indica que pode haver uma chamada complicada que você precisa fazer. Alguém, em algum lugar, tem de ouvir de você. Às vezes, quem é esta pessoa pode ser muito fácil de determinar. Noutros momentos, pode 1 pouco difícil que a pessoa em questão é alguém do passado. Muitas vezes no passado muito distante pode haver outras pistas dentro do sonho a respeito de quem poderia ser de qualquer maneira faça uma reflexão com a sua intuição.

Você esteja esperando uma chamada: é alguém tentando entrar em contato com você. E você tem necessidade desse contato.

Celular perdido: o sonho em que perde seu celular representa uma falta de comunicação. Você perdeu o contato com algum aspeto de seus sentimentos. Sonhos em que o celular está perdido é 1 sinal d'estar emocionalmente desconectado de algo que você considera importante. Pode ser algo que o impede d'expressar seus verdadeiros sentimentos.

Encontrando 1 celular: se você achar 1 celular, em seguida, simboliza a reconexão e comunicação aberta.

Alguém ligando para você: sonhar que alguém está ligando para você em seu telefone celular, significa que você precisa de algum tipo de chamada para despertar na vida. Quando você recebe uma chamada de alguém que você ama ou admira o qual é o 1º pensamento que passa pela sua cabeça?

Se você não conseguir que alguém atenda o celular: pode estar sentindo uma separação. Você pode estar se sentindo separado de alguém ou algo do qual você tira apoio emocional. A separação de membros da família pode muitas vezes resultar em sonhos com a perda de contato de celular com eles.

Celular quebrado: se o celular estiver quebrado indica que você não está s' expressar de uma maneira saudável e eficaz. Um sonho sobre 1 telefone celular quebrado é 1 sinal de que uma conexão na vida real foi quebrada ou perdida. É 1sentimento de amizade que não pode ser restaurada devido a conflitos que não podem ser resolvidos.

Em geral: se você sonha em falar no seu celular, você está focado em coisas próximas ao seu coração. Algo está ocupando muitos dos seus pensamentos, ou você está empenhado em conseguir que algo aconteça. Também pode ser 1 sinal de uma urgência emocional. Você pode ser incapaz de funcionar sem algo realmente importante. E pode indicar que sente saudade d'entes queridos que já se foram desta vida.

Sonhar com smartphone: está ligado `a uma maior proximidade espiritual ou até mesmo psíquica de seus desejos, lugares ou pessoas que são trazidas na sua bagagem emocional. Também reflete crenças, costumes e sentimentos dos quais você não quer se afastar. Outra fonte de interpretação diz respeito a 1 chamado que você precisa atender. Mas não necessariamente real, de ligações, mas sim algo mais espiritual. Talvez você sinta que alguém próximo, no seu convívio, ou em algum lugar distante, até mesmo do seu passado, está necessitando falar com você, para resolver algum assunto.

Se em sonho você fala num smartphone: é indício de que há uma situação muito importante para você, na qual foi colocado todo 1 esforço e energia para solução da mesma. Como sente que já s'empenhou bastante, você agora está com aquele desejo de "fazer acontecer".

Quando no sonho, se vê 1 smartphone quebrado: tome cuidado. É sinônimo de que você terá conflitos com algum amigo, ou até mesmo com algum contato profissional que facilitava algum negócio lucrativo. Esse desentendimento pode estar acontecendo por conta de conflitos de interesses difíceis de resolver. Procure ter cautela, para não acabar 1 relacionamento importante por questões bobas.

Receber uma ligação: demonstra que, em algum fator da sua vida, você tem tomado decisões erradas. Alguém, realmente preocupado contigo, tem tentado alerta-lo sobre isso.

Sonhar que está esperando alguma ligação: significa que você está esperando que alguém tome uma atitude e venha falar com você. Se houve algum conflito, é aconselhável que tome a dianteira e não espere a iniciativa alheia.

Smartphone caindo n'agua: água sempre simboliza limpeza e alegria. Se seu smartphone cai em água limpa, em sonho, é sinal de que muita gente fala bem de você. Mas, se ao contrário, ele cair em água suja, tome cuidado com intrigas e fofocas.

Em geral: sonhar com smartphone está ligado à uma maior proximidade espiritual ou até mesmo psíquica de seus desejos, lugares ou pessoas que são trazidas na sua bagagem emocional. Também reflete crenças, costumes e sentimentos dos quais você não quer se afastar.

céu

Azul: vida calma, tranquilidade.

Agitado: aborrecimentos à vista. Este sonho pode significar muita insegurança.

Em geral: representa a nossa parte psicológica ou mental.

Céu azul, claro, bonito, radiante: indica felicidade, despreocupação e otimismo.

Cinza, feio ou carregado: seu significado é exatamente o oposto.

Qualquer coisa que caia do céu bruscamente: anuncia acontecimentos inesperados e ruins.

Outra coisa** é **ver cair objetos agradáveis (pétalas de flores, pequenas luzes etc) suavemente, de 1 céu bonito: significa sorte, bênçãos, ajuda, acontecimento afortunado.

> *Dica psicológica*: o psicólogo pode sugerir ao sonhador(a) – se ele for liberal – que ele aos poucos comece a esclarecer aos seus filhos, que na realidade **não** existe o tão badalado céu religioso, onde, além dos milhões de deuses de outras religiões (só na Índia tem mais de 33.000.000), também mora o suposto Deus judeu/cristão de barbas brancas, sentado num trono ao lado de seu suposto filho, que ele – "*Pai todo misericordioso*" – deixou abandonado para sucumbir pregado numa cruz (para servir de iguaria para os urubus à espreita se não o tivessem retirado de lá), tendo ao seu lado também sua louvada nora ainda considerada virgem imaculada mesmo após dar à luz 9 filhos, além dos milhares de santos e santas (tão honoráveis por terem sido tão úteis à humanidade em seus conventos e mosteiros), além também dos inoperantes (ou em férias permanentes) de seus milhões de anjos, arcanjos, potestades, tronos e querubins só vistos lindamente voando por céus azuis nas telas de nossos pintores renascentistas.

Inferno

Inferno é algo complicado de se descrever e definir, uma vez que muda de acordo com a percepção e também com a religião das pessoas. Mas, de uma forma geral, este é 1 conceito utilizado por diferentes religiões, mitologias, filosofias e credos para representar o lugar para onde determinadas pessoas vão depois que elas morrem. Mas de uma forma geral, o inferno sempre é apontado como 1 lugar de dor e de sofrimento, no qual as pessoas se contorcendo em altas labaredas ou cozidas em caldeirões cheios de óleo fervendo, pagam por todos os pecados ou todas as coisas ruins que elas fizeram durante o seu tempo de vida.

Sonhar com inferno: é ainda e por enquanto, algo considerado bastante comum no dia a dia das pessoas que ainda não começaram a perscrutar na *Internet*; 1 conceito bastante presente, tanto entre aqueles que realmente acreditam na sua existência quanto aqueles que enxergam o inferno nas suas representações variadas. Este sonho geralmente indica que a sonhadora(o) vai passar por problemas num futuro próximo.

Sonhar que outras pessoas estão no inverno: neste sonho a interpretação mais comum é basicamente a de que está vivendo entre pessoas que estão sendo falsas. Será preciso olhar com bastante atenção para separar o certo do errado.

Sonhar com inferno sem sentir qualquer mal físico: pressagia adversidade.

Se o sonhador se viu no inferno, sofrendo: é 1 aviso para que seja perseverante, busque a maneira de vencer barreiras e, dessa forma, alcançar os seus desejos.

Quando a pessoa se viu no inferno queimando: deverá passar por sérias dificuldades ou sofrer decepções sentimentais.

Se sai de lá: ficará livre de males que sofria há muito tempo.

Ver pessoa conhecida no inferno: ele precisa sair do esconderijo e se mostrar. Se, em sonho, ele(a) salvou alguém do inferno, o presságio é feliz para novas amizades e busca de nova alianças.

Dica psicológica: o psicólogo pode sugerir que o sonhador(a) esclareça aos seus filhos, que não existem inferno, nem purgatório, nem paraíso, sendo que todos eles foram maliciosamente inventados pelas religiões para vender suas indulgências e salvacondutos para os defuntos possam viajar livres de todos os seus pecados e crimes para a mansão divina.

Fugir de lá depois de ter sido obrigado a lá entrar: pressagia que o sonhador(a) pode superar os obstáculos.

Sonhar que foge do inferno: neste caso, é sinal de que a pessoa viverá 1 momento de muita felicidade em breve.

Avistar o inferno: decepções.

Estar no inferno: sorte no jogo durante 3 dias seguidos.

Em geral: o inferno quase sempre simboliza problema importante da vida que você deve enfrentar com coragem.

Paraíso

Lembram os *Testemunhas de Jeová*, que Jesus prometeu a 1 homem que estava para morrer e que corajosamente expressou fé nele: "*Estarás comigo no Paraíso.*" (*Lucas 23: 43*) Mas não explicou onde o Paraíso se localiza. O Paraíso seria no céu, na Terra ou em algum lugar intermediário onde os humanos aguardam julgamento? Consta que todos os nossos ancestrais viveram num Paraíso. A *Bíblia* diz: "*Jeová Deus plantou 1 jardim no* Éden, *do lado d'Oriente e ali pôs o homem que havia formado.... E Jeová Deus passou a tomar o homem e a estabelecê-lo no jardim do* Éden, *para que o cultivasse e tomasse conta dele.*" (*Gênesis 2: 8, 15*) Quando essas palavras foram traduzidas para o grego, a palavra "jardim" foi vertida *parádeisos*, de onde se origina a palavra "paraíso". Mas como a maioria das religiões ainda sustentam que o Paraíso existe de fato, para continuar vendendo indulgências para os pecadores humanos poderem entrar nesse mirabolante Paraíso após sua morte, vamos ver o que diz a Psicologia a respeito:

Sonhar com ele: gozará de felicidade e grande paz futuramente.

O ato de sonhar que você está no paraíso: poderá significar que você possui amigos leais, estes que estão sempre dispostos a ajudar você. Este é 1 sonho que pode significar também boas novas para quem quer fazer uma longa viagem.

Se você é mãe e sonha com o paraíso: significa que terá crianças ou filhos justos e obedientes.

Caso você estiver doente e infeliz: terá uma recuperação rápida e a sua fortuna deverá amadurecer.

Para os amantes: esta é uma promessa interessante.

Sonhar com o paraíso pode ter outras interpretações? Sim, sonhar com o paraíso pode ter uma série de interpretações diversificadas, onde você, por exemplo, se sonhar com Adão e Eva, poderá ter muita prosperidade. Agora, falar apenas com Adão, pode mostrar que seus desejos podem se realizar em breve. Se você falou apenas em Eva, significa que poderá ter problemas no amor.

Purgatório

Em geral: qualquer referência a purgatório é sinal de que sua vida está passando por uma transição, tudo pode parecer difícil agora, mas logo a vida entrará nos eixos; tenha calma.

5 SENTIDOS

Audição

Sonhar que você perdeu sua audição: significa que você está pondo fim a 1 velho costume e uma maneira antiga de pensar.

Ouvir música: é 1 presságio positivo no estado de sonho. Isso sugere que os outros irão confiar em você no futuro. Isso pode se referir ao fim de 1 relacionamento se você não conseguir ouvir. O sonho da "audição" sugere que você tenha alguma agressão reprimida ou raiva em alguém ou em si mesmo.

Se você sonha em usar 1 aparelho auditivo: isso significa que você precisa se comunicar melhor com as outras pessoas. Estar tentando ouvir algo na vida sugere que alguém lhe fará perguntas. A audição está ligada à nossa comunicação na vida.

Nos seus sonhos...

Tentar ouvir algo no estado de sonho: indica que alguém lhe fará perguntas. Ouvir é basicamente a maneira como abordamos a comunicação com os outros. Simboliza comunicação, dados e conhecimento.

No caso de você experimentar 1 profundo senso de audição no estado de sonho: representa o crescimento espiritual e que, como pessoa, você é receptivo a uma nova sabedoria e insight.

Ver pessoas com dificuldades de audição: sugere que você deve tentar se permitir entrar em contato com novas pessoas e experiências. Tente ler material didático/periódicos ou livros que ampliarão sua compreensão no estado de vigília. Você talvez espantado com o quanto você pode entender na vida.

Alguém tirar a sua audição de você num sonho: indica conflito com os outros. Isso pode acontecer quando você está sob enorme estresse em sua vida desperta.

Ouvir uma voz cantada: é uma indicação de que você pode ouvir notícias de outras pessoas – elas podem ligar para o telefone para falar sobre algo importante.

Alternadamente, ouvir 1 grupo de pessoas cantando: pode significar que haverá mais notícias em breve.

Ouvir vozes falando num tom educado: representa uma promoção no trabalho.

Uma voz estrangeira em seu sonho: indica possíveis jornadas.

Sonhar com seu chefe ou se você ouvir outras pessoas falando no trabalho: sugere uma mudança positiva em sua carreira ou empresa no futuro.

Vozes altas: são uma indicação de que você encontrará em breve felicidade e alegria em sua vida.

Quando for uma voz masculina: traz 1 conceito que sua conquista chegará mais cedo do que o previsto. Uma pessoa lhe perguntará logo se você ouvir a chuva em seu sonho.

Ouvir uma voz estranha: é 1 aviso de risco.

Sonhar que você fez uma operação auditiva no sonho: sugere que alguma relação significativa e importante está sendo desafiada.

Sonhar que você ouve passos: indica mudanças no futuro.

Olfato

Sonhar com cheiro depende muito do contexto ao qual ele se apresenta e também está diretamente relacionado ao fato de que, muitas vezes, o cheiro faz parte do ambiente no qual a pessoa está dormindo.

O sonhar que está a inalar odores doces: é sinal para o homem de que terá uma bela mulher na sua vida, pois ela será a sua companhia diária e terá uma vida familiar e profissional muito agradável e com muito sucesso; o mesmo adapta-se à mulher.

Sonhar com cheiro bom: caso você sonhe com algum tipo de cheiro agradável, é sinal de que terá experiências agradáveis muito em breve, e que podem acontecer em diferentes âmbitos da vida da pessoa.

Ao sonhar com 1 mau odor: significa que, em breve, terá discussões desagradáveis e conhecerá pessoas não confiáveis.

Sonhar com "cheiro de morte": caso você sonhe com algum cheiro desagradável que lembre a morte, é sinal de que a pessoa está revivendo uma situação que já passou e isso está causando uma série de problemas. É importante seguir em frente, deixando o passado para trás.

Sonhar com cheiro de perfume: caso as pessoas sonhem com cheiro de perfume, é sinal de luxo e orgulho, que vão se misturar em breve na vida dos sonhadores.

Paladar

Sonhar com qualquer tipo de gosto na boca: indica que, num momento de choque e angústia, será elogiado pela sua conversa e comportamento.

Sonhar que está tentando livrar-se de algo doce: significa que irá ridicularizar os seus amigos, o que vai deixa-lo descontente.

Tato

Em geral: precisa moderar suas paixões.

Com o tato de crianças: receberá uma herança.

Outras pessoas usando tato: sofrerá grandes prejuízos.

Outras pessoas usando tato sobre você: alegria e felicidade.

Visão

Se o sonhador(a) tiver 1 sonho que está vendo mal ou sofre da visão: indica falta de coragem para encarar os fatos.

CLONE

Ver seu próprio clone num sonho: significa que o sonhador(a) está tentando reviver o passado e os bons tempos.

Ver animais gêmeos: você se sairá bem de 1 perigo atual.

COMER

Em geral: significa felicidade. Geralmente tais sonhos simbolizam a vontade de estarmos em segurança e o medo de não termos o que comer. Muitas vezes pode simbolizar também, preocupações com coisas financeiras.

Almoçar em seu sonho: indica que você está carente d'enriquecimento espiritual e iluminação em alguma área da sua vida.

Jantar: jantando sozinho: isto significa que muitas das vezes você terá motivos para que possa fazer 1 tipo de introspecção que é voltado a uma melhora possível para a sua vida.

E quando uma jovem sonha que está jantando com seu parceiro ou parceira: isto é 1 tipo de sinal de disputa ou ainda ruptura também.

Quando se sonha ser 1: **dos convidados para o jantar**, isso ainda quer dizer que a pessoa poderá desfrutar de uma boa amabilidade de pessoas que vão se tornar bem próximas.

Se você convidou ou ainda foi convidado para jantar com amigos: é uma indicação praticamente estupenda de ascensão social e 1 êxito financeiro também acima de tudo, além disto o prenúncio é de boa sorte para a sua vida profissional.

Comer sozinho: possui como significado a ideia que você perderá amizades ou prestígio. Pode ainda dizer que você está vivendo situações novas em sua vida ou que recebeu informações inéditas recentemente. Comer desacompanhado é também conselho para que se dedique mais as suas tarefas.

Comer junto com a própria família, é sinal de que, no amor, o que mudar será para melhor.

Comer em demasia: pode estar certo de que a situação financeira mudará para melhor. Comer rapidamente é aviso para que se dê mais atenção às coisas do lar.

> + *Cuidados*: o médico pode contar ao paciente, que 1 psiquiatra inglês no século 19, afirmou que toda pessoa deveria mastigar pelo menos 30 vezes 1 alimento antes d'engoli-lo. Fazendo-o, o alimento se liquefaria na boca, o organismo absorveria os nutrientes de forma muito mais eficiente e que, além disso, o britânico defendia que quanto mais as pessoas mastigassem, menos elas comeriam e, com isso, precisariam comprar menos comida e ainda economizariam dinheiro!

Se você, em sonho, comia sem usar os talheres: cuidado para não passar por constrangimentos no setor de trabalho.

Ver outras pessoas comendo: é augúrio de felicidade e de uma viagem inesperada.

Comer junto a outras pessoa: é uma simbologia forte que aponta que, se estas pessoas são seus amigos na vida real, elas são seus verdadeiros amigos, que estarão ao seu lado sempre que precisar.

Sonhar estar almoçando: saúde e alegria, mas deve-se ter moderação no comer e no beber.

Sonhar estar jantando: podem aparecer dificuldades em seu tratamento de saúde.

Com amigos: vitória sobre sua doença.

Num banquete: é sinal de bem-estar, alegria e felicidade.

No McDonalds: ver ou sonhar que você está no *McDonalds* significa felicidade e uma atitude livre de preocupações. O sonho também sugere que você está vivendo grande. Talvez o sonho esteja lhe dizendo para expandir seu pensamento ou horizontes. Verifique isso! Alternativamente, o sonho pode significar que você está com fome.

Ver 1 cardápio em seu sonho: indica que você está buscando algum alimento espiritual ou emocional. Considere o tipo de itens que estavam no menu e os custos para determinar quanto valor você está colocando em cada item.

Comer algas

Comer algas no seu sonho sugere que você precisa confiar em sua intuição e confiar em seus instintos.

Comer almôndegas

Este sonho representa familiaridade, facilidade e conforto.

Comer amêndoas

Representa sucesso e riqueza.

Comer amendoim

Simboliza que está empregando muita energia para coisas que podem ter solução simples, algo como usar 1 caminhão para levar apenas 1 pacote de açúcar.

Comer arroz com feijão

Este é mais 1 sonho que indica o crescimento da família, alimentado pelo simbolismo do arroz e feijão na mesma panela. Mas, é importante dizer: não necessariamente irá nascer alguém para o crescimento da família, é importante ressaltar. Pode ser que haja 1 novo relacionamento prestes a começar, novas amizades para serem conhecidas e acrescentarem coisas boas aos nossos vínculos. O importante é que alguém vai beneficiar muito sua vida.

Comer assado
É 1 presságio de infelicidade doméstica e secreta traição.

Comer azeitonas
Simboliza a cura e a imortalidade.

Comer batatas fritas
Simboliza que você pode estar dando muita importância para problemas superficiais. Batatas fritas, quando divididas com alguém durante o sonho, também indicam simpatia por esta pessoa. S'estiver fritando batatas durante o sonho indica seu otimismo e criatividade com soluções simples para problemas difíceis de resolver.

Comer biscoitos
Indica problemas de saúde e paz familiar rompida por disputas tolas.

Comer bolinho
Sugere que você está se tratando de uma pequena recompensa doce. Você sente que você é merecedor de algum tipo de presente de prêmio. Alternativamente, 1 *cupcake* representa sua necessidade de reduzir alguns aspectos da sua vida, a fim de torná-lo mais palatável ou administrável. Tome 1 pouco de cada vez.

Comer bolo
É sinal de prosperidade nos negócios. Se você pensa em investir em algo, esse é o momento propício.

Comer cachorro quente
Pode ser que vai conseguir resolver 1 assunto que vem há algum tempo lhe tirando o sono.

Comer camarão
Simboliza fortuna e sorte no jogo.

Comer caranguejo
Significa perseverança e tenacidade; você talvez seja muito grudento e dependente. Você está se agarrando a 1 esforço ou relacio-

namento sem esperança. Alternativamente, o sonho pode indicar que você está tentando evitar algum problema. Você está sendo evasivo.

Comer carne

Cozida é 1 presságio para abundância material e fartura em sua vida e na de sua família, mas tente manter seus planos em segredo, assim ninguém tentará interferir em suas realizações. *Queimada*, pessoas próximas a você (ou até você mesmo) irão casar. *Como bife,* significa mudanças na sua vida financeira estão prestes a acontecer.

Comer castanhas

Comê-las, denota tristeza por 1 tempo, mas a felicidade final. Para uma mulher jovem sonhar de comer ou tentar sua fortuna com eles, ela vai ter 1 bem-fazer amante e muito comparativa.

Comer caviar

Comer caviar prediz o sucesso em vários projetos. Pode também simbolizar a motivação para iniciar 1 negócio, especialmente quando acompanhado de comer caviar, Em geral, comer caviar em seus sonhos indica seus gostos caros. Você apreciar as coisas boas da vida e não têm medo de ostentá-la.

Comer chocolate

Comer chocolate é 1 ótimo sinal para quem está amando. Representa a alegria do casal e bons acontecimentos a caminho.

Comer chucrute

Indica boa saúde.

Comer churrasco

E 1 indício de que terá uma promoção no trabalho; O sonho em que se está comendo churrasco é 1 indicativo de que sua vida tem passado por grandes e boas fases, momentos muito especiais e muitos motivos de comemorações. Aproveite bem essa fase e comemore com as pessoas que ama, pois você obteve sucesso com seu esforço e dedicação. Mas atenção: se a carne que você comia estava mal passada, o sonho pode ser 1 indicativo de que, apesar de essa boa fase, você ainda precisa melhorar alguma coisa em sua vida. No entanto, s'estava bem passada, indica que você está realmente satisfeito com o sucesso que vem alcançando em sua vida.

Comer cocada

Sonhar comê-la mostra que coisas boas e simples estão por vir. Então não se apoie ou planeje as coisas em cima de grandes conquistas e revoluções, seja feliz no dia a dia, de coisas simples e cotidianas.

Comer coco

No seu sonho prediz recompensas inesperadas.

Comer codorna

Simboliza a luxúria, o amor e o erotismo. O sonho também sugere que você supere seus obstáculos e dificuldades. Você será vitorioso apesar da negatividade que o rodeia em sua vida.

Comer coelho

Significa sorte, poder mágico e sucesso. Você tem uma visão positiva da vida. Alternativamente, os coelhos simbolizam abundância, calor, fertilidade e atividade sexual. Talvez sua vida sexual precise ser mantida sob controle.

Comer cogumelos

Significa capacidade de liderança. Você tem muita força e poder.

Comer comida baiana

Uma comida apimentada é 1 presságio de muita paixão. Você viverá momentos de amor e romance nas próximas semanas, se sentirá mais apaixonado do que nunca e isso fará com que você se sinta imbatível. O amor exalará e todos notarão sua paixão, provavelmente será o momento mais intenso de sua vida, então não deixe passar despercebido.

Comer comida kosher

Significa que o bom senso da sonhadora (o), embora talvez não seja da comunidade judaica, prefira adotar uma alimentação *kosher*, especialmente sendo vegetariana ou vegana. Muitos fazem essa opção para garantir que os alimentos que consomem não estão contaminados com carnes ou outros produtos de origem animal. Outros adotam essa dieta em busca de uma alimentação mais saudável, já que assim é possível saber a procedência da comida – já que as rígidas vistorias dos órgãos *kosher* são uma garantia a mais da qualidade do alimento.

Comer comida chinesa

Significa prosperidade e abundância são previstas em breve. O sonho com comida chinesa é étnico e também simboliza situações em sua vida que lhe fazem sentir imparcial, indiferente.

Comer comida enlatada

Este sonho vem para lhe dizer que você está muito preso, escondendo os seus sentimentos dentro de uma lata, então talvez seja a hora de mostrar o que sente.

+ *Cuidados*: procure 1 amigo de confiança para que possa desabafar e conversar sobre o que sente, pois esses sentimentos estão lhe prejudicando e precisam ser soltos.

Comer comida espanhola

Significa vitalidade e saúde total na maioria das ocasiões.

Comer comida exótica

Significa que em breve, uma nova pessoa pode chegar em sua vida, lhe conquistando e sendo muito amorosa para você. Talvez esteja na hora d'encontrar a pessoa que vai passar o resto da vida com você, então prepare-se para fortes emoções e não tenha medo de ser feliz.

Comer comida fast-food

Sonhar com ela simboliza que se sente bem, que nada importa e que você não tem que se preocupar com nada. Nenhum problema é a sua preocupação.

Comer comida francesa

Simboliza uma vida sentimental ou amorosa plena e saudável.

Comer comida italiana

Lasanha é 1 alimento em camadas feitas de massas; estas camadas são separadas por recheios e molhos diversos. Se você viu lasanha em seus sonhos significa que suas emoções são expressas nestas camadas. Lasanha em sonhos também significa conforto e aconchego. Ver-se comer lasanha quente e úmida pode servir como 1 lembrete para que você possa desfrutar o presente em vez de apressar as coisas.

Comer comida japonesa

Sashimi: é indício de novas parceiras no campo profissional. É como se você estivesse pronto para encontrar novos ares e confiar em possíveis sócios numa área que você desconhece. Se você se sente preparado e quer se arriscar, não pense que está impedido, pelo contrário, vá em frente, aceitando os riscos, as consequências e o lucro, obviamente. O sashimi é sinal de sorte nos negócios.

Sushi: sonhar com sushi simboliza renovação d'energias e rejuvenescimento.

+ *Cuidados*: cuide melhor de sua alimentação.

Comer comida de panela

Numa interpretação mística, acredita-se que este sonho seja muito auspicioso para o aumento de sua riqueza. Os esforços são recompensados com novo conforto material, emocional e intelectual. Um período futuro fértil em todos os níveis.

Comer comida típica

Sonhar com comida japonesa, mexicana, tailandesa, italiana ou qualquer outro prato típico é uma forma de remeter ao sonhador as recordações que guarda de sua própria vida, independentemente do momento. No entanto, é possível também que esse sonho esteja tentando dizer que você anda procurando por conforto nos lugares errados.

Comer comida vegetariana

Se você não é 1 vegetariano em sua vida de vigília e sonha em comer comida vegetariana, então o sonho se refere à sua auto-disciplina rigorosa. Alternativamente, o sonho também pode significar que você está carente de alguma substância sã em sua vida.

Comer croissant

Sonhar que você está comendo 1 croissant indica que você está carente de algum carinho ou amor em sua vida. Há 1 vazio esperando para ser preenchido.

Comer doces

É sinal que está prestes a entra em uma fase na vida aonde terá momentos muito felizes. Também representa sorte no amor e muito sucesso no trabalho. O sabor adocicado traz mais calma, serenidade e doçura para lidar com as barreiras impostas pela vida!

Comer donuts

Representa o *Self*. Isso sugere que você pode estar se sentindo perdido e ainda tentando encontrar a si mesmo e ao seu propósito na vida. Alternativamente, refere-se ao crescimento, desenvolvimento e nutrição. Você ainda não está completamente completo.

Comer espetinho

É sinal de alguma quebra de saúde. Essa quebra de saúde vai aparecer na sua vida quando menos esperar e vai abalar 1 pouco você. Felizmente este tipo de sonho não é sinal de grande alerta; ele não avisa doenças graves como câncer e afins, apenas avisam algumas gripes, alguns possíveis golpes e coisas desse género.

+ *Cuidados*: mesmo assim recomendamos que fique atenta, você vai ser abalada por uma pequena doença muito em breve.

Comer fast food

Em seu sonho indica que você não está tomando o tempo para atender às suas emoções. Você não está cuidando bem da sua saúde física ou mental.

Comer feijoada

Seu significado não é muito auspicioso, pois significa que você pode estar vivendo 1 momento muito difícil e pesado em sua vida profissional ou pessoal, mas isso não implica que seja 1 sonho ruim. Trata-se apenas de 1 alerta do seu subconsciente; todos devem passar por momentos de dificuldade e a feijoada, no sonho, está deixando bem claro que esse momento difícil não é de sua responsabilidade, mostra que outras pessoas interferiram no assunto e, portanto, você não precisa se culpar. Assim, é melhor você enfrentar a situação e resolvê-la, para seguir em frente com sua própria vida. Feijão preto, mesmo sendo 1 presságio ruim, mostra no seu sonho que você tem o apoio de pessoas queridas que irão apoiar tudo o que fizer. Mostre-se sempre sincero em tudo o que faz, mesmo que isso traga a infelicidade de alguém; essa pessoa terá infelicidade por sua própria culpa.

Se você estava comendo uma feijoada com arroz: participando de uma mesa com várias pessoas, o sonho está lhe mostrando que, depois dos momentos de conflito, você encontrará renovação, tanto no plano social quanto profissional. O sonho também indica que você terá 1 novo amigo que lhe dará o apoio necessário.

S'estiver comendo feijoada sozinho: isso é 1 aviso para cuidar mais de sua própria vida e de suas tarefas, sem interferir em nada da vida alheia. É o momento certo e a posição mais acertada para evitar conflitos. Sonhar que você comeu feijoada demais indica que, depois de todas as dificuldades você terá sua vida financeira melhorada, com recompensas pelo seu trabalho.

Comer frango

O seu sonho significa que vai resolver todos os seus problemas.

Sonhar em comer frango assado: significa egoísmo, atitudes que você vem tomando prejudicam os outros devido à intolerância, a falta d'empatia. Procure se conectar mais com as pessoas, não seja uma pessoa extremista naquilo que acredita, tudo na vida precisa d'equilíbrio.

Sonhar que só vê 1 frango assado: está relacionado a uma autocensura ou autocrítica. Você está se limitando diante de alguma situação da sua vida e se sentindo incapaz de realizar algo que é importante para você. Isso gera grande frustração de desapontamento consigo mesmo.

Comida fresca

Este sonho vem apenas para avisar de coisas boas e de realizações em sua vida. Esse sonho é 1 sinal de saúde, ou seja, você ficará firme e forte, vai melhorar de algum sintoma que esteja passando e não ficará doente por algum tempo. Além disso, também é 1 sinal de que os seus objetivos vão se completar, com você alcançando o sucesso em algum projeto que está fazendo e conquistando 1 ganho financeiro consideravel.

Comer frutas

Frutas em sonhos: indicam sensualidade – principalmente que a sua está sendo bem explorada.

Comer: tem significados ligados à felicidade e vida longa; comer *frutas maduras* significa fortuna incerta e prazer; *frutas grandes* como melancia, jaca, representam rápida ascensão social e financeira; *belas frutas*: relações amorosas e prazeres proibidos; *verdes*: inveja; *vermelhas*: *amoras* significam paixão violenta, cerejas 1 aviso que seu amor pode estar lhe enganando, *framboesas* dizem que você terá momentos felizes com a família; *laranja*: casamento, algo relacionado ao sexo; *morangos* indicam que suas amizades atuais são duradouras; *uvas*: simboliza riqueza e prosperidade. Você será recompensado por seu trabalho árduo.

Comer frutos do mar

Indica sorte nos negócios. Geralmente, os frutos do mar estão relacionados com o símbolo do mundo empresarial, por isso é mais comum em pessoas envolvidas no negócio. Os frutos do mar em geral representam a economia de pessoa. Se sonharmos que comemos frutos do mar significa que, no futuro próximo, vamos encontrar capacidades até então escondidas em nós que nos dará uma vantagem significativa no projeto que estamos a empreender ou ainda empreenderemos.

Comer geleia

Em geral: significa que muitas interrupções agradáveis ocorrerão. Significa também, surpresas agradáveis, coisas doces e novas descobertas.

Comer guisado

Comer guisado em seu sonho: Em particular, ver ou comer ensopado de carne em seu sonho indica que você precisa incorporar aspectos de sua infância em sua vida adulta. Você precisa ser mais despreocupado.

Comer guloseimas

Seu sonho pode indicar carência de vitaminas.

Comer hambúrguer

Se no seu sonho você se viu dando aquela irresistível mordida num hambúrguer, isso pode vir agregado com 1 significado de inquietação do subconsciente em relação aos seus próprios sentimentos. Nesse caso, você acha que está faltando algo na sua vida e sente que não consegue ser feliz sem isso. Somado a isso, o sonho também pode trazer como significado sua insatisfação com algo ligado a vida. Nesse caso é bom ficar de olho nos relacionamentos familiares, amorosos, profissionais e no ciclo de amizade.

Comer hot-dog

Ver ou comer 1 cachorro quente em seu sonho simboliza que precisa ser mais cuidadoso com sua alimentação. Sonhar com cachorro quente também simboliza masculinidade e vigor.

Comer iogurte

O significado mais comum e típico desse tipo de sonho é o de que você muito tem tentado ser ou seguir o "padrão" de pessoa que a sua família deseja. Isso pode ser bom, mas desde que não ultrapasse o limite do bom senso.

> + *Cuidados*: jamais s'escravize emocional ou fisicamente na tentativa de ser 1 tipo de indivíduo ideal que seus parentes desejam ou desejavam. É preciso ter em mente que, antes de agradar aos outros, você precisa estar bem consigo mesmo. Não adianta estar sofrendo internamente apenas parar gerar uma aparência agradável para os outros. Portanto, seja o que te faz sentir-se bem.

Comer ketchup

Ver ou comer ketchup: representa simplicidade, juventude e felicidade. Alternativamente, o sonho pode ser 1 trocadilho com a sua necessidade de "pegar" algo.

Comer lagosta

Comê-la: indica que você recuperará sua confiança.

Comer lagostim

Ou só ver: 1 lagostim em seu sonho: representa sua tenacidade.

Comer lanche

Um lanche indica expectativa de pequenos prazeres em sua vida de vigília. E *sonhar que você está comendo numa lanchonete* significa que algum problema pode estar consumindo você por dentro. Se achar conveniente discuta seus problemas com alguém que poderá ajudar na solução.

Comer legumes

+ *Cuidados*: você pode precisar de certas vitaminas.

Comer lentilhas

Representa suas raízes e suas conexões com a humanidade. Alternativamente, as lentilhas simbolizam a fertilidade ou a imortalidade.

Comer linguado

Representa a indecisão e como você é incapaz de se comprometer com algo. Você está indo e voltando sobre alguma questão ou decisão.

Comer macarrão

Cozido, pode significar a realização de uma viagem, que será curta, porém muito prazerosa. A superação de certos conflitos pessoais, como a perda de medos ou 1 aumento da autoestima também é 1 possível significado, bem como 1 aviso de que chegou a hora de aproveitar algo que s'estava esperando, é o momento de saborear uma vitória. *Espaguete,* é a necessidade de não dar tanta importância aos problemas econômicos. Também 1 alerta para que o sonhador procure viver satisfeito com o que possui e aprenda a valorizar os pequenos prazeres que custam pouco ou são gratuitos. Alguns autores acreditam que este sonho indica que a pessoa está preocupada em perder peso, querendo "afinar" a silhueta. *Macar-*

rão com molho significa a chegada de novidades que trarão muito mais alegria e renovarão a vida de quem sonha. Estas novidades não serão necessariamente grandes mudanças, podem ser pequenas coisas, mas que farão com que a vida seja muito mais colorida e saborosa. Este sonho também pode indicar que a pessoa conseguirá resolver certos problemas, muito simplesmente.

Comer linguiça

Simboliza valores materiais. Pode também representar o falo e, portanto, refere-se a sentimentos sexuais ou tensão.

Comer lula

Indica que você está se sentindo autoconsciente e preocupado com a forma como os outros o percebem. Você pode achar mais fácil isolar-se do que arriscar o julgamento dos outros.

Comer maionese

Simboliza decepção com algum acontecimento ou com alguém. Também 1 relacionamento conturbado ou discussão com pessoa próxima. Também sugere que você está sendo insultado ou desrespeitado.

Comer manteiga

Sonhar em comer manteiga fresca, é 1 sinal de boa saúde e planos bem realizados; ele vai trazer-lhes bens, riqueza e conhecimento.

Comer marmelada

Indica que você precisa incorporar mais entusiasmo em sua vida.

Comer marshmallow

Representa timidez e falta de autoconfiança. Você precisa aprender a ser mais assertivo e se defender.

Comer mel

Sonhar em comer mel, prediz que você vai alcançar riqueza e amor. Para os amantes, isso indica uma corrida rápida em alegrias conjugais.

Comer milho

Cozido: tristeza com amigos; *assado*: dificuldades com os filhos.

Comer nachos

Significa sua necessidade de atividades mais tranquilas. Você precisa tirar 1 tempo.

Comer nozes

Significa prosperidade e realização de seus desejos. Você está tentando chegar ao núcleo de 1 assunto ou situação.

Comer omelete

Indica 1 começo brilhante para o seu dia. O sonho está dizendo que você está indo na direção certa. Considere também a frase "*você não pode fazer uma omelete sem quebrar os ovos*". Talvez o sonho esteja tentando lhe dizer que existem certos sacrifícios que você precisa fazer para alcançar seu objetivo .

Comer ostras

Período de boa saúde, mas seu sonho denota que distúrbios incomuns podem ameaça-lo em sua casa.

Comer ovos

Há várias interpretações e possíveis significados em sonhar que come ovo. Geralmente, representa superação de problemas ou recuperação de doenças (suas ou até mesmo de familiares). Se no sonho você estiver comendo *ovo cozido*, isso é 1 sinal de saúde e melhoria no bem-estar. É bom presságio, principalmente se você estiver com alguma fraqueza física! Mas se você estiver comendo *ovo cru*, isso quer dizer que talvez você seja vítima de traição e infidelidade por parte do seu parceiro. Fique muito atento com os sinais e não se deixe enganar! A quantidade de ovos nos seus sonhos será diretamente proporcional aos seus ganhos. Quanto mais ovos, mais dinheiro. É 1 momento de prosperidade que deve ser aproveitado com sabedoria! Não s'esqueça também de poupar ou investir alguma quantia! Sonho com *ovos fritos* é indicativo de lealdade. Há grandes chances de você ter amigos ou amigas leais que verdadeiramente o amam como 1 irmão. Esse sonho revela que eles que estarão contigo nos melhores e piores momentos de sua vida. Você sempre poderá contar com eles, pois são extremamente confiáveis.Agora que você sabe que tem amigos fiéis, não s'esqueça de sempre ser 1 bom amigo também!

Ovos de Páscoa: sugere que o pior dos seus problemas acabou. As coisas vão procurar por você depois de 1 período d'escuridão e tristeza. É hora de andar com a cabeça erguida e deixar de ter vergonha. Alternativamente, o sonho simboliza a ressurreição e o renascimento espiritual (música, teatro, dansa, ópera, leitura).

Comer pão

Sonhar que vê seu cônjuge comendo pão, denota que ela terá que enfrentar filhos teimosos e vai passar muitos dias de trabalho inútil, com muita preocupação. *Pão doce*: é 1 sinal de que a pessoa está vivendo dias muito turbulentos,estressantes.

Comer passas

Representa alguma força negativa que está trabalhando contra você. O sonho também pode ser uma metáfora para algo ou alguém que está velho e enrugado.

Comer pastel

Pode significar que você está tendo dificuldade em compreender e agir diante de algum aspecto ligado com as suas emoções internas. Também reconciliação, reatamento, chegada de pessoa ausente.

Comer pato

Pato assado: procure selecionar as suas amizades.

Comer peixe

Este sonho simboliza força e agilidade e representa reposição d'energias para enfrentar o dia a dia. *Peixe enlatado* por sua vez, como sardinhas, indica que pode estar se sentindo oprimido ou impedido de exercer sua liberdade. Você não deve estar nada preocupado com sua alimentação e qualidade de vida. Há uma hora em que é preciso se conscientizar e perceber que exageros em tudo, tanto no saudável, quanto no gorduroso são ruins. Por isso tente prestar 1 pouco mais de atenção a isso e assim ir melhorando sua qualidade de vida e principalmente sua alimentação. Significam boa saúde.

Comer peru

Indica que é possível que você venha a cometer erro de julgamento.

Comer pinhões

Percebe a importância, o significado, o valor e valor das coisas menores em sua vida de vigília.

Comer pipoca

Significa 1 crescimento de forma muito positiva em sua vida, você provavelmente deve estar cheia de boas ideias, coloque-as em prática. *Pipoca doce* por sua vez significa paz, sabedoria, romance e muito sucesso em sua vida profissional.

Comer pizza

Este sonho tem muita relação com o seu lado pessoal e dessa forma é importante procurar melhorar. O principal é buscar 1 melhor desenvolvimento em todos os campos, ou seja, fazer cursos. O campo profissional vai precisar de 1 cuidado maior relacionado a isso, porque existe chance de algumas pessoas te prejudicar. Sonhar com pizza significa que é necessário fazer uma reflexão sobre a pessoa que você tem sido com os demais. Em pouco tempo as coisas irão funcionar para você e será importante ter tido esse autoconhecimento.

Comer polvo

Significa que você é uma pessoa que não coloca seus pés em sua cabeça. Qualquer obstáculo, mesmo o mais insidioso e qualquer pessoa ambígua, não pode atacá-lo porque você possui as contramedidas corretas.

Comer presunto

É sempre presságio muito feliz; indica sorte nos negócios e transformação de problemas em fatos positivos.

Comer queijo

Geralmente exprimem grandes decepções e tristezas. Não é bom sonho de qualquer natureza. O queijo é geralmente 1 sonho ruim.

Comer sobremesa

Representa indulgência, celebração, recompensa ou tentação. Você está gostando das coisas boas da vida.

Comer sopa

Sempre traz bons presságios. A sopa é 1 dos alimentos mais saborosos e nutritivos e quando sonhamos com sopa estamos num bom momento de nossas vidas, com sinais de sucesso batendo à nossa porta. O sonho com sopa também indica que temos conforto, que estamos cercados de carinho.

Comer quindim

Representa sua apreciação pelas pequenas coisas da vida. Também indica que sua vida é cheia de riqueza, doçura e nutrição.

Comer rã

Representa alguma tarefa desagradável que você precisa realizar.

Comer num restaurante

Simboliza que você está se sentindo pressionado pelas escolhas ou decisões que você precisa tomar em sua vida. Também indica que você está tentando obter apoio emocional fora de seu círculo de amigos ou parentes.

Comer rosquinhas

Significa mudanças perigosas.

Comer salada

Prediz pessoas doença e desagradável em torno de você. Uma mulher jovem sonhar comendo-a, é sinal de que seu (sua) amante será mutável e briguento(a).

Comer salgadinhos

Comê-los sozinho indica que o sonhador está sofrendo de depressão, tristeza, melancolia e nostalgia. Comê-los na companhia de várias pessoas sugere que o sonhador está num bom caminho cheio de prosperidade de muitas maneiras.

Comer sanduíche

Em geral, esse tipo de sonho se traduz em estresse e agitação em alguns aspectos na sua vida, ou ainda frustrações de sentimentos.

Comer sardinhas

Prediz que eventos perturbadores virão inesperadamente em cima de você.

Comer sobremesa

Representa indulgência, celebração, recompensa ou tentação. Você está gostando das coisas boas da vida.

Comer sopa

Sempre traz bons presságios. A sopa é 1 dos alimentos mais saborosos e nutritivos e quando sonhamos com sopa estamos num bom momento de nossas vidas, com sinais de sucesso batendo à nossa porta. O sonho com sopa também indica que temos conforto, que estamos cercados de carinho.

Comer torradas

É possível que você aprecie as coisas mais simples da vida e não precise de mais dinheiro e bens materiais para fazê-lo feliz.

Comer trufa

Mostra que está num momento muito bom. E isso acontece tanto em sua vida pessoal e profissional. O sonho com trufa deixa essa sua situação bem clara, mas também é 1 alerta a possíveis incômodos que isso pode trazer a pessoas a sua volta.

Comer verduras

Pode ser 1 sinal de que você ou outra pessoa sente a necessidade de seguir 1 caminho natural ou ciclo natural.

Dieta

Sonhar em fazer: atesta dissolução das esperanças: os seus projetos não vingarão.

+ *Cuidados*: com a sua saúde.

Um amigo seu fazendo dieta: bons tempos virão.

Ambos fazendo dieta: pode indicar que você está se punindo, se sentindo contido no que você realmente quer fazer. Alternativamente, pode indicar auto-controle e auto-disciplina. Também pode estar mostrando que você está desistindo das coisas que não são saudáveis em sua vida.

Estar fraco de tanto fazer dieta: perda de dinheiro.

Fazer dieta em demasia: perigo de doença.

Outra pessoa fazendo dieta: significa que você tem guardado muito seus sentimentos e tem se sentido só. Talvez deva se abrir para uma pessoa confiável.

Amigos fazendo dieta: surgirá uma ação judicial.

Sonhar com dieta: pode ter 1 significado bastante óbvio, que é justamente quando as pessoas estão preocupadas em realmente ter que fazer uma dieta para perder peso e chegar ao seu peso ideal. Muitas vezes pode ser uma pressão interna ou uma pressão externa, quando as pessoas estão realmente pressionando muito para que as pessoas façam uma dieta.

Dieta rigorosa: é porque está se cobrando demais, se castigando e escondendo de todos o que realmente quer fazer. Olhe pra si mesmo, veja o que anda acontecendo em sua vida e tente são ser tão duro consigo mesmo.

Seguir a dieta corretamente: significa que você possui autocontrole e autodisciplina. Dessa forma você conseguirá atingir seus objetivos rapidamente.

+ *Cuidados*: se você burlava uma dieta no sonho, é porque não está prestando atenção em sua alimentação. Cuide mais dela e, se precisar, consulte 1 nutricionista para obter uma dieta balanceada.

Fazendo dieta de jejum: o sonho vem como uma forma de alertá-lo sobre a sua saúde. Abra seus olhos e comece a cuidar mais de você. Ainda assim o sonho pode indicar ainda 1 sentimento de renovação e limpeza espiritual. O jejum quando aparece nos sonhos também significa que existem muitos desafios pela frente, especialmente no campo amoroso. Mas estes desafios poderão ser vencidos e geralmente poderão trazer 1 bom retorno para a vida cotidiana destas pessoas.

Se no sonho você precisou da ajuda de remédios: é porque em breve você receberá 1 ótimo presente.

Emagrecer

Sonhar em: viverá momentos maravilhosos no amor.

Medir a barriga e ver que emagreceu no sonho: desfrutará d'esplendor e alegria.

Tomar remédio para emagrecer: receberá 1 presente.

Outras pessoas emagrecendo: solidão.

Tomar medicamentos para emagrecer: as pessoas que o rodeiam gostam de si de verdade.

Uma amiga(o) que emagreceu: sentirá alguma tristeza.

Engordar

Ver que está engordando num sonho: boa fase para fazer negociações, pois haverá rapidez e facilidades a este nível.

Se for uma mulher a ter este sonho: poderá surgir uma gravidez indesejada.

Fome

Este sonho pode ser sinal de ansiedade e expectativa com relação à uma operação ou tratamento médico recomendado. Em geral, é 1 sonho bom, revelando sucesso numa cura.

*Dica psicológica: o médico pode sugerir que seu consulente compre uma dúzia de coxinhas, coloque no carro e cada vez que parar num farol, se tiver 1 malabarista, 1 vendedor de balas, ou 1 deficiente pedindo esmola, abaixe o vidro e dê uma coxinha para ele. Outra boa sugestão é acender uma vela em memória das 5 crianças que a cada minuto morre todos os dias de fome em nosso mundo.

Sonhar estar comendo: pode estar se referindo à sua digestão. Comida também representa todos os novos conceitos que estão girando em torno dos seus pensamentos, sendo assimilados em sua mente.

+ *Cuidado*: não coma depressa!

Jejuar

Você jejuando: grande honraria.

Membros da família jejuando com você: grande riqueza.

Jejuar de acordo com sua religião: a felicidade está assegurada.

Se, em sonho o sonhador(a) fazia ou via alguém fazer jejum: é aviso para que procure 1 médico e cuide de sua saúde.

Quebrar 1 jejum: é alerta para que ele não assuma compromissos os quais não possa cumprir.

De modo geral: indica, boa saúde; energia positiva; muita disposição.

Jejum

De modo geral: indica, boa saúde; energia positiva; muita disposição.

Se, em sonho o sonhador(a) fazia ou via alguém fazer jejum: é aviso para que procure 1 médico e cuide de sua saúde.

Quebrar 1 jejum: é alerta para que ele não assuma compromissos os quais não possa cumprir.

Mastigar

Sonhar com mastigar: significa que você precisa avaliar melhor algumas situações da sua vida. Não deixe o rancor consumi-lo(a), tente digerir esses sentimentos negativos que não te fazem bem. Também pode significar que existem alguns problemas os quais você precisa aprender analisar melhor. Organizar os pensamentos a respeito das preocupações do dia a dia para que possa encontrar a melhor solução é o caminho.

Se, em sonho, você sentiu dificuldade para mastigar: é aviso de que precisará mudar seus planos; mas se mastigou sem dificuldade, saiba que não vale a pena ficar remoendo mágoas, olhe para o futuro.

Mas se mastigou sem dificuldade: saiba que não vale a pena ficar remoendo mágoas – deve olhar para o futuro.

Se, em sonho, ele(a) viu outra pessoa mastigando: deve cuidar-se das pessoas em sua volta – alguém pode contagia-lo com uma doença, ou aconselha-lo a fazer uso de alguma droga.

Se, em sonho, você viu outra pessoa mastigando: cuide-se para seu nome não cair na boca de pessoa mexeriqueira.

Quando nos vemos mastigando incessantemente ou algo que é impossível de ser digerido, devemos ter em mente que o rancor persiste no nosso coração. É hora de se livrar desses sentimentos inferiores.

+ *Cuidados*: o médico pode contar ao paciente, que segundo 1 inglês no século 19, toda pessoa deveria mastigar pelo menos 30 vezes 1 alimento antes de engoli-lo. Fazendo-o, o alimento se liquefaria na boca, o organismo absorveria os nutrientes de forma muito mais eficiente e além disso, o britânico defendia que quanto mais as pessoas mastigassem, menos elas comeriam e, com isso, precisariam comprar menos comida e ainda economizariam dinheiro!...

Dica psicológica: o psicólogo pode sugerir que seu paciente esquente 1 dúzia *d'esfihas* e 1 dúzia de *beigeles* e vá distribui-las – quentes – às crianças de uma favela.

CORES

Amarelo – o amarelo é a cor que estimula o intelecto e que estimula o sistema nervoso central. Na cromoterapia esta cor contribui para melhorar a criatividade e melhorar o humor, ajudando também no tratamento de problemas ósseos. Além disso, esta cor pode também ser usada por sonhadores(as) quietos e introvertidos(as), que queiram ter 1 bom relacionamento interpessoal.

Azul – a cor azul possui propriedades calmantes e tranquilizantes, que atuam no sistema nervoso e em todo o sistema muscular. Por isso, o azul é usado para o tratamento de problemas de sono e insônia ou problemas relacionados com o estresse, ajudando a trazer calma e harmonia ao organismo. Além disso, o azul também é indicado para o tratamento de problemas de comunicação.

Branco – significa paz, pureza e limpeza; é símbolo da paz, da espiritualidade, da inocência e da virgindade. Na cultura ocidental a cor branca está associada à alegria, enquanto n'oriente está associada à morte, ao luto e à tristeza. A cor branca também simboliza a virtude e o amor a Deus.

Cinza – significa neutralidade, elegância, sofisticação e ausência de emoção. Como não tem uma carga emotiva, é frequentemente caracterizada como uma cor enfadonha e sem movimento. Ao mesmo tempo, por ser uma cor neutra e sem emoção, também é identificada como uma cor dotada de compostura, solidez.

Laranja – significa alegria, vitalidade, prosperidade e sucesso. Está associada à criatividade, pois o seu uso desperta a mente e auxilia no processo de assimilação de novas ideias.

Marrom – a cor marrom significa conforto, segurança e simplicidade. É a cor da terra e da madeira e por isso está também associada à natureza. Assim, também é possível associar a cor marrom a produtos naturais e com o estilo de vida saudável. Antigamente era associado aos agricultores e a outras atividades ao ar livre. Quando usada na decoração de interiores, a cor marrom transmite uma sensação de calma, conforto físico e qualidade. No entanto, como acontece com várias cores, também pode ter ligações negativas. Neste caso, o marrom é associado por algumas pessoas a mesquinhez ou falta de requinte. Relativamente ao *Feng Shui*, o marrom é muitas vezes associado à segurança e prosperidade material, com a aquisição de bens. Segundo a cultura ocidental, o marrom representa a seriedade maturidade, estabilidade e responsabilidade.

Preto – Sonhar com esta cor indica de modo geral que as coisas não correrão muito bem para o sonhador(a) se ousar fazer certas atividades radicais.

Em geral: na cromoterapia é a cor utilizada para ajudar a tratar a depressão e as energias negativas, ajudando a diminuir o cansaço físico e mental.

Púrpura – sonhar com esta cor é muito auspicioso, pois indica elevação espiritual.

Roxo – é 1 bom preságio sonhar, em qualquer circunstância, com essa cor, pois revela que o sonhador(a) está com grande proteção espiritual; melhoria, portanto, em todos sentidos da sua vida.

Rosa – na escala cromática, junto com o verde, esta cor também pertence ao chakra cardíaco. O rosa externa o equilíbrio emocional. Existe a possibilidade do médico fazer reverter 1 quadro de ira ou rancor de uma pessoa através da emanação mental da cor rosa sobre o sonhador.

Verde – o verde é a cor que ajuda a promover o equilíbrio interno e que ajuda a diminuir o estresse. Na cromoterapia o verde possui uma ação refrescante e calmante, ajudando a promover o bem estar físico e mental. Além disso, esta cor ajuda também a estimular a imunidade, sendo indicada para ajudar a combater doenças infecciosas. A cor verde também pode trabalhar o equilíbrio físico.

Vermelho – o vermelho é a cor que aumenta a energia, vitalidade e a adrenalina. Na cromoterapia o vermelho é usado para restabelecer a vitalidade, melhorar o funcionamento do coração e ativar a circulação sanguínea. Além disso, a cor vermelha está também associada à paixão e à sexualidade.

Violeta: sonhar com cor violeta traduz 1 momento novo e renovador. Com esta cor, o psicólogo pode fazer com que o sonhador se force a ficar e estar mais calmo, se isso for algo muito difícil a ele, já que ele precisa desacelerar em alguns momentos e este pode ser o seu momento definitivo, ficar mais recluso, ter novos olhares perante as coisas, ver tudo de forma mais realista e sem criar grandes expectativas, sendo que desta forma ele vai ficar mais calmo e por consequência satisfeito pelos resultado que obtiver.

CORPO

Abdômen

Sonhar com abdômen vai ao encontro do lado íntimo de cada 1, pois é uma das partes mais frágeis do corpo humano.

Sonhar que visualiza 1 abdômen num sonho, significa que está passando por uma fase de grandes expectativas, no entanto, deve travar as euforias e aplicar as suas forças na prática do dia a dia.

Sonhar com 1 abdômen fraco: quer dizer que está vivendo um momento menos bom, em que pode ser alvo de perseguições e desafios por falsos amigos.

Sonhar com 1 abdômen rijo: diz que você está numa fase má, mas que irá superá-la, graças ao seu empenho e trabalho.

Amígdalas

Ver as amígdalas num sonho: denota a sua longa preparação. Finalmente, você está pronto para mostrar o verdadeiro você.

Ancas

A anca é a zona que compõe a cinta de 1 ser humano. Uma anca estreita é fundamental para aqueles que querem enveredar por uma carreira de modelo. Nos sonhos, o significado das ancas está relacionado principalmente com a dimensão das mesmas.

Se 1 homem sonhar que está a admirar uma anca de uma mulher: isso é sinal de que será severamente repreendido pela sua mulher.

Quando uma mulher admira as suas próprias ancas: isso significa que ela vai sair magoada de uma relação amorosa.

Quando uma mulher sonha que a sua anca é muito estreita: isso quer dizer que ela poderá sofrer uma decepção tão grande que a poderá conduzir a uma depressão.

Por outro lado, se sonhar que a sua cinta é muito gorda: ela estará em risco de perder a sua boa reputação.

Anus

Sonho de ver 1 ânus: isso significa que você está sofrendo de maus emoções e sentimentos ocultos que não estão expressando. Este sonho significa a sua desgraça e culpa. O principal significado do ânus está representando a sua avareza. Tenha em mente que este sonho representa, que você deve relaxar 1 pouco mais.

Arterias

Ter artérias fortes: receberá mensagens com boas notícias.

Ter artérias fracas: você se restabelecerá lentamente de uma doença.

As artérias sendo cortadas: terá vida longa.

Axilas

Quando você sonha com suas axilas: significa mudanças em suas relações com os outros. *Se você cheirou suas axilas*: isso significa que você está tentando substituir algumas de suas características, assumindo encobrir as circunstâncias. Este sonho representa que você deve agir para lograr a aprovação daqueles que o rodeiam.

Baço

Sonhar com o baço: denota que 1 mal-entendido o irá afetar pessoalmente.

1 baço aumentado: comparecerá a uma grande festa.

Ter uma doença no baço: infelicidade.

Barba

Se o sonhador(a) usava ou viu alguém barbado: deve saber que o ideal, no momento, seria ele acalmar o seu gênio e procurar andar lado a lado com seus pares.

Raspar a barba, em sonho: é prenúncio de que o sonhador deverá pensar bastante antes de tomar qualquer decisão no campo amoroso.

Barriga

A barriga pode aparecer nos sonhos como sinal de uma doença que ainda não causa complicações mas você já está consciente para ela. Por outro lado pode ser para alertar você contra hábitos alimentares errados que podem colocar em risco sua saúde. A barriga é muitas vezes interpretada como 1 símbolo da fisiologia para sensualidade. Sonhos com barriga também significam experiências reprimidas e que o inconsciente deve finalmente processá-las.

O sonho, no qual você vê seu próprio ventre: mostra os pensamentos e ideias que estão sendo cristalizados e vem para a realidade.

Barriga de grávida: a barriga é uma das partes constituintes do corpo humano. Numa gravidez, a mulher fica com a barriga inchada, dentro o filho que leva no seu ventre e isso acarreta 1 sentimento de felicidade, pois a família vai crescer. Nos sonhos entretanto, não tem esta aura positiva que parece à 1ª vista.

Sonhar que vê uma barriga inchada: é um mau presságio, pois esse sonho indica que o desespero e a doença estão para breve.

Sonhar que vê algo a mover-se na barriga: preconiza humilhação e trabalho pesado.

Por outro lado, ao ver uma barriga saudável: isso quer dizer que poderá ter 1 desejo insano a qualquer momento. Talvez você esteja pronto para se percebeu que as ideias que estavam hospedados em sua mente por 1 tempo. A barriga também pode indicar as emoções reprimidas se está segurando. Talvez você deve confiar mais no que você pode conseguir.

Se você ver a barriga que contém 1 bebê na mesma: então tal sonho denota aos sentimentos que estão prestes a sair. Se você estava esfregando sua própria barriga num sonho, então esse sonho pode indicar o estímulo interno que faz com que os sentimentos de fome.

+ *Cuidados*: aviso que você não deve comer rápido demais.

Barriga e fome no mesmo sonho: representam 1 sentimento *dawn*, onde o sonhador está insatisfeito com algo na sua vida. É na barriga que está a nossa capacidade digestiva.

Sua própria barriga vista num sonho: pode ser o sinal de algumas relações desagradáveis.

Barriga lisa: se no sonho tiver uma barriga lisa e a sensação d'estar cheio, é 1 sinal de satisfação física, mas também pode expressar algum desejo íntimo.

Barriga inchada: sonhar que você tem uma barriga inchada significa que uma doença pode estar chegando a seu caminho.

Se for uma pessoa casada e sonhar com isso: isso pode significar infelicidade e infortúnio no campo amoroso.

Barriga destapada ou nua: se sentir a barriga nua no seu sonho, isso pode querer dizer que poderá vir a recuperar algo outrora investido, essencialmente significa recuperação. O sonho pode apontar para sentimentos ou intuições relacionadas com algum relacionamento.

Uma mulher ao ter sonhos com barriga: pode referir-se à sua capacidade fértil ou gravidez.

Se por outro lado, for 1 homem a sonhar com a sua própria barriga a crescer: a desenvolver-se, isso pode querer dizer que receberá as honras que merece, será valorizado.

Ter uma barriga feia: prediz perda de tempo com julgamentos. Uma grande barriga representa julgamento e conflito.

Uma pequena e fina barriga: refere-se a problemas de justiça.

Tiro na barriga: ao sonhar com tiro na barriga, algo a ver com o seu relacionamento em termos íntimos, ou sentir-se alvo de 1 ataque verbal ou emocional de alguém.

+ *Cuidados*: o sonhador(a) deve evitar comer enlatados.

Significado geral: se uma barriga aparecer em seu sonho pode também ser 1 sinal de problemas e provações.

Bexiga

Sonhar com bexiga simboliza sua acumulação em relação a algo ou alguém. Assim como a bexiga que vai acumulando, acumulando, você vem guardando coisas em você. Estas podem ser sentimentos, coisas, rancores, enfim, você sabe exatamente o que é.

+ *Cuidados*: mas assim como a bexiga uma hora você irá estourar, por isto se livre disso, seja o que for. Converse com alguém, doe coisas, enfim não acumule nada, isto está lhe deixando para trás e não deixa o novo chegar.

Bílis

Sonhar com sua própria bílis: significa que o sonhador(a) está mal-humorado e irritável. Bílis de cor escura: indica tristeza e depressão. Se a cor for amarelada: representa raiva.

Braços

Braços machucados, sujos ou com marcas de acidente em sonho: é aviso para que o sonhador(a) não use sua ambição de forma desenfreada.

Ao sonhar que vê 1 braço amputado: significa separação ou divórcio na sua vida. A insatisfação mútua e o clima de instabilidade surgirão entre marido e mulher; é 1 alerta para as mentiras, os enganos e a fraude que lhe podem surgir tanto na sua vida particular como profissional.
Seus próprios braços: vitória sobre os inimigos.
Ter 1 belo braço: contará com boas amizades.
Ter braços grandes: grande alegria à frente.
Ter braços pequenos: terá muito dinheiro.
Ter braços cobertos de pelos: será muito rico.
Braços muito finos: logo enriquecerá.
Ter braços extraordinariamente grandes: alegria e contentamento.
Perder 1 braço: perda de 1 parente.
Sentir dor nos braços: fracassos nos negócios.
Braços sujos: grande sofrimento à frente.
1 homem com o braço quebrado: brigas de família.
Uma mulher com o braço quebrado: ela perderá o marido.
Ter ambos os braços quebrados: doença.
Sofrer 1 acidente nos braços: falta de saúde na família.
Braço direito amputado: morte de 1 homem da família.
Braço esquerdo amputado: morte de uma mulher da família.
Quebrar 1 braço: grande perigo à frente.
Ter doença de pele nos braços: trabalhará muito e inutilmente.
Ter sardas nos braços: tem de corrigir seu modo de agir.
Em geral: excelente sonho, sob todos os aspectos. Força, energia, vigor, saúde, disposição férrea para enfrentar todos os problemas e vencê-los. Coragem para tudo, sem esmorecer.

Cabeça

Ver uma cabeça em seu sonho: simboliza sabedoria, intelecto, compreensão e racionalidade. Também pode representar suas realizações, auto-imagem e percepção do mundo. O sonho com cabeça também pode ser uma metáfora para indicar que você está no comando em alguma situação ou que você precisa assumir a frente.
Sonhar que alguém está tentando arrancar sua cabeça: simboliza que você pode não estar visualizando uma situação ou problema claramente. Talvez você esteja se recusando a ver a verdade.

Ver uma cabeça num sonho: traduz sabedoria, intelecto, compreensão e racionalidade. Também pode representar suas realizações, auto-imagem e percepção do mundo. O sonho com cabeça também pode ser uma metáfora para indicar que o sonhador está no comando em alguma situação ou que ele precisa assumir a frente e traduz que o sonhador(a) não está visualizando uma situação ou problema claramente; talvez ele esteja se recusando a ver a verdade.

Se tem alguém com alguma doença mental na família: deve tomar cuidados especiais com os cabelos, olhos e a boca.

Ver cabeça decepada: cura de grave problema de saúde.

Quem sonha que está cortando a cabeça de alguém: está superando grandes dificuldades em seu tratamento clínico e troca de remédios.

Cabeça apresentava-se sem o corpo: é aviso para que não se precipite ao tomar uma decisão, ou, perderá o que conseguiu com tanto esforço.

Quando, em sonho, a cabeça apresentar qualquer deformidade ou anormalidade, esteja ela presa ou não ao corpo: é indicação de que o sonhador(a) viverá período de muita dificuldade emocional, mas encontrará saída, se souber reagir com firmeza.

Se apenas metade de uma cabeça foi vista em sonho: realizações de antigos desejos.

Se você ou outra pessoa figurava, em sonho, com cabeça de animal: controle-se para não sofrer nem desesperar-se por perdas materiais ou falta de dinheiro.

Ver a cabeça de 1 animal em sonho: é indício de que triunfará sobre uma doença grave; significa também que terá uma vida longa e feliz.

Sofrer acidente ou golpe na cabeça: é aviso de que precisa descansar por 1 curto período.

+ *Cuidados*: evitar sol em excesso na cabeça.

De modo geral: problemas de vício de difícil solução; maior cuidado com a saúde, sobretudo no que diz respeito à mente do sonhador(a); pode também indicar 1 alerta de perda de memória. Procure relaxar e passear mais.

Ver sua própria cabeça: grande sorte.

Ter uma bela cabeça: não se arrisque.

Lavar a cabeça: infortúnio avassalador.

Uma cabeça sem corpo: decepção.

Muitas cabeças: desonra no amor.
Uma pessoa de 3 cabeças: honraria e dinheiro.
Uma cabeça calva: será amado.
Uma cabeça pontuda: vida longa.
Uma cabeça enorme: boas transformações comerciais.
Uma cabeça grande e arredondada: dignidade.
Uma cabeça pequena: cuidado com seus inimigos.
Uma cabeça negra: êxito em seus negócios.
Uma cabeça branca: grandes ganhos.
Uma cabeça pequeníssima: será amado(a).
Ter cabeça redonda: perda da sua esposa.
Uma cabeça com cabelos compridos e soltos: grande honraria.
Uma cabeça bem penteada: está buscando o perigo.
Uma cabeça mal penteada: poderá sofrer 1 estupro.
Ter a cabeça raspada: passará por vergonha.
Ter a cabeça cortada ao 1/2: êxito em tudo.
Ter a cabeça decepada: prazer e honra.
Cortar a cabeça de alguém: você terá mais êxito que seus amigos.
Segurar a própria cabeça nas mãos: terá uma doença no cérebro.
Segurar nas mãos a cabeça de outra pessoa: perda de 1 parente.
Uma pessoa solteira sonhando que segura uma cabeça nas mãos: grande felicidade.
A cabeça de uma pessoa negra: fará uma longa viagem.
A cabeça de uma pessoa morta: descobrirá 1 segredo.
Uma pessoa doente sonhando com cabeça grande: logo se restabelecerá.
A cabeça de uma ave: modificação na sua posição.
Ver 1 corpo sem cabeça andando por aí ou sonhar que você está sem cabeça: significa que você não está usando a cabeça. Você não está pensando claramente. Ou o sonho sugere que você literalmente perdeu a cabeça. Considere como o corpo está vestido ou a condição do corpo. Se o corpo está nu, isso implica que você está sendo ingênuo demais ou confiando demais nos outros. Se parte do corpo é queimada ou ferida, isso indica que sua falta de consciência o pôs em perigo.

A cabeça de 1 animal selvagem: vitória sobre os inimigos.

A cabeça de 1 leão: será uma pessoa muito importante.

A cabeça de 1 lobo: honrarias.

A cabeça de 1 veado: triunfo sobre os inimigos.

A cabeça de 1 bezerro: grande consolo.

A cabeça de 1 cão: grande humilhação.

Cabelo

Sonhar com cabelo: significa, de forma geral, expressa a sua saúde. O cabelo também representa força na história de Sansão, personagem bíblico. Entre muitos significados, o cabelo traz imagens de personalidade, sedução, mudança.

Se os seus cabelos estão caindo no sonho: pode estar relacionado a doenças e enfermidades.

No entanto, caso eles estejam grandes, brilhosos e cheios de volume: significa que sua saúde irá melhorar.

Sonhar com cabelo caindo: pode ter relação com a saúde. Geralmente tem a ver com preocupações excessivas, estresse, desgaste emocional, sensação de que todos os esforços do dia a dia não estão valendo a pena. É 1 alerta, sobretudo, à sua vitalidade. E pode significar que você está perdendo o controle das situações. Se no sonho você se sente mal ao ver o cabelo caindo, não se preocupe, pois significa que está deixando de fazer parte da sua vida aquilo que você já não pode mais segurar. Mas se no sonho o cabelo caindo não incomoda, preste mais atenção ao que realmente precisa dar valor. Fique atento às preocupações excessivas do dia a dia. Procure relaxar, pensar que cada coisa tem seu tempo e que você não pode abraçar o mundo inteiro. Deixe cada coisa em seu lugar e respire novos ares.

Cabelo grande: sonhar com cabelo comprido geralmente é 1 bom sinal. Ligado ao lado financeiro, significa sucesso. Se o cabelo longo está escondido, por exemplo, significa que você não quer transparecer algo de você mesmo, pode ser 1 segredo, 1 pensamento ou até algo físico que não quer mostrar para as pessoas. Se você aparece mostrando o cabelo longo com orgulho, significa que está valorizando suas próprias características, ou o contrário, que está exagerando demais na sua ao exibir sua aparência. Mas se o que mais lhe chamou a atenção foi o tamanho do cabelo, cuidado, isso pode significar que você está com dificuldades para terminar algo do passado, por medo ou insegurança. Pense em como romper esse ciclo, pois você precisa começar uma nova fase na vida.

Cortando o cabelo: este sonho representa a sua própria imagem que você quer passar para os outros. Simboliza sua vaidade e seu cuidado com a aparência. O cabelo é uma parte do corpo que representa nossa essência, está relacionado à mudança.

Se você sonhou com seu cabelo cortado e gostou: significa que está aberto a novas fases.

Se no sonho você não gostou do seu cabelo cortado: significa que tem cometido atitudes erradas ou, ainda, que está com medo de fazer algo que precisa ser feito.

Se, ao sonhar com corte de cabelo, era você mesmo quem cortava: significa que precisa desapegar do passado ou de alguma coisa específica, como objetos ou hábitos. Às vezes, deixar ir é o melhor que se tem a fazer, coisas novas vêm se houver espaço para entrar. Repense suas prioridades e abra a mente para novas sensações.

Cabelo curto: cabelo curto está atrelado ao campo financeiro. Significa que pode ter algum prejuízo nos negócios. Se você é assalariado, está sendo desvalorizado, pois seu trabalho é de qualidade e não corresponde à quantia que ganha. Mas não se desespere, são períodos de crise que logo passarão. Tudo vai ficar mais claro e coisas boas e novas surgirão, te deixando melhor que antes. Será mais valorizado no trabalho, se for empresário ou autônomo, fechará melhores negócios, os quais antes não conseguia enxergar.

Cabelo de outra pessoa: se no sonho você puxa o cabelo de alguém, está querendo chamar a atenção, você quer uma resposta dessa pessoa, pode ser em relacionamento de amizade, com a família ou num relacionamento amoroso. Se no sonho você corta o cabelo da outra pessoa, vá com calma nas suas atitudes, pois você pode estar forçando a barra com este alguém. É preciso aprender ou reaprender a respeitar o espaço do outro. Atitudes forçadas só levam ao sofrimento. Tente s'equilibrar e enxergar a liberdade que todos têm direito. Viva a sua liberdade e dê o melhor de si, o que tiver de ser compartilhado contigo, será de livre e espontânea vontade.

Cabelo loiro: sonhar com cabelo loiro significa mudança radical na sua vida, pode estar acontecendo neste momento ou irá acontecer. Essa mudança pode ser boa ou má. Pode significar inconstância e risco de infidelidade, fique atento(a) às pessoas do seu convívio. Pode significar, ainda, estar apaixonado por uma novidade e ótimas chances de romance. Além de 1 tanto quanto misterioso, sonhar com cabelo loiro pode significar luz, mas lembre-se que nem tudo o que reluz é ouro.

Cabelo roxo claro: simboliza a padrões de pensamento que são neutros ou indiferentes.

Cabelo roxo escuro: pode refletir os padrões de pensamento que concentram-se na sensação de impotência total. Você quer.

nada. Também pode ser a representação de 1 padrão de pensamento muito escuro e indiferente.

Cabelo escuro verde simboliza os padrões de pensamento egoísta.

Cabelo roxo: *claro* simboliza a padrões de pensamento que são neutras ou indiferentes. *Cabelo roxo escuro* pode refletir os padrões de pensamento que concentram-se na sensação de impotência total; você quer nada. Também pode ser a representação de padrões de pensamento muito escuro e indiferente.

Cabelo preto: sonhar com cabelo preto é sinal positivo. Indica que você está no melhor período de disposição e energia. Aproveite para terminar ou começar projetos ou reformas, cuidar do corpo, ou fazer 1 serviço social em prol do próximo. Sonhar com cabelo preto representa também a virilidade. Com a energia sexual estabelecida, o sonhador terá ótimas experiências sexuais nos próximos encontros com o parceiro(a). Também pode externar 1 pensamento desequilibrado. Pensamentos escuros, deprimidos, negativos ou excessivos e uma mentalidade temerosa.

Cabelo vermelho: simboliza os padrões de pensamento negativo ou excessivo. Algum aspecto de sua personalidade não é genuíno ou carinhosa. Cabelo vermelho também pode ser a representação de mentir, trapacear, raiva ou ser mau para alguém.

Cabelo laranja (ruivo): simboliza 1 estilo de pensamento que é difícil evitar ser reparado ou perceptível. Significa crenças, emoções ou situações que são impossíveis de parar ou desviar. Uma área de sua vida que está colocando barreiras em seu caminho e você não pode passar despercebido.

Cabelo azul claro: simboliza os padrões de pensamento positivo. Também pode ser a representação de sensibilidade.

Cabelo azul escuro: simboliza os padrões de pensamento frio ou insensível.

Cabelo branco: está relacionado à sabedoria e à longa vida. Ótimas energias estão chegando até você. Significa que você tem equilíbrio em seus pensamentos e fará boas escolhas em todas as áreas da vida. Sempre com moderação, os resultados do que faz são positivos. Sonhar com cabelos brancos também é sinal de paz, tanto d'espírito quanto de alma. Também pode externar padrões de pensamento equilibrado. Crenças negativas ou insalubres estão sendo totalmente limpas. Possivelmente podem ser 1 sinal de auto-aperfeiçoamento ou uma mudança positiva. Cabelo branco também pode representar boas intenções.

Ver o seu cabelo grisalho: prediz a morte e contágio na família de algum parente ou algum amigo.

Você tem cabelos grisalhos: dificuldades seguidas d'exito.

Ver outras pessoas de cabelo grisalho: prediz a morte e contágio na família de algum parente ou algum amigo.

Uma mulher sonhar que tem cabelos grisalhos: concretizará altas ambições.

Estar em companhia de uma pessoa de cabelos grisalhos: recursos abundantes.

Cabelo na comida: sonhar com cabelo na comida pode indicar possíveis intrigas. O sonhador(a) está enredado(a) em alguma questão emocional, na qual ele(a) não tem certeza de como sair. Significa ainda ter dúvidas e contrariedades nas suas decisões, sacrifícios estão por vir ou já estão acontecendo. Pode significar ainda que decisões difíceis que você está sendo obrigado a tomar. Tente observar o que está te tirando do centro e o obrigando a fazer algo que não é da sua vontade. Mantenha a calma e pegue as rédeas da situação, você não pode controlar ninguém, mas pode defender-se de quem tenta controlá-lo. Faça a diferença e mostre que você tem discernimento e equilíbrio. Fuja das intrigas, fique o mais longe de problemas que não lhe dizem respeito.

Cabelo bem penteado: reflete 1 estilo de pensamento sistemático ou metódico.

Cabelo desarrumado ou emaranhado: reflete pensamentos autocríticos ou histéricos...

Passar chapinha nos cabelos: prevê que a sonhadora vai se tornar pobre por sua generosidade e sofrer doenças devido uma preocupação mental.

O sonho de ter o cabelo de outra pessoa: simboliza seus pensamentos baseados em sentimentos ou lembranças do passado.

O sonho sobre bobes (bugs) em seu cabelo: simboliza aborrecimentos, frustrações ou situações indesejáveis sente por dentro, sentindo-se incapaz de parar de pensar em algo irritante.

O sonho sobre cabelo estar pegando fogo: simboliza uma mentalidade que é consumida por perda ou a ameaça de perda. Preocupação com uma situação muito grave. Sentindo que não vai "brincar" desta vez. Este tipo de sonho pode aparecer quando você ou alguém que você conhece é confrontado com uma crise terrível, como a morte de 1 ente querido.

Tornar-se calvo: doença grave a caminho. Também pode significar medo de perda de libido e da sexualidade.
Ver alguém: problemas de ordem sentimental.
Ser completamente calvo: será muito amado.
Ser calvo na parte da frente da cabeça: prepare-se para grandes problemas.
Ser calvo na parte de trás da cabeça: viverá na pobreza.
Ser calvo no lado direito da cabeça: morte de uma pessoa amiga.
Ser calvo no lado esquerdo da cabeça: morte de 1 parente.
Uma mulher que se torna calva: encontrará dificuldades nos assuntos sentimentais.
Uma criança pequenina e calva: desfrutará o amor.
Sonhar que se tem caspa: indica que a pessoa está abusando de suas energias e que ele anda muito tenso. Daí, deve manter a calma na hora de resolver seus problemas. O sonho também pode indicar que precisa melhorar sua auto-estima.
Peruca na cabeça: denota fraude. Revela que você está usando outras pessoas pensamentos e planos, a fim de porque você nunca será feliz com a dos outros.
Se você perdeu uma peruca no sonho: significa que você perdeu sua mente, você não está pensando sobre as consequências, que podem ser muito dolorosas.

Calcanhar

Este sonho significa opressão, humildade e vulnerabilidade.

Calos

Ter calos nos pés: *empreendimento* comercial bem-sucedido.
Cortar calos dos pés: prosperidade comercial.
Cortar os calos dos pés de outras pessoas: você tem 1 amigo leal.
Sonhar ter 1 calo: deve precaver-se contra problemas com pessoa da família.
Sentir o calo doendo ou latejando: é sinal de que receberá boas notícias sobre pessoa querida.
Tratar de calos: é certeza de que sairá vencedor numa disputa amorosa.
Ver outra pessoa com calos: é sinal de que inimigos serão afastados de sua vida.

Cérebro

É nesta parte do corpo – cérebro, que reside o controle do corpo, afinal, a mente controla o corpo! Para conseguirmos alcançar muitos objetivos e dar passos largos na vida devemos aprender a nos conhecer e sonhar com cérebro significa justamente isso – que você precisa se conhecer! O cérebro é o motor da máquina humana. É ele que dá todas as ordens e é o centro do sistema nervoso. Nos sonhos, sonhar com cérebros tem particularidades específicas:

Sonhar com ele: poderá sofrer 1 acidente.

Ter 1 cérebro saudável (lucidez): grande conhecimento trará bons resultados nos negócios.

Ter uma doença no cérebro: perda de dinheiro.

Ter 1 tumor no cérebro: você tem má reputação.

Parentes com problemas no cérebro: perigo à frente.

Operar 1 cérebro: tudo irá bem no futuro.

Submeter-se à uma cirurgia no cérebro: está muito apaixonado(a).

Pessoas amigas que se submetem a uma cirurgia no cérebro: encontrará valioso objeto que estava escondido.

Inimigos que se submetem à uma cirurgia no cérebro: obterá bons ganhos.

Ao sonhar que vê o seu próprio cérebro: significa que ocorrerão desenvolvimentos hostis que o vão irritar.

+ *Cuidados*: faça uma análise agora de suas atitudes, suas decisões, seus conceitos, enfim, se tudo o que você faz é certo ou possui erros! É somente neste momento que conseguiremos moldar nossa estrutura no corpo e n'alma.

Cintura

Notar sua cintura em seu sonho; significa que o sonhador(a) precisa cuidar da sua dieta ou peso.

Coluna vertebral

Em geral: terá muitas tarefas desagradáveis a executar.

Quebrar a coluna: perda de dinheiro.

Não trabalhar por ter a coluna quebrada: *boa sorte à frente.*

Outras pessoas que quebram a coluna: perda de riqueza.

Filhos com problemas na coluna: terá boas notícias de longe.

+ *Cuidados*: certifique-se de manter sua coluna sempre reta em seus sonhos, pois só assim você também será capaz de caminhar reto em sua vida. Tome muito cuidado para não julgar ou criticar demais os outros.

Coração

E sinal de inquietação, mas não tem relação com o organismo, embora seja uma advertência para não abusar da saúde. E se o sonhador estiver de fato doente do coração, é porque os seus sentimentos falecem, há algo d'errado neles.

O que significa sonhar em ter 1 coração? Manter o coração literalmente pode indicar que alguém quer seu amor e atenção. O coração é 1 símbolo da paz, confiança e amor.

Estar segurando 1 coração humano: pode ser 1 sonho bastante perturbador, no entanto, este sonho representa fases que a pessoa passa na vida. Podem ser seus amigos, atenções da família ou os diferentes caminhos que a pessoa toma na jornada de sua vida.

Sonhar em manter 1 coração numa redoma: é 1 presságio positivo de que muitas situações sociais tomam forma. Isso não significa necessariamente que a pessoa vai de repente ver algum tipo de sacrifício perturbador na vida real! Este órgão é considerado por muitos como a sede dos sentimentos, mas na verdade é só uma bomba de lançar sangue no corpo. A verdadeira sede dos sentimentos humanos é a alma e, ali, guardamos tudo! Sonhar com coração humano significa fraqueza, cansaço físico, mental e espiritual! Muitas vezes temos a oportunidade de nos conhecer e nos transformar, porém, preferimos viver reclusos em nosso mundo perdido e sem vida! Sonhar com coração de animal é o oposto e significa força, vitalidade, criatividade e superação! Este sonho revela que podemos nos surpreender e superar tudo o que vier a nossa frente.

Costas

Sonhar com suas costas, pode indicar que você está numa busca de conforto espiritual. As costas denotam o encontro dos 2 estados da mente – o racional e o irracional. O sonho pode ser uma metáfora de como você está "costeando" ao longo da vida e que você pode precisar de levar as coisas mais a sério.

Se o sonhador(a) viu costas nuas: ele deve controlar o seu impulso sexual.

Quando ele(a) vira as costas para alguém em sonho: é aviso de sua consciência para que não abandone os amigos em momentos difíceis, amanhã ele poderá precisar deles também.

Se o sonhador(a) viu suas próprias costas: deve alegrar-se, pois o momento que se aproxima é de muita paz e tranquilidade para ele, pois seus problemas serão solucionados.

Costelas

Ver suas próprias costelas machucadas: dinheiro inesperado.

Quebrar costelas: alegria inesperada.

Marido ou mulher quebrando costelas superiores: acontecimentos felizes.

Parentes quebrando costelas superiores: cuidado com traição entre pessoas em quem confia.

Marido ou mulher quebrando costelas inferiores: boa sorte.

Parentes quebrando costelas inferiores: uma amizade falsa está por perto.

Ter uma costela deslocada: as pessoas falam a seu respeito.

Parentes com costelas deslocadas: infelicidade causada por parentes.

Ter costelas maiores do que as comuns: casamento feliz.

Marido que quebra as costelas: bons negócios.

Esposa que quebra as costelas: irá se divorciar.

Amigos com costelas quebradas: acontecimento importante e muito benéfico a caminho.

Parentes com costelas quebradas: não estão à altura de sua posição.

Membros da família com costelas quebradas: o dinheiro virá com facilidade durante a vida.

Filhos com costelas quebradas: discórdia no casamento.

Ter costelas fortes: será feliz no casamento.

Cotovelos

Ver o seu próprio cotovelo no sonho: indica que você precisa criar 1 espaço para si mesmo. Seu sonho pode expressar hesitação ou medo ao criar seu próprio espaço por medo de ser examinado. Sonhar que seu cotovelo está ferido sugere sua incapacidade de funcionar em alguma situação de vigília. Pode também se referir a alguma ansiedade sexual. O cotovelo direito está relacionado a questões morais e éticas, enquanto o cotovelo esquerdo representa a passividade e suas características não desenvolvidas.

Coxas

As funções básicas da coxa são a locomoção e a sustentação de uma pessoa. Fora estas funções, coxas lisas, cheinhas, bem torneadas, também são tidas como pontos d' excitação sexual.

Sonhar com suas coxas: denota a sua paciência e tenacidade. Esse sonho indica sua força para fazer as coisas sem reclamar.

Se você gosta de ver suas coxas acariciadas num sonho: mostra a auto-confiança que você tem em relação aos outros.

Coxas brancas e lisas: é extraordinária boa sorte e todos os tipos de diversão.

Ao sonhar que a sua coxa não tem pelos: indica sorte e felicidade.

Ao sonhar que tem 1 ferimento nas coxas: significa doença e traição.

Uma mulher admirar as suas próprias coxas: denota vontade de se aventurar, mas terá que ser bastante cautelosa.

Ver nos sonhos que as suas coxas aumentaram: promessa de muita alegria e boa saúde.

Dedos

Ver seus dedos: externa sua destreza física e mental. Eles indicam a manipulação, ação e comunicação não-verbal.

Se você sonha que seus dedos caindo: pode indicar que você está deixando uma situação dominá-lo ou ditar a forma como você se comporta. Você pode estar literalmente, perdendo o seu controle sobre a vida.

Se você sonhou que seus dedos estão feridos ou foram cortados: denota suas ansiedades sobre sua capacidade de realizar alguma tarefa exigente ou executar em alguma situação de vigília.

Ver 1 dedo apontando para você no sonho: significa auto-culpa.

Sonhar com o seu dedo mindinho: representa o poder da mente, o intelecto, a memória e o poder de comunicação.

Ver seu indicador no sonho: significa autoridade, direção, julgamento.

Ver seu dedo médio no sonho: denota prudência, praticidade, cautela, responsabilidade e trabalho duro. Alternativamente, o dedo médio pode simbolizar seu pênis.

Ver 1 dedo com anel no sonho: representa o sucesso, popularidade e criatividade, Ele também tem associação com a união e compromissos.

Esqueleto

Sonhar com 1: problemas de saúde.

Ser 1 esqueleto: problemas familiares.

Fugir de 1 esqueleto: grande alegria.

+ *Cuidados*: evitar andar por lugares onde pode escorregar.

Em geral: prepare-se para uma fase de muitas conquistas. Pode ser que você encontre 1 grande amor, ou ainda que apareçam em sua vida pessoas que acabarão lhe proporcionando grandes benefícios.

Sonhar com ele: em busca da paz a qualquer custo, mesmo que para isso tenha que brigar. Não é capaz sequer de se imaginar vivendo ao lado de pessoas que se relacionam na base de tapas e berros, mesmo que sejam elas sua mãe, seu pai ou o grande amor da sua vida. Além de paz, seu coração vive em busca de muito de amor. É o tipo de pessoa que está sempre namorando, dificilmente está só. E que ninguém tente prender ou proibi-la de alguma coisa, pois será 1 adeus sem pensar.

Estômago

Sonhar com ele, traduz contrariedades ou angústias por ter assumido compromissos superiores à sua capacidade. Também reflexos negativos n'organismo por ter comido, transado, praticado algum esporte, ouvir som, ou assumido compromissos superiores à sua capacidade em sentir prazer ou desfruto. Poderá ter dificuldade em conseguir concretizar tudo aquilo a que se propôs. Também indica que o sonhador(a) está muito absorvido e preocupado com seu trabalho.

+ *Cuidados*: toda pessoa que tem este tipo de sonho, deve procurar relaxar e se distrair nos fins de semana e feriados.

Sonhar insistentemente com estômago: este tipo de sonho pode estar falando diretamente sobre a sua saúde física ou mesmo suas necessidades dietéticas. Caso assim seja, seus sonhos estão ligados de alguma forma com alimentos ou mesmo atividades que podem trazer doenças ou mesmo saúde. Este sonho também poderá indicar doenças na família, mas nada muito complicado para se preocupar, podendo também traduzir que você está altamente absorvido e preocupado com seu trabalho, por este motivo, procure sempre que possível relaxar.

Ligado a alimentos: este tipo de sonho pode estar falando diretamente sobre a sua saúde física ou mesmo suas necessidades dietéticas. Caso assim seja, seus sonhos estão ligados de alguma forma com alimentos ou mesmo atividades que podem trazer doenças ou mesmo saúde. Sonhos relacionados ao estômago são relacionados a algum tipo de doença de órgãos renais.

Ligado a doenças com outros órgãos: sonhos relacionados ao estômago também podem estar relacionados a algum tipo de doença dos órgãos renais e expressando não sermos capazes de tolerar alguma coisa que conhecemos no mundo do dia a dia, podendo não querer integra-las `a nossa experiência ou hábitos.

Baleado no estômago: praticamente metade dos sonhos que fazem menção ao estômago ou a barriga podem mostrar o sonhador sendo baleado. A partir disto, o sonho está relacionado de forma direta com a dor, relacionada quando podemos estar de forma crítica nos sentindo injustiçados ou mesmo caluniados. Também pode traduzir contrariedades ou angústias por ter assumido compromissos superiores à sua capacidade.

Fígado

Se, em sonho, seu fígado está doente: é sinal de melhoria de vida.

Se você cuidava do seu fígado, em sonho: é sinal de que você está muito hábil n'arte do amor, aproveite o momento.

Ver ou tocar 1 fígado: é aviso d'enfermidade leve em família.

Quem, em sonho, prepara o fígado para alimentação: saiba que pessoa de suas relações que está adoenta apresentará excelente melhora.

Comer fígado em sonho: pressagia que sua produtividade no trabalho irá aumentar, assim como seus ganhos.

Se, em sonho, você servia fígado: momento importante e favorável para tomar decisões que a muito você vêm adiando.

Caso você tenha-se recusado a comer fígado: saiba que 1 dinheiro extra surgirá.

Garganta

Sonhar com garganta: a garganta é uma parte do corpo humano, mas que também pode ser encontrada n'anatomia de outros animais, que pode ser considerada como inserida dentro da estrutura do pescoço como 1 todo. Ela também pode ser encontrada na parte anterior à coluna vertebral. Nos humanos, a garanta pode ser formada pela faringe e também pela laringe. A garganta tem 1 importante papel nos mais variados processos necessários para manutenção da vida de qualquer pessoa. Ela acaba separando o esôfago da traqueia e previne a inalação de alimentos ou bebidas.

Além disso, a garganta também está muito ligada as questões da voz, o que acaba dando origem a expressões como "grito na garganta". Quando as pessoas sonham com uma garganta, o que pode ser considerado algo não tão comum, basicamente pode indicar que esta mesma pessoa tem a capacidade de s'expressar e também de comunicar seus pensamentos e ideias de uma forma bastante efetiva, o que pode sempre ajudar bastante na hora de conseguir determinados avanços no seu trabalho.

Problemas de garganta: ganhos financeiros.

Cortar a garganta: pessoas serão obstáculos em sua vida.

Sonhar que está examinando a garganta dos outros: quando as pessoas sonham que estão olhando de perto a garanta de outras pessoas, este pode ser interpretado como 1 sinal de que é necessário mais dedicação em determinados aspectos do trabalho.

Sentir a garganta apertada: é alerta, cuidado para não brigar por causa de dinheiro, não vale a pena.

Examinar a garganta alheia: é sinal de que precisa dedicar-se mais ao seu trabalho: é alerta, cuidado para não brigar por causa de dinheiro, não vale a pena.

Se, em sonho, sua garganta estava cortada: saiba que precisa empenhar-se com toda força e energia para alcançar seus objetivos.

Se viu a garganta de outra pessoa cortada: é sinal de vitória contra 1 inimigo poderoso e possivelmente uma doença evitada.

Intestino

O sonho com esse órgão mostra prováveis problemas no amor.

Cirurgia no intestino: cuide melhor de suas finanças.

Ter dores nos intestinos: infortúnio no amor. Também pode significar uma situação de risco associado com uma doença que afeta o seu relacionamento com os outros.

Filhos com dores nos intestinos: consolo e felicidade.

Parentes com dores nos intestinos: infelicidade.

Namorado(a) com dores nos intestinos: terá de desistir do prazer.

Outras pessoas com dores nos intestinos: receberá uma visita. Alegrias.

Inimigos com dores nos intestinos: resultados desfavoráveis em relação a seus interesses.

Ter parte dos intestinos retirada: brigas de família.

Parentes com parte dos intestinos retirada: perda de dinheiro.

Filhos com parte dos intestinos retirada: a decepção é certa.

Se no sonho você viu os próprios intestinos: é aviso que o excesso de trabalho poderá trazer complicações de saúde.

Se os intestinos eram de outra pessoa: é prenúncio de vida profissional favorecida; porém, intestinos de animal vistos em sonho, prepare-se para assumir novas responsabilidades em família.

Sentir dores intestinais: aproveite suas potencialidades, por meio de uma associação você poderá realizar o que almeja.

Joanetes

Quem, em sonho, vê joanetes em pés alheios: saiba que deve direcionar seus esforços, não desperdice energia no que não vale a pena.

+ *Cuidados*: o sonhador(a) deve evitar andar descalço.

Você sofrer por causa de 1 joanete: regresso de alguém.

Secreção que sai de 1 joanete: terá 1 novo admirador(a).

Parentes que sofrem com 1 joanete: enfrentará dificuldades.

Amigos sofrem com 1 joanete: está diante de obstáculos.

Joelho

O joelho simboliza o trabalho do homem.

Os joelhos: doença.

Os joelhos muito machucados: sofrerá humilhação.

Os joelhos levemente machucados: as coisas transcorrerão bem.

Os joelhos dobrados: longo período de doença.

O joelho quebrado: pobreza.

Cair de joelhos: infortúnio nos negócios.

Os joelhos de uma mulher: boa sorte.

Os joelhos de uma mulher casada: prosperidade.

Os joelhos de uma mulher solteira: momento adequado para paquerar.

Os joelhos de uma moça: casamento com a moça que você escolheu.

Sentir muito cansaço nos joelhos: você se restabelecerá de uma doença.

Ter 1 joelho deslocado: ficará desempregado.

Cortar os próprios joelhos: encontrará obstáculos nos negócios.

Recuperar-se de 1 corte no joelho: fortuna e alegria.

Os joelhos de animais: enfrentará trabalho pesado.

Em geral: sonhar com joelho significa que o sonhador(a) precisa se desviar de problemas, evitar dores de cabeça com assuntos que não lhe dizem respeito e tomar cuidado com possíveis acidentes e investir somente no necessário e naquilo que ele tenha certeza de que lhe dará 1 retorno positivo.

Sonhar que seus joelhos tremem: serve como alerta da consciência ao sonhador(a), que pode evitar uma dor de cabeça, se ele(a) negar-se à tentação de s'envolver em empreendimentos escusos. *Joelhos arranhados, machucados ou feridos*: é advertência do subconsciente do sonhador de que ele deverá se prevenir, não beber para depois dirigir, pois há riscos de acidentes.

+ *Cuidados*: o médico deve recomendar ao sonhador subir e descer escadas diariamente.

Danificado: o agravamento das relações.

Joelhos se movendo: você espera cenários agradáveis à vista o desfruto de saúde, ser bem aceito pelas mulheres e fazer muito amor.

Se alguém teve 1 sonho no qual machucou o joelho ou se alguém fez isso: significa que ela inveja e odeia as pessoas que ficam em seu caminho atrapalhando ou atrasando-o.

Sonhar que os joelhos estão machucados e ele mal consegue andar: ele será forçado a limitar seus gastos.

Se 1 homem vê num sonho que seus joelhos estão saudáveis e que ele pode andar novamente: é 1 sinal de que as más condições persistirem, será rico e feliz.

Quando alguém vê num sonho que seus joelhos recuperados o suficiente para que ele possa dar uma caminhada ou corrida: este homem, não importa o porquê pelo qual passou, ele voltará a ser feliz em todos os sentidos. *Se teve uma mulher de sonho*: isso significa que ela será 1 exemplo de uma esposa subserviente, uma boa mãe e dona.

Ajoelhar-se num sonho: significa piedade ou humilhação e às vezes preocupações.

Joelho inchado e sentir a dor ao mesmo tempo: doenças, problemas, tristezas, falha ou desaceleração em empresas.

Sonhar passar pomadas nos joelhos: significa frustração e cuidados fúteis.

Vendo seu joelho em bom estado: saúde.

Riscado ou quebrado: doença ou lesão de verdade em seu joelho.

Os homens vendo os joelhos das mulheres: insatisfação sexual; uma deterioração nas relações.

Pés ou joelhos em movimento: uma situação estressante, as emoções negativas e sentimentos de inferioridade.

Mãos

Sonhar com mãos representa seus relacionamentos com aqueles que o rodeiam e como você se conecta com o mundo. Mãos servem como forma de comunicação e pode representar a autoridade, ódio, proteção, justiça, etc, dependendo do gesto. Talvez você precise dar uma mãozinha a alguém. Se alguém está lhe dando uma mãozinha, então isso implica a sua necessidade de ajuda. Não tenha medo de pedir ajuda ou de depender dos outros de vez em quando. Além disso, a mão esquerda simboliza a sua graciosidade e suas qualidades femininas, receptividade, enquanto a mão direita simboliza os atributos masculinos e ativos. A mão direita também pode ser 1 trocadilho para alguma decisão ou algo que está " certo". Se você sonha que suas mãos estão sem corpo, então isso indica que você não está atento ao seu ponto de vista. Você não está sendo entendido ou alguém não está entendendo você. O sonho também pode simbolizar sentimentos de solidão. Se você ver as mãos de 1 bebê desencarnado em seu sonho, então ele aponta para sua ânsia materna ou seus desejos de se se sentir necessário. Seu sonho pode também refletir as ansiedades sobre a perda de contato com ele/ela, ou que você está se afastando.

Sonhar que você está de mãos dadas com alguém: representa o amor, carinho e sua conexão com essa pessoa.

Sonhar que suas mãos estão feridas: denotam 1 ataque contra seu ego.

Sonhar que suas mãos estão entrelaçadas ou fechadas: significam unidade, integridade, aceitação ou acordo. Num aspecto mais negativo, o sonho pode sugerir que você está perto de alguém que não quer ajudar.

Sonhar que você tem grandes mãos: denotam o sucesso em alcançar seus objetivos.

Sonhar que suas mãos estão cabeludas ou ásperas: implica a sua falta de delicadeza no trato com os outros. Você pode estar muito impetuoso e abrasivo.

Ver sangue em suas mãos: significa que você está enfrentando algum tipo de culpa.

Sonhar que suas mãos estão sangrando ou sujas de sangue: é sinal de que algo que você fez está te atormentando e o arrependimento está pesando.

Sonhar que você está lavando as mãos: representa 1 problema preocupante que você precisa ver. O sonho sugere que você está *dawn* ou não está assumindo a responsabilidade sobre algum assunto. Você está deixando de fazer certas coisas que são sua responsabilidade.

Sonhar que suas mãos estão coçando: indicam problemas com dinheiro. Também significa comunicação.

Se a mão esquerda está coçando: então isso significa dinheiro a ser recebido.

Se a mão direita ou ambas as mãos estão coçando: então isso significa dinheiro que está sendo dado ou perdido.

Sonhar que suas mãos estão sangrando ou sujas de sangue: é sinal de que algo que você fez está te atormentando e o arrependimento está pesando.

Sonhar que você está apertando a mão de alguém: simboliza 1 novo começo ou 1 fim para uma situação. Você chegou a 1 acordo ou uma decisão para 1 problema. O sonho também pode significar que você está recebendo algo novo em sua vida. Em particular, se você está apertando a mão de alguém famoso ou alguém importante, isso sugere que você é bem visto pelos outros.

Músculos

Em muitas ocasiões, sonhamos com as atividades que realizamos diariamente. Desta forma, se você é uma pessoa que vai à academia de musculação todos os dias para levantar pesos e fortalecer seus músculos, não é estranho ter 1 sonho desse tipo. No entanto, você pode sonhar com músculos sem precisar frequentar uma academia.

Mas qual é o significado de sonhar com os músculos? Analistas de sonhos dizem que sonhar com seus músculos representa seu desejo de se superar de 1 estágio no qual você se sente derrotado. Por outro lado, outros intérpretes de sonhos dizem que sonhar em ter músculos indica que você deve evitar ser tão narcisista, vã ou egocêntrico. Você costuma ser uma pessoa altiva? Você geralmente se vangloria ou presume com muita facilidade?

Sonhar com braços muito musculosos: indica que você é uma pessoa que deve aprender a viver com certos encargos.

Sonhar que uma pessoa magra se transforma em alguém musculoso: mudanças internas profundas estão sendo desenvolvidas internamente.

Sonhar com muitos músculos: você precisa ser mais flexível. Assim como o músculo é flexível e pode esticar ou contrair, você deveaprender a fazer o mesmo.Tente se adaptar às circunstâncias e ajustar as eventuais mudanças que estão por vir.

Sonhar com músculos grandes: significa que você deve aprender a viver com certos encargos. Você deve aprender a viver com certas cargas negativas, como estresse, tensão ou angústia. Tente ser mentalmente mais forte ao aprender a lidar com esse pesado fardo.

Sonhar com músculos flácidos, fracos: sugere que a própria incapacidade de resolver seus problemas é reconhecida.

Sonhar que temos músculos bíceps altamente desenvolvidos: é 1 sinal de que não estamos apenas em excelente condição física, mas também que temos as habilidades necessárias para enfrentar as adversidades que surgem.

Sonhar que certos músculos sejam mais fortes que outros: você deve estar preparado para viver numa sociedade competitiva.

Se no sonho temos algum dano nos músculos ou os vemos flácidos: é 1 sinal d'exaustão, para o qual é pertinente fazer uma pausa e fugir da rotina diária.

Os sonhos em que nossos músculos se contraem de repente: são 1 presságio de situações desagradáveis e imprevistas que não nos permitem reagir em tempo hábil, o que causará problemas difíceis de resolver. Sem dúvida, você deve tentar recuperar essa vitalidade e energia ao sonhar com os músculos. Na verdade, analistas de sonhos dizem que sonhar com seus músculos representa seu desejo de se superar num estágio no qual você se sente derrotado. Você falhou ultimamente e não sabe como superá-lo? Tentar superar essas pequenas frustrações é o 1º passo correto para avançar na vida. Por outro lado, outros intérpretes de sonho dizem que sonhar em ter músculos indica que você deve evitar ser tão narcisista, vã ou egocêntrico.

Nádegas

Sonhar com nádegas significa bons prenúncios para a sua vida. Assim que os problemas acabarem, sua vida será muito mais calma e prazerosa. Pode representar, também, seus instintos reprimidos e seus impulsos sexuais. Apesar de bastante diferente, sonhar com nádegas é bastante comum e está relacionado a revelações de nossos próprios anseios, sensações, instintos e compulsões. É o portal que nos informa bom presságios para as finanças, quando a tempestade está para acabar e que logo após a virá a bonança.

Mostra 1 bom momento na vida de seu sonhador. O sonhador(a) não precisa ter mais receios e pode aproveitar mais as oportunidades em sua vida.

Sonhar que vê nádegas: revela tudo sobre a sua condição reprimida em realizar seus mais secretos e intensos desejos e impulsos sexuais. Pode nem sempre estar ligada ao sexo, mas sim 1 vício, uma necessidade insaciável. Cuidado, pois tudo o que é demais, faz mal a você e a todos que estão a sua volta.

Sonhar com nádegas deformadas: significa que você tem sérios distúrbios de ordem psicológica e que se sente à vontade para s'envolver de toda e qualquer forma com as pessoas. Outro ponto ligado às nádegas deformadas é a dificuldade em resolver questões primitivas, de infância, como traumas.

+ *Cuidados*: procure ajuda psicológica caso sinta vontade, 1 bom profissional poderá ajudar a se livrar de tanta aflição e sofrimento.

Sonhar com as próprias nádegas: mostra que você carrega sentimentos em seu interior que são promíscuos e vão ao encontro do que a sociedade conservadora considera como sendo imoral. Podem ser impressões, desejos, vontades e realizações, que na maioria das vezes é traduzido pela sua mente como uma fantasia. Você se sente reprimido pelos estereótipos sociais.

Sonhar que falta uma nádega: não dê muita atenção para situações ou pessoas que não fazem jus aos seus cuidados, foque toda a sua energia na realização dos seus planos pessoais, já que ao sonhar que falta uma nádega seu subconsciente revela problemas sentimentais e do ego.

Sonhar que leva 1 chute nas nádegas: é 1 ótimo presságio, pois a sua ascensão social e profissional está mais perto do que você imagina. Este tipo de sonho nos adverte que uma grande fortuna está a nossa espera. E o chute nas nádegas geralmente indica que bons negócios estão por vir.

Sonhar que chuta as nádegas de alguém: diz que já está na hora de você aprender a valorizar quem merece, ou você irá chorar o leite derramado dentro em pouco.

Sonhar que alguém está observando as suas nádegas: significa que você terá boas notícias, ou melhor, que se quiser ter sucesso profissional, é provável que irá obter. Também quer dizer que que você finalmente vencerá todos as batalhas e problemas que vêm enfrentando na vida profissional, estes mesmos que hoje tiram o seu sono.

Sonhar com nádegas femininas: sempre que você sonhar com nádegas femininas saiba que as nádegas de mulher representam felicidade e amor. É exatamente isso que você vem procurando e ainda não encontrou? Pois o fim de 1 longo período de insatisfação nos relacionamentos está próximo do fim, anime-se.

Sonhar com nádegas de pessoas mais velhas: ao fazê-lo lembre-se de que as suas lutas diárias, cheias de todos os problemas, adversidades e o sentimento d'estar sobrecarregado, precisam ser pacientemente resolvidos, ou seja, está na hora de reagir para se sentir bem novamente. Dê-se 1 tempo para refletir, pensar em si, você é o único que pode se ajudar.

Sonhar com nádegas pequenas: significa que você sente baixa atração por uma pessoa e que está concentrando demais sua atenção nos pontos negativos das pessoas. O sonho revela também 1 desejo maior em ser estimada(o), já que significa que você está com baixa autoestima e se sente sem valor, desprezado. Tente encontrar o equilíbrio mudando o foco dos pontos negativos seus e dos outros, para as qualidades.

Sonhar com nádegas grandes: mostra que você se deixa levar sem pensar as coisas, embora algumas vezes isso só traga problemas. Outra revelação é que você é extremamente inseguro e vive temendo o que você pode ou podem pensar sobre as pessoas de quem sempre tenta esconder algo dos outros, sendo esta a forma que você encontra para não se sentir tão vulnerável.

Sonhar com nádegas de criança: diz muito sobre uma afeição, 1 bem querer por uma pessoa especial, mas que não é necessariamente sexual, mas sim uma paixão, 1 carinho e cuidado. Por que não tentar nutrir esse amor revelando-o para esse alguém? Você pode se surpreender com a resposta alheia. Invista!

Sonhar com nádegas peludas: significa que você está passando por 1 momento de muita tensão e os seus pensamentos permanecem atrapalhados e confusos. Tenha em mente que isso precisa ser trabalhado, só assim você será capaz de prosperar com sucesso em sua vida e realizar os seus sonhos.

Ombros

Seus próprios ombros: fortuna; ver num sonho seus próprios ombros, significa que você está carregando algum peso em excesso e que chegou a hora de administrar isso em sua vida.

Os ombros dos filhos: receberá uma carta com boas notícias.

Os ombros de outras pessoas: precisa contar com suas próprias forças.

Ombros largos e musculosos: terá saúde excelente pelo resto da vida.

Ombros muito pequenos: infelicidade.

Ombros ossudos: doença.

Ombros nus e belos: evitará o perigo.

Se os ombros em seu sonho são grandes: este é o sinal de boa saúde e sucesso.

Se os ombros pertencem a uma pessoa muito magra: este é o presságio de uma doença à frente.

Se você sonha ter uma contorção em seu ombro: é 1 sinal de que, eventualmente, você não vai colocar sua confiança em algo que o deixa triste no momento.

Se em seu sonho você tem ombros largos e largamente espalhados: isso se refere à sua força de caráter e que você pode levar a vida de maneira leviana. Se os ombros são estreitos, isso significa que alguém espera muito de você e isso faz com que você rejeite esse indivíduo.

Ombros altos e saudáveis num sonho: significam que você é uma pessoa forte e firme.

Se os ombros estão nus: isso anuncia a felicidade à frente.

Sonhar com seus próprios ombros: se refere à sua independência na vida.

Se seus ombros estão quebrados: esse presságio prediz aborrecimentos à frente.

Se em seu sonho você vê ombros inchados: isso significa frustração vinda de seus amigos.

Sonhar com uma pessoa colocando a cabeça no seu ombro: significa que alguém lhe pedirá ajuda. Se, no entanto, você é aquele que coloca sua cabeça n'ombro de alguém, isso significa que você está procurando consolo de alguém.

Chorar n'ombro de alguém: significa que você receberá ajuda de 1 bom amigo(a).

Em geral: 1 sonho de ombros inclusive, significa que você pode duvidar de algo importante em sua vida.

Órgãos

Este sonho é extremamente místico e sua devida interpretação exige muita diligência por parte de quem ousa tentar entendê-lo! Quando vemos 1 determinado órgão em sonho precisamos avaliar peculiarmente aquele sonho e fazer uma análise do contexto na vida de quem sonhou!

Órgãos do corpo: nascimento de uma menina.

Órgãos de pessoas doentes: desalento.

Sentir o cheiro de órgãos: prosperidade.

Auscultar órgãos: honrarias pessoais.

Órgãos de pessoas idosas e doentes: estão falando mal de você.

Ter órgãos firmes: terá uma família grande.

Ter órgãos flácidos: descobrirá alguém que o trai.

Ter órgãos sadios: riqueza.

Ter órgãos de tamanho incomum: nascimento de 1 menino deformado.

Extrair órgãos: perda de pessoa a quem você ama muito.

Ter órgãos doentios: morte de pai ou mãe.

Órgãos genitais

Sonhar com órgãos sexuais de aspecto sadios e normais: é bom augúrio para a vida a 2, para o romance. *Mas, se os* órgãos *se apresentavam doentes ou apresentavam má formação*: o sonho é 1 alerta para não cometer excessos e evitar a companhia de pessoas promíscuas.

Órgãos genitais deformados: é aviso de que precisará resolver problemas de saúde ainda do passado, assim, viverá 1 presente melhor.

Órgãos de tamanho ou forma fora do comum: é prenúncio de que com o seu magnetismo vencerá qualquer dificuldade.

Se, em sonho, você exibia seus órgãos genitais: é conselho para que espere 1 momento mais positivo para o desenvolvimento de seus planos.

Se, em sonho, o sonhador se recusa a olhar os órgãos genitais, seus ou de outra pessoa: é aviso para que não reprima a sua sexualidade.

Se sonhar com órgãos genitais doloridos: é aconselhável visitar 1 urologista.

+ *Cuidado*: não deixe de usar camisinha numa relação sexual com estranha(o)..

Órgãos sexuais

Órgãos sexuais sadios: terá abundância de dinheiro.

Homem com doença nos órgãos sexuais: pobreza.

Mulher com doença nos órgãos sexuais: aviso de dificuldades.

Órgãos sexuais deformados: será punido por ter cometido 1 crime.

Mulher com órgãos sexuais deformados: terá 1 filho virtuoso.

1 homem com órgãos sexuais incomuns: morte de 1 filho.

Mulher com órgãos sexuais incomuns: seus filhos terão boa reputação.

Expor os órgãos sexuais: perigo.

Uma mulher que extraiu os ovários: morte de 1 membro da família.

Expor os órgãos sexuais: perigo.

Ossos

Em geral: vistos em sonho prenunciam ganhos inesperados; sonhar com osso fala principalmente das bases, da estrutura, do conhecimento de cada 1 de nós. Sem os ossos o que seríamos senão 1 corpo mole e frágil? Então não tema, encare esse sonho como sendo somente uma representação dos seus alicerces. Sonhar com ossos pode não significar o seu 1º impulso, de ver esqueletos ou de pensar em morte. Como todo sonho é cheio de significados, o sonho com ossos também pode indicar uma descoberta de algo de sua própria vida interior, ou podem ser o sinal de uma revelação que lhe será dada. Conforme o sonho, tanto pode ser 1 sinal de sorte ou de má sorte, e isso vai depender da forma como você viu ossos em sonhos.

Quebrados: prepare-se para algum osso denota as várias diversidades que estão prestes a acontecer em sua vida. Provavelmente você está tentando tomar 1 caminho diferente. Por outro lado, o sonho pode sugerir-lhe para manter as coisas não tão rápido.

Sonhar com ossos que estão quebrados: significa que você pode estar entrando numa fase ruim de sua vida, com acontecimentos que poderão perturbá-lo, se não estiver muito bem centrado em si mesmo.

Da mesma forma, sonhar com fratura exposta: pode indicar 1 sinal de fraqueza de sua parte, com falta d'empenho para chegar aos seus objetivos.

Ossos desmontados e amontoados no sonho: indicam uma fase de sua vida cheia de vitórias e sucesso. Você pode, nesse período, lutar em todas as frentes, que conseguirá alcançar os objetivos pretendidos. Corra atrás dos seus sonhos, já que este é o momento em que você tem ventos favoráveis do seu lado.

Ossos de criança: será o momento certo para dar novo impulso à sua vida e às suas pretensões e projetos. Será o momento para fazer novas amizades e, possivelmente, encontrar 1 novo amor, se não tiver 1. Para as mulheres em idade fértil, o sonho com ossos de criança simboliza a chegada de 1 novo filho.

Ossos aparecem quebrados: é 1 indicativo de que você encontrou uma fraqueza em algum ponto de seus planos ou pensamentos. O sonho pode ser ainda uma forma de chamar a sua atenção imediata para uma situação ou relacionamento determinado.

Quando o sonho está relacionado à 1 homem com uma perna quebrada: é 1 indicativo de que você terá problemas para avançar em seus objetivos, pois qualquer ser com uma ferida desse porte é facilmente consumido por predadores e tem dificuldades de locomoção. Pode ser ainda que você venha a perder algum poder ou habilidade.

O sonho em que você vê ossos amontoados ou ainda desmontados e espalhados: é 1 indicativo de 1 grande período de vitórias em sua vida. Você poderá investir com garra em novos empreendimentos e correr atrás dos seus sonhos, pois esse é o momento de fazer tudo acontecer.

Ossos se remontando: é preciso que você tome cuidado com sonhos em que os ossos se remontam e ganham vida, ou ainda quando estão representando algo que o(a) amedronta. Isso pode significar que você terá problemas que achava estarem solucionados, mas que estão de volta. Além disso, pode indicar que inimigos e oponentes irão se levantar para o embate.

O sonho em que aparece uma fratura exposta ou ainda 1 ferimento de 1 corpo vivo em que os ossos são visíveis: é 1 indicativo de que você passará, muito em breve, por momentos de dificuldade. Acontecerão coisas ruins, mas é preciso que você seja forte e encare tudo com coragem.

Ovários

Sonhar com ovários: simboliza desejo d'engravidar ou excessiva preocupação sore gravidez. Também simboliza fertilidade e oportunidade de começar de novo uma relação ou assunto que não está como você gostaria.

Uma mulher extrai os ovários: morte de 1 membro da família.

Peito

O peito é uma das partes constituintes do corpo humano. Metaforicamente falando é o local onde o homem guarda as suas recordações e afetos. Nos sonhos assume a vertente amorosa e também é 1 aviso para os perigos que daí podem advir.

Sonhar que o seu peito tem uma ferida: isso quer dizer que terá alguma aflição que a ameaçará.

Sonhar que o peito está sujo e encolhido: significa que terá 1 enorme desapontamento amoroso e, nesse momento, muitas rivais a vão tentar humilhar.

Se o peito é límpido e cheio: isso quer dizer que, em breve, será possuída pela fortuna e pela fama.

Se sonha que a sua cara-metade perde-se de amor no seu peito: significa que terá aventuras radicais e cheias de adrenalina que lhe vão proporcionar 1 enorme prazer e alegria.

O peito feminino em sonho: é também o símbolo da sexualidade e aspectos femininos do sonhador, que esconde geralmente desejos sexuais ou libido mais elevado do que normalmente demonstra em sua vida real.

Pele

Sonhar com sua pele: indica que você está sendo muito superficial ou indiferente.

Branca: bom prazer no sexo e na comida.

Escura: atenção com a saúde; o sonhador deve evitar exageros.

Sonhar que sua pele é rósea: significa amor-próprio. Você está satisfeita com quem você é.

Sonhar que sua pele é de cor diferente: sugere que você não está sendo fiel a si mesmo. Procure a cor específica de significado adicional.

Se você sonha que sua pele foi queimada: então isso implica que você não está disposto baixar a guarda. Sua linha de defesa foi comprometida. Este sonho também pode ser uma metáfora que você está "se queimando" ou humilhado por alguém ou alguma situação.

Se ela se mostrou mais delicada que a sua verdadeira pele: então simboliza o medo. Alternativamente, pode ser 1 sinal de doença. Talvez uma chamada para o médico está em ordem.

Sonhar que você ou alguém está sem pele: sugere que você está tendo dificuldades em sentir o seu mundo emocional e psicológico. Você está enfrentando ansiedades sobre como está sendo percebido pelos outros. Você precisa olhar além do superficial e encontrar a verdade sobre si mesmo e sobre os outros.

Sonhar com a pele fina pode sugerir 1 caráter superficial ou extrovertido.

Sonhar em ter pele grossa pode indicar uma falta de sensibilidade ou, pelo contrário, uma natureza muito suscetível.

Ter cicatrizes na pele indica que você tem que enfrentar os erros do passado para avançar na vida.

Se for de outra pessoa: indica que você vai realizar todos os seus sonhos e vencer na vida.

Ter manchas na pele: simboliza 1 erro superficial e reversível em sua vida. Considere e analise a substância, cor e localização da mancha. Se você não consegue remover a mancha, isso representa culpa ou falta de vontade de perdoar e esquecer.

Pelo

Ver ou tocar os próprios pelos: é sinal de que seu poder de sedução e sua sensualidade o conduzirão a viver momentos inesquecíveis com a pessoa amada.

Se, em sonho, viu pessoa muito peluda ou você estava muito peludo: presságio ruim, cuidado.

Ter ou ver pelo de animal: é aviso para cuidar de sua saúde.

Pernas

Sonhar com pernas lisas e bem depiladas: simboliza que a felicidade está próxima. Caso você esteja à espera de ter 1 futuro próspero junto aos amigos leais e com as pessoas amadas ao redor, este é o prenúncio.

Sonhar com pernas peludas: você está a ponto de dominar o seu parceiro. Os pelos neste sonho representam o brutal, a dominação primitiva que era utilizada pela força e imposição sobre os mais fracos. É realmente necessário que as coisas sejam assim ou você é capaz d'encontrar 1 caminho mais brando?

Sonhar com pernas lisas e bem depiladas: simboliza que a felicidade está próxima. Caso você esteja à espera de ter 1 futuro próspero junto aos amigos leais e com as pessoas amadas ao redor, este é o prenúncio.

Sonhar com pernas esquerdas: representa a sua admiração por alguém especial. Você precisa escolher e passar a seguir algumas das mesmas formas de viver desta pessoa caso o reflexo dela na sua vida seja assim tão positivo e inspirador como o sonho te diz.

Sonhar com pernas direitas: está ligado a uma longa viagem que você fará em breve, provavelmente para tratar de negócios e do seu futuro profissional. Pode ser a compra e venda de 1 imóvel, uma herança ou até mesmo a negociação de 1 empreendimento lucrativo.

Ver as suas pernas num sonho: indica que você recuperou a confiança para se levantar e assumir o controle novamente. Implica, também, o progresso e a sua capacidade de navegar pela vida e que é chegada a hora de retomar o controle de sua vida com passos firmes e certeiros. Não perca o foco.

Sonhar com as pernas de certo alguém: significa que o sonhador(a) tem o controle sobre o seu futuro e o caminho que ele irá seguir. Representa também que você tem a cabeça aberta e que procura sempre ver o lado das outras pessoas.

Belas pernas vistas em sonho: são prenúncio de mudança de vida muito interessante.

+ *Cuidados*: não ande descalço(a)!

Sonhar não ter pernas: a perda, a derrota.

Sonhar só ter uma perna: significa que você se sente vulnerável emocionalmente. É preciso fortalecer sua coragem e agir com sentimentos positivos e intensos.

Sonhar que tem 3 pernas: simboliza que seus interesses estão divididos. Cada uma delas tenta guiá-lo em diferentes direções, dividindo possíveis ações e você acaba estagnado. Por mais conflitante que sejam as opções, você precisa colocar a cabeça no lugar e decidir racionalmente.

Sonhar com pernas tortas: sugere que existe desequilíbrio emocional em alguma área da sua vida. Você está dando ênfase e peso demais numa única coisa e fechando os olhos para outros aspectos importantes e que também necessitam de atenção e dedicação.

Se suas pernas são fracas: você pode estar se sentindo emocionalmente vulnerável. Também representa que você já não pode ficar em pé perante uma situação. Você carrega consigo aquela sensação negativa de quem perdeu uma posição elevada. Recupere o fôlego e não abaixe a cabeça, não tenha auto piedade e nem permita que os outros te tratem com menos respeito que merece.

Sonhar que tem as pernas inchadas: ocorre quando sentimos falta d'equilíbrio ou temos grande dependência na vida. Quem sabe não é justamente essa insegurança em dar nos próximos passos que está trazendo dificuldades em realizar seus desejos.

Ver as pernas de outra pessoa em seu sonho: representa sua admiração por essa pessoa. Você precisa adotar algumas das formas que essa pessoa faz as coisas.

Sonhar com pernas machucadas: mostra que você se sente incapaz de agir a frente de uma situação. Pense que com as pernas machucadas você sequer consegue se mover para os lugares onde normalmente conseguiria realizar seus objetivos pessoais. Pode ser que seus alvos ainda não sejam algo que você deseja desesperadamente, mas você não deve sentir como se sua capacidade em obter sucesso foi retirada de você, por que não foi. A decisão está nas suas mãos.

Sonhar que suas pernas estão feridas ou aleijadas: significa uma falta d'equilíbrio, autonomia ou independência em sua vida. Você pode ser incapaz ou não para se defender. Talvez você esteja faltando coragem e se recusam a tomar uma posição.

Pernas doentes: perda ou dano de amigos ou empregados, doença ou viagem de 1 ou outro.

Sonhar que uma de suas pernas é mais curta que a outra sugere que há algum desequilíbrio em algum aspecto de sua vida. Você está colocando mais ênfase e peso numa coisa, enquanto ignora outros aspectos importantes que precisam de atenção também. Sonhar que você tem 3 ou mais pernas, denota que você está realizando muitos projetos que você pode segurar. Infelizmente, você vai encontrar esses projetos a ser infrutífera e 1 desperdício de tempo.

Alguém ou você não tem pernas: enormes dificuldades a serem superadas.

Alguém sem pernas o perseguindo: as enormes dificuldades que devem ser superadas.

Sonhar com pernas de madeira: traição próxima. Sonhar com perna de madeira significa que em breve você poderá ser traído e se sentirá humilhado perante seus amigos. Abra os olhos e tente identificar quem poderia lhe causar tanto desgosto para que você possa começar a agir o quanto antes.

Sonhar com perna torneada: é o prenúncio de mudança de vida muito interessante e intensa. Sua saúde estará a mil, facilitando a realização de grandes projetos tanto no âmbito familiar quanto profissional.

Voce se vê aleijado(a): denota a incapacidade de realizar perfeitamente. O sonho também pode mostrar a falta de liberdade ou dificuldades nos negócios. O significado mais coerente de se ver aleijado(a) num sonho, é externar desvantagem, obstáculo, dificuldades.

Uma pessoa aleijada: grande decepção.

Outros que são aleijados: contrairá uma doença de pouca gravidade.

Filhos aleijados: bons ganhos.

Sonhar que você ou alguém que é manco: significa fracasso na realização de suas esperanças e desejos e muito decepções. Pergunte a si mesmo quem ou o que está prendendo você. Você pode ter perdido sua confiança.

Sonhar que tem perna amputada: indica que você tem medo de perder o controle da vida. Você luta incessantemente contra a falta de coragem ou a incapacidade de se levantar por si só. Já pensou se você está seguindo demais pelos caminhos do coração, carregando dúvidas sobre suas escolhas, e deixando de lado o raciocínio frio, calculado e lógico como alternativa para a solução desse temor? Pense nisso.

Em geral: os psicanalistas interpretam que a remoção de membros geralmente representa a ansiedade.

Vendo muletas: é aviso claro, para que o sonhador(a) não ficar na dependência alheia e sim que deve caminhar com os seus próprios pés.

Usando-as: pequena enfermidade em família, porém sem graves consequências.

+ *Cuidados*: evite andar lugares escorregadios.

Sonhar que você anda de muletas: diz que você se move para o sucesso e felicidade e que você não vai contar apenas com sua própria força, mas também, contar com a ajuda de pessoas próximas.

Ver outros andando de muletas: más ações.

Se você tinha 1 par de muletas: este sonho significa que todo o perigo e ansiedade é longo, e você espera uma velhice feliz e em paz.

1 jogador vai dormir com muletas: poderá anunciar uma grande perda.

Sonhar com uma pessoa com deficiência andando com muletas: significa que você terá a assistência e o apoio de amigos eficazes.

Pênis

Denota quase sempre que os desejos sexuais do sonhador estão reprimidos; deve ser aconselhado a procurar investir mais na sua libido, mudando inclusive seu visual de forma que se torne mais atraente ao sexo oposto. O pênis, para o homem, é muito mais do que simplesmente seu apetite sexual. Representa sua própria vontade, seus desejos de luta, sua virilidade e capacidade de vencer seus obstáculos.

Sonhar com o próprio pênis: está buscando mostrar sua capacidade ao mundo, sua responsabilidade com relação aos fatos e acontecimentos da vida pessoal e profissional. Inclusive buscando tomar atitudes que o tornem digno perante a sociedade em que vive.

Na maior parte dos sonhos com o próprio pênis: o homem quer mostrar o seu poder, sua competência perante as responsabilidades que o mundo lhe apresenta, sua capacidade de vencer obstáculos e atingir os próprios objetivos.

Homem sonhando com o pênis encostado em sua parceira: pode estar mostrando sua satisfação com essa convivência. o significado é totalmente diferente – algo na vida a 2 não está indo muito bem, não está ele, como homem, se sentindo satisfeito com a vida emocional que está vivenciando com sua parceira.

Se no sonho o homem está perdendo o pênis: ele está se sentindo emocionalmente incapaz de resolver os problemas apresentados, sentindo-se incapaz d'enfrentar a própria vida, seja do lado profissional ou do pessoal.

Sonhar com o pênis de outro homem: mostra que ele está se sentindo muito subserviente, submisso a uma autoridade maior do que pode suportar; e se o outro homem for seu superior, algo de conflitante está acontecendo nesse relacionamento profissional. Para outros casos de sonhos com pênis, o sonho está ocultando desejos que não pode realizar.

Mulher sonhando com pênis: os significados devem ser observados segundo sua situação familiar – *se o pênis é do seu marido*: a mulher está se sentindo protegida, cuidada, com a atenção necessária; para outros casos de sonhos com pênis, o sonho está ocultando desejos que ela não pode realizar.

Caso ela seja casada e sonhe com o pênis de outro homem: o seu relacionamento está enfrentando problemas que não está conseguindo solucionar.

Uma mulher que sonhe que tem 1 pênis no lugar da vagina: apresenta sua personalidade autoritária, que quer dominar a situação.

Para outros casos de sonhos com pênis: o sonho está ocultando desejos que não pode realizar.

Pênis flácido: pode assumir uma sensação de impotência ou potencial não-encarnado. Este sinal também pode indicar que as lembranças da infância vêm à tona da consciência. Isso geralmente é

1 sinal claro do princípio masculino, a força e a potência, especialmente quanto a sua ereção. Em algumas culturas, religiosa iconografia retrata a distribuição da poderosa energia divina do universo através do pênis.

Homem bem dotado: externa sentimentos de ser mais esperto que as outras pessoas. Também pode ser a representação dos sentimentos de ser mais rápido ou mais intuitivo do que outros numa determinada área. Algo sobre o sonhador está sendo notado como excepcional. Negativamente, ser bem dotado num sonho pode refletir sentimentos de estar sendo pressionado para aparecer ou executar melhor do que todos os outros, porque as pessoas estão olhando para você. Também pode ser a representação de sentimentos desconfortáveis quanto ser constrangido ou isolado por seus talentos superiores. O sonho de ser vista como uma criança talentosa, externa sentimentos sobre si mesmo desejando ser notado por seu enorme potencial.

O sonho de se mostrar bem dotado para os colegas numa escola: simboliza uma ansiedade ou uma atitude séria sobre problemas que o afetam, tendo a necessidade de parecer mais inteligente do que qualquer outra pessoa, sentindo-se pressionado a sempre se mostrar fora dos comuns. Positivamente, pode refletir sentimentos sobre si mesmo na questão de poder solucionar problemas e admirado por isso. Negativamente, sonhar ser 1 bem dotado numa sala de aula na escola, pode refletir ansiedade ou frustração no convívio com outras pessoas notadas mais espertas que ele. Isso traduz o terrível sentimento de não ser notado pelos outros.

Pés

Você sabia que na Índia os pés são considerados as partes mais sagradas do corpo? Por isso, sonhar com eles é sempre 1 bom presságio e significa muita luz divina emanada para o sonhador.

Se você sonhou com pé e está curioso para saber o que significa: a dica que damos é recordar se os pés que aparecem nos sonhos são seus ou de outra pessoa, isso pode fazer muita diferença na hora da interpretação.

Sonhar com seu próprio pé: se sonhou com seu próprio pé significa que alguém anda sentindo muita inveja ou p*ara não entrar em apuros.*

Pés descalços: indica infortúnio inesperado.

Pés calçados: se os sapatos machucam e são apertados, quer dizer que não está preparado para dar o suficiente que esperam de você. Se for grande e folgado, pode ser interpretado como 1 aviso para dar mais valor ao que se tem.

Lavar os pés: corresponde ao fim de uma série de aborrecimentos e preocupações na sua vida, prepare-se para novos ares.

Pés sujos: já pés sujos significa que você deve dar mais atenção à sua saúde financeira, faça uma poupança.

Pescoço

Em seu sonho: significa a relação entre corpo e mente, força de vontade e necessidade de controlar seus sentimentos.

Seu pescoço está ferido ou dolorido: indica uma separação entre seu coração e mente.

Sonhar com pescoço grosso: significa que você tem sido muito briguento.

Próstata

Sonhar que você está fazendo 1 exame de próstata: refere-se a alguma tarefa desagradável, mas necessária que você precisa passar em sua vida. Você não pode desfrutar da experiência, mas é para o seu próprio bem. Alternativamente, 1 exame de próstata indica que você está nervoso com alguma coisa. Uma interpretação mais direta desse sonho pode ser que você está nervoso sobre 1 exame de próstata próximo.

Pulmão

É no pulmão que passa o ar que nos faz viver com todo o oxigênio necessário e, não seria por menos que sonhar com pulmão significa sentir-se sufocado. Quando você sonha com pulmão é sinônimo de que dentro de você está tendo coisas ou situações que o fazem retrair e uma "falta de ar" toma conta do espírito! Portanto, sonhar com pulmão reflete exatamente isso em quem está sonhando.

Sonhar com 1 pulmão sadio: indica que a pessoa poderia aproveitar momentos de lazer ou período de férias para respirar o ar fresco do campo ou das montanhas.

Vivenciar 1 problema pulmonar durante o sonho: pode ser 1 alerta para excessos praticados na vida real que podem acabar em problemas com sua saúde.

Quadris

As qualidades intrínsecas dos quadris saudáveis simbolizam alegria, determinação, transparência, mas também a arrogância excessiva. É 1 sonho favorável.

Admirando seus quadris: uma decepção amorosa feminina,

Ver das outras: confiança, lealdade (para homens)

Grandes: uma doença de 1 de seus personagens favoritos.

Ver os quadris de uma "boazuda": boa saúde.

Ver uma ferida num quadril: você precisa ter cuidado com a doença e traição.

Se uma adolescente admira seus próprios quadris: significa que a sua vontade de aventuras amorosas; mas deve ser prudente em sua conduta, a fim d'evitar problemas. Pode também ser anúncio de doença.

Uma jovem mulher admirando a beleza de seus quadris no sonho: o que significa que ela corre o risco de perder em suas histórias de amor.

Se os seus quadris eram estreitos demais no sonho: você deve ter cuidado com as doenças e aflições.

Se os quadris eram largos: você vai se sentir confiante em qualquer situação.

Danificados, doentes: decepção por perto.

Fraturado: expressa que a sonhadora(o) não pode andar e fazer nada normalmente, na espera de resolver 1 problema, doença ou morte de crianças.

Rins

Ver 1 rim em seu sonho: significa que você está se sentido depressivo e quase enfrentando uma longa e triste crise existencial! Para vencer é necessário juntar toda energia positiva possível, pois, somente assim haverá como se superar e superar o que existe d'errado e contrário.

Sonhar com os próprios rins: adverte o sonhador(a) a fazer 1 checape, principalmente para ver se não há pedras em formação em seus rins.

Doar rim em sonho: é certeza absoluta de sucesso em todos o sentidos.

 + *Cuidados*: se ele(a) trabalha muito tempo sentado, deve valer-se de uma almofada nas costas.

Ver em seu sonho o rim de outra pessoa: significa que você está se sentido depressivo e quase enfrentando uma longa e triste crise existencial! Para vencer é necessário juntar toda energia positiva possível, pois, somente assim suprerará tudo.

Sonhar com 2 rins: é permitir-se tentar mais uma vez acreditar em si mesmo e na vida. Não obstante às coisas negativas sempre podemos vencer.

Se sonhar que os rins não estão a funcionar corretamente: isso significa que estará preocupado que se passe algo de mal consigo e que não consiga garantir a subsistência da sua família.

Rosto

Rosto machucado: é aviso para que não se descuide da saúde.

+ *Cuidado*: o sonhador não deve espremer espinhas que podem infeccionar e muito!

Seu rosto num sonho: alegria e muita saúde.

Ver o próprio rosto no espelho: não obterá êxito nos planos.

1 belo rosto: brigas de namorados.

1 rosto alegre e satisfeito: terá boa sorte.

1 rosto feio: infelicidade nos assuntos amorosos.

1 rosto sorridente: ganhos financeiros.

1 rosto repulsivo: fracasso dos inimigos.

Os rostos dos filhos: o êxito virá mais tarde.

O rosto de uma pessoa que você não conhece: mudança de residência.

Lavar o rosto: arrependimento pelos pecados.

Usar maquiagem: sugere que você está tentando encobrir ou esconder 1 aspecto seu. Alternativamente, isso indica que você está colocando seu melhor rosto para frente. Você está tentando melhorar sua auto-imagem e aumentar seu senso de auto-confiança. O sonho também pode ser uma metáfora que você precisa "fazer" com alguém. É hora de perdoar e esquecer. E sonhar que você está usando muita maquiagem indica que você está enfatizando demais a beleza e as aparências externas e não o que está dentro dela.

Usar rímel: sugere que você precisa abrir os olhos e estar mais atento a uma situação ou relacionamento. Sonhar que seu rímel está manchado indica que sua reputação está sendo questionada por rumores.

Testículos

Ver testículos em seu sonho: é símbolo de poder, da fertilidade ou do desejo sexual. O sonho pode se referir a ansiedade sobre a sua atratividade sexual ou habilidades. Alternativamente, esse sonho muitas vezes indica que você vai precisar de muita coragem e energia bruta para conseguir realizar alguma tarefa.

Testículos bonitos: representa tenacidade, confiança, ousadia ou coragem. Você pode ter decidido enfrentar algo sem medo ou arriscar tudo. Testículos também podem representar uma pessoa mais corajosa do que você é ou mais disposta a correr riscos.

Se você sentiu problemas com seus testículos em seus sonhos: isso pode ser devido ao fato de que, na vida real, tem 1 pequeno problema neles (uma postura ruim que os está compactando, por exemplo). Caso o sonho envolva uma mulher, devemos interpretá-lo como 1 sonho erótico, o produto de uma excitação sexual temporária.

Ver testículos no sonho: simboliza seus principais instintos, poder, fertilidade e sua sexualidade. Eles representam os elementos de marido e mulher, 1 dos seus 2 filhos, comércio, negócios, portas, porteiros, sacos de dinheiro ou membros femininos da família, incluindo irmãs, filhas, mãe ou tias.

Sonhar ter testículos muito pequenos: representa sua falta de coragem e determinação para fazer coisas.

Se ele sonha que seus testículos são grandes: isso significa que ele tem coragem e determinação que é necessária.

Com 1 volume maior do que o natural, ou com mais: força e resistência, 1 sinal infalível de superioridade e proteção de todos os ataques de seus inimigos.

Se tinha algo que afetava 1 dos testículos: você pode estar preocupado com sua vida sexual. Isso também significa que você precisará de muita força para acabar com 1 problema, o que custará muito.

Sonhar estar sem testículos: aponta 1 mal que virá dos inimigos; o mesmo se interpreta se eles estiverem doentes. Também prediz que não mais lhe nascerão filhos do sexo masculino para ele.

Sonhar que seus testículos foram parar nas mãos de seus inimigos: é uma previsão de derrota.

Se sonharmos que estamos operando os testículos: significa que temos 1 problema de falta de segurança e coragem.

Se durante o sonho alguém agarra seus testículos e os aperta nos causando uma dor tremenda, mas quando acordamos eles não doem mais: você pode ser estéril ou ter medo de perder sua masculinidade.

Se durante o seu sonho seus testículos foram torturados: isso significa que há algo que o perturba e incomoda você (remorso por algo que você não fez bem), pode revelar que você está passando alguns momentos de grande preocupação (problemas sérios sem resolução).

Tiroide

O sonho com alguém de tiroide incrivelmente grande e saliente: prediz que você vai cometer 1 erro grave e que deverá pagar caro por isso.

Tornozelos

O tornozelo é a parte do corpo que une as pernas com os pés. É por isso que muitas interpretações de sonhos estão relacionados com a capacidade que você tem para alcançar suas metas e objetivos na vida. Você já se propôs 1 tempo para perceber certas ilusões ou expectativas? No entanto, outros intérpretes de sonhos afirmam que 1 sonho com tornozelo indica que você deve tentar encontrar a harmonia e estabilidade que você perdeu. O tornozelo nos dá a estabilidade necessária no nosso dia a dia, se pensar por momentos vai perceber que, graças à sua versatilidade e tornozelo (articulação) consegue manter o seu equilíbrio. No entanto, existem outras interpretações para ter esse tipo de sonho.

Sonhar com 1 tornozelo: *define certas qualidades suas. Como os tornozelos, são flexíveis, você geralmente s'encaixa bem nas voltas que a vida tem para você e você geralmente se adapta facilmente a qualquer situação.*

Mostrando uma tatuagem no tornozelo: você quer mudar seu jeito de ser e a opinião que os outros têm sobre você.

Sonho com tornozelo quebrado: talvez você devesse tentar metas de acordo com suas possibilidades. Noutros contextos pode sugerir que você, pessimista, seja mais otimista e sempre pensar positivo. Pare de pensar que você tem a má sorte sempre.

Trompas

Você precisa de uma recreação passiva.

Umbigo

Sonhar com umbigo pode ser nojento ou 1 símbolo de saúde, de vida, já que é a parte do corpo que 1º nos nutriu em vida uterina. Quem sonha com umbigo deve estar ciente que ligações fortes e revelações podem estar por acontecer. O umbigo é o elo que une a mãe e o bebê, que transporta vida, amor e alimenta o ser ainda em formação. Sendo assim, suas próprias questões internas de personalidade também são reveladas através do sonho com e l e .

Se, em sonho, você mexeu no seu próprio umbigo ou no de outra pessoa: receberá notícia de pessoa da família.

Alguém sem umbigo, em sonho: é sinal de que suas carências precisam ser assumidas, antes que você se prejudique.

Sonhar que vê 1 umbigo: trata dos pontos da sua própria personalidade que ainda faltam ser identificados, descobertos. Na verdade, esse sonho pede para que você se conheça melhor a fim de conseguir viver melhor, mais em paz e com maior compreensão do seu mundo e das suas reais necessidades. Imagine o seu umbigo como 1 ponto inicial da sua vida, sobre sendo o ponto d'equilíbrio do seu ser, é ele que serve de portal para você mergulhar para dentro de si e se conhecer mais a fundo e melhor.

Sonhar que mexe no próprio umbigo: Muitas questões podem ser levantadas a partir desse sonho se você souber se aprofundar para dentro do seu ser íntimo e identificar suas necessidades, falhas e suas dúvidas mais recorrentes.

Sonhar que beija ou é beijado no umbigo: simboliza a sua sexualidade e a intimidade que você tem com o seu parceiro. Esse sonho pode indicar que você está ansiando por mais amor e atenção, bem como por apimentar a relação.

Já sonhar com alguém sem umbigo: retrata que uma pessoa fortemente ligada a você está precisando da sua ajuda e presença. Possivelmente ele só precisa de 1 ombro amigo, de alguém para conversar e que o ajude a reestabelecer a conexão consigo mesmo.

Sonhar com umbigo sujo: é sinônimo de que em breve você terá que encarar problemas sérios. Os principais temas relacionados a esse sonho são as questões amorosas e de amizades, ou seja, de relacionamentos como 1 todo. É provável que você seja traído ou que se sinta assim por uma pessoa dessas de uma dessas duas esferas que mencionamos acima. O melhor a se fazer nesse caso é tentar conversar e esclarecer as diferenças.

Sonhar com umbigo inflamado: é sempre 1 mau prenúncio para os problemas ligados à sua vida financeira. Se a cena que você visualizou foi breve então basta que você se previna contra gastos além da conta pelos próximos dias e semanas. Por outro lado, se você chegou a sentir dores e a inflamação estava grave ou com mal cheiro, então o melhor a se fazer é checar seus dados bancários e financeiros, pois você poderá estar perdendo dinheiro em algum escape que você ainda não conseguiu identificar.

Sonhar com umbigo aberto: demonstra que algo relacionado a 1 dos seus pais precisa dos seus cuidados. Muito provávelmente quem precisa da sua atenção é a sua mãe, dado o fato de você ter nascido dela e o umbigo ser o elo que os ligavam desde antes do seu nascimento. Sonhar com umbigo aberto quando não existe dor ainda pode simbolizar boas notícias que estão para surgir a partir do seu casamento ou relacionamento. Já a dor não é 1 bom sinal e por isso você deve ficar atento quanto ao significado escrito no parágrafo acima.

Unhas

Em geral: o significado de sonhar com unha, seguindo esta mesma lógica, pode ir desde uma evidência de determinação pessoal e força para lutar por aquilo o que você almeja, até ansiedade e nervosismo, ou seja, 1 alerta para o seu estado emocional fragilizado.

Se você sonhou que estava observando suas unhas da mão: é 1 sinal de que você pode estar agindo na defensiva com as pessoas, provavelmente em seu trabalho, mas isso pode se referir, na verdade, a qualquer âmbito social. Faça 1 esforço sincero para identificar este ponto negativo e, ao identificá-lo, trabalhar em sua anulação. Sonhar com as unhas da mão, entretanto, pode também significar que você precisa s'esforçar mais na busca por seus objetivos e ter uma atitude mais ousada na hora d'encarar os desafios que poderão surgir no caminho.

Sonhar que estava roendo unha: sugere que algum problema difícil de se resolver pode estar vindo por aí. Não se desanime, altos e baixos fazem parte de nossa trajetória. Apoie-se em alguém que você confia, trabalhe sua espiritualidade e mantenha a cabeça erguida. Vai passar.

Sonhar com a unha do seu pé: está tentando lhe mostrar. Alguma coisa que não lhe agrada precisa ser feita e você talvez tenha fugido desta responsabilidade. Você pode estar se sentindo incomodado e chateado com determinada situação, mas acredite, você não poderá fugir dela para sempre. Lembre-se de que tudo é passageiro, inclusive – e até mesmo principalmente – eventos e decisões que temos que viver e tomar. Não se abale, tenha coragem e acabe logo com isso.

Sonhar que fez as unhas: em geral, é sinal de sofisticação, o que pode ser bom. Por outro lado, evitar o egocentrismo é um alerta. A sofisticação te leva a se identificar com tudo o que é de bom gosto e buscar obter acesso a produtos que representem isto, o que pode até mesmo ser 1 estilo de vida. Porém, estimar em excesso apenas o que lhe parece sofisticado pode te levar a acreditar que você é superior às outras pessoas e isso nunca é uma coisa boa. Afinal, todos viemos do mesmo lugar e certamente iremos para o mesmo lugar no final e tudo o que nos tornaremos serão lembranças na memória dos que ficam. E você? Como quer ser lembrada?

Sonhar que corta suas unhas: opa, este é mesmo 1 ótimo sinal! Grandes oportunidades podem surgir na sua vida profissional e, caso você tenha algum empreendimento ou pretenda investir em algo próprio, esta é a hora de fazer as coisas acontecerem. Trabalhe com a certeza de que o universo conspira em seu favor.

Sonhar com unha pintada: em geral carrega o simbolismo de que momentos difíceis podem estar rondando sua vida amorosa e desentendimentos e brigas podem causar até mesmo a separação. O ideal é agir com calma, tomar cuidado com as palavras e s'esforçar em não dar corda para assuntos que podem ser deixados de lado, como discussões tolas por ciúmes e expectativas não cumpridas.

Martelou suas unhas: o sonho diz que você vai s'engajar num bom trabalho, apesar de sua modesta posição. Se o prego feriu seu polegar, sérios problemas. O sonho também pode antever o sucesso nos negócios, derrota de seu rival, alcançar uma alta posição social.

Unhas dobradas ou amareladas: você será surpreendido por uma doença.

Ver uma porção de unhas cortadas: ficará satisfeito com a sua saúde.

Em geral: anunciam que sua reputação será danificado. Este é 1 sonho de aviso, mas você vai dominar a situação.

Machucar-se cortando uma unha: o relacionamento com alguém que você ama pode ser difícil.

Manicure lhe cortando as unhas: significa que você está esperando por conflitos e sofrimento na família. E também pode indicar que muitas vezes a confiança exagerada em colegas de trabalho pode causar surpresas.

> *+ Cuidados*: preste bastante atenção e zele pelos seus interesses. Você poderá se surpreender com uma nova amizade que irá lhe mostrar novos caminhos e outras maneiras de pensar.

Em geral: anunciam que sua reputação será danificado. Este é 1 sonho de aviso, mas você vai dominar a situação.

Útero

Algumas partes do corpo podem aparecer em sonhos com forte simbolismo. É o caso de sonhar sobre seu útero, o lugar da fertilidade, da gestação e da criação. Isso pode dar-lhe uma ideia da interpretação deste sonho que nem sempre está relacionada à maternidade.

Por que você sonha com seu útero: existem várias razões pelas quais você pode sonhar de seu útero. Se você fizer qualquer exame ginecológico, se você tem medo de qualquer doença ou mesmo se você está olhando para 1 bebê é muito provável que o seu útero apareça em sonhos.

Em geral: o útero simboliza a fertilidade, gestação, a criação de uma nova vida: no entanto, o significado deste sonho não costuma se referir a maternidade ou o nascimento de 1 bebê, mas o nascimento de uma ideia, 1 novo projeto, uma nova ilusão. Você está preparada?

Vagina

O sonho com uma vagina significa a receptividade ou conformidade com certas crenças, ideias, desejos ou objetivos. Ser levada a aceitar também o que os outros querem.

O tamanho da vagina: pode refletir como a sonhadora você está receptivo aos objetivos de outra pessoa. Uma vagina grande pode refletir uma situação que é muito fácil, ou isso já foi feito muito antes. Uma pequena vagina pode refletir uma situação que é difícil de fazer, ou que nunca foi feito antes.

Uma bela vagina: simboliza algo que está em demanda.

O sonho sobre sua própria vagina: pode representar para a mulher sua auto-percepção sobre feminilidade.

Homem sonhar que tem uma vagina: simboliza subordinação ou falta de controle sobre as decisões. Você pode se sentir incapaz de fazer escolhas ou como você é menos potente do que as outras pessoas.

Uma mulher sonhar com a sua própria vagina: pode representar sua auto-percepção sobre o comportamento de sua feminilidade mais importante.

Vísceras

Algumas pessoas preferem chamar de tripas, mas sonhar com tripas ou sonhar com vísceras torna-se a mesma coisa e significa que podemos ter muitas coisas ruins guardadas n'alma. Às vezes o rancor, ódio, inveja, desamor, desilusões, enfim, sentimentos negativos, são causadores de todo o apodrecimento d'alma. Só iremos superar as coisas ruins e negativas a partir do momento que formos capazes de nos libertar! Sonhar com vísceras demonstra que precisa perdoar amar, esquecer e superar!

Visícula biliar

Sonhar com a vesícula biliar: significa que você está se apegando a coisas ou memórias sem valor. Saia e participe de novas atividades, deixando o passado, que continua impedindo você de alcançar metas de longo prazo. Faça novos amigos que compartilhem 1 objetivo comum e se desvie dos retardatários. Aproveite e se libere de tensão e vibrações ruins. Sonhar com a vesícula biliar representa uma situação emotiva, algo incômodo e difícil de resolver de 1 procedimento ou comportamento normal. A vesícula biliar simboliza aborrecimento, mau caráter, memória desagradável e algo que é rejeitado.

Voz

Sonhar com vozes: a voz humana é 1 termo utilizado para definir o som que acaba sendo produzido pelo ser humano, que precisa basicamente utilizar suas cordas vocais, que permitem com que eles falem, cantem, gargalhem, chorem e emitam outros tipos de sons, que basicamente mudam de acordo com a frequência da mesma. As vozes são basicamente os instrumentos que as pessoas se utilizam para se comunicar entre si. Para isso, elas se utilizam de uma série de sons que possuem 1 determinado significado, de acordo com o idioma o qual esta pessoa acaba sendo alfabetizada. Para emitir 1 som, as pessoas precisam se utilizar de determinados órgãos do corpo, tais como pulmões, lábios, línguas, etc.

Sonhar que ouviu determinadas vozes: é sinal de que existe algum tipo de mensagem que está sendo passada de forma subconsciente para a pessoa. Além disso, pode também ser uma espécie de metáfora, por isso é preciso prestar atenção no que aquela voz está falando naquele momento.

Sonhar com a voz de uma pessoa que não se vê há muito tempo: quando o sonhador(a) ouve em seu sonho a voz de uma pessoa que ela não vê há muito tempo, é sinal de que existe uma grande saudade. Caso seja possível, se a pessoa ainda estiver viva, seria interessante procurar a mesma.

Sonhar com uma voz desagradável: é sinal de que existem alguns problemas que podem estar surgindo no trabalho.

Sonhar que perdeu a voz: se a pessoa sonhar que está falando mas ninguém está ouvindo sua voz, é sinal de que é o momento certo de tomar algumas decisões.

Dica psicológica: acenda uma vela vermelha e bata palmas para Frank Sinatra, Michael Jackson, Maurice Chevalier, Michael Jackson, Charles Aznavour, Elvis Presley, Louis Armstrong, Amália Rodriguez, Orlando Silva, Carlos Galhardo e Carlos Gardel que já morreram faz tempo, mas ainda continuam encantando milhões e milhões de pessoas com suas vozes eternizadas

Bigode

Usar bigode: pessoa independente.

Pequeno bigode: timidez.

Estar com o bigode raspado: vaidade.

Bigode branco: prosperidade econômica.

Se a mulher sonhar que tem bigode: atritos com o marido.

Boca

Sonhar que lava frequentemente a boca: indica que as suas palavras não refletem a verdadeira natureza dos seus sentimentos e opiniões, que finge frequentemente, ou que se sente enganado pelas circunstâncias.

Se a boca é carnuda e sensual: indica o desejo de amar, d'enamorar, de viver uma aventura amorosa. Provavelmente está a reprimir a sua sensualidade, o seu lado físico e carnal.

Se a boca é defeituosa: as suas intenções são retorcidas e deseja fazer mal a algo ou a alguém. Tem o coração duro como uma pedra e a sua insensibilidade e indiferença estão a causar grande sofrimento a uma pessoa que lhe está próxima. Reveja as suas atitudes.

Se, em sonho, você viu ou desenhou uma boca: é alerta para não cometa excessos em sentido algum.

Se você estava de boca aberta: lembre-se de que é mais prudente ver e ouvir do que falar.

Se porém, s'estava de boca fechada: chegará finalmente a notícia a que tanto aguarda.

Se no sonho, outra pessoa estava com a boca aberta: tenha cuidado para não s'envolver em problemas com a lei e se a pessoa estava com a boca fechada, confie nos amigos que tem.

Ver uma outra boca aberta, onde os dentes se sobressaem: é aviso para que tenha cuidado com amigo desleal.

Caso sua boca se apresente com problemas ou enfermidade: é aviso para que quanto mais rápido você aumentar ou reciclar seus conhecimentos, mais veloz será a promoção esperada, no trabalho.

Quando se sente dificuldade em abrir a boca: em sonho, é augúrio de terá a qualidade de seu trabalho reconhecida.

Boca de animal vista é sonho: será necessária uma boa conversa para desfazer 1 mal entendido.

Ver saliva no sonho: é 1 símbolo ambíguo: sonhando com ele pode simbolizar apetites sexuais/sensual ou 1 tanto d'energia criativa.

Sonhar você está cuspindo: significa que você está tendo algumas preocupações sobre a perda de controle, seja fisicamente ou emocionalmente.

Ver 1 animal salivando: denota intensos sentimentos de raiva e fúria.

Se a sonhadora(o) tinha uma boca feia e gorda: ela deve evitar encontros desagradáveis, decisões precipitadas e incontinência nas relações familiares.

Bochechas

Ver suas bochechas em seu sonho: simbolizam compromisso, intimidade e proximidade. Também revela sua força de caráter e suas opiniões.

Ver bochechas de cor rosada: no seu sonho significa energia vital, entusiasmo e vitalidade. Se as bochechas estiverem afundadas, simboliza tristeza, fome, pobreza e/ou lutas. A ênfase das bochechas em seu sonho também pode apontar para problemas de saúde.

Sonhar com bochechas estão pintadas: representa suas atitudes de coragem e violência/passividade.

Sonhar que você está beijando alguém na bochecha ou alguém está beijando você na bochecha: então isso significa admiração, cortesia, reverência, amizade ou respeito.

Cavanhaque

Sonhar com 1: simboliza que algo muito específico está para acontecer. Certamente já existe uma situação que você vem esperando a 1 certo tempo e que agora está próximo de se concretizar, por isso o cavanhaque no sonho, ele que só aparece se a pessoa o quiser, demonstra exatamente isso. Este fato tão esperado mas ao mesmo tempo que lhe traz certo receio e expectativas que podem não se concretizar chegou, e para acontecer só depende de você por isso, pense e veja qual a sua melhor opção para o momento.

Dedos

Ver seus dedos em seu sonho: simboliza a destreza física e mental.Indicam manipulação, ação e comunicação não verbal.

Se você sonha que seus dedos caem: então isso sugere que você está deixando uma situação dominá-lo ou ditar como você se comporta. Você pode estar literalmente perdendo o controle da vida.

Sonhar que você está cruzando os dedos: simboliza otimismo, sucesso, sorte e esperança.

Sonhar que seus dedos estão machucados ou que foram cortados: denota suas ansiedades sobre sua capacidade de realizar alguma tarefa exigente ou executar em alguma situação de vigília.

Sonhar com um dedo apontando para você: significa auto--culpa ou culpa. Talvez você tenha feito alguma coisa e tenha medo de ser exposto.

O dedo mindinho representa o poder mental, o intelecto, a memória e o poder da comunicação.

O dedo indicador ou indicador simboliza o número 1. Também significa autoridade, direção e julgamento. Seu sonho pode estar tentando fazer 1 ponto.

O dedo médio denota prudência, praticidade, cautela, responsabilidade e trabalho duro. Alternativamente, o dedo médio simboliza o falo ou algum insulto.

O dedo anelar representa sucesso, popularidade e criatividade. Também tem associações com casamento, união, compromissos e questões do coração. Na Inglaterra do século 15, foi o dedo anelar que os médicos usaram para misturar e saborear seus remédios preparados e, assim, o dedo anelar pode ser 1 símbolo da cura ou da necessidade de ser curado.

Dentes

Na psicologia dos sonhos, o símbolo dos dentes está associado ao nosso controle e poder interior.

Dentes caindo: este tipo de sonho está associado à uma baixa autoestima, ou a falta de confiança em si mesmo. Também pode indicar doença ou falecimento próximo. E ser 1 sinal para assumir o controle e diminuir os níveis do seu estresse.

Dentes caindo, quebrando, faltando, puxando, cuspindo, quebrando, desmoronando ou apodrecendo: *são sonhos comuns e se relacionam com nosso bem estar interior, inadequação, força e como nós sobrevivemos no mundo.*

Sonhar ser banguela: mostra 1 estado de maior insegurança neste momento. A pessoa banguela geralmente tem muita vergonha desta condição e por isso não consegue s'expor de maneira tão fácil, não consegue ficar à vontade com as pessoas e locais que não sejam muito íntimos, ou até mesmo na intimidade podem sim ficar reclusas por receio e vergonha.

> *+ Cuidados*: o psicólogo deve fazer que isto não aconteça com o sonhador, pois ele deve poder s'expressar e ser quem ele realmente é em qualquer lugar, pois ser ele mesmo é o básico e fundamental para que as coisas fluam e sigam da melhor forma possível. Caso contrário ele começará a se fechar cada vez mais, o que se tornará algo comum e isso não é nada bom.

Sonhar ser desdentado: se você é o único que está sem dentes num sonho, então isso significa que você é incapaz de alcançar seus objetivos e metas. Se no sonho outras pessoas são desdentadas, então isso indica a maldade daqueles que os rodeiam e os danos que eles estão dispostos a lhe causar.

Dentes falsos: sonhar que você está usando dentadura, indica que você não está sendo completamente honesto em algum assunto desperto.

Ver ou sonhar que os outros estão usando: sugere que alguém em sua vida não é quem eles dizem ser. Eles estão sendo enganosos. Também indica a maldade ao seu redor e o dano que eles estão dispostos a fazer.

Em geral: significa que você é incapaz para atingir suas metas e objetivos. Provavelmente esta aparência leva a desilusões.

Gengivas

Suas gengivas: discórdias na família.

As gengivas inflamadas: resultados desfavoráveis nos negócios.

As gengivas das crianças doendo: receberá convidado inesperado.

As gengivas tratadas por 1 dentista: morte de 1 amigo.

Saudáveis vistas em sonho: traduz boa saúde.

Porém, se as gengivas se apresentaram, machucadas ou inflamadas: é prenúncio de período muito difícil.

No entanto, se as gengivas foram tratadas: conseguirá vencer esse período tenebroso.

Se, em sonho, suas gengivas ou de outra pessoa apresentavam forma ou coloração estranha: o sonhador(a) deve preparese para desentendimentos no setor profissional.

Lábios

Em geral: é 1 simbolismo importante para o sonhador. Este sonho significa sensualidade, sexo, amor e romance. Eles também são vistos como 1 meio de comunicação como na frase familiar "leia meus lábios".

Sonhar com lábios: dificuldades, confronto, "entrou areia"...

Seus lábios: dinheiro.

Lábios rosados: 1 símbolo de harmonia e abundância. Para os amantes este sonho prenuncia 1 amor mútuo e lealdade.

Pálidos: pequeno acidente.

Vermelhos: felicidade amorosa.

Belos lábios: terá domínio sobre sua vida. Terá o controle de muitas atividades.

Lábios cortados: significa que a sonhadora(o) está propensa à difamação.

Se ela(e) vê que cortou o lábio superior: significa que ela(e) vai ficar sem sua asistente/empregada/secretária.

Lábios feridos: pobreza.

Ensanguentados: mudança de vida.

Lábios doloridos: parentes ou crianças adoecem.

Lábios grandes: ansiedade.

Muito grossos: será bem-sucedida a sua resolução de problemas. Casamento infeliz.

Alguém de lábios bem definidos: reciprocidade e a localização de outros.

Finos: novos desafios surgirão por causa de decisões.

precipitadas velhas e grosseiras.

+ *Cuidados*: você precisa cuidar de sua saúde.

Lábios de sensibilidade diferente, ou de brilho excessivo: prediz que você vai ter que demonstrar 1 temperamento ruim por causa que você brigou e se separou (talvez divórcio) da pessoa amada.

Bonitos e bem delineados: reciprocidade de sentimentos.

Estranhamente grandes: desleixada(o), você talvez fique doente.

Lábios finos – 1 símbolo de perseverança e persistência. Poderá atingir qualquer alvo pretendido. Também denota constrangimento.

Lábios inchados ou feridos: 1 símbolo de sofrimento e desejos irracionais.

Se você no sonho estava preocupado com a beleza de seus lábios: na realidade você atribui demasiada importância ao sexo oposto.

Lábios com batom: paquera, namoro aventura. Também prevê a possibilidade de você alcançar o seu grande desejo.

Brilhantes: uma briga com 1 ente querido.

Lábios sujos: problema grande.

Lábios mancharam o sonhador: insatisfação sexual.

Sonhar com lábios todos os dias: doença por excesso de trabalho.

Lábios ficam dormentes, duros: a incapacidade de conter-se, o limite de resistência, ameaça emocional "explosão".

Morder os lábios num sonho: é, na opinião dos experts oníricos da Indo-China, uma tentativa inadequada para corrigir a ação do seu *yin/yang*; é uma tentativa externa para estimular os órgãos internos. O que também denota o desejo d'esconder a emoção da sonhadora(o).

Um homem beijando os lábios de uma mulher: bons negócios.

Uma mulher beijando os lábios de 1 homem: obterá muitas vantagens.

Lábios de crianças: o êxito virá mais tarde.

Lábios de pessoas desconhecidas: mudança de residência.

Lábios repulsivos: fracasso dos inimigos.

Usar batom: significa que você pode agir de maneira não inteiramente verdadeira numa situação em sua vida. O sonho procura chamá-la à atenção através de seus lábios. Talvez precise de ter mais cuidado acerca do que alguém lhe esteja dizendo, ou com o que está dizendo.

Ver ou usar brilho labial: indica falta de poder em suas palavras. Você está sendo mais sugestiva, em vez de ser mais direta ou corajosa.

Língua

De modo geral: significa novos rumos em sua vida sentimental; novas paixões surgirão em breve; o sonhador (a) deve ser mais otimista e criativo; dedicar-se à alguma atividade artística. Também poderá ser vítima de atos indiscretos.

Mulher sonhar com uma língua grande: honraria e modéstia.

Homem sonhar com uma língua grande: conseguirá disciplinar-se pelo raciocínio.

Uma língua suja: evitará uma doença.

Uma língua extraordinariamente comprida: você precisa curar seu nervosismo.

Queimar a língua: enfrentará dificuldade.

Morder a língua: você é romântico.

Filhos que mordem a língua: serão muito inteligentes.

Ver uma língua muito pequena: é sinal de vida tranquila.

Língua muito grande: é aviso para que não fale demais, livre-se de aborrecimentos.

Enrolar a língua na hora em que vai falar: é aviso contra 1 rival perigoso.

Se, em sonho, você queimou a língua: saiba que você não deve apressar os fatos, trabalhe e espere.

Ferir a língua em sonho: é sinal de que terá alegrias inesperadas.

Morder a língua: é augúrio feliz para o amor, terá 1 encontro romântico, aproveite.

Engolir a língua ou não possuí-la: é aviso quanto a possível traição, cuidado.

Mostrar a língua ao médico: é bom presságio, a saúde está bem.

Mas, mostrar a língua (fazer careta): é anúncio de dias alegres com familiares.

Ver uma língua de animal em sonho: é certeza de novas conquistas no campo financeiro.

Se você usava a língua para lamber algo ou alguém: é sinal de que sua sedução e sexualidade estão favorecidas.

Passar a língua nos lábios: é sinal de romance tórrido.

Se a língua do seu sonho estava rachada: é prenúncio de saúde e prosperidade.

Mamilos

Ver mamilos em seu sonho: se relacionam com alguma necessidade infantil. Você está regredindo para 1 estado de dependência.

Nariz

Se, em sonho você viu o próprio nariz: saiba que receberá 1 aumento de ganhos e sua independência financeira.

Se o seu nariz estava inchado: augúrio de abundância e prosperidade.

Nariz tapado: cuidado com pessoa que lhe faz oposição não declarada.
Nariz ferido ou machucado: discórdias em família.
Nariz operado: é sinal de vida nova e novas oportunidades.
Quando uma parte do nariz ou todo o nariz está gelado: dê afeto se quiser recebê-lo.
Assoar o nariz: você conseguirá libertar-se de uma situação a qual estava presa e insatisfeita, coragem.
Apertar o nariz com os dedos: de nada adianta o sonhador fugir de uma responsabilidade; deve assumir.
Se, em sonho, seu nariz estiver sangrando: significa que seu personagem está sob ataque.
Se seu nariz está entupido: isso sugere que você é incapaz d'expressar-se livre e completamente.
> + *Cuidados*: é aviso também para que o sonhador cuide de sua saúde e procure 1 médico.

Ver 1 nariz em tamanho fora do comum: é aviso contra possíveis gastos desnecessários, previna-se.
Ver-se sem nariz: perda de boa opinião de alguém.

Narinas

Ver narinas: bem-estar.
Ver narinas grandes: ira e luxúria.
Narinas vermelhas: raiva; reconcilie com seu marido.
Narinas rasgadas: 1 encontro com 1 homem desagradável.
Sonhar com olhos: significa que você está distante do mundo espiritual e que isto(a) tortura. Geralmente o ser humano quer viver muito e desfrutar algo que seja material, palpável e o mesmo também no futuro, quando poderão desfrutar – como as religiões mentem e nos iludem, afirmando sermos seres espirituais habitando corpos materiais e não o contrário. Sonhar com olhos pode ser portanto o ilusório anseio de poder desfrutar desse mundo paradisíaco que está à nossa espera (como também afirma o Islamismo que promete 72 virgens aos seus fieis "mártires" assassinos após sua morte, que ainda s'explodem – em nome de Alah – matando o máximo de "infiéis").
Ver 1 olho a observá-la(o) durante o sonho: significa que as pessoas ao nosso redor nos amam muito. Por isso, deve estar prevenido, porque se tomar precauções eles não vão nos ferir. Sobre a questão econômica é muito possível ter perdas importantes.

Mais do que 1 olho: você se tornará vítima das más intenções de alguém em seu círculo.

Sonhar com seus próprios olhos: representa conhecimento, compreensão e reconhecimento. Você pode obter alguns pensamentos que você não tem conhecimento. Nos sonhos, o olho esquerdo simboliza a lua e o olho direito – o sol.

Sonhar que você tem algo em seu olho: representa os obstáculos em potencial em sua vida.

Sonhar que você só tem 1 olho: indica que você não quer aceitar outro ponto de vista.

Sonhar que você tem uma ferida em seu olho ou você não pode abri-lo: significa que você não quer aceitar a realidade.

Perder 1 olho: significa que o verdadeiro amor e felicidade ainda não poderia ser descoberto. Os olhos bonitos indicam as esperanças bonitas que são encontradas ao longo de seu trajeto.

Olhos mexendo-se muito: pressagia cirurgia, doença ou acidente.

Olhos doentes: representam perda ou separação de 1 ente querido.

Olhos fechados: são 1 sinal de bobagem e falso orgulho.

Olhar firmemente, nos olhos de alguém num sonho: isto revela temor em deixar transparecer algo que deseja manter oculto.

Se nos sentimos olhados com insistência, mas sem ver os olhos que nos olham: denota complexos de culpa.

Se nos sonhos nos vemos cegos ou com os olhos vendados: é indício de 1 medo ilógico de sermos enganados ou perseguidos, ou também pode revelar nossa impotência diante das circunstâncias da vida real.

Sonhar que sofremos da visão mas não usamos óculos: indica falta de coragem para encarar os fatos.

Procurar 1 oculista: indica o desejo d'encontrar alguém que nos ouça e nos ajude.

Sonhar que se tem 3,4, ou mais olhos: é bom sinal.

Sonhar que os olhos ficam grandes e belos: é 1 presságio favorável para os bens, a riqueza, a felicidade do sonhador.

Porém, se os olhos estão com aparência purulenta: a doença não está longe.

Olhos injetados: anunciam o destempero ou a cólera.

Se estão esbugalhados: existe 1 receio de doença quanto a uma pessoa amada.

Olhos avermelhados: psicologicamente anunciam destempero ou raiva.

Se você observar os olhos de outra pessoa em seu sonho: então isso indica uma conexão emocional ou íntima com essa pessoa.

Olhos com uma aparência ruim: pode indicar doença.

Olhos esbugalhados: receio de doença em relação de alguém da família ou de uma pessoa próxima.

Curar os olhos: alguém o ama e lhe dedica afeição.

Homem sonhando que cura os olhos: negócios muito bons.

Mulher sonhando que cura os olhos: terá muitos namorados.

Moça sonhando que cura os olhos: ela se casará em menos de 1 ano.

Beijo nos olhos: conforme a parte do corpo onde se dá ou se recebe 1 beijo, este terá 1 significado diferente. No caso do beijo nos olhos, temos uma expressão de carinho, afeto e ternura, de amizade, companheirismo, simpatia e cumplicidade. Quando pais, namorados, amigos beijam os olhos, querem demonstrar esses sentimentos a pessoa beijada. Além disso, o beijo nos olhos é considerado uma demonstração especial de afeto, pois acredita-se que quem beija o olho beija a alma, beija o coração. Assim, o beijo nos olhos seria a demonstração de 1 sentimento profundo e verdadeiro. Há ainda tradições que apontam significados diferentes conforme o olho beijado. Se o beijo for dado n'olho direito, ele estimularia a parte masculina da pessoa, a razão, a força, a objetividade, etc. Se o beijo for dado n'olho esquerdo aí então teríamos o estimulo da parte feminina, a intuição, a criatividade, as emoções, sensibilidades, etc.

Olhos verdes: significa psicologicamente preocupação com religião ou 1 tipo de pensamento diferente do seu. Também podem significar preocupação com religião ou 1 tipo de pensamento diferente do seu e traição, infidelidade, leviandade.

Olhos azuis: significa desvios religiosos, pessoa amada muito ciumenta e insegura.

Olhos pretos: vistos em sonho anunciam amores ardentes.

Olhos vermelhos seus ou de outros: aproveite as boas ideias – você fará sucesso.

Escuros: amor sincero.

Castanhos: amor correspondido.

Orelhas

Sonhar com orelhas: pode, num 1º momento, parecer 1 sonho suspeito e estranho, mas na grande maioria das vezes indica uma amizade que se aproxima para ouvi-lo(a) ou 1 alerta dos céus para que você se torne uma pessoa mais amigável e receptiva aos problemas dos outros, dando maior atenção ao que elas têm para lhe dizer.

Sonhar com as orelhas de outra pessoa: significa que muito em breve você irá fazer novos contatos e consequentemente novos amigos que serão sempre muito verdadeiros contigo. Não se preocupe com a moral de quem se aproximar, pois essa pessoa será boa para você.

Sonhar com as próprias orelhas: é sinal de dificuldades no ambiente doméstico. Esteja de coração e ouvidos bem abertos para dar ouvidos às reclamações e dificuldades dos entes que convivem contigo. Um familiar está precisando da sua ajuda, porém porque ele não consegue ter a sua atenção vocês poderão ter problemas num futuro próximo.

+ *Cuidados*: dê espaço para ela falar, mostre que você está à disposição para ouvi-la de verdade.

Quando você sonhar que mexe na orelha: saiba que se aproxima de ti o momento de descobrir 1 segredo muito importante e o seu instinto já o está avisando sobre esse fato. Você conhece aquele ditado que diz que quando alguém fala de nós o ouvido coça e fica avermelhado? Pois bem, o segredo que você está prestes a desvendar diz respeito a sua pessoa. Não há razão para se afligir, afinal o que você irá descobrir não tem nenhum tipo de conotação negativa, muito pelo contrário, essa informação ainda te fará muito feliz e, de certa forma, vai acalmar o seu coração.

Sonhar com orelha decepada: é sinal de que você irá sofrer uma decepção relacionada a 1 amigo(a) que tanto aprecia. O fato de ver a orelha decepada demonstra a traição, pois que nunca alguém iria decepar a orelha do próximo se não houvesse uma traição e decepção forte como motivo. De quem era essa orelha decepada, sua ou do seu amigo(a)? Se era sua, a decepção será muito grande para ti, caso a orelha decepada fosse do falso amigo(a) que o(a) traiu, então você irá superar esse fato e ainda triunfará sobre seu inimigo.

+ *Cuidados*: é aviso de que você precisará fazer reformas no seu modo de viver e tomar cuidado para não ser enganado(a) por pessoas que considera seus amigos e em quem pensava confiar.

Ao sonhar com orelhas pequenas e grandes: temos duas interpretações. As orelhas pequenas simbolizam uma amizade com uma pessoa financeiramente bem de vida e que não tem problemas em te ajudar nas questões monetárias. Já sonhar com orelhas grandes indica que você poderá ter que encarar uma situação constrangedora, de grande vergonha pública. Esteja atento(a) para as situações que o(a) levam a essa exposição, afinal ela poderá ser facilitada por uma 3ª pessoa da qual você nem desconfia, mas que deseja te ridicularizar na frente de todos.

Sonhar que tem apenas uma orelha: é 1 poderoso aviso a respeito de possíveis discórdias e desentendimentos com colegas de trabalho poderão ocorrer ao longo dos próximos meses. Qualquer assunto divergente poderá ser o estopim para essa discussão, afaste de você as ideias negativas que o atiçam a entrar numa briga.

> + *Cuidados*: tentar ser uma pessoa mais flexível com os outros profissionais que convivem com você é a melhor saída para fugir de possíveis discussões, principalmente as que são desnecessárias e que podem manchar a sua imagem.

Sonhar com orelhas sujas: é sinal de que existe algo d'errado na sua compreensão do mundo. É como se você estivesse com alguma sujeira impedindo-o de ouvir corretamente as pessoas e claro, ela precisa ser retirada para que você possa ouvir claramente as outras. Essa 'sujeira' não necessariamente é material, aliás, na maioria das vezes é só uma barreira emocional que o afasta da correta compreensão e entendimento.

> + *Cuidados*: procure prestar mais atenção ao que as pessoas à sua volta estão dizendo.

Se você sonha com o lóbulo da sua orelha: isso significa uma conexão espiritual com outra pessoa próxima a você.

Ver ou ter orelhas de animal: é aviso para que o sonhador(a) não prometa mais o que pode; também pode representar uma traição movida por instinto animalesco, inferior e baixo.

Incômodos ou dores n'ouvido: é sinal de que a pessoa poderia ou ainda pode fazer algo para mudar uma situação, mas ainda não fez.

> *Dica psicológica*: seria bom você acender uma vela e bater palmas para o surdo Beethoven – 1 dos maiores exemplos de superação da história.

Queixo

Se você vê seu próprio queixo num sonho: então tal sonho representa a força, mais resistente sua pessoa. É presságio muito feliz para os negócios, aumento de ganhos e muita fartura.

Se você tinha 1 queixo gorducho (o seu próprio ou de outra pessoa): é uma boa vida.

Fino: 1 sinal de necessidades futuras. Na China significa "dificuldades da vida".

Coçando o queixo: 1 sonho prediz que você vai resolver 1 enigma, 1 quebra-cabeça que exige uma longa e dolorosa reflexão.

Arranhar ou quebrá-lo com sangue: o sonho significa que você vai perder o apoio e, por essa razão, sofrem de mal-intencionados.

Homem com barba por fazer que você beijou em seu sono e que arranhou a sua face: é na realidade uma ameaça de perder seu emprego ou perder a confiança de seus amigos.

Queixo barbeado: prenuncia alegria do amor que irá levá-lo todo e tudo o mais relegado para 2º plano.

No sonho ter 1 queixo gordo, inchado: na realidade você espera retornos parcos em resposta aos grandes esforços e custos.

Estreitos e finos: anunciam eventos inesperados e não inteiramente agradáveis.

Queixo ondeado: o início da sua melhor hora, por circunstâncias favoráveis lhe permitirá subir rapidamente a escada e ficar rico.

Queixo com fenda: a necessidade de ter a vontade de fazer uma escolha.

Queixo com pelos crescentes: significa brigar e romper com 1 amigo.

Ver covinhas no seu sonho: representam felicidade, alegria e prazer. Você precisa desfrutar de alguma frivolidade e ter 1 pouco de diversão alegre em sua vida.

Rins

Ver 1 rim em seu sonho: significa que você está se sentido depressivo e quase enfrentando uma longa e triste crise existencial! Para vencer é necessário juntar toda energia positiva possível, pois, somente assim haverá como se superar e superar o que existe d'errado e contrário.

Sonhar com os próprios rins: adverte o sonhador(a) a fazer 1 checape, principalmente para ver se não há pedras em formação em seus rins.

Doar rim em sonho: é certeza absoluta de sucesso em todos o sentidos.

+ *Cuidados*: se ele(a) trabalha muito tempo sentado, deve valer-se de uma almofada nas costas.

Ver em seu sonho o rim de outra pessoa: significa que você está se sentido depressivo e quase enfrentando uma longa e triste crise existencial! Para vencer é necessário juntar toda energia positiva possível, pois, somente assim suprerará tudo.

Sonhar com 2 rins: é permitir-se tentar mais uma vez acreditar em si mesmo e na vida. Não obstante às coisas negativas sempre podemos vencer.

Se sonhar que os rins não estão a funcionar corretamente: isso significa que estará preocupado que se passe algo de mal consigo e que não consiga garantir a subsistência da sua família.

Rosto

Rosto machucado: é aviso para que não se descuide da saúde.
> + *Cuidado*: o sonhador não deve espremer espinhas que podem infeccionar e muito!

Seu rosto num sonho: alegria e muita saúde.

Ver o próprio rosto no espelho: não obterá êxito nos planos.

1 belo rosto: brigas de namorados.

1 rosto alegre e satisfeito: terá boa sorte.

1 rosto feio: infelicidade nos assuntos amorosos.

1 rosto sorridente: ganhos financeiros.

1 rosto repulsivo: fracasso dos inimigos.

Os rostos dos filhos: o êxito virá mais tarde.

O rosto de uma pessoa que você não conhece: mudança de residência.

Lavar o rosto: arrependimento pelos pecados.

Usar maquiagem: sugere que você está tentando encobrir ou esconder 1 aspecto seu. Alternativamente, isso indica que você está colocando seu melhor rosto para frente. Você está tentando melhorar sua auto-imagem e aumentar seu senso de autoconfiança. O sonho também pode ser uma metáfora que você precisa "fazer" com alguém. É hora de perdoar e esquecer. E sonhar que você está usando muita maquiagem indica que você está enfatizando demais a beleza e as aparências externas e não o que está dentro dela.

Usar rímel: sugere que você precisa abrir os olhos e estar mais atento a uma situação ou relacionamento. Sonhar que seu rímel está manchado indica que sua reputação está sendo questionada por rumores.

Seios

Sonhar com seio: significa coisas muito positivas na sua vida: abundância, a felicidade, o carinho e o sucesso profissional.

Descansar a cabeça no seio de alguém: em sonho, é sinal de que fará novas e duradouras amizades.

Ver, em sonho, seios exageradamente grandes: é sinal de fartura e prosperidade.

Ver seios normais: é prenúncio de que terá muitas alegrias no setor profissional.

Ver seios de tamanhos muito diferentes: é aviso, você merece ser feliz, não perca tempo com quem não merece.

Ver seios inchados, feridos ou inflamados: é presságio negativo, enfermidade em família.

Ver seios peludos: é aviso de que você precisará lutar para alcançar o que deseja.

Ver seios completamente murchos: é prenúncio de que receberá visita de parente que há muito não vê.

Ver seios artificiais: é aviso, não se deixe levar só pela aparência.

Acariciar ou ter os seios acariciados: é presságio feliz, amor, carinho e felicidade.

Sonhar com seios com silicone: mostra que algo não verdadeiro está acontecendo próximo a você. O silicone que é algo, falso, artificial e no formato de seios, deixa claro que alguém pode estar mentindo a você sobre alguma situação. Agora é preciso ficar tento para perceber quem mentiu e o mais importante o porquê. Afinal esta pessoa deve ter seus motivos para isto, por isto saiba o que acontece antes de julgar alguém.

De forma geral: sonhar com seios significa maternidade remetendo ao sentimento de proteção, carinho, pertencimento e calma. Você pode estar precisando sair 1 pouco da rotina atual.

> + *Cuidados*: este é 1 pedido tanto do seu corpo quanto de sua mente. Você tem vivido momentos conturbados e difíceis. Para revolver isso, você precisa se desconectar. Quem sabe viajar, passar 1 dia fora ou simplesmente em casa, mas longe de tudo o que lhe tem cansado.

Veias

Ver suas veias em seu sonho: significa que 1 novo desafio surgirá. O sonho também significa que você deveria avaliar melhor as coisas conquistadas sem muito esforço.

Ventre

É 1 símbolo feminino, que está relacionado à imagem da mãe, análogo à caverna -1 local de transformações e de renascimento.

Vesícula biliar

Sonhar com a vesícula biliar: significa que você está se apegando a coisas ou memórias sem valor. Saia e participe de novas atividades, deixando o passado, que continua impedindo você de alcançar metas de longo prazo. Faça novos amigos que compartilhem 1 objetivo comum e se desvie dos retardatários. Aproveite e se libere de tensão e vibrações ruins. Ela também representa uma situação emotiva, algo incômodo e difícil de resolver de 1 procedimento ou comportamento normal. A vesícula biliar simboliza aborrecimento, mau caráter, memória desagradável e algo que é rejeitado; é presságio de confronto num pequeno conflito que você deve resolver definitivamente, apontando para uma questão emocional que perdura e que requer limpeza.

Se você sonha com uma vesícula numa mesa de metal: você não deve ignorar 1 problema que não é resolvido por 1 colega e que causou perdas contínuas.

Sonhar com uma vesícula num frasco de laboratório: serve para lembrar que, embora uma situação seja pequena, você tem como ignorá-la, pois há benefícios na sua resolução. Uma melhora na disposição e na energia em sua vida pode ser o resultado de lidar com uma situação emocional aparentemente sem importância em sua vida de vigília.

+ *Cuidados*: evitar prejuízos à saúde ou ao humor, é o que indica este sonho e que você deve conter a mínima raiva. Indica também algo que o(a) impede para processar algo.

CORRER

Correr num esporte qualquer, tem 1 significado diferente que fugir de 1 perigo.

Correndo de algum perigo: é 1mau presságio, pois indica que você não está conseguindo enfrentar seus medos.

Correndo só: este sonho significa que você poderá receber uma promoção em breve.

Em geral: correr no sentido amplo, significa que você está tentando fugir de alguma situação de risco ou tentação.

CRIANÇAS

Ver uma criança em seu sonho – previne que seus caminhos sem escrúpulos poderão trazer luto.

Se o sonhadora em sonho se vê como menino: então, denota uma masculinidade em sua personalidade. Talvez ela esteja começando a desenvolver uma nova parte ou característica masculina em seu caráter individual.

Se esse menino se transforma em rapaz no sonho: pode significar 1 sinal de paixão e desejo por alguém que conhece desde criança. E ela pode começar a ficar apaixonada por este rapaz em suas ideias, pensamentos e concepções e em seu subconsciente. O mundo dos sonhos está respondendo aos seus sentimentos expressivos da vida real. Além disso, este sonho pode representar que ela pode assumir seus instintos maternais.

Se o sonhador for 1 macho adulto e no sonho se vê como 1 menino: então pode ser interpretado como simbolismo de sua personalidade infantil, ainda com resquícios de uma natureza infantil, inocente e muito brincalhão. Por outro lado, passar de rapaz para homem, pode externar simbolizar entusiasmo otimista e juvenil; ou 1 alerta para ele cuidar de seus sentimentos ainda não totalmente desenvolvidos bem como suas responsabilidades correlatas. Talvez a parte imatura de si mesmo ainda precisa crescer; sua criança interior pode estar tentando chamar a sua atenção mostrando-o no sonho como rapaz; daí, ele deve analisar algumas partes de si mesmo que precisam ser reconhecidas para o seu amadurecimento.

Sonhar com criança chorando: você pode até ficar desesperado ao ver uma criança chorar. No sonho, contudo, isso é ótimo e significa que boas notícias estão por vir e vão provocar ótimas mudanças na sua vida.

Sonhar com criança doente: Pode significar que você anda abatido e cansado e que precisa recarregar as energias. Ou pode significar que encontrará dificuldades e obstáculos em breve na sua vida, principalmente se a criança estiver sofrendo. Pode ainda dizer que alguém da sua família esteja prestes a adoecer.

Sonhar com criança morta: você tem mágoas guardadas no coração ou rancor de alguma situação que já passou, mas não foi bem superada. É necessário se abrir e falar sobre isso, caso contrário outros aspectos de sua vida podem ser prejudicados.

Sonhar com criança afogada: presságio de perdas emocio-nais grandes. É momento de refletir e de se preparar para o que está por vir. Se você conseguiu salvar a criança, no entanto, é sinal de que conseguirá recuperar o que estava ameaçado.

CURA

Sonhar que cura alguém: simboliza que precisa curar algum problema físico ou emocional.

Sonhar que está curando alguma ferida: pode simbolizar que deve corrigir algum erro ou procedimento incorreto em sua vida.

DAR À LUZ

Sonhos de "dar à luz" é sobre a transformação de sua vida Dar à luz é 1 dos elementos mais transformadores da nossa vida, pois isso aparecer num sonho é extremamente sortudo. Isso indica que você está embarcando numa nova aventura de vida.

Qual é o significado geral de dar à luz num sonho? Dar à luz pode simbolizar sorte ou boas notícias vindas do exterior. Isso significa que você tem uma personalidade firme e decidida: você gosta de boa saúde e bem-estar financeiro. No entanto, é 1 mau presságio se o sonhador for uma mulher solteira.

Em seu sonho, você mesma foi quem deu à luz: 1 parto que indica esperança.

Ver alguém dando à luz: está ligado ao progresso na vida.

Ouvir dizer que alguém deu à luz: significa aceitação social.

Lembrar-se do dia em que você deu à luz: indica sucesso na vida.

Se uma mulher solteira sonha que ela deu à luz 1 filho: então esta é uma prova da sua promiscuidade inevitável.

Se a parturiente for casada: o sonho prediz 1 nascimento próspero.

Nascido de si mesmo num sonho – 1 novo começo.

Descobrir que alguém deu à luz: prediz a salvação de uma situação difícil.

Se em seu sonho você se lembra do dia em que você deu à luz: significa que você ama.

Ver 1 bom nascimento: simboliza felicidade e sorte.

Ver 1 nascimento inesperado: pode sugerir problemas na vida devido a algo que não parece real.

Ver e ouvir 1 parto: prediz o sucesso depois d'esperar muito tempo.

Sonhar com 1 parto embora já tenha 1 filho em sua vida acordada: então você entende que novamente dar à luz mudará sua vida para sempre. Uma mãe nova normalmente tem esse sonho, pois é quase uma previsão do futuro.

Se você está grávida e sonhou dar à luz: significa que a sua força será desafiada e testada, especialmente no final do parto.

Sonhar estar testemunhando o nascimento de uma criança: diz que ela terá sucesso financeiro.

Lembrar-se do dia em que você deu à luz: indica sucesso na vida.

Ajudar num parto: representa honra e abundância e pode sugerir 1 novo começo.

Uma jovem sonhar em dar à luz: ela se sentirá feliz. Indica que ela alcançará 1 objetivo, há muito embalado! Está normalmente ligado à energia da força vital que existe dentro de nós. Este sonho é muito espiritual na natureza e basicamente, prevê o caminho que desejamos seguir, está ligado ao despertar dentro do nosso próprio corpo. Surpreendentemente, sonhar em dar à luz pode ser comum.

Se a sonhadora ainda não tem filhos na vida real: é 1 sonho simbólico de mudança. Ele está focado em ver a interconectividade da própria vida. Os detalhes reais do sonho são igualmente importantes, pois podem significar a rede de suporte ao seu redor. Isso inclui o relacionamento que a pessoa tem com os outros, sua inspiração na vida, a orientação dada na vida e também a conexão que você tem com sua família.

Uma menor de idade sonhar em dar à luz: significa que ela vai ouvir rumores contra ela.

Se 1 homem sonha que vê alguém dando à luz: ele passará por 1 período difícil tanto profissional quanto socialmen-te. Se o seu sonho não está ligado a uma gravidez em vigília, isso indica que haverá algumas mudanças em sua vida. O nascimento significa novas ocasiões e novos começos; grandes mudanças estão em andamento.

Se a mulher é casada e dá à luz: o sonho é 1 bom sinal.

Dar à luz uma criança sem estar casada: significa tristeza e alegria ao mesmo tempo.

1 nascimento inesperado: significa infelicidade.

Celebrar 1 nascimento: anuncia 1 período de tranquilidade.

Ver uma certidão de nascimento: significa nova vida com maiores poderes criativos e *também* que algo vai dar certo no final.

1 parto fácil: significa alegria e sorte e você tem uma alta resistência à dor e ao sofrimento em geral e também é 1 sinal de criatividade, espírito construtivo e projetos a serem colocados em prática com recompensas.

1 parto difícil: é 1 sinal de grandes problemas que devem ser superados, mas os resultados serão a seu favor por causa de seu caráter prático e racional. Também pode prever grande desconforto e significar resultados, mas apenas com muito esforço.

1 parto cansativo: é 1 sinal de complicações na vida.

Com muitas dificuldades: pode intensificar suas próprias emoções. Todos nós desejamos que nossos bebês e crianças sejam saudáveis, mas se eles não são, então precisamos apoiá-los e amá-los, pois eles são o mesmo. Ter esse sonho indica que você está se sentindo emocionalmente conectado aos outros e este é 1 sonho bastante positivo, pois denota amor e alegria, não importa o que aconteça em qualquer situação.

Sonhar que há 1 problema com o nascimento do seu filho: então isso também pode estar ligado ao seu próprio em nossas ansiedades. Dar à luz é uma experiência de mudança de vida.

Complicações no parto: podem denotar momentos difíceis na vida.

O nascimento de uma menina: pode significar uma possível herança. E prevê que você estará livre de todos os problemas.

O nascimento de 1 menino: pode sugerir 1 problema com 1 membro da família e significar muita fadiga.

Dar à luz gêmeos (ou mais): felicidade na família e simboliza a riqueza. Também pode indicar novos começos e que deve evitar as rivais.

1 homem sonhando que a esposa terá gêmeos: mudança de ambiente.

Ter gêmeos do mesmo sexo: terá vida longa.

Ter gêmeos de sexo diferente: dignidade e distinção.

Uma mulher solteira sonhando que tem gêmeos: logo ficará noiva.

Ver alguém dando à luz em seu sonho: refere-se a honestidade, abundância e salvação do infortúnio. Dar à luz num sonho é o domínio de tudo o que sai da mente e das mãos humanas, resultados palpáveis de suas próprias ideias. O sonho descreve a possibilidade de como 1 evento pode se desdobrar e você se sente ansioso por não saber o que esperar.

Se no seu sonho foi você mesma quem está dando à luz: isso simboliza a necessidade de mostrar uma nova atitude em relação aos seus próprios esforços para assumir a responsabilidade.

Se outro alguém está dando à luz: prediz novos começos ou novas perspectivas.

Se no seu sonho você dá à luz, mas não sabia que estava grávida: isso sugere que você vai achar difícil entender alguém na vida. Você está com muita pressa para fazer concessões a outras pessoas. Há 1 forte senso de independência e você também sente atração mútua por outra pessoa na vida. Não saber que você está grávida também pode significar que você precisa trabalhar em seus próprios objetivos e questões de dinheiro ou fazer 1 esforço consciente para mudar sua atitude na vida em dicionários de sonhos antigos. Não conhecer a sua gravidez, mas dar à luz uma criança, também pode indicar uma nova oferta d'emprego ou uma conexão profunda consigo mesmo.

Se você dá à luz num hospital: este é 1 sonho positivo e está conectado à rede de apoio ao seu redor. Isso também está ligado ao seu cuidado interior. Talvez você não tenha se dado tempo na vida para entender o que é necessário. Pode significar que você é geralmente feliz e contente com a própria vida, mas o fato dado ao parto num hospital indica que você precisa de pessoas ao seu redor para apoiá-la. Você odeia qualquer trabalho de rotina, como arrumar e limpar no momento presente.

Se você passou por 1 trabalho de parto prolongado no sonho ou se viu suando enquanto dava à luz 1 filho: indica que você terá uma lucrativa nova oportunidade de negócio no horizonte. Pense cuidadosamente antes de tomar qualquer decisão.

Se o nascimento do bebê foi anormal de alguma forma ou não foi planejado: então você não deve ouvir nenhuma fofoca. Pode prever problemas emocionais, especialmente dificuldades em se conectar com os outros.

Sonhar com 1 bebê deformado ou com 1 bebê que tenha dificuldades de aprendizagem: é 1 sonho simbólico ligado aos seus próprios medos ocultos na vida. Talvez você sinta que não recebeu as oportunidades que os outros têm.

Dar à luz n'agua: 1 parto n'agua inclui uma piscina de parto cheia de água morna e pode ocorrer numa maternidade, numa clínica, ou até em casa. Mães optam por nascer n'agua para facilitar o parto. Um médico, parteira ou enfermeira/parteira pode ajudar a orientar a mãe durante o processo. Se você está grávida, esse sonho é 1/2 comum e pode significar que você está preocupada com 1 nascimento programado. Esta forma de dar à luz é adequada para mães que desejam 1 parto natural sem epidurais, medicação ou secções C. Acredita-se que dar à luz n'agua proporciona uma experiência suave e mais natural.

O significado espiritual de dar à luz n'agua: está relacionado ao seu despertar. Você está experimentando transformações internas que parecem assustadoras agora, mas depois, perceberá o efeito positivo que elas têm em sua vida.

Sonhar em dar à luz 1 bebê n'agua sem dor: pode implicar que você tem emoções "estáveis". Lembre-se que este método de nascimento cria 1 ambiente mais relaxante e proporciona uma experiência mais prazerosa. E, embora os seres humanos não tenham sido criados para dar à luz n'agua, muitas mulheres veem o nascimento n'agua como algo que lhes permite seguir seus instintos naturais de parto. Dar à luz n'agua, nos sonhos, indica autonomia e privacidade que os ajuda a lidar melhor com situações da vida.

Em geral: de acordo com alguns sonhos, sonhar em ter 1 bebê representa como você se vê. É uma visão interna de si mesmo. Ter 1 bebê é uma das maiores coisas que uma moça pode passar, pois representa uma parte de você que ainda não está preparada para o mundo maduro. No antigo folclore cigano, o sonho de dar à luz pode predizer seu comportamento imprudente e imaturo. Recentemente, alguns pesquisadores inclusive descobriram que sonhar em ter 1 bebê também pode predizer uma gravidez. No entanto em ambos os casos pode estar ligada a 1 bebê na vida de vigília de quem sonha. De toda e qualquer forma, seu sonho denota 1 novo começo em sua vida.

Se o seu parceiro não pôde assistir ao parto, ou perdeu o parto durante o sonho: indica uma oportunidade perdida no horizonte. Você é geralmente feliz e contente com a vida, mas esse sonho também pode sugerir que você precisa de mais fé em suas próprias ideias. O fato de seu parceiro estar em destaque indica que pode haver uma falta de confiança no relacionamento.

O que significa dar à luz 1 animal num sonho? Ah não! Que sonho! Para dar à luz a animais ou ver 1 animal dar à luz num sonho é associado com os amigos que você guarda ao seu redor. Pense com cuidado antes de tomar decisões importantes na vida. Se o animal dá à luz a humanos, então este é 1 aviso para cuidar de outras pessoas que são enganosas.

Dar à luz e ver isso do lado de fora olhando para você mesma num sonho: ilustra que existem situações ao seu redor que estão movendo você em direções diferentes. Devemos nos proteger contra qualquer mudança repentina em apegos impulsivos que não tenham base real de afeição. Sentir dor durante o parto é bastante comum, todos nós sabemos que gás e ar ou uma anestesia epidural, por vezes, usados para aliviar essa dor! Então, o que isso significa de uma perspectiva espiritual? Este sonho é uma sugestão de que é uma representação do seu próprio desejo por algo na vida. Se a dor foi imensa, isso pode sugerir que você terá algumas descobertas futuras, especialmente sobre si mesmo.

Sonhar que você está dando à luz gêmeos, ou trigêmeos: indica que você está envolvida num relacionamento. Os bebês, afinal, são considerados novos começos na vida. Sonhar em dar à luz muitos bebês é positivo. Você encontrará alguém para ajudá-lo a resolver problemas no trabalho.

O que significa enxergar uma parteira num sonho? A parteira representada num sonho está ligada à uma pessoa poderosa na vida de vigília que o levará ao sucesso e à liberdade. Se a parteira no sonho estava ajudando você a entregar o bebê, então isso indica que a pessoa irá fornecer bons conselhos e você deve ouvi-la. Ver-se cercado por parteiras num sonho ilustra que você será guiado por outras pessoas daqui para frente. Pode ser família, amigos, colegas de trabalho ou alguém que tenha interesse em ajudar a desenvolver mais na vida.

Ser parteira num sonho e entregar o bebê à sua mãe: anuncia boas notícias virá em sua direção. Esta poderia ser uma promoção no trabalho ou 1 novo bebê. Pode denotar que você está se sentindo chocado se ainda não tem filhos.

O que significa ter 1 parto vaginal no sonho? Ver-se dando à luz naturalmente num sonho é 1 sinal de boa sorte e está ligado a uma alta montanha de desejos e crenças ocultas em sonho. Isso sugere que você é uma pessoa poderosa e pode conseguir o que quer.

Se o parto foi difícil durante o sonho: então você tem 1 desejo natural de ajudar os outros. Pode ser uma indicação de que a boa sorte será sua – mas você deve ser paciente e persistente. Você é idealista no coração e seu amor pela liberdade moral e inteligente, muitas vezes, o mantém focado na vida.

Se você sonha que seu bebê está em perigo durante o parto: isso pode indicar que você precisa ter mais paciência na vida.

Se você se deparar com sofrimento fetal ou se não conseguir expelir o bebê: isso indica que você precisa de mais entusiasmo na vida.

Alimentando 1 recém-nascido após o parto: se no sonho foi você quem deu à luz e está alimentando o bebê com uma mamadeira, isso pode denotar que a situação terminará bem. Sua vida sexual irá bem e indica sucesso em dinheiro.

Amamentar 1 bebê recém-nascido num sonho: sugere 1 novo começo.

O que significa indução de parto num sonho? Significa que você pode encontrar constrangimento no futuro. Se você está atrasada num sonho, isso pode sugerir que existe uma situação que você não pode simplesmente vencer.

Ver uma parturiente fazer cesárea: indica que você terá 1 tempo imaginativo e romântico no futuro. A boa notícia é que temos uma interpretação específica dos sonhos para uma cesariana.

E se o bebê estiver na posição de culatra em seu sonho? Se o bebê estiver numa posição difícil em seu sonho, como uma posição estranha, de lado, de baixo ou de pé, isso pode sugerir que você está se sentindo pressionado no trabalho. Consequentemente, se o bebê está numa posição incomum, prediz que somos incapazes de dar à luz. Num sonho subconsciente, isso indica que você está sentindo que é incapaz de alcançar 1 novo começo e talvez precise se comunicar com os outros, com suas preocupações.

Se o bebê eventualmente se virou em seu sonho mas foi capaz de dar à luz com sucesso: então este sonho implica que você é forte e disposto a se afirmar como e quando necessário.

Se a cabeça do seu bebê é muito grande num sonho, levando a dificuldades para dar à luz: este sonho é focado nas necessidades e desejos dos outros. Pode significar 1 grande projeto no horizonte ou seu desejo de avançar na vida, especialmente num contexto de trabalho.

Se a cabeça do bebê estiver de alguma forma deformada no sonho: isso indica que a sonhadora vai encontrar alguém "influente" no futuro.

O ato de se ver 1 bebê nascer: está associado não apenas ao ato físico real, mas também ao ato emocional..

O que significa sonhar em se ver a caminho do hospital? Se você estivesse a caminho do hospital para entregar 1 bebê em seu sonho, isso significa que outros provavelmente cuidarão de você no futuro. Pode significar que você tem problemas de dependência e certamente não pode imaginar estar sozinho. O sonho também pode indicar 1 possível problema de saúde ou uma situação pela qual você é responsável. Pense no que você está tentando evitar. No entanto, se você está grávida no estado de vigília e teve esse sonho, ele prevê sua preocupação em ter 1 bebê em breve e você não deve ler muito no sonho. Como futuras mães, às vezes as mulheres ficam ansiosas pensando no processo d'entrega – isso é natural! Relaxe e deixe seus instintos guiá-lo através de tudo que virá em seu caminho.

Sonhar com 1 bebê recém-nascido sorrindo para você: é 1 sonho agradável e para as mulheres 1 sonho muito comum. Isso sugere que você está experimentando alegria e felicidade absolutas na vida desperta. A boa notícia é que "pequenas coisas" estão te fazendo feliz. Este sonho pode implicar que você está tentando descobrir como tirar o máximo proveito de sua vida. Não importa quais dificuldades você encontre, você permanecerá calmo e sorridente. Nada pode tirar o sorriso do seu rosto. Seja fiel a você e aos outros, como você já é. Só assim você pode ser verdadeiramente feliz.

O bebê chorando e falando: é 1 sinal de depressão. Existe uma parte de você que precisa ser nutrida e talvez se sinta negligenciada pelas pessoas que ama.

Sonhar com 1 bebê faminto: isso pode ser 1 sonho bastante preocupante, é tudo sobre ansiedade e indica os possíveis problemas que você está enfrentando, que não estão relacionados com o bebê, mas sim sobre os objetivos de sua própria vida completamente sozinha e perdida. Espiritualmente, os livros de sonhos mais antigos afirmam que 1 bebê com fome pode indicar passar por 1 período difícil e dramático que você precisa de alguém para ajudar. Há uma mensagem oculta para deixar de confiar tanto nos outros e começar a confiar mais em si mesmo. Depois disso, o caminho certo para caminhar se abrirá.

Sonhar em dar à luz 1 bebê limpo: representa 1 novo objetivo. Após o nascimento, os bebês são geralmente, como se diz, bagunçados! O cordão é geralmente preso e o bebê é seco, o bebê pode estar coberto de verniz ou algum sangue. Sonhar com 1 recém-nascido completamente limpo é tudo sobre seus objetivos de vida. Você foi quebrada por muito tempo e é hora de se consertar. Limpe sua mente e aplique uma mentalidade positiva.

+ *Cuidados*: o conselho é "remover" tudo o que faz você se sentir como se não fosse bom o suficiente. Sonhar em dar à luz 1 bebê limpo geralmente também revela sua autoimagem. Você se aceita por quem você é?

Sonhar em ter 1 bebê de uma raça diferente: pode causar sentimentos desconfortáveis em seu sonho, além de confusão. No entanto, tem 1 significado positivo. Pela lógica, o sonho significa crescimento espiritual e potencial. Sonhar em ter 1 bebê de uma raça diferente pode indicar que você precisa manter a mente aberta. Talvez o fator chave neste sonho seja que você se conectará com uma pessoa de outro continente. De qualquer forma, essas novas experiências em breve mudarão sua vida para sempre e para melhor.

Ajudar uma mulher a dar à luz em seu sonho: é 1 presságio positivo sob o prisma onírico, prevendo novos desenvolvimentos, novas situações e todo 1 caminho de responsabilidades que estão vindo em sua direção. *Se você não conheceu as mulheres dando à luz* – isso pode implicar 1 novo começo na vida, talvez 1 projeto ou mudança de carreira aconteça em breve.

Sonhar com 1 bebê extremamente pequeno: quando você está grávida num sonho e tem 1 bebê de baixo peso, então isso pode significar que algo está crescendo em sua vida. Se o bebê no sonho era de idade gestacional, isso pode significar que os outros vão pedir conselhos. Sonhar com 1 bebê naturalmente pequeno que precisa de ajuda, como estar numa incubadora – indica 1 pequeno desafio pela frente que valerá a pena; alguém será útil ao resolver 1 problema.

Sonhar que seu bebê nasce com menos de 24 semanas: pode implicar que algo ainda não terminou na vida; 1 natimorto pode indicar sentir-se culpada, preocupada com suas próprias inadequações. Se você está grávida e tem 1 sonho de dar à luz a 1 bebê natimorto, muitas vezes pode sugerir ansiedade sobre a perda fetal.

Bebê morto

Qual o significado de dar à luz 1 bebê morto? Ver 1 bebê morto ou dar à luz 1 num sonho, simboliza o fim de algo importante em sua vida. Isso não significa que você terá literalmente 1 bebê que vai morrer. Pode ser algo simples, como 1 ponto de vista ou crenças alterados. A metáfora aqui é que você será iluminado através da mudança. Embora você se recuse a mudar no início, você perceberá que é a melhor coisa a fazer se quiser melhorar seu futuro de acordo com meus livros espirituais.

Feto

Ver 1 feto nos sonhos: evoca o início da vida, necessário para crescer nas profundezas d'alma do sonhador(a). Geralmente é uma indicação de que você se tornou consciente de si mesmo e de seu maior poder espiritual. Este sonho também indica que você está se conscientizando de uma nova situação em sua vida. Talvez você esteja se ligando de volta ao ponto em que tudo começa e você precisa olhar para o processo novamente para ter certeza de que tem uma decisão firme no centro da criação. Você está pensando em começar de novo na vida? Sonhar com 1 feto é geralmente uma indicação de que você se tornou consciente de si mesmo e de seu maior poder espiritual. Sonhar com 1 feto simboliza 1 novo relacionamento prestes a se desenvolver ou uma ideia que recentemente decolou. É o sinal de algo criativo e seu desejo de fazer outra coisa na vida. Alternativamente, você pode expressar dificuldades em certas situações ou com alguns relacionamentos que você tem na vida. O feto em seu sonho pode funcionar como uma metáfora para sua nova carreira ou seu novo projeto de negócios.

Se o feto nasce prematuramente ou morre num sonho: isso representa uma preocupação com 1 projeto ou 1 relacionamento que não sobreviverá e logo morrerá. Esse sonho, de acordo com livros antigos, também pode sugerir que você está se conscientizando de uma nova situação em sua vida. Este sonho é a sua mente ligando de volta ao ponto onde a vida começa! Você precisa olhar para o processo da sua vida, para que possa tomar decisões importantes e firmes no centro da criação.

Um feto no útero de uma mãe, aparecendo em seu sonho: sugere novas iniciativas e atividades que você precisará em breve levar ao fim; 1 embrião em seu sonho é 1 sinal de que você se concentrará numa atividade específica no futuro, mas também seu desejo e sua frustração vieram à tona porque você ainda não foi levado a sério em sua linha de trabalho. O embrião também pode sugerir que você retornará a 1 momento passado que poderia lhe dizer mais sobre si mesmo.

Cesariana

Sonhar você estar fazendo uma cesariana: indica que você está sendo 1 pouco teimosa. Simboliza culpa e também complicações não resolvidas.

Cordão umbical

Cortaram o cordão umbilical no sonho: revela 1 sentimento muito espiritual. Está associado à regeneração da pessoa cortar laços com 1 elemento que lhe é inconveniente ou prejudicial. Também significa que ela está tentando se livrar de pessoas em sua vida são inconvenientes, erradas.

Cordão umbilical enrolado no pescoço do bebê: na vida real, é 1 fato que se dá com 1 pouco mais de 25% em nascimentos complicados. Ver o seu bebê com o cordão umbilical enrolado no pescoço, ilustra sua necessidade de se sentir mesmo estrangulada ou controlada por outras pessoas.

Gestação

Estudo realizado pelo *Centro de Pesquisa do Sono do Hospital Sagrado Coração*, de Montreal, Canadá, mostrou que 59% das gestantes analisadas sonham com o bebê em perigo. De acordo com os especialistas, a explicação está diretamente relacionada às alterações hormonais e emocionais. Dentre os sonhos das gestantes, alguns são mais comuns e podem ter significados importantes. Para a formação e desenvolvimento de 1 bebê, o corpo feminino passa por uma série de mudanças causadas, principalmente, pelo hormônio progesterona. É a soma deste fator com os medos normais da situação que resultam em sonhos bem estranhos. Na maioria das vezes, os sonhos de grávidas refletem situações cotidianas, da rotina ou então são projeções das inseguranças da mãe. A noite cheio de interrupções, seja para fazer xixi, amenizar as câimbras ou mudar de posição, contribui para que o sono seja mais leve e, portanto, para que a mulher sonhe mais. Os mais comuns geralmente são situações angustiantes ou eróticas. Mas, os significados têm relação direta com o contexto onde essa mãe está inserida. De acordo com Hillary Grill, autora do livro *Dreaming For Two* (Sonhando para 2), os sonhos mais comuns das grávidas estão relacionados à água, terra ou animais e a sexo ou relacionamentos passados. No entanto, mais do que se apegar aos possíveis significados, é importante compreender que os sonhos são influenciados pela rotina e pela personalidade da pessoa. Em casos de situações amedrontadoras ou angustiantes, converse, partilhe e tire todas as dúvidas com familiares e amigos próximos.

Sonhar com a gravidez: significa que grandes eventos estão a caminho e novos começos estão chegando.

Sonhar com a água: no começo da gestação, o líquido amniótico onde o bebê ficará está sendo produzido. Por isso, a mulher pode sonhar muito com água – desde torneiras até grandes quedas d'agua. Outra suposição é a reconexão com a natureza e o medo da bolsa estourar no fim da gravidez.

Sonhar com erotismo na gestação: os hormônios da gestação podem deixar a mulher com o desejo sexual aumentado e, por isso, aguçar seus sentidos até no sonho.

Sonhar com ex-namorado na gestação: sonhar com cenas eróticas é normal, assim como ver ex companheiros, afinal, o medo de se tornar mãe pode levar a mulher de volta ao passado.

Sonhar com o marido na gestação: o momento é de vulnerabilidade e sensibilidade emocional. Então, as inseguranças que ficam guardadas podem aparecer em forma de sonho. A insatisfação com o corpo também pode motivar os sonhos.

Sonhar com animais e seres estranhos: a maternidade significa cuidado e daí, tal tipo de sonho pode ser sinal dessa preocupação com o cuidar. Algumas mulheres também sonham que estão dando à luz animais. O sonho é normal e pode ser 1 alô de que o corpo está se preparando instintivamente para o parto.

Placenta

O que significa sonhar com a placenta? A placenta é 1 presságio simbólico da vida e da morte. A aparição da placenta em seu sonho está associado com seus próprios desejos internos na vida. Isso sugere que você a sonhadora tem tido problemas com amigos ultimamente.

Se você notou problemas complexos com a placenta num sonho, pode prever que você não está comendo corretamente. Bebês natimortos talvez revelam você estar sendo enganada por alguém, mas o ponto de vista da psicologia do sonho é que você está preocupado com 1 objetivo ainda não alcançado – como mencionei no início desta interpretação.

Parto com sangue: indica sua força vital. Pode sugerir que você precisa se concentrar em desistir antes que algo saia do controle. Isto pode ser distintamente relacionado a 1 projeto ou trabalho. Ver sangue durante o nascimento de uma criança em seu sonho prediz que você precisa pensar com muito cuidado sobre como fazer quaisquer mudanças nacionais. Também pode sugerir que haverá muita pressão sobre você no futuro.

Ver 1 bebê morto: pode ser 1 pouco traumático, ele também pode simbolizar que você vai começar a trabalhar num projeto ou algo na vida; 1 bebê representa novas possibilidades e liberdade e também renascimento; 1 bebê morto indica que você está s'esforçando na vida para sobreviver, o próprio sonho pode ser traumático, muitas pessoas que têm esse sonho acordam chorando. Há muita emoção em torno do sonho de 1 bebê morto. Isso pode ser 1 sonho traumático.

DEFECAR

Psicologicamente significa liberação, as dificuldades estão acabando.

Qualquer sonho relacionado à fezes em que há dificuldades para defecar: podem indicar algum problema. Eles representam 1 sinal de maus presságios ou algo de que deve se livrar.

Sonhar que estamos defecando: ficará livre dos aborrecimentos que neste momento o afligem.

Se sonhar que estamos defecando em nossa própria cama: indica que você poderá separar-se do seu parceiro(a).

Defecar em algum lugar claramente inadequado, como a cama ou a mesa de jantar: muitas complicações e problemas pela frente; cautela!

Estar defecando em frente de pessoas: geralmente os presságios trazidos por este sonho são bons. Apesar de também representar o ato de defecar num local inapropriado e poder gerar constrangimento, a sua interpretação é positiva.

Defecar muito durante 1 sonho: não apresenta 1 bom presságio. Esse tipo de sonho indica que poderá haver perdas financeiras envolvendo a saúde. Além de poder indicar problemas em sua vida pessoal, como s' envolver em algum escândalo.

Grandes quantidade de fezes encontradas no chão: o significado é positivo. Esse sonho sugere que a pessoa terá grande sucesso financeiro e contará com ajuda de outras pessoas para isso. Ele pode indicar que esta pessoa terá êxito em tudo aquilo que realizar com empenho.

Laxante

Tomar 1 laxante em seu sonho: sugere que você precisa deixar de lado a mágoa emocional e os medos que ainda está abrigando por dentro. É hora de limpar seu corpo e sua mente.

DEITAR

Sonhar com deitar: terá seus significados dependendo da maneira como e onde a pessoa que sonhou deita. Pode representar o cansaço, problemas de saúde e traições, bem como a segurança amorosa e emocional. Pode significar que você atravessará algum tipo d'enfermidade ou que em breve sua vida estará cheia de felicidade e amor.

Ver-se deitada(o) sozinha(o): problemas, desgostos.

Se, em seu sonho, você estava deitado à sombra de uma árvore: saiba que o presságio é excelente, sua vida será recheada de alegria e amor.

Deitar-se no chão de uma casa: é sinal de que precisa rever seus projetos e colocar mãos à obra.

Pessoa que se vê deitado em lugar desconhecido ou muito estranho: deve acautelar-se contra possível traição de pessoa próxima.

Ver-se deitado numa cama com alguém de sua família: prenuncia alguma enfermidade para quem sonha ou para pessoa da família.

Se você estava deitado sozinho, nua, é augúrio de vida confortável e segura.

Porém, s'estava acompanhada(o): é sinal de paz no amor.

DESASTRES DA NATUREZA

Avalanche

Ver uma: significa suas emoções violentas que foram retidas e reprimidas por muito tempo. Essas emoções não foram tratadas de maneira produtiva e agora estão sendo expressas numa raiva repentina e violenta. Tal sonho também simboliza as tensões e pressões esmagadoras em sua vida. Você está sentindo o peso das demandas diárias da vida empilhadas em você.

Ciclone

Ver 1 ciclone em seu sonho: simboliza que você está passando por 1 conflito emocional. Apenas você mesmo pode saber qual é o melhor caminho a seguir ou qual é a melhor opção. Ciclone pode representar uma ansiedade que percorre dentro de você, impedindo-o de pensar com clareza em assuntos que deveriam ser tratados como prioridade.

Em geral: o ciclone é 1 símbolo que denota exatamente a sua cabeça, a sua mente, que possui 1 turbilhão de pensamentos totalmente desorganizados e sem nexo, impossibilitando você de fazer decisões racionais ou até pensar o que fazer em certas situações que requer muito equilíbrio emocional. Logo, o ciclone representa essa desarmonia que você está sentindo e isso se deve ao fato de você ter passado por uma discussão ou bronca muito forte e assim você está tentando consertar os erros, mas se atrapalha completamente. Você quer tanto acertar, que está perdido, confuso e, acima de tudo, inseguro com suas próprias palavras e atitudes. Também pode significar desunião, você pensar muito em si mesmo, esquecendo de olhar o que o outro está sentindo. Claro, você pode ter a sua opinião e tomar sua decisão, entretanto, é sempre prudente/humilde ouvir o que o outro tem a dizer para que a situação não piore ou gere consequências irreversíveis para os negócios, relações pessoais, por exemplo. Está na hora de você pensar em como trabalhar em equipe, unir 1 ao outro e fazer disso a melhor fase da sua vida!

Chuva forte

Sonho com chuva forte: pode indicar que você poderá, em breve, passar por alguns momentos turbulentos e agitados emocionalmente, com a chegada de uma relação que não será muito benéfica para você. Porém, com o passar do tempo você, tenderá a perceber, que ninguém é obrigado a se manter em relações que não nos fazem bem.

Chuva de granizo

Sonho com chuva de grazino indica que você possa estar se isolando muito, principalmente, emocionalmente. Avalie a situação, ao sonhar com chuva de granizo e veja o que possa estar por detrás do fato desse isolamento. E assim, busque se abrir mais com pessoas de confiança ou mesmo busque ajuda psicologia, se achar necessário.

Deslisamento de terra ou lama

Sonhar com 1 deslizamento de terra ou de lama: indica a necessidade de trabalhar o psicológico para maior equilíbrio emocional. Refere-se também ao medo de mudanças que precisa ser dominado.

Explosão vulcânica

Em geral: significa inveja de falsos amigos, inimigos preparando ciladas perigosas.

Furacão

Sonhar com furacão: significa que você terá, em breve, uma vida sexual muito farta, aproveite. É 1 prenúncio de abundância e sucesso profissional. No entanto, pode ser 1 alerta de que poderá enfrentar 1 período de dificuldades.

Sofrer com os estragos deixados por 1 furacão: é sinal de período complicado para as finanças.

Quando você foi colhido por 1 furacão: é sinal de futuro promissor, progresso profissional e muita fartura.

Sonhar repetidamente com furacão: costuma estar relacionado a sentimentos como raiva, fúria, vingança, comportamentos destrutivos que possam estar causando danos em sua vida e as suas relações. Pode ser 1 aviso para que você freie suas emoções a fim d'evitar uma explosão que possa causa grandes problemas. O significado de sonhar com furacão também pode nos apontar a possibilidade de crises em nossos relacionamentos, sejam eles pessoais ou profissionais. Muitas vezes é 1 indicio de possíveis prejuízos e perdas financeiras. Não é indicado tomar decisões arriscadas no âmbito dos negócios durante esse período. É importante andar com cautela nesse terreno durante esse período. Você pode estar entrando numa fase difícil de sua vida, que irá ser 1 grande teste para medir a sua capacidade de se adaptar, sua resiliência, sua força perante os desafios que lhe serão impostos. Se você se mostrar capaz de superar essa provação, estará transformado e poderá desfrutar da bonança que sucede os tempos de crise.

Inundação

Em geral: sonhar com inundação representa psicologicamente o medo de se afogar em alguma situação da sua vida.

Queimada na mata

Realizar uma: significa inveja de falsos amigos, inimigos preparando ciladas perigosas.

Ver uma queimada: discussão dentro e fora do lar; algum parente sofrendo por motivos de doença. Inveja de falsos amigos, inimigos preparando ciladas perigosas.

Seca

Sonhar com seca: a seca é 1 problema muito sério e faz parte da realidade de milhares de pessoas no mundo. Ao contrário dos sonhos com água, indica a falta ou ausência d'emoções.

Tempestade

Sonhar com tempestade representa medos ou emoções não expressas, como a raiva, ou extrema agitação. Pode também sinalizar mudanças rápidas na frente de você e representar transtornos em relação aos seus sentimentos.

Com chuva e vento: se vir uma tempestade com chuva e vento forte em seu sonho significa que você vai sim tomar decisões definitivas.

Com água gelada: é sinal para uma angústia no futuro próximo, mas também significa que esse problema será temporário.

Se uma tempestade deixa você se sentindo abalado(a): significa que você, psicologicamente, precisa manter 1 objetivo positivo nas situações difíceis em sua vida.

Preso(a) numa tempestade: em terra ou mar, significa que pode ser que você terá pequenos problemas que poderá facilmente superar se você tiver cuidado. As tempestades geralmente são avisos de momentos difíceis.

Um relacionamento tempestuoso: este sonho significa que seu relacionamento está cheio de poderes emocionais prejudiciais. As tempestades violentas em sonhos indicam vida atribulada. E a manifestação que estamos resistindo à uma tempestade em particular. Mostra nossa própria capacidade para lidar com os desafios da vida. Geralmente, mau tempo é simbólico de qualquer tipo de turbulência. Seja a nível pessoal ou mental da pessoa em questão.

Ver uma tempestade aparecendo: significa que você vai tomar decisões relacionadas com você. Estas decisões serão apreciadas pelas outras pessoas.

Tempestade chegando: indica a sensação de tristezas por vir.

Em geral: muito semelhante à uma tempestade real, estes sonhos são sinais de devastação, em especial, em parte de sua vida. O seu efeito é geralmente visto em trabalho ou local de trabalho, na saúde e nos relacionamentos.

Terremoto

Sonhar a terra tremendo ou deslizando: é 1 bom presságio de que algum encontro feliz que acontecerá em sua vida.

Tsunami

Sonhar com tsunami se aproximando de você: o fato de ser 1 espectador de 1 tsunami pode indicar que você está segurando algo dentro de si. Podem ser emoções ou palavras, mas tente libertá-las.

Sonhar com tsunami durante o dia: o período do dia em que ela ocorre também é importante. Quando o tsunami ocorre ao longo da manhã, ou tarde, representa que as mudanças serão transformadoras, porém positivas.

Sonhar com tsunami durante a noite: quando no sonho o tsunami vem durante a noite, o seu significado pode não ser prazeroso. Grandes alterações irão ocorrer na sua vida, e não será tão agradável. Elas serão necessárias para a sua evolução e/ou crescimento.

Sonhar com tsunami lhe atingindo: se além de observar o tsunami, ele chega até você o significado muda 1 pouco. Geralmente indica algum problema financeiro que está por vir (e que costuma causar estragos materiais e emocionais). Quando isso acontecer, avalie se há a possibilidade de que a sua empresa passe por alguma grande mudança ou reformulação. Pode ser válido até começar a consultar o que fazer se isso de fato acontecer, preparando-se melhor para a situação. Esse sinal também pode valer se você também trabalha com investimento. Pode indicar o risco de um grande prejuízo. S'estiver pensando em algum novo desembolso, será recomendável segurar 1 pouco a ação.

Sonhar que sobreviveu a 1 tsunami: a coisa muda de figura se, além de ser atingido, você ainda sobreviver ao tsunami. Nesse caso, a mensagem é bem diferente: a sorte está do seu lado e algo positivo deverá acontecer.

Sonhar com tsunami de água limpa: se você identificar o tipo de água que está no seu tsunami, terá novos elementos para tentar entender o significado do seu sonho. A água limpa representa renovação e transformação. É 1 sinal positivo que se assemelha com a evolução pessoal.

Sonhar com tsunami de água suja: já a água suja pode indicar que alguém esteja querendo prejudicar. Não se assuste: o fato do tsunami estar presente no sonho representa que você passará pelas dificuldades.

DESPEDIDA

Sonhar com despedida: significa o desejo ou a necessidade de se livrar de sentimentos, ações e tentar começar de novo.

DESPIR-SE

Despir-se em público: passará por aflição.

Despir-se em lugar fechado: 1 segredo será descoberto.

Se você viu alguém se despir: sugere que você seja cuidadoso com outras pessoas. será visitado pela pessoa amada.

Ver outras pessoas despidas: chegada de 1 amigo.

Estar despido: fofocas e maledicência causarão tristeza.

Despir-se: isso significa que você deve abrir-se mais sobre si mesmo para os outros. Por outro lado o sonho pode mostrar sua relação com os aspectos sexuais que a(o) estejam envolvendo.

Se você estava se despindo à certa pessoa: então isso significa que você está disposto a saber mais sobre essa pessoa.

Despir-se na presença de outras pessoas: as pessoas estão falando mal de você nas suas costas.

Despir-se em casa alheia: receberá muito dinheiro.

Despir-se num quarto de motel: satisfação no amor..

Uma mulher de má fama despindo-se: infelicidade.

Ser despido(a) à força: você receberá bons conselhos.

Despir crianças: aguarde acontecimentos agradáveis em sua vida.

DINHEIRO

Nos sonhos, o dinheiro representa o valor que uma pessoa coloca em si ou noutros ou em eventos e esse valor pessoal compõe a sua personalidade, seja ela estável ou instável, feliz ou triste.

Muito dinheiro: indica que o sucesso e a prosperidade estão ao seu alcance. Dinheiro representa a confiança, a auto-estima, sucesso, ou valores, ou que o sonhador(a) tem muita crença em si mesmo.

Perder dinheiro: se no sonho ele perde dinheiro, expressa que está lhe faltando ambição, poder e auto-estima e que experimenta infelicidade e contratempos na sua vida. Também pode estar-se sentindo fraco, vulnerável e fora de controle.

Roubar dinheiro: sonhar que se rouba dinheiro, previne que ele está em perigo e que precisa ser mais cauteloso com a sua saúde.

Achar dinheiro: se no sonho estiver achando dinheiro inesperadamente, significa que ele não tem motivos para se preocupar com nada de momento referente à sua saúde.

DOENÇAS

Sonhar que está doente: sonhar que está doente é exatamente o oposto do que se imagina após ter este tipo de sonho. Significa que sua saúde está ótima e você está vivendo 1 excelente período na sua vida.

Se, em seu sonho, 1 amigo aparece doente: significa que você precisa se aproximar mais dele, entender qual é o problema que enfrenta no momento — não necessariamente uma doença, ok? — e encontrar uma forma de ajudá-lo a sair da dificuldade. Se possível, tente se lembrar exatamente qual era o amigo doente no sonho, mas, se não puder lembrar, observe melhor aqueles que são mais próximos a você.

Sonhar que morre de doença: é com certeza 1 sonho muito difícil, no entanto, não é 1 prenuncio de morte por doença grave, não se preocupe. O sonho simboliza que você precisa cuidar melhor de sua saúde, atentando-se aos sinais que seu corpo dá; caso você seja relapso com sua saúde, alguns problemas de saúde podem começar a aparecer, sendo um reflexo disso tudo. Além disso, o sonho também pode significar uma perda, seja uma separação ou sumiço de objetos materiais.

Sonhar que é curado de alguma doença: tem 1 bom significado! O sonho significa que, se você está atravessando 1 momento difícil em sua via, os problemas devem desapare-cer de seu caminho! Por outro lado, se você não está passando por problemas, o sonho pode simbolizar que alguma dificuldade surgirá em sua vida justamente para que você passe por este momento, mas não é preciso se preocupar, já que o sonho significa vitória.

Sonhar que é internado em razão de doença ou necessite intervenção médica significa que você precisa trabalhar melhor questões próprias que causam problemas. Por exemplo, você pode estar passando por alguma dificuldade devido a uma falha de personalidade. Assim, é preciso olhar mais para si e mudar algumas questões.

Sonhar que vê alguém doente: não traz 1 bom significado, já que sua família pode passar por momentos difíceis logo mais. Isso acontecerá porque algum familiar deve criar intrigas e causar dificuldades. O momento turbulento prenunciado pelo sonho deve ser combatido com muita perseverança, visto que não será fácil. Também é preciso que todos estejam juntos para enfrentá-lo e com calma. Boa sorte!

Sonhar com familiar doente: significa que a doença está próxima de você, então atente-se mais à sua saúde! Muitas vezes acreditamos estar no controle de tudo, mas deixamos o mais importante de lado: nosso próprio corpo. O sonho aparece para te dizer que precisa mudar certos hábitos de vida e fazer exames médicos com mais frequência.O sonho também pode simbolizar que você se preocupa muito com a saúde de seus familiares.Outro significado é uma mudança em seu núcleo familiar, principalmente com aqueles que faziam parte do sonho.

Sonhar que você visitou uma pessoa doente: significa que a pessoa visitada terá muita sorte! Para você, o sonho indica que este precisa ser 1 momento de reflexão e autoconhecimento. Outro significado para o sonho é que este é 1 bom momento para você procurar ajuda de 1 psicólogo, visto que existem questões psíquicas que precisam ser mudadas.

Sonho com erupção de pele: indica que você restaurar a harmonia em certos aspectos da sua vida. Tente resolver os problemas que mais preocupam você e elimine suas preocupações. No entanto, outros analistas argumentam que os sonhos com uma erupção cutânea indicam que você deve tentar viver menos estressado, tentar resolver seus problemas de angústia ou ansiedade. É claro que depois de ler estas declarações você pode achar que você não se sente totalmente identificado nelas. Cada interpretação do sonho é pessoal e subjetiva. É necessário considerar alguns detalhes de seu sonho e seu comportamento. Por exemplo, não tem o mesmo significado espremer a área da erupção (Embora você possa sentir alívio, pode também ampliar o problema) que sonhar com os pés com erupções porque tem medo de não alcançar seus objetivos. É, portanto, necessário continuar a ler outras interpretações possíveis de ter 1 sonho com erupções em outros contextos.

Abcesso

1 sonho no qual tem-se 1 abcesso: significa que passará por dificuldades na sua vida, em especial relacionadas com a saúde. As dificuldades serão tão mais acentuadas quanto o tamanho ou a gravidade do abcesso no seu sonho.

Alergia

Se você sonhar que você tem uma reação alérgica a algo intangível (por exemplo o contato com qualquer pessoa ou com 1 livro ou outro objeto), então, na realidade, você deve estar contido em termos de sua relação com o assédio de certas pessoas. Nesse caso, deve pensar melhor no que fazer para que isso não aconteça e pôr uma pedra no problema.

Sonhar que está com alergia: significa que alguma situação está provocando a sua sensibilidade. Noutras palavras, possivelmente existe algo que ainda não está resolvido e que ainda mexe com você e seus sentimentos. E num sentido paralelo a esse, ter alergia pode ser 1 indício de que boas notícias estão por vir. Mas, é importante que não haja acomodação de sua parte, esperando pelas boas novas. Noutras palavras, pode-se dizer que você deve lutar em busca de seus objetivos sempre, independente dos obstáculos impostos pela vida. Também pode ser 1 reflexo da sua sensibilidade quanto a 1 determinado assunto ou situação. Pode ser que você se sinta fragilizado(a) física ou emocionalmente ou até mesmo que sinta que alguém te impede de fazer algo. Ou que você tem sede de liberdade e deseja s'encontrar e encontrar sua felicidade.

Dica psicológica: a vida lhe abre inúmeras portas, saiba abri-las e aproveitar as oportunidades.

Sonhar com alergia na pele: o sonho em que você vê alergias em sua própria pele é 1 símbolo da proteção que você faz em si mesmo contra os outros. Você tem se mantido afastada física e mentalmente das outras pessoas como uma forma de se proteger. Pode refletir ainda o seu medo d'envelhecer e, até mesmo, de perder essa proteção de si mesmo que você criou. Aprenda que a vida é uma passagem e o envelhecimento faz parte dela.

Dica psicológica: ao invés de temer isso, você deveria aproveitar melhor a sua vida enquanto é jovem.

Sonhar que outra pessoa está com alergias: se em seu sonho outra pessoa tinha alergias, você pode esperar muitas coisas boas em sua vida. Seus planos tão esperados terão sua concretização em breve.

> *Dica psicológica*: não perca as esperanças, mas também não perca as oportunidades. Nem sempre as coisas dependem de sorte: muito pelo contrário. Na maioria das vezes dependem somente de nós mesmos.

Se a pessoa alérgica é seu filho e a alergia é a flores: prepare-se para conhecer pessoas encantadoras que serão excelentes amizades por toda a sua vida, se você souber cultivá-las.

Num sonho vê o seu filho(a) com alergia em sua pele: você tem que se preocupar com 1 futuro apelo d'entes queridos.

Se você sonhou ter alergia por alguém que você conhece: você está numa situação difícil, mas pode contar com o apoio amigável.

Sonhar com pessoas alérgicas: se a alergia ataca outra pessoa e não você, esse é 1 bom sinal, tendo em vista que isto quer dizer que o sonhador terá sorte nos empreendimentos. Sendo assim, eis o tempo de investir. Todavia, se as outras pessoas do sonho são, na verdade, os filhos do sonhador(a), o presságio acaba tendo outra interpretação. Ou seja, quer dizer que quem teve o sonho terá a oportunidade de formar novos e bons amigos.

Se você sonhou em ver sintomas alérgicos em alguém que você conhece bem: então você está numa situação difícil, mas pode contar com o apoio amigável.

Sonhar que é alérgico a frutas: mesmo sendo deliciosas e saudáveis, as frutas também podem causar alergias nas pessoas. Se no sonho você protagonizou esta situação, independentemente da fruta, saiba que trata-se de 1 presságio ruim. Isto porque, a interpretação possível para este sonho é a perseguição. Neste caso, o sonhador(a) pode estar sendo perseguido(a) e pode ser não só por outras pessoas, mas por ideologias e cobranças feitas por ele(a) mesmo(a). Portanto, é preciso refletir esses aspectos.

Se o sonhador(a) for jovem: alergia a 1 casamento rico, embora rentável. O mesmo sonho promete ao homem se casar com uma mulher com 1 bom "dote", mas não com 1 bom caráter. Para as pessoas já casadas, sonhar com uma alergia traduz uma solução bem sucedida para problemas financeiros.

Em geral: as alergias simboliza a aceitação da situação.

Amigdalite

Sonhar estar aflito com a sua amigdalite: denota empregos ou afazeres desanimadores. Também externa que o sonhador(a) gostaria de compartilhar detalhes de sua vida pessoal com alguma pessoa próxima, mas se sente inibido.

+ *Cuidados*: o sonhador(a) deve evitar tomar bebidas muito geladas ou muito sorvete em dias de muito calor.

Ver outros serem atingidas com amigdalite: significa a sua ansiedade para a doença.

Ver suas amígdalas em seu sonho: simboliza que o sonhador gostaria de comparti-lhar detalhes de sua vida pessoal com alguma pessoa próxima, mas se sente inibido.

+ *Cuidados*: o sonhador(a) deve evitar tomar bebidas muito geladas ou muito sorvete em dias de muito calor.

Amnésia

Sonhar em ter uma amnésia: é sinal de que você tentar evitar lado desfavorável e ruim de si mesmo. O que você deve fazer é tentar modificar-se para melhor e mais honrada pessoa. Você não deve ser tão tradicional, você tem que entender que às vezes as mudanças são para melhor e mais útil para si e para aqueles ao seu redor. Sonhar que se tem amnésia pode significar também que você está tentando não enxergar o seu lado negativo. Também pode significar que tem medo de mudanças.

+ *Cuidados*: seria bom o sonhador(a) jogar xadrez e fazer palavras cruzadas. O que você deve fazer é tentar modificar-se para melhor e mais honrada pessoa. Você não deve ser tão tradicional, você tem que entender que às vezes as mudanças são para melhor e mais útil para si e para aqueles ao seu redor.

Angina

Sonhar que você ou 1 conhecido(a), ou alguém de sua casa, está aflito(a) com esta doença: é aviso de 1 sombrio triste e de uma triste realidade, que pode inclusive afetar a implementação de seus planos.

Se você se viu bem doente com angina, incapaz de sair da casa, deitado na cama e você sente muita dor para engolir: significa que você está errado em sua avaliação e poderá por isso quebrar o seu relacionamento com alguém próximo.

+ *Cuidados*: o sonho simboliza sua solidão emocional. Você precisa de uma conversa franca com 1 amigo, que facilite a sua vida e remova a pedra em sua alma.

Sonhar que outros sofrem: a doença vai causar grande ansiedade; é sinal de que você tentar evitar lado desfavorável e ruim de si mesmo. O que você deve fazer é tentar modificar-se para melhor e mais honrada pessoa. Você não deve ser tão tradicional, você tem que entender que às vezes as mudanças são para melhor e mais útil para si e para aqueles ao seu redor.

Anorexia

Sonhar que se tem anorexia, traduz falta de amor próprio e dificuldade de se aceitar a si mesmo. O sonhador(a) precisa aprender a se amar e tomar consciência do quanto é importante para as pessoas que o amam e para ele mesmo. Sonhar com anorexia também simboliza o questionamento dos padrões estabelecidos e a busca pela perfeição. Significa também desconfiança de si mesmo, daí você deve ser mais amável para si mesmo.

+ *Cuidados*: certifique-se d'encontrar as coisas que perturbam o de ser pessoa feliz, acreditar e confiar em si mesmo, caso contrário você vai sofrer de falta de autoestima. Você tem que entender que ninguém é perfeito e você tem que aceitar a si mesmo por quem você é. Esperemos que este sonho é 1 sinal de alerta para que você possa começar a se mover sobre com quem você é.

Anus

Doente: vencerá a sua dor de consciência.

Apendicite

Sonhar que foi submetido a uma cirurgia de apendicite: acusa que você pode estar falando mais do que devia sobre algum assunto importante. Alguém mal intencionado poderia usar as informações que você divulgou inocentemente contra você mesmo.

+ *Cuidados*: contenha sua ansiedade em falar sobre cada passo de algum assunto que está sendo tratado e quando o assunto estiver concluído poderá falar sem problemas.

Apneia

Ver alguém com falta de ar: o sonhador(a) deve ser cauteloso sobre as preocupações e desgosto.

+ *Cuidados*: evite viajar.

Articulações

Este sonho indica que você está perdendo tempo e gastando energia com futilidades.

Quando você vê ou sente as juntas num sonho: então tal sonho indica o ajuste que você tem que fazer. O sonho também pode ser uma proposta para começar a trabalhar com aqueles que o rodeiam. Talvez haja uma necessidade de você passar a trabalhar em equipe.

Se você está tendo problemas com suas articulações num sonho: é sinal que mostra que as coisas que não estão indo de acordo com seu plano. Talvez você perdeu o controle.

Artrite

Sonhar com artrite: significa algo está impedindo suas realizações. Se são negócios, carreiras, ou relacionamentos – tudo toma 1 rumo para o pior e mais lento. O que quer que está acontecendo provavelmente vai se tornar desculpas para que você desista porque está machucando emocionalmente ou fisicamente, e causando muita frustração no processo como você não é capaz de realizar o que você quer.

Quando você sonha sofrer de artrite: significa que você está luta demais quando se trata de atingir as suas tarefas. Talvez existam algumas barreiras que você enfrenta ao lidar com o seu negócio ou talvez porque você não gosta do que está fazendo.

Quando você sonhou ficar atemorizado com a notícia desta doença: é 1 aviso de que você estar sujeito a 1 tipo de trauma.

Se você sonhou ver outras pessoas ficar atemorizadas em inteirar-se com artrite: isso significa que em breve você vai enfrentar condições tristeza preocupantes e tempos complicados e difíceis.

+ *Cuidados*: o que você tem a fazer é tentar se concentrar e seguir em frente, em vez de reclamar sobre isso.

Asfixia

Se você viu-se sufocando num sonho: isso traduz alguma situação ou aspecto que você vai achar difícil de aprovar. O sonho também pode mostrar a sua incapacidade de mostrar o que você está realmente pensando, especialmente se você pensa muito em comida.

Se alguém tentou bloqueá-lo: isso significa que você está s'esforçando para mostrar as várias emoções, como frustração, afeto e apreensão. Talvez alguém em sua vida está a tentando pressiona-lo, portanto, você sente que não pode respirar normalmente.

Se você foi a pessoa que estava sufocando alguém: então ele mostra sua raiva em direção a alguma pessoa em particular. O estímulo interno, como o estrangulamento real poderia acordá-lo, neste caso o sonho não tem significado algum.

Em geral: sonhar com asfixia representa sufocação emocional. Você não é capaz d'expressar em tudo ou tomar suas próprias decisões e talvez provar sua tentativa de cortar padrões negativos de pensamento que não coadunem com os seus.

Sonhar que alguém o estava sufocando: indica psicologicamente que o sonhador está suprimindo as suas emoções. que ele tem dificuldades em expressar os seus medos, raiva, ou amor. Alternativamente, pode sentir que está sendo impedido ou limitado de s'expressar livremente.

Asma

Sonhar com asma: os planos não darão certo.

Ter asma: jogo se recuperará, mudando de residência.

Contrair asma: ganhos financeiros.

Pessoas que têm asma: a decepção é certa.

Se você sonha que está sofrendo de asma ou de asfixia ou ter algumas dificuldades em respirar ou a respiração ofegante: então o sonho indica ambientes insalubres e mutabilidade. Esse sonho quer mostrar-lhe que você sente a tensão e estresse em torno de você. Você não é capaz de se concentrar em coisas importantes e se sentir fora de controle.

Falta de ar: ver alguém com falta de ar prevê o falecimento de pessoa da família, doente há tempo.

+ *Cuidados*: estar com falta de ar sugere agir com prudência em relação a preocupações e desgosto. Evite viajar.

Ataque

Ser acometido por 1 ataque (enfermidade): é sinal de que sofrerá insulto ou terá doença leve.

Outra pessoa sofrendo 1 ataque (enfermidade): previna-se contra amizades falsas.

Prestar socorro a alguém acometido de 1 ataque: serve como alerta, se brigou com alguém, procure reconciliar-se.

Ataque cardíaco/AVC

Sonhar que se tem 1 ataque do coração como popularmente chamamos o "infarto", pode representar uma perda amorosa recente. Isso também pode mostrar a falta de amor que você está sofrendo. Talvez você se sinta despercebido(a) e desnecessário (a), especialmente para aqueles com quem você se importa. O ataque cardíaco também pode indicar o medo real de morrer. Ou é uma referência à falta de apoio e aceitação na vida desperta; se for mulher, ela pode ter sofrido no amor e isso poderia ser outra razão para 1 sonho de ataque cardíaco e daí uma referência à falta de apoio e aceitação na vida desperta. Ou até 1 aviso para tomar cuidado com uma tentação.

Ver outra pessoa tendo 1 ataque cardíaco, isso é 1 sinal de que a pessoa partirá numa longa viagem.

Ver alguém próximo ter 1 ataque cardíaco: então isso significa que ela deve cuidar de uma pessoa específica e prestar mais atenção aos seus problemas e necessidades.

Sonhar em morrer de 1 ataque cardíaco (você ou outra pessoa): pode ser bastante preocupante. Este sonho é 1 poderoso lembrete de que precisamos proteger nossas emoções, a pessoa tem que ter cuidado com quem são seus amigos verdadeiros.

Em geral: sonhar com 1 ataque cardíaco indica que você está perdido e já não está a ouvir seu coração. Seu coração tem grande sabedoria e este sonho simbólico está dizendo que você pode se beneficiar de ouvir seu coração e intuição, seguindo sua felicidade e viver com compaixão e empatia. Sonhos que envolvem o coração também se relacionam com as energias femininas que estão presentes em homens e mulheres e que não tem nada a ver com sexo. Externa também no seu desejo natural para se conectar com os outros, de ser compassivo(a) e amoroso(a).

+ *Cuidados*: preste atenção aos sonhos que envolvem o coração. Eles servem como 1 lembrete para integrar a compaixão, amor, empatia, intuição em seu coração. Você está destinado a viver uma vida cheia de amor, alegria e felicidade.

Se você entrou em colapso por causa de 1 ataque cardíaco num sonho: isso significa que sua saúde está em perigo.

1 ataque cardíaco de 1 amigo em seu sonho: é o presságio de problemas temporários.

Se o sonhador(a) viu 1 de seus parentes tendo 1 ataque cardíaco: isso significa que o perigo está cada vez mais longe dela.

Cura após 1 ataque cardíaco: diz para a pessoa ter cuidado para não ficar doente. Sonhar em visitar pessoas que tiveram um ataque cardíaco indica que 1 de seus desejos se tornará realidade. Ver pessoas doentes significa frustração e tristeza. A doença cardíaca em seu sonho pode se referir a suas contradições internas e tumultos, ressentimentos, dificuldades, trapos e más lembranças. Se você sonha com 1 ataque cardíaco, isso geralmente significa que você não pode entrar em contato com seus pontos fortes para superar suas dificuldades. Normalmente, esse sonho lhe diz a melhor maneira de lidar com suas dificuldades, por isso é importante prestar atenção aos detalhes e à mensagem.

Sonhar com 1 cônjuge tendo 1 ataque cardíaco: a representação da tristeza em sua vida é retratada ao ver seu cônjuge tendo 1 ataque cardíaco. A causa da tristeza pode ser devido a situações ou pessoas que tendem a drenar sua energia positiva. Você precisará se reenergizar novamente pensando positivamente e envolvendo-se com coisas que agregam valor à sua vida. Ataques cardíacos são frequentemente associados com "algo fora do nosso controle" na vida diária que causa sua tristeza.

Sonhar com 1 ataque cardíaco que pareceu real de verdade: todos os sonhos normalmente acontecem durante o sono REM. Todo mundo precisa ter sono REM e isso pode ser quando nossos pesadelos ocorrem. Em geral, a pessoa não deve se preocupar com o conteúdo do seu sonho e normalmente esses sonhos estão ligados à nossa própria ansiedade e estresse na vida. Às vezes nossos sonhos podem parecer tão reais e vívidos. Houve uma ocasião em que as pessoas acordaram apertando o coração pensando que estavam tendo 1 ataque cardíaco. Nos sonhos, isso representa o modo como a pessoa está se sentindo nesse momento específico. Se ela sentiu que estava tendo 1 ataque espiritualmente falando, isso pode representar o fato de que ela está se sentindo mal ou falta de apoio. Sentir dores agudas ao acordar também pode indicar 1 problema de saúde. Pode valer a pena consultar 1 médico.

Sonhar com sua mãe tendo 1 ataque cardíaco: quando a pessoa tem 1 sonho onde ela vê sua mãe tendo 1 ataque cardíaco, então é 1 sinal de que ela quer se concentrar no cuidado e amor aos outros.

Ver seu pai tendo 1 ataque cardíaco: significa que você é dominado por 1 sentimento de culpa, pois você prejudicou alguém em sua vida. Você também pode sentir remorso e medo de perder alguém querido para você.

Sonhar com alguém que sofreu 1 ataque cardíaco e faleceu: num contexto espiritual, nossos sonhos são como receber mensagens. Se você sonha regularmente com entes queridos, isso reflete o que deve acontecer na realidade: os sonhos deverão se tornar reais logo em breve.

O que significa sonhar com muitos problemas cardíacos? Se você tiver problemas cardíacos durante 1 sonho, às vezes (em ocasiões muito raras) pode estar associado a sentimentos de medo ou preocupação de ter de fato 1 ataque cardíaco. O sonho em si pode ser desencadeado por preocupações com a própria saúde ou até mesmo ser uma premonição em circunstâncias muito raras.

O que significa sonhar com cirurgia cardíaca? Realizar cirurgia cardíaca num sonho pode significar que as experiências vão tomar forma. Este é 1 sonho e 1 presságio positivos.

Ataque de nervos

Ter 1 ataque de nervos num sonho: pelo lado bom, é manifestar na realidade, você será absolutamente calmo e feliz. Traduz a paz e contentamento, a ansiedade e a agitação. Do lado negativo, significa desgraças dos outros, conflito em sua família, a necessidade de se relacionar melhor com sua nativa.

Ataque de riso

Sonhar que estava tendo uma crise de risos: revela que você pode vir a sofrer uma grande decepção. Muitas vezes temos risos incontidos e ataques de riso quando estamos desesperados, sem saber o que fazer ou tentando disfarçar que estamos enfrentando 1 problema. Cuidado!

Atrofia

Sonhar com atrofia: mostra que algo vai impedi-la(o) de continuar. Você ficará parado, seja uma situação, uma condição física, você vai precisar parar d'executar suas tarefas por 1 período e a atrofia deixa isso claro no sonho.

Sonhar com uma atrofia muscular: traduz a dificuldade que o sonhador(a) tem em tomar a melhor decisão numa situação difícil na vida. A pessoa vai ter as mãos amarradas devido os compromissos que você não pode ignorar.

Se teve 1 sonho vendo alguém que você conhece que estava sofrendo de atrofia: no futuro próximo, o sonhador(a) se tornará uma vítima de circunstâncias desfavoráveis e não poderá fazer nada para melhorar a sua situação.

Se no sonho, você sabe que precisa de cirurgia dos membros a fim de salvá-los de uma atrofia: 1 bom sinal e num futuro próximo, em seu negócio e vida pessoal nada ficará parado, nenhuma ameaça nem problema.

Sonhar que alguém o advertiu sobre uma possível atrofia dos membros: isso significa que você deve sempre ter em estoque uma gama de opções. É possível que 1 dos parceiros em breve estará fora do jogo.

Se você sonha que seu animal d'estimação por causa de algum acidente atrofiou suas pernas: isso pode indicar uma falta de atenção que você dá aos seus entes queridos.

Autismo

Sonhar que você ou alguém tem autismo: indica que você está tendo problemas para comunicar seus sentimentos e pensamentos aos outros. Se você conhece alguém com autismo na vida real, então o sonho pode ser 1 reflexo de como você está lidando com essa condição. É indicativo d'estresse.

Azia

Sentir azia, em sonho: significa que o sonhador(a) não deve fazer despesas desnecessárias e sim economizar.

Sofrer num sonho por causa de uma forte azia – fracassos passados no amor ainda não lhe dão paz d'espírito; esqueça de vertas pessoas complexadas que colocaram uma cruz sobre os ombros de sua consciência e trate de viver sem olhar para trás. Adiante, você vai encontrar 1 monte de novos amigos e passatempos.

+ *Cuidados*: talvez o sonho seja causado pelo fato de que você realmente ter uma azia em andamento. Neste caso, vale a pena seu médico constatar se são certos alimentos certas bebidas, ou pílulas para dormir se manifestando.

Batimentos cardíacos

Ouvir batimentos cardíacos em sonho: é recomendação da mente subconsciente para o sonhador para pensar em confrontá-los seus sentimentos com a realidade e ter talvez que corrigi-los. Ou será que você está se sentindo ameaçado de alguma forma?

Bloqueio arterial

Deparar-se com 1 bloqueio no seu sonho: significa sua incapacidade de conseguir o que deseja. Você está sendo mantido fora de alguma atividade ou situação. Talvez 1 aspecto seu esteja trancado por dentro e precise ser expresso.

Bócio

Ver ou ter 1 bócio sonho – é 1 presságio favorável e que depois de alguma hesitação, em alguns casos, você receberá a solução mais bem sucedida. Você tem a energia necessária que vai levar você ao seu objetivo.

+ *Cuidados*: consulte 1 médico se sonhar várias vezes com 1 bócio – uma doença na garganta, a glândula tireoide.

Sonho com 1 bócio incrivelmente grande e saliente: expressa que, na realidade, você cometeu 1 erro grave, infantilmente e que pagou caro por isso.

Se no sonho que você fez uma operação para remover 1 bócio: traduz na realidade se livrar dos possíveis problemas associados aos empréstimos e dívidas que o sonhador(a) fez.

Sonhar que você vai a 1 médico sobre o aumento do bócio: significa que, na realidade, você não terá problemas com saúde.

Em geral: o sonho significa que você sempre terá dinheiro suficiente para uma existência despreocupada. Este sonho revela que você sempre terá dinheiro suficiente para uma existência despreocupada. Mas que alguns de seus entes queridos poderão impedir a execução de seus planos.

+ *Cuidados*: não precisa: sonhar que você vai a 1 médico sobre o aumento de 1 bócio, significa que, na realidade, você não terá problemas com bócio.

Bronquite

Sonhar que se tem bronquite: mostra obstáculos que o sonhador(a) precisará superar para seguir seu caminho normalmente e permanecer firme em suas decisões para supera-los. O sonho com bronquite pode ser também 1 aviso contra eventuais excessos que podem causar enfermidade no futuro.

Recuperar-se de bronquite: grande prosperidade no futuro.

Outros sofrendo de bronquite: obstáculos nos negócios.

Parentes que sofrem de bronquite: terá uma vida longa.

Em geral: seu sonho mostra a necessidade de abordar questões familiares. Se você sonha que está doente, com bronquite, pode ser sinal que seus entes queridos impedem ou serão capazes de impedir a execução de seus planos. Se, no entanto, esta bronquite faz com que você sofra, em seu caminho para a meta estimada, poderá encontrar obstáculos intransponíveis. E o sonho com bronquite pode ser 1 aviso contra eventuais excessos que podem causar enfermidade no futuro.

+ *Cuidados*: o sonhador(a) deve levar uma vida normal e sem extravagâncias.

Cãimbras

Ter: ímpetos negativos.

Cãibras do ventre: indicam ambição imensurável e ideias não resolvidas.

Sonhar com cãibra nas pernas: indica que alguém vai encontrar uma maneira de ataca-lo verbalmente e que é necessário evitar provocações que o leve a cometer atos dos quais você possa arrepender-se mais tarde.

Calafrios

Os calafrios são alertas de alguma coisa estranha se aproximando. Prudência.

Calvice

Sonhar que você é careca sugere uma falta de auto-estima ou a preocupação em envelhecer. Alternativamente, a calvície simboliza humildade, pureza e sacrifício pessoal. Você está num estágio de sua vida em que está confiante em se expor completamente.

Câncer

Sonhar com 1 câncer: isso significa que 1 câncer andará perto de si, com querelas para aqueles que ama. Pode seguir-se 1 estado de desânimo tal que o fará entrar num estado depressivo; sonhar com 1 cancro significa mágoa e tristeza na sua fase mais horrenda, o amor tornar-se-á uma mera formalidade e os negócios abortarão.

> + *Cuidados*: NÃO FUMAR! Ao fumar, são liberadas no ambiente mais de 4.700 substâncias tóxicas e cancerígenas que são inaladas por fumantes e não fumantes.

Sonhar ter câncer: você está sem dinheiro agora, mas terá muito, posterior-mente.

Ter câncer no pescoço: terá vida longa.

Ter câncer num órgão: você gosta demais de se divertir.

Outras pessoas com câncer: evite falar demais.

Parentes com câncer: receberá 1 legado.

Sonhar que têm 1 câncer que foi tratado: demonstra uma súbita melhora de saúde e 1 engrandecimento moral.

Catapora

O sonho com catapora simboliza 1 problema que está ocorrendo que só pode ser resolvido com a inação ou paciência. Você pode estar enfrentando uma situação negativa, onde você tem que "morde a língua", sente-se para fora ou impotente, experimentar 1 problema do começo ao fim sem ser capaz de agir contra ela, para que você piorar. Catapora pode ser 1 sinal de que você precisa colocar as prioridades 1º ou que se prepare para esperar assuntos mais sérios. Também pode refletir 1 sério problema que tem que ser confrontado de uma vez. Sonhar com catapora simboliza 1 problema que está ocorrendo e que só pode ser resolvido com a inação ou paciência. Você pode estar enfrentando uma situação negativa, onde você tem que "morder a língua", sente-se por fora ou impotente para enfrentar 1 problema do começo ao fim sem ser capaz de agir contra ele, temendo piorar.

Catarro

Sem querer você está deixando com que as situações não planejadas façam com que você sinta muito medo. Busque entender que todo mundo passa por problemas e algumas coisas não são nada boas. Procure improvisar e deixe com que o seu feeling fale mais alto, ou seja, comece a agir mais pela sua intuição. Algo não deu certo? Faça de tudo para que você consiga fazer com que a partir de agora funcione? Sente medo de algo? Então, o momento de agora da sua pede que você mostre que é maior do que isto. Se você conseguir ser mais corajoso verá que é muito melhor enfrentar uma situação de frente do que procurar desculpas.

Catarro com sangue: Todas as pessoas enfrentam problemas com o passado e quase sempre é preciso seguir em frente. Sonhar com catarro seguido de sangue é 1 sinal de que algumas lembranças estão te fazendo muito mal. O momento pede para que você identifique-as e depois trabalhe na resolução interna de cada parte do problema. Procure ter o entendimento de que aquilo já passou e o passado não pode voltar, portanto, siga em frente. Em pouco tempo será possível vence-las, porém você precisa agir agora e não adianta ser amanhã. Quanto mais você começar a focar no futuro e esquecer o passado, maior será a chance de ser muito mais feliz.

Catarro e espirros: uma dica para pessoas que tiveram esse sonho é trabalhar fortemente no autoconhecimento. Sonhar com catarro e espirros é um sinal de algo inesperado vai acontecer e o pegar de surpresa. Aquele desejo que você tem ou a meta que traçou está muito mais próximo de ser atingida, porém será preciso ter fé. Sonhar com catarro é 1 sinal de que você anseia por uma surpresa. Da mesma maneira que 1 espirro elimina toxinas, você em pouco tempo colocará para fora tudo que não é bom. Procure estar ciente e principalmente se prepare para essa situação, porque mudará a sua vida.

Catarro que mancha a roupa: a maioria das pessoas sempre tiveram problemas, porém deixar com que isto afete a sua vida é uma escolha sua. Diante de 1 obstáculo existe a opção de pula-lo ou simplesmente tropeçar e cair. Sonhar que mancha a roupa com catarro é 1 sinal de que você quase sempre resolve um problema criando uma coisa ruim. Procure analisar se no sonho você usava a sua manga para limpar, se sim então é importante ter cuidado. Em pouco tempo você precisará aprender a resolver os problemas de uma forma positiva. Procure entender que por pior que aquilo seja, sempre existe a chance de aprender algo positivo e usar para uma evolução moral.

Caxumba

Sonhar que você tem a caxumba: sugere que você é incapaz de se comunicar seu ponto de vista. Sua voz não está sendo ouvida. Alternativamente, indica reprimida frustração e raiva.

Cegueira

Sonhar com cegueira traduz que o sonhador(a) não está enxergando as coisas que estão a sua frente. De fato, muitas vezes vemos mas não enxergamos de fato. como indica a sabedoria popular: "*se faz de cego para não enxergar*".

Em geral: costuma indicar que a pessoa está agindo sem considerar todas as possibilidades ou pontos de vista. Enfatiza a necessidade de "ver" melhor.

> *Dica psicológica*: o médico pode sugerir que seu paciente compre 24 tamancos de madeira para leva-los como presente a 1 instituto de cegos de sua cidade.

Choque

Sonhar que você recebe 1 choque: tem o significado simbólico e sugere 1 despertar repentino e nova consciência. Alternativamente, o choque pode simbolizar seus maus hábitos ou ações de seu passado. Considere o quadro geral, em vez de apenas pensar sobre si mesmo.

Colapso

Sonhar que você ou alguém tem 1 colapso nervoso simboliza a perda de referência numa relação ou situação. Você gostaria de ter mais clareza em alguma relação ou situação. O sonho também indica que você não está confiando em seu próprio julgamento e decisões.

Cólera

A cólera é uma doença horrível e transmissível que mata milhares de pessoas todos os anos. Nos sonhos, surgem como aviso para algo que vai suceder em breve, consigo, ou com alguém que lhe é próximo.

Ao sonhar que esta terrível doença está a devastar o país: isso quer dizer que estará receoso que surja em si, ou em familiares algum tipo de vírus. Por outro lado, também significa que vai ter muitas desilusões na sua vida pessoal e/ou familiar.

Ao sonhar que está a ser atacado(a) por cólera: quer dizer que terá alguma dor ou doença em breve, previna-se!

Cólicas

Sonhar com cólica: simboliza que algo chato que pode acontece se uma certa pessoa também lhe aparece no sonho e fazer com seus sentimentos mudem de uma hora para outra. Nestas horas o melhor é evitar qualquer conflito ou discussão, isto será melhor.

Coma

Sonhar que você está em coma: indica seu desamparo e incapacidade de funcionar em determinada situação. Você não está preparado para as grandes mudanças que estão acontecendo ao seu redor. Alternativamente, o estado de coma do seu sonho pode refletir o que realmente está acontecendo com o seu corpo quando você está no estágio de sonho do sono. Nesse estágio do sono, seu corpo permanece imóvel como s'estivesse paralisado.

Constipação

Traduz que o sonhador(a) está muito ligado a velhos hábitos. Que ele(a) poderia fazer 1 esforço para se abrir para mudanças e indica que ele prefere não ouvir opiniões diferentes daquelas que acredita.

+ *Cuidados*: o médico pode sugerir que nos meses frios de inverno seu paciente durma de meias de lã.

Contusão/hematoma

O sonho com hematomas geralmente indica o momento difícil alguém está tendo durante o sonho. Talvez há certas questões que fazem você se preocupar muito e causar muitos problemas.

Se o seu corpo está coberto com contusões: então esse sonho indica caminhos e escolhas que você fez no passado. Talvez as consequências tenham feito 1 enorme impacto em sua vida. Considere que cada machucado que está localizado em seu corpo tem 1 significado especial que prediz sobre as coisas que você passou. Algumas dessas contusões você fez por seus próprios erros e escolhas, sendo que alguns deles você tem por causa da influência de outras pessoas. As contusões também podem indicar a punição você fez a si mesmo, porque você sente vergonha de algumas coisas que você fez ou palavras que você disse. Talvez o sonho sugere também que você perdoe a si mesma(o) para o que aconteceu no passado e deixe essas contusões para curar; caso contrário você vai sofrer ainda mais.

Em geral: o sonho com hematomas geralmente indica o momento difícil alguém está tendo durante o sonho. Talvez há certas questões que fazem você se preocupar muito e causar muitos problemas.

Se o seu corpo está coberto com contusões: então esse sonho indica caminhos e escolhas que você fez no passado. Talvez as consequências tenham feito 1 enorme impacto em sua vida. Considere que cada machucado que está localizado em seu corpo tem 1 significado especial que prediz sobre as coisas que você passou. Algumas dessas contusões você fez por seus próprios erros e escolhas, sendo que alguns deles você tem por causa da influência de outras pessoas. As contusões também podem indicar a punição você fez a si mesmo, porque você sente vergonha de algumas coisas que você fez ou palavras que você disse. Talvez o sonho sugere também que você perdoe a si mesmo para o que aconteceu no passado e deixe essas contusões para curar; caso contrário você vai sofrer ainda mais.

Convulsões

Se você sofreu uma convulsão em sonho, o conselho é para que fique atento, alguém está tentando tirar proveito de sua boa vontade, não se deixe explorar; contudo, se você viu outra pessoa tendo convulsão, alguém de sua confiança irá traí-lo, cuidado!

Ter: prosperidade no casamento.

Membros da família sofrendo convulsões: boas questões financeiras.

Outras pessoas que sofrendo convulsões: será convidado(a) a dançar.

Coqueluche

Você com coqueluche: boa saúde.

Amigos com coqueluche: você tem e terá amizades especiais.

Filhos com coqueluche: suas finanças vão aumentar graças a seu esforço e inteligência.

Outros com coqueluche: alguém rodeia você a fim de atrapalhar seus projetos.

Debilidade

Estar débil: terá vida longa.

Ser sempre débil: precisa respirar fundo, por falta de ar.

Outras pessoas que são débeis: você está procurando dinheiro.

Crianças que são débeis: ganhos financeiros.

Depressão

Sentir-se deprimido em seu sonho: se refere à sua incapacidade de fazer conexões. Você é incapaz de ver as causas de seus problemas e consequências de suas decisões. As pessoas que estão deprimidas em sua vida desperta geralmente sonham em ficar deprimidas. Preste atenção ao que está deprimido em seu sonho e veja como isso se relaciona com sua vida desperta.

Desmaio

Sonhar que você desmaia: indica que você está s'esforçando demais. Você perdeu de vista seus objetivos e o que precisa realizar. Você também pode estar tendo dificuldades em confiar em seu próprio julgamento e decisões.

+ *Cuidados*: talvez você precisa repensar suas habilidades e competências. Você perdeu de vista seus objetivos? Tente lembrar-se o que você precisa realizar; talvez você esteja tendo problemas em seu próprio julgamento e as decisões.

Diabetes

O sonho de ter diabetes: simboliza 1 problema na sua vida que obriga a desistir de tudo que é bom, porque não fazê-lo pode embaraçar você. Você pode ter dificuldade de apreciar as coisas mais doces da vida. Prazer ou gozo pode sentir como é perigoso por algum motivo. Você pode estar experimentando regras muito rígidas ou princípios espirituais. Também pode ser 1 sinal de que você está fazendo tudo que fique estável, evitando as coisas que você gosta ou pode significar que você vai maneira de longe para provar a mesmo.

Dificuldades orgânicas

Estar em grande dificuldade de qualquer tipo: mudança para melhor.

Passar por dificuldades de ordem pessoal: bons tempos virão.

Passar por dificuldades financeiras: receberá dinheiro.

Ter dificuldades que trazem perigo: grande felicidade.

Namorado passando por dificuldade: será bondoso e agradável, com certeza.

Outras pessoas passando por uma dificuldade: tudo correrá bem.

Parentes que passam dificuldade: a felicidade está assegurada.

Passar por dificuldades financeiras: receberá uma herança.

Familiares seus com dificuldades: felicidade e harmonia familiar.

Doenças em geral

Doença é 1 sonho que geralmente assusta bastante quem o teve, especialmente a pessoas hipocondríacas. Mas não se preocupe: sonhar com doença não necessariamente indica que você está ou ficará doente. O sonho é mais 1 alerta do seu subconsciente para que você preste mais atenção em si mesmo ou nas pessoas à sua volta.

Sonhar que está sofrendo de alguma doença: de maneira geral, pode ser 1 lembrete do seu subconsciente para você se atentar mais com a sua saúde, seja ela física ou mental. Pare 1 pouco e reflita sobre a vida que está levando e procure possíveis meios de cuidar melhor de si mesmo. Esse pode ser 1 bom momento para mudar a alimentação, começar a praticar exercícios e, para se tranquilizar, fazer consultas médicas periódicas para detectar possíveis doenças antes que avancem para quadros mais graves.

Sonhar que uma pessoa próxima está doente: caso a doença esteja noutra pessoa, isso também não significa necessariamente que a pessoa está ou irá ficar doente. Esse também é 1 reflexo do seu subconsciente, mas dessa vez o de que você se importa/preocupa com a pessoa em questão. Se essa pessoa leve uma vida desregrada, esse pode ser 1 bom momento para você aconselhá-la a mudar. De qualquer forma, sendo uma pessoa querida, o sonho certamente indica que você teme perder essa pessoa. Por isso, esteja mais presente na vida dela, aproveite os momentos que podem passar juntos, para, caso aconteça alguma coisa, você não se arrependa depois, especialmente depois de ser avisado em sonho.

Sonhar que uma pessoa próxima adoece e morre: esse sonho é praticamente uma extensão do anterior. Também indica que você se preocupa com a pessoa em questão, muitas vezes até inconscientemente e teme pela vida dela. Passe mais tempo com essa pessoa. Caso esteja distante ou brigado com ela, esse é 1 bom momento para uma reaproximação. Conte a ela sobre o sonho e mostre que se importa!

Sonhar com doença contagiosa: doenças contagiosas são caracterizadas justamente por serem contagiosas, ou seja, passarem de uma pessoa para outra. Caso no sonho a pessoa com a doença contagiosa seja você, esse é 1 sinal de que você teme que o seu comportamento ou estilo de vida afete as pessoas próximas a você. Veja até que ponto os seus comportamentos realmente afetam negativamente outras pessoas e procure 1 equilíbrio entre manter-se você mesmo e não machucar os demais. Agora, se a pessoa com a doença contagiosa for outra pessoa, essa pode ser uma reação do seu subconsciente ao modo que essa pessoa te trata. É possível que algo nela esteja te causando algum mal-estar. Reflita sobre isso e considere conversar com a pessoa para chegar num consenso.

Sonhar que é curado de uma doença: caso sonhe que esteja doente e, em dado momento do sonho, você é curado dessa doença, anime-se, pois esse sonho pode indicar que os problemas, adversidades e obstáculos que você tem enfrentado na vida em breve desaparecerão. Caso você não tenha nenhum, o sonho pode ser um presságio do surgimento de algum problema, mas não se preocupe: o próprio sonho já indicou que ele será passageiro e você conseguirá superá-lo.

Sonhar que adoece e morre: caso no sonho você morra por conta da doença, não se preocupe que isso não significa necessariamente que você irá adoecer e morrer (é bom sempre reforçar isso, para evitar preocupações infundadas). O simbolismo do sonho pode ser o de que se você não dedicar mais do seu tempo à sua própria saúde e ao seu bem-estar, você poderá pagar 1 preço caro por isso — que não necessariamente tem a ver com a morte; pode ser alguma perda, material ou não, alguma separação, etc.

Sonhar que a doença requer intervenção cirúrgica: caso a doença da qual você esteja sofrendo no sonho exija intervenção cirúrgica, o significado pode ser o seguinte: há algo em você, algum problema, talvez 1 defeito, uma falha de personalidade, 1 comportamento nocivo, etc. que exigirá muito esforço para ser combatido. Seja forte e lute contra esse problema a fim de livrar-se dele.

Doença cardíaca

Se você sonhar com doença no coração: isso mostra que há uma preocupação com os seus sentimentos mais profundos. O coração é o símbolo das emoções e sua mente sabe disso. Trabalhe para descobrir se há algo d'errado na sua vida emocional e afetiva, buscando soluções para o que for encontrado. Pode indicar também problemas no futuro. Se a pessoa sonha que está sofrendo de problemas cardíacos, ela pode encontrar problemas em sua vida amorosa. Quando o coração está doente, isso sugere que os sentimentos estão de alguma forma feridos, especialmente de uma perspectiva amorosa. Uma doença cardíaca ou ataque cardíaco é o presságio da inquietação que surge da busca de amor e afeto por parte de uma pessoa. O sonho ajuda a saúde mental e espiritual de alguém. Ter uma doença cardíaca em seu sonho sugere sucesso e respeito em seus negócios; 1 ataque cardíaco também pode significar preocupações e infortúnios, mas você não deve perder a coragem, porque chegará ao momento do sucesso. Sonhar com algo conectado a uma doença cardíaca, significa que você passará por circunstâncias infelizes e você pode passar por elas se tentar o suficiente. Uma doença cardíaca significa inconve-niência, aborrecimento, 1 alerta sobre sua saúde, cuidados, atenção, perigo, atrasos e obstáculos.

Doença contagiosa

Ter uma doença contagiosa que é transmitida de uma pessoa para outra: está associada à forma como você se comunica na vida. Isso pode ser 1 sinal de que você tem 1 problema se comunicar com os outros no momento.

Lepra: a lepra é uma doença contagiosa que afeta os nervos e a pele e provoca danos severos e irreversíveis. Nos sonhos, o aparecimento da lepra não augura nada de bom, antes pelo contrário indica que podem surgir doenças deste calibre e os sentimentos mais belos poderão ser transformados em indife-rença.

Ao sonhar que está infetado com lepra: significa que alguma doença terrível bailará sobre a sua cabeça e isso vai fazer com que perca as suas finanças.

Ao sonhar vendo outras pessoas aflitas com esta doença: quer dizer que as pessoas que o(a) rodeiam estarão muito desmotivadas e o amor que as une acabará por ser algo como indiferença.

Doença grave

Sabe-se que também é possível sonhar com doença grave, onde o indivíduo se vê diante da morte e em estados terminais. Isso não está ligado às doenças em si e sim a alguma grande dificuldade que essa pessoa passará em sua vida.

Doenças mentais

Em geral: se a pessoa não sabia até agora, uma doença mental é 1 padrão mental ou comportamental que causa prejuízo do funcionamento pessoal e sofrimento significativo. Se ela tem 1 transtorno mental, tais características podem ser redicivantes, persistentes e remitentes em sonhos e isso pode indicar que ela deseja seguir em frente na vida.

Loucura de alguém vista em sonho: é aviso de que o sonhador(a) viverá 1 período d'extrema felicidade.

Sonhar que ficou louca(o): cansaço mental.

Sonhar que você tem uma doença mental: significa que você tem algumas emoções que você precisa lidar. Este sonho está conectado com sua energia masculina emocional e seus pontos fortes na vida.

O que os sonhos com doença mental significam? Sofrer de uma doença mental ou ver os outros agindo de maneira estranha num sonho é uma dádiva sobre seu poder e controle.

Um hospital psiquiátrico visto no sonho: indica que você precisa entender melhor os outros.

Se você tem alguém com alguma doença mental na família: tome cuidados especiais com os cabelos, os olhos e a boca.

+ *Cuidados*: evitar sol em excesso na cabeça.

Ter uma alucinação em seu sonho: simboliza uma imagem de seu inconsciente e significa emoções reprimidas e sentimentos que você não quer enfrentar. Seu sonho pode estar dizendo para estar atento aos detalhes e s'expressar claramente. Também pode ser 1 recado de seu inconsciente para o peso que representa esconder algo importante. Também pode ser 1 prenúncio de sucesso, remuneração, lucro, promoção.

+ *Cuidados*: discuta eventual problema com as pessoas que o amam e são importantes para você.

Sonhar ser mentalmente instável, ou em palavras mais simples – esquizofrênico ou psicótico: significa que você tem medo de perder algo importante no futuro, de acordo com a tradição dos sonhos. Se você acha que não está sendo capaz de pensar com clareza, então esse sonho pode sugerir que você precisa recorrer a amigos e familiares para obter apoio. Além disso, seu sonho revela seu medo de ser rejeitado pela sociedade ou por 1 grupo de pessoas.

+ *Cuidados*: você pode chegar 1 colapso mental; daí este aler-ta: você precisa de 1 descanso ou uma mudança de trabalho.

Sonhar que você ficou louca: você pode ter-se comportado de maneira inadequada em sua vida de vigília. Pode também dizer que você sente uma sensação de falta de liberdade, ou a incapacidade d'expressar-se.

Se alguém teve 1 sonho no qual ele era louco e fazia coisas tolas, absurdas e gestos obscenos para o povo: o sonho prevê uma vida longa, proteção e amor.

Mulher casada que sonha ser louca: prediz o nascimento de 1 filho.

Garota adolescente que sonha ser louca: prediz que ela vai logo se casar com 1 cara legal, honesto.

Ver outros sofrendo de loucura, significa 1 fim sombrio para as perspectivas d'esperança, inconstância de amigos e no final sombrio para uma espécie brilhantes para o futuro.

Sonhar que ficou louca (o): cansaço mental. problemas futuros.

1 doente se comportando ou dizendo coisas loucas: este sonho anuncia recuperação de saúde.

Uma mulher jovem agindo como louca: sinal de decepção no casamento.

Ver 1 hospício de fora: complicações sentimentais. Também pod'externar que você levará vida longa e saudável.

Evitar ser posto num hospício: cuide da saúde.

Uma moça sonhando que está no hospício: logo se casará.

Estar dentro de 1 hospício: sinal de problemas sérios pela frente. Também pode traduzir 1 transtorno de saúde, aconselhando você fazer 1 checape.

Sair de 1 hospício: dificuldades de saúde superadas.

Em geral: é 1 sonho que tem sempre a significação de medo de perda de consciência ou do libido. Indica também alienação e isolamento do convívio social.

+ *Cuidados*: o psicólogo deve recomendar para que o sonhador(a) procure sair e passear mais.

Evitar ser posto num hospício: cuide da saúde.

Uma moça sonhando que está no hospício: logo se casará.

Sonhar que você está paranoico: significa insegurança em alguma situação ou relação. Você não está se sentindo pronto para dar 1 passo importante em sua vida. Também simboliza que você deve superar seus medos ou sua insegurança para progredir.

Doenças mortais

Doenças mortais em sonhos são muitas vezes ligadas a símbolos de medo, ansiedade e uma crise de confiança. As principais doenças mortais são: varíola, Acidentes vasculares, encefálicos. Sarampo, Malária, Tuberculose, AIDS, Tifo e Câncer.

DOENÇAS DOS OLHOS

Catarata

Sonhar que está removendo a catarata: revela que o sonhador(a) está procurando esclarecer alguma situação.

Daltonismo

Se você viu num sonho 1 amigo ou parente daltônico: significa que, no futuro próximo, você não ou amigos.

Que no sonho deixou de ser daltônico: significa que na realidade você perdeu suas ilusões quanto à verdadeira relação entre você e algumas pessoas.

Se você sonhar com uma pessoa que sofre d'estrabismo, na vida real: significa que muitas vezes você fica p da vida com o comportamento irritante de outros.

Glaucoma

Ter dor nos olhos ou sentir dor neles: indica uma boa saúde para os próximos anos.

Miopia

Sonhar que se é míope: significa que terá falhas embaraçosas nas suas ações, mas também quer dizer que receberá a visita inesperada de pessoas.

Quando uma mulher jovem sonha com miopia: é sinal que encontrará uma rivalidade inesperada; ao *sonhar que a sua cara metade é míope*: isso quer dizer que 1 dos 2 será muito desapontado graças à ação de outro.

Pálpebras

Terçol na pálpebra: provável encontro romântico com 1 novo "gato".

Pálpebra vermelha: $ inesperado ou transferência de dinheiro.

Terçol

Em geral: significa que você não quer aceitar a realidade.

DOENÇAS DE PELE

Acne

Esse sonho representa riqueza. Acnes pelo corpo: sinal de que não haverá pobreza em sua vida.

Acne em seu sonho: pode representar aqueles sentimentos ruins (e quase sempre errôneos) que você tem sobre sua imagem, sua personalidade e seu jeito de ser, assim como isso afeta a percepção dos outros sobre você.

Sonhar que as acnes estão surgindo rapidamente: quando você começa o sonho sem espinhas, mas elas começam a surgir rapidamente, pode significar que você está passando por 1 momento recente de mudança, o que a(o) coloca numa situação desconfortável. Pode ser que você tenha entrado numa escola nova, ou esteja num cargo novo no trabalho. De qualquer forma, você tem medo do que as pessoas pensam sobre você e atualmente está se sentindo inseguro e sem confiança.

Para quem tem acne de verdade: este sonho é 1 reflexo do que você pensa sobre elas, torturando-se com seu aspecto.

Coceira

Sonhar que você tem uma coceira: refere-se a impulsos sexuais. Alternativamente, você pode ter sido antecipando para fazer algo por 1 longo.

Sentir uma coceira insistente: é mensagem para que o sonhador(a) deixe de preocupar-se em demasia e que deve relaxar.

+ *Cuidados*: o sonhador(a) deve tomar muito cuidado em transar em motéis. A maioria das coceiras que sentem depois e que exigem cuidados médicos, são oriundas de lençóis e fronhas não esterilizadas dos motéis que frequentam.

Coçar as próprias costas: dinheiro chegando.

Coçar a si próprio: chegada de convidados.

Outros se coçando: as preocupações se dissiparão.

Dermatite

Sonhar com dermatite: mostra que algo lhe incomoda bastante. Você certamente já sabe o que seja, mas o que você está fazendo para isto mudar? Não faz nada, ou simplesmente espera o tempo passar para que este problema se dissolva no ar, não é a melhor opção. Assim como a dermatite que incomoda bastante, você tem 1 incomodo, por isto, tome uma atitude, pare e pense, gaste seu tempo para achar uma maneira de acabar com isto.

Erupções

Sonhar que a sua pele está coberta d' erupções ou outras deformidades: significa seu medo d'enfrentar uma dura realidade. Você está com medo de causar uma impressão errada. O sonho também pode ser 1 indicativo que você está tomando uma decisão precipitada.

Espinhas

Espremer espinhas: é sinal de que poderá receber grande quantidade de dinheiro.

Sonhar que espreme suas próprias espinhas e cravos: pode significar que você sente uma grande necessidade de desabafar, ou seja, d'expressar todas as frustrações e sentimentos negativos que tem diariamente. É importante liberar sua angústia, abrir-se mais para as pessoas que se importam com você. Compartilhar sentimentos ajuda a se sentir mais leve. Tente excluir os sentimentos agonizantes da sua vida e perceberá que este tipo de sonho irá desaparecer.

Outro possível significado: é a vontade desesperada de se ver livre de suas imperfeições (tanto físicas quanto psicológicas).

Se você está querendo se livrar das espinhas ou cravos na sua pele: você tem 1 forte desejo de s'encaixar. Pense que não existem modelos previamente definidos. Cada 1 é como é. Você não precisa s'encaixar num determinado modelo para ser feliz. Pense nisso!

Sonhar que espreme espinhas de outras pessoas: pode estar ligado ao fato de que você está começando a gostar de uma pessoa nova (não necessariamente de maneira romântica), o que quer dizer que a beleza interior do indivíduo é mais importante do que sua beleza física para você. Por isso é que no sonho você está espremendo a acne da pessoa, é como que se quisesse ver como a pessoa realmente é por dentro, o que tem ali que te encanta sobre ela.

Sonhar que alguém tem muitas espinhas: pode estar relacionado a você estar tentando buscar falhas e motivos para não ir muito com a cara de certos indivíduos. Tem a ver com sentimentos negativos com relação a elas.

Sonhar com espinhas no rosto: pode significar que você está colocando demasiada importância em seus defeitos e falhas. O sonho está refletindo uma grande insatisfação consigo mesmo, seja física ou psicológica.

Se essas espinhas e cravos gigantes estiverem lhe fazendo sentir dor no sonho: pode ser que esses defeitos que você pensa que tem na vida real estejam lhe machucando mentalmente e impedindo que viva plenamente.

Sonhar com espinhas no rosto em locais como nariz: é considerado 1 dos piores locais para se ter uma espinha. Por isso, quando você sonha com erupções cutâneas nessa área, quer dizer que se sente vulnerável em um ou mais aspectos de sua vida. Pode ser também que você esteja passando por 1 momento d'exposição que lhe deixa agoniada(o) e irritada(o), desejando se esconder do mundo e de todos ao seu redor.

Sonhar com sangue na espinha espremida: se no seu sonho você espreme ou estoura a espinha incômoda e dela sai sangue, pode significar que você está passando por 1 momento emocional conturbado e cheio de sentimentos dolorosos. Pode ser também mais 1 indício de que você está cheio de negatividade ou frustração e que necessita urgentemente desabafar e s'expressar para quem se importa com você.

Sonhar com espinhas no rosto durante a adolescência: caso você seja adolescente e tenha tais tipos de sonhos, eles provavelmente são 1 reflexo direto das situações as quais você vivencia na escola: a insegurança, a rebeldia, a inadequação social, a ansiedade com provas ou a baixa auto-estima.

Por outro lado, se você não estiver mais n'adolescência e mesmo assim sonhar com seu eu adolescente cheio d'espinhas: esse sonho pode significar que algo atual está te remetendo às épocas problemáticas e vulneráveis da sua vida mais jovem. Os sonhos sempre têm muito a dizer.

Caso você sonhe muito com espinhas, cravos e outros distúrbios cutâneos: reflita sobre o que está acontecendo na sua vida. Você se sente fora de lugar? Acha que não está atendendo às expectativas que outras pessoas têm sobre você? Ou será que está passando por momentos de muita raiva e frus-tração? Como está a sua relação com as pessoas ao seu redor?

Sarna

Estar com: pequenos problemas vão perturbar você, evite discussões e viagens.

Ver alguém com: ajude amiga em sérias dificuldades.

Urticária

Sonhar que seu corpo coça todo: indica que você está preocupado com alguma situação ou decisão. Significa também nervosismo e até medo.

Verrugas

Sonhar que você ou alguém tem uma verruga: sugere que você precisa aprender reconhecer a beleza dentro de você. O sonho indica que você pode estar se castigando e pouco disposto se perdoar por algum ato ou ação que cometeu. Sonhar com verruga é uma forma de autopunição.

Vendo outros com verrugas: inimigos perigosos.

DOENÇAS TERMINAIS

Uma doença terminal é uma doença incurável que pode ser adequadamente tratada e até resultar num eventual desaparecimento. O termo "terminal" é usado principalmente para doenças progressivas, como câncer e algumas doenças cardíacas, em vez de "traumas". Sonhar em ter uma doença terminal sugere que a pessoa está sentindo que está desperdiçando seu tempo por nada. Pode significar também, que a pessoa está sentindo desesperança e auto-piedade. Além disso, ela está com raiva de si mesmo por não impedir que algo acontecesse com ela quando teve a chance.

Ebola

Sonhar com ebola em linhas gerais: indica que você está sentindo-se amedrontado com algo, mas que em breve te trará alívio. Não se martirize por situações que estão fora de seu controle, fora de você e seu alcance. Ainda far-se-á necessário que você entenda o significado do que te faz sentir medo.

Sonhar que está com ebola: é 1 péssimo presságio, pois, indica que alguém próximo irá envolve-lo numa situação vexatória e deixará sequelas graves para toda a sua vida. Muitas vezes somos "infectados" pelo "vírus" da maldade de alguém que nos envolve em sua torpeza.

Sonhar que alguém conhecido está com ebola: é sinônimo de que esta pessoa poderá estar envolvida em questões desgastantes e precisará de sua ajuda.

Sonhar que ajuda pessoas com ebola: é sinônimo de 1 despertar para ajudar pessoas necessitadas. Nós ficamos muito retraídos quanto a ajudar outras pessoas que precisam. Muitas vezes nos esquecemos d'estender a mão para alguém que precisa, isso geralmente ocorre porque o mundo está mais capitalista.

Hiv/Aids

Se você sonho de ser afetado com a SIDA representa suas inseguranças, algo de que você não é capaz de gerir e sua consciência está sendo afetado por ela. O sonho simboliza a sua personalidade que você não pode proteger por algumas razões. O que você tem a fazer é descobrir quais os obstáculos que você está enfrentando e então você vai ser capaz de passá-las.

Estar com: indica você ser uma pessoa consciente com capacidade de compreensão dos problemas da vida.

Quando você vê o seu amigo ter a doença: representa que sua amizade com aquela pessoa não passa de 1 mistério e 1 enigma, pois nenhum dos 2 poderão resolver o problema.

+ *Cuidados*: sendo pai, não deixe d'ensinar ao seu filho adolescente como usar a camisinha.

DOENÇAS VENÉREAS

Se 1 amigo nos diz que ele foi infectado com uma doença venérea: significa que vamos estar envolvidos em fofocas por alguma briga de casal. Sua mensagem mais clara é que precisamos de ajuda para limpar nosso nome.

Quando nos sonhos podemos identificar o amigo: é 1 sinal de que o auxílio será frutífero.

Sonhar que alguém tem uma doença venérea: significa algum tipo de contaminação, física ou emocional. Você pode estar se sentindo vulnerável numa relação. Pode significar também ansiedade ou medo em relação a sexo ou 1 desequilíbrio na sua energia sexual.

Sonhar que foi infectado com uma doença venérea: indica que estamos levando uma vida promíscua e licenciosa. Este tipo de sonho é normalmente uma doença venérea significa que vamos estar envolvidos em fofocas por alguma briga de casal.Sua mensagem mais clara é que precisamos de ajuda para limpar nosso nome. Quando nos sonhos podemos identificar o amigo é 1 sinal de que o auxílio será frutífero.

Gonorreia

Sonhar que alguém tem uma doença venérea: significa algum tipo de contaminação, física ou emocional. Você pode estar se sentindo vulnerável numa relação. Pode significar também ansiedade ou medo em relação a sexo ou 1 desequilíbrio na sua energia sexual.

Herpes

Herpes é uma doença viral comum caracterizada por vesículas dolorosas na boca ou genitais. O vírus do herpes provoca bolhas dolorosas, normalmente afetam a boca ou área genital. A região anal, olhos e dedos estão envolvidos em algumas pessoas. Herpes é uma doença ao longo da vida, sem cura, mas a maioria das pessoas infectadas têm longos períodos sem sintomas, interrompidos por surtos apenas ocasionais. Embora seja 1 problema menor, irritante para a maioria das pessoas, pode ser uma doença grave para recém-nascidos, mulheres grávidas e pessoas com doenças imunológicas.

Ver herpes em você num sonho: pode ser 1 sinal de que você precisa abrir mão de algo ou mover numa nova direção. Você pode estar fazendo gerenciamento de algum fracasso.

Sonhar que seu melhor amigo pegou herpes: na vida desperta é tentativa de melhorar o seu negócio com uma nova oportunidade que vai-se transformar num fracasso gigante. Ele terá custos crescentes, a fim de permanecer no negócio.

Sonhar que sua esposa, companheira ou amante tem herpes: pode se referir principalmente às suas ansiedades e preocupações em relação às práticas sexuais inseguras.

+ *Cuidados*: a chave para se livrar de tais preocupações é manter o sexo seguro e legítimo.

Impotência

A impotência sexual sugere psicologicamente, que o sonhador vai levar uma vida casta e solitária.

Em geral: o sonhador está sendo vítima de sua própria imaginação, vítima do seu excesso de imaginação ou do seu ego. Ficar impotente diante de 1 inimigo: precisa fortalecer a sua autoestima e desenvolver melhores as suas qualidades.

Sexual: o sonhador(a) está se sentindo inseguro no seu relacionamento amoroso.

Você estar sofrendo de impotência: é 1 sonho que prediz estar próximo o dia, quando você vai jogar fora o medo de sua minha cabeça. Até agora, em todas as áreas da vida você está parando por sua indecisão e fobia ridículas. Também significa que você ainda não conseguiu resolver os desafios que enfrenta.

Se você sonhou ter-se recuperado da doença: você terá seu poder reconhecido de forma generalizada.

Se ver num sonho casando ou comprando uma boneca sexual devido a sua impotência: significa que o sonhador vai fazer 1 negócio desvantajoso por não ter mostrado perseve-rança.

Homem se ver impotente no sonho: significa que ele ainda não conseguiu resolver os desafios que enfrenta.

Uma mulher sonhar com seu companheiro impotente: na realidade, muito em breve ela vai ter que atender muitos chamados de fãs antigos, mas nenhum deles bem intencionado ou com alguma proposta de casamento.

Sonhar com o desejo de se livrar da sua impotência: significa que a sua inteligência vai ajudá-lo(a) a superar seus inimigos(as).

Ver no sonho, medicamentos para tratamento da impotência: mostra 1 ou mais projetos que você gostaria de abrir ao público, mostrando-lhe sua competência e habilidade, mas que você não sabe como isso pode ser feito. Infelizmente, seus colegas não o apreciam, embora você seja 1 bom e verdadeiro profissional.

Alguém familiarizado era impotente: indica que será com essa pessoa que você terá em breve 1 negócio conjunto e com muito sucesso.

Se você sonhar com o seu parceiro é impotente – para que, na realidade, você teme a ideia de intimidade com ele. Se uma mulher sonha com o marido impotente – que tenha arrefecido ou sexualmente insatisfeita ou o seu parceiro na cama conjugal e pensando em possibilidades alternativas.

Sífilis

Filho com esta doença: cautela e ter muito cuidado com os seus parceiros sexuais.

Parente: se você tiver 1 sonho, informando que alguém da família está doente com sífilis, é 1 problema associado com filhos ou com outros parentes.

Você sonhar que tem sífilis: sinal de período de melancolia e desgraça.

Se você é 1 empresário e pegou sífilis: perda de 1 negócio.

Ver em sonho que alguém querido(a) infectou você: você vai ficar quieto sobre o assunto, na esperança de que tudo vai ser resolvido por si só.

Se você num sonho, no qual soube que alguém da sua família estavas doente com sífilis: é índice de problemas associados com filhos ou de outros parentes.

No sonho, você teve medo de pegar sífilis: na realidade você estava cheio de paixão e impaciência.

+ *Cuidados*: você precisa controlar seus impulsos, caso contrário, você não vai alcançar a tranquilidade, mas apenas acabar tendo 1 monte de problemas.

Sonhar várias noites com a sífilis: grande desgraça; morte provável de1 amigo ou ente querido.

Ver num sonho que 1 ente querido tenha infectado você com sífilis: prevê que você descontenta seus relacionamentos. No entanto, você vai ficar quieto sobre o assunto, na esperança de que tudo vai ser resolvido por si só.

+ *Cuidados*: tenha muito cuidado com os seus parceiros sexuais e não facilite: use sempre camisinha.

Dormência

Sonhar que você sente dormência: indica que você está deixando o medo tomar conta e administrar sua vida. Você tem medo do fracasso e, como resultado, tem medo de correr riscos ou chances.

Edema

Por definição 1 edema é 1 inchaço provocado pela acumulação anormal de líquido nos tecidos. A sua recuperação poderá ser difícil e demorada. Nos sonhos, os edemas estão interligados à forma como o sonhador os vê e em que estado é que os edemas estão.

Sonhar que tem 1 edema: isso significa que, nos próximos tempos, poderá sofrer de algum tipo de doença ou mal-estar.

Se sonhar que s'encontra a recuperar de 1 edema: isso quer dizer que a sua vida vai dar uma volta de 180° e vai conseguir recuperar todo o tempo que sentia já ter perdido.

Ao sonhar que outros têm 1 edema: isso é sinônimo que receberá notícias de pessoas que não via há muito tempo.

Ter 1 edema: irá para a prisão.

Outras pessoas com edema: você tende a esbanjar dinheiro.

Parentes com edema: obterá fortuna de maneira desonesta.

Pessoas amigas com edemas: está sendo enganado.

Embriaguês

Sonhar que você está bêbado: significa que você é, percebido negativamente pelos outros e pelo seu escolhido(a).

Sonhar que você se sente intoxicado após beber uma quantidade muito pequena de álcool: sugere que você não deve atribuir demasiada importância a coisas que não merecem. O mais provável é que você entenda melhor o seu relacio-namento com a pessoa que você acha que ama.

Se você deu a volta à sua cabeça com uma coqueteleira: esse sonho prenuncia uma briga por causa de insignificâncias.

Sonho no qual você está bebendo álcool em grandes quantidades, mas não fica bêbado: você pode estar envolvido em coisas que podem difamá-lo.

Sonho em que você já está muito bêbado, mas mantém a garrafa inclinada sobre a sua boca: na realidade você quer saciar seu desejo de prazer.

Se você sonhou que estava trabalhando 1/2 embriagado: seu prestígio ou a sua situação atual em breve poderá vacilar.

Engasgo

Se você engasgou em sonho: acautele-se, os inimigos estão alerta, não se descuide do plano espiritual, cuide-se.

Ver outra pessoa engasgada em sonho: é certeza de vitória brilhante em algum novo empreendimento, parabéns.

Ajudar uma pessoa que está-se engasgando: é presságio de que terá 1 excelente aumento de bens materiais e crescimento no plano espiritual. Também pode traduzir as novas ideias ou situações que o sonhador(a) sente que vai causar mais problemas, em choque com as coisas ou opiniões nas quais ele anteriormente acreditava; ele(a) poderá ter dificuldade em aceitar as ideias de outra pessoa.

Ver no sonho outra pessoa engasgada: traduz seu desinteresse ou hostilidade para com alguém; também pode ser 1 sinal de que ele não quer as ideias de certo alguém ou aprovadas por uma maioria. Positivamente, pode refletir a sua tentativa de cortar padrões de pensamento negativo que o progresso impõe sufocando-o.

Alguém engasgou com comida num restaurante: reflete novas ideias ou situações que você sente estão lhe causando mais problemas que você acreditou no começo. O sonhador(a) deve dizer o que pensa de forma assertiva, sem magoar nem prejudicar 3ºs, sem guardar rancor de ninguém.

Entorpecimento

Sentir, em sonho, qualquer parte do corpo entorpecida: é 1 alerta que a sua saúde precisa de cuidado. Se soube que outra pessoa sentia entorpecimento, é presságio auspicioso para as questões financeiras.

Epidemia

Uma epidemia ocorre quando uma certa doença s'espalha para uma certa porcentagem da população.

E sonhar com epidemias com pragas: extravasa nosso medo e até pânico das novas situações que o nosso futuro nos traz.

Em geral: sonhar com uma epidemia está intimamente associado a problemas em nosso meio ambiente, que podem ter sido causados, principalmente, por nós mesmos. Sonhar com epidemias e pandemias nos convida a refletir sobre nosso modo de pensar e ver o mundo.

Sonhar que vivemos uma epidemia: isso significa que não nos sentimos confortáveis com o ambiente em que vivemos. Sentimos que as pessoas ao nosso redor não podem ser confiáveis, tornando o nosso dia a dia 1 verdadeiro pesadelo, sentindo que a nossa vida é 1 inferno que estamos vivendo em nossa própria carne. O trabalho que ocupamos pode não ser o que esperávamos, por isso nos sentimos insatisfeitos e desconfortáveis com colegas de trabalho ou com o chefe. *Se tivermos a oportunidade de mudar de área, este é o momento ideal para isso.*

Sonhar que somos vítimas de uma epidemia: anuncia que devemos *prestar mais atenção* à *nossa saúde*. Temos sempre a desculpa perfeita para fugir dos médicos: falta de tempo, outras prioridades, tarefas pendentes... no entanto, para cuidar de tudo, ele é essencial para a boa saúde, de modo que será mais eficaz em nossas atividades e pró-ativa em nosso emprego Por outro lado, se 1 ente querido foi vítima de uma epidemia em sonhos, é uma dica que *deve transmiti-lo a seu médico*, já que ele pode estar incubando 1 vírus e que já deve ser tempo em receitar-lhe alguns medicamentos adequados.

Sonhar que as armas biológicas geraram uma pandemia: significa que o sonhador(a) sofre algumas dificuldades e não terá o apoio de amigos ou pessoas próximas. Precisará(a) estar preparado(a) para enfrentar os problemas sozinho(a).

Sonhar que somos responsáveis por espalhar uma epidemia: isso indica que vamos cuidar de obrigações que nem nos dizem respeito. Mesmo que seja 1 ato egoísta, devemos deixar as necessidades dos outros em 2º plano e priorizar nosso próprio bem-estar. Nós não exigimos mais da conta e damos a medida que é humanamente possível para nós, mas o desgaste que vamos sofrer será difícil d'erradicar.

Epilepsia

Ser epiléptico: obterá grandes ganhos.

Filhos com epilepsia: será assustado.

Parentes com epilepsia: fim de preocupações e cuidados.

Outras pessoas com epilepsia: receberá dinheiro inesperado.

Escarlatina

Ter escarlatina: riqueza.

Filhos com escarlatina: será determinado na vida.

Parentes com escarlatina: as coisas darão certo.

Outras pessoas com escarlatina: tenha fé em si mesmo.

Estresse

Este sonho significa prazeres de curta duração.

Sonhar que está-se estressado: indica uma tensão real, a tensão que o sonhador(a) está sentindo em sua vida real. Este sonho mostra que ele não consegue relaxar nem enquanto está dormindo, porque o estresse que ele carrega em si mesmo o persegue até nos seus sonhos. O sonho com estresse também pode simbolizar o medo que ele tem de novos desafios em sua vida. Ou indica que ele(a) quer se impor diante de cada uma de suas decisões na vida. Assim sendo, deve ficar atento, pois o estresse poderá atingi-lo física ou emocionalmente caso vacile ou exagere nas coisas e só dependerá dele impedir esta situação. Caso sinta necessidade, deve procurar ajuda de 1 psiquiatra.

+ *Cuidados*: ele(a) deve parar 1 pouco, analisar bem a sua vida e assegure-se de buscar 1 caminho certo para eliminar o estresse que tem. Deve prestar mais atenção às suas necessidades!

Fadiga

Estar fatigado: obterá êxito em algum de seus empreendimentos. simboliza que uma relação já deu tudo que tinha para dar e se aproxima do fim. Também tem o significado de rotina e falta de criatividade que pode comprometer a vida profissional e pessoal.

+ *Cuidados*: mude, faça diferente. Experimente. Inclusive mude a cama de lugar em seu quarto.

Outras pessoas fatigadas: tem "amigos"(as) que gostariam de destruí-lo(a).

Marido ou mulher fatigado(a): recursos abundantes.

Filhos fatigados: tenha cautela em seus negócios.

Esgotar-se por esportes: felicidade em família.

Falta de ar

Sentir falta de ar: sugere que você deve ser cauteloso sobre as preocupações e desgosto.

Ver alguém com: falecimento de pessoa próxima que já estava doente há tempos.

Sofrer por falta de ar: preocupações e desgostos podendo ser evitados se o sonhador(a) agir com prudência.

Falta de memória

Ter perda de memória: desonra na família.

Recuperar a memória: logo terá uma posição de destaque.

Perda de memória: você deveria corrigir seu modo de viver.

Amigos que recuperam a memória: adquirirá alguma coisa grande.

Filhos com perda de memória: terá vida longa.

Falta de tesão masculina

Sonhar ter fracassado na cama: deve-se à ansiedade, stress e depressão.

Febre

Estar com febre alta: pequenas preocupações chamarão a sua atenção.

Quem, em sonho, sentiu que estava com febre: é advertência de que suas preocupações e desconfiança são infundadas, não perca seu tempo.

Se outra pessoa estava em estado febril: saiba que o seu êxito dependerá de sua persistência. Pode também significar torturas a respeito de 1 caso de dinheiro, saúde ou amor, contra o qual sua vontade é impotente.

Uma criança com febre no sonho: é certeza de que alcançará seu maior objetivo.

Sonhar que você pegou febre tifóide: significa que você precisa ser cauteloso e estar em alerta contra rivais que podem tentar prejudicá-lo. O sonho com tifo também pode ser 1 alerta para que você se previna contra moléstias que podem ser evitadas por bons hábitos de higiene e vacinação.

+ *Cuidados*: você pode estar sendo negligente não tomando suas vacinas, nem fazendo seus checapes anuais.

Sonhar que você pegou febre amarela: simboliza sua preocupação sobre muitas coisas. Nesse momento você deve se sentir sobrecarregado e precisando resolver muitas coisas ao mesmo tempo, pare com isso. Assim como a febre amarela que é algo que preocupa, afinal é uma doença, você não está sabendo lidar com suas tarefas e compromissos, o que também pode lhe fazer mal. Por isso pare, se organize, não se comprometa com mais nada até resolver as questões que já tem para resolver..

Feridas/úlceras

Ver: dinheiro chegando.

Ter feridas no corpo: receberá grande riqueza. Se for num feriado ou domingo, o sonho é 1 mau presságio.

Tratar de feridas: você se sacrificará muito por outras pessoas.

Outras pessoas com feridas: você tem muitos amigos fiéis.

Filhos com feridas no corpo: abundância de dinheiro.

Ferir-se no sonho: estresse ou lesão extrema; talvez até uma doença aguda.

Em geral: este sonho anuncia felicidade e à propriedade.

Ferimentos

Ver 1 ferimento: há uma amizade falsa por perto.

Você mesmo com ferimento: evite os rivais.

Amantes feridos: haverá brigas sérias.

Crianças feridas: bons tempos virão.

Marido ou mulher feridos: aviso de dificuldades.

Outras pessoas feridas: não cumprirá os votos do casamento.

Inimigos com ferimento: melhoria em sua posição.

Parentes com ferimento: estará livre de dificuldades.

1 sonho onde viu os ferimentos em seu corpo: é 1 mau presságio. Na realidade você não reconhecem a existência do mundo espiritual e os poderes divinos, de modo que você está privado da ajuda e apoio.

Se você sonhou ter machucado alguém: isso significa uma mudança em sua vida pessoal.

No sonho, você está ajudando alguém ferido(a), tentando curar suas feridas: na realidade, você está servindo bem e da justiça. Portanto, toda a sua vida está cheia de compaixão e amor ao próximo. Em breve você terá a chance de mudar tudo para melhor.

Você sonhou que suas velhas feridas sangraram novamente: na realidade, você será informado sobre os velhos rancores e você vai experimentar mais uma vez, da dor e do sofrimento.

Um sonho em que você vê que feriu 1 de seus entes queridos: a doença prediz, uma perda.

Feridas ou lesão extrema: estresse.

Ferida aberta: simboliza que deve tomar cuidado com invejosos em geral.

Se alguém o(a) machucou: é preciso mudar alguma coisa em sua vida pessoal.

O sonho com feridas que não cicatrizam: também significa que você deve esclarecer qualquer mal-entendido com seu parceiro ou amigo para evitar aborrecimentos no futuro.

1 animal ferir você: é sinal de que poderá sofrer maldade de algum adversário. Tanto para homens quanto para mulheres, esse sonho pode sugerir medo de agressão sexual. Outras interpretações: se for 1 touro: presença de ciúme de 1 rival perigoso.

Ferimentos no coração: pode indicar paixão ou sofrimento amoroso.

Flatulência

Sonhar com gases: simboliza que está guardando alguma informação ou segredo. Por isto pare de guardar isto só com você, converse, se abra com alguém, caso seja 1 segredo que tenha prometido guardar, chame a pessoa dona do mesmo para uma conversa franca e esclareça que não há mais como segurar isso. É preciso sim eliminar estes sentimentos, como os gases, haverá uma hora em que não suporta rá mais e aí pode acontecer de soltar a informação em momento e local errado.

Sentir o cheiro, ouvir ou soltar 1 pum: indica a que resolução de algum problema se dará de maneira totalmente inesperada.

Frieira

Tê-la no sonho: revela que há probabilidade de adoecer ou de se tornar uma vítima de acidente. Ou seja: você tem desejos que causarão desgraças.

Ter muitas frieiras: 1 mal-entendido será elucidado.

Se no sonho você viu outra pessoa com frieira: esse sonho prediz que o tempo vai piorar muito e você corre o risco de 1 forte resfriado, por isso não s'esqueça de roupas quentes e 1 guarda-chuva. Também com seus entes queridos podem acontecer e que poderá receber notícias inesperadas.

Outras pessoas com frieiras: receberá notícias inesperadas.

Filhos com frieiras: receberá dinheiro inesperado.

Gangrena

Gangrena em seu sonho – na realidade, você nunca se sentiu tão saudável.

Ter gangrena: perda de amigos.

Pessoas na família com gangrena: felicidade na família.

Sua perna sendo cortada por causa de gangrena: enfrentará trabalho pesado.

Outras pessoas com as pernas cortadas por causa de gangrena: amigos não leais.

Se você num sonho viu alguém com gangrena em estado grave: então você vai em breve tornar-se membro de qualquer evento público. O sonho adverte os seus interesses podem sofrer de grande traição daqueles que você achava que eram companheiros fiéis.

+ *Cuidados*: dor e tristeza pela frente.

Gastrite

Vendo 1 doente com gastrite: pode acontecer com você amanhã.

Ouvir esta palavra num sonho: seu trabalhar é subestimado, apesar de sua diligência.

Sonhar que você está sofrendo de gastrite: você está sonhando muito e seu estômago vai doer de verdade.

Ver seu filho com gastrite: cautela: é você quem precisa ser examinado por 1 médico.

Gota

De qualquer tipo: indica doenças e pequenas cirurgias, mas tudo correrá bem. Também perdas e prejuízos nos negócios, porém sem maiores consequências.

Ter gota: vexame.

Ter gota por muito tempo: precisa evitar os esforços excessivos causa da fraqueza.

Uma pessoa idosa com gota: infortúnio nos negócios.

Uma pessoa jovem com gota: você corre perigo.

Ter gota nas mãos: logo contrairá uma doença.

Ter gota nos pés: ficará na miséria.

Ter gota em qualquer outra articulação do corpo: prejuízos financeiros causados por 1 parente.

Gripe

Sonhar que tem gripe: em sonho, é sinal de que você receberá uma fortuna.

Membros da família gripados: 1 segredo será descoberto.

Filhos gripados: levará uma vida simples e honesta.

Morrer de gripe: amigos fiéis demonstrarão compaixão por você.

+ *Cuidados*: no seu próximo exame médico, peça que ele lhe prescreva também uma tomografia do pulmão.

Hematomas

O sonhador(a) saberá defender seus pontos de vista e conseguirá conquistar melhor posição profissional, se, em sonho, apresentava hematomas pelo corpo.

Ver outra pessoa com hematomas: é certeza de que seus planos e projetos terão melhor desenvolvimento.

Caso o hematoma desapareça: o sonho, é presságio feliz e o sonhador(a) receberá propostas para novas aventuras e o sonhador(a) deve aproveitar.

Hemorragia

Se, em sonho, o sonhador(a) sofreu uma hemorragia: é prenúncio de viagem para breve, terá sorte e tudo dará certo, deve aproveitar.

Caso ele tenha visto outra pessoa ser acometida por uma hemorragia: deve saber que o momento é favorável aos estudos e a realização de seus projetos.

Socorrer alguém com hemorragia: é sinal de sucesso na vida amorosa.

Sonhar você sangrando: é 1 sinal muito ruim, especialmente se você não é capaz parar o sangramento. Pode ser uma doença prolongada longa que irá esgotá-lo(a).

+ *Cuidados*: faça 1 checape o mais rápido possível.

Sonhar que sangrou pelo nariz – significa que você está doente e sua vida estará em perigo. Este sonho também prediz 1 mau comércio ou investimento com perdas pesadas. Se você estiver sob investigação ou em julgamento, o sonho significa que você terá uma despesa que quase poderá arruiná-lo. Esse sonho também prenuncia brigas e desordem de curto prazo em família, então isso vai fazer você sofrer muito; mas no final, os conflitos passarão e a felicidade voltará para sua casa.

Se você se vê num sonho em sangramento profuso – alguém está espalhando rumores maliciosos sobre nós.

Se você sonhar que alguém estava sangrando e você simplesmente não conseguiu parar o sangramento: significa que há uma doença grave rodando você.

Em geral: significa desgosto ou tristeza que enfraquecem a vitalidade do sonhador(a).

Hemorroidas

Esta doença chama atenção para traumas mal resolvidos, que se manifestam na região do ânus. De acordo com os conceitos da metafísica, todas as doenças começam nas emoções e depois se manifestam no corpo físico. Com as hemorroidas não é diferente. Essa doença, que pode parecer tão comum, na verdade traz significados bastante profundos e revela como o campo psicológico, energético e emocional das pessoas está abalado.

> + *Cuidados*: buscar reconhecer em si quais aspectos estão sendo negados, quais situações do passado, dolorosas ou traumáticas, podem estar sendo difíceis de assimilar e desapegar. A terapeuta brasileira Ceci Akamatsu, acredita que para superar padrões de medo, insegurança, apego e orgulho – sentimentos que podem levar ao aparecimento de problemas de saúde como a hemorroida – a pessoa precisa estar apta a se conhecer, ou seja, é preciso encarar essas questões de forma consciente, compreendendo a origem das emoções negativas e da dificuldade de desprendimento e realizar uma limpeza e cura energética, com 1 profissional apto para isto. A cura está dentro da gente.

Sonhar que você tem hemorroidas: indica dificuldades em aceitar quem você é. O sonho com hemorroidas também simboliza que está reprimindo seus pensamentos e sentimento.

Ter ou saber que outra pessoa sofre com hemorroidas: seja perseverante na busca de vencer obstáculos e dificuldades, você conseguirá.

Em geral: todas as doenças e desarmonias físicas estão vinculadas a questões mentais e emocionais, ou se originam a partir delas. *"Somos 1 conjunto d'energias física, emocional, mental e espiritual. A doença não se manifestaria no nível físico, se nos outros níveis estivéssemos saudáveis. Cada manifestação, assim como sua localização, dá indícios de sentimentos em desequilíbrio, seja no momento ou de maneira crônica"* – confirma a psiquiatria.

Hernia

Quem, em sonho, tem uma hérnia: e aviso para ele buscar concentrar suas energias no seu sustento e objetividades. Se outra pessoa tinha hérnia: é sinal de saúde favorecida. Operar-se de hérnia: é prenúncio de bom momento e que o sonhador(a) deve aproveitar.

Hipertensão

A pressão arterial elevada ou hipertensão: reflete muito estresse, ansiedade ou responsabilidade. A situação pode ser emocionalmente esmagadora. Você pode precisar de ajuda ou desacelerar.

Sonhar que alguém está aferindo sua pressão arterial: é indicativo de algumas preocupações com a saúde. Talvez você necessite cuidar da sua saúde.

+ *Cuidados*: uma boa dica é que você deve visitar 1 médico.

Icterícia

Sonhar com icterícia: pode ser 1 sinal de problemas de saúde relacionados à bile, precisando de mais sol ou problemas renais.

Ter icterícia: infelicidade nos assuntos sentimentais.

Filhos com icterícia: ganhos financeiros.

Marido com icterícia: brigas com a mulher.

Parentes com icterícia: sua fortuna está assegurada.

Amigos com icterícia: doença e pobreza.

Quando você sonha que alguém ou aqueles ao seu redor têm icterícia: tenha certeza de que sua saúde está boa ou que eles estão se curando (se estiveram doentes recentemente).

Quando você sonha que 1 bebê ter icterícia: isso pode indicar preocupações com a saúde da criança. Normalmente, os sonhos de icterícia são aqueles que vêm com avisos e preocupações com a saúde que devem ser verificados depois de ter sonhos como esses.

Em crianças maiores: a icterícia é em grande parte uma preocupação para os pais quando seus filhos nascem com o amarelamento da pele ou dos olhos, mas qualquer 1 pode ter a doença. A preocupação com crianças ou entes queridos num sonho é, na verdade, uma indicação de boa saúde e, portanto, pouco motivo para preocupação.

Sonhar com idosos com icterícia: pode ser uma preocupação com a saúde também. Preste atenção se eles se recuperam ou não como são justos no sonho.

+ *Cuidados*: normalmente, é 1 presságio de cura, mas às vezes pode ser uma indicação de que eles precisam ter saúde cuidada ou 1 checape.

Com aqueles que não estão doentes ou nem estão familiarizados com a doença: pode ser uma advertência profética para cuidar da sua saúde ou que você não esteja prestando atenção suficiente às suas próprias condições físicas. Considere se você está realmente cuidando de si mesmo ou como a sua saúde pode ser uma prioridade. Além de ter sonhos proféticos, você também quer considerar que existem atividades em sua própria vida que o estão derrubando ou que você não está se cuidando bem o suficiente.

Quando você sonha em ver muitas outras pessoas que estão com icterícia ou que apenas parecem doentias: isso pode indicar pessoas tóxicas ao seu redor em sua vida. Esse não é 1 problema de saúde física, é uma conexão emocional ou psíquica. Todos nós lidamos com pessoas que são tóxicas para as nossas vidas de alguma forma e quando você tem 1 sonho quando as pessoas ficam assim, você quer fazer 1 balanço sobre aqueles ao seu redor que você está sendo influenciado. Considere pessoas que são negativas o tempo todo, ou drama geral cheio de pessoas que estão causando seus problemas. Este é 1 sinal de que você quer ser cuidadoso com quem você está se asso-ciando, porque eles provavelmente o derrubarão ou causarão problemas com os quais você terá que lidar.

Inchaço

Em geral: sonhar que você está inchando simboliza um problema ou problema crescente. Você precisa resolver a situação antes que fique fora de controle. Considere o objeto ou a parte do corpo que está inchada para 1 significado adicional.

Se você sonhou estar inchada(o) alguma parte do corpo, então você realmente quer voltar a algo que foi caro para você; mas para restaurar algo perdido, será necessário 1 pouco. Quando se trata de restaurar as relações com os velhos amigos, é possível que uma pessoa simplesmente não se atreve a dar o 1º passo em direção a você, esperando que você o faça.

Sentir num sonho que a parte inchada do corpo dói – você quer "esconder" algumas das questões importantes mas a memória não ajuda toda vez que você tenta voltar a questionar a reconsidera-las; isso deixa você preocupado. Para sair dessa situação, basta você descobrir quais são, esmiúça-las e analisar todas para chegar ao x da questão para deslinda-las por mais difíceis que ainda possam parecer.

Ver num sonho seu rosto inchado por causa de 1 dente: sinal de que você não deve se preocupar com nada, embora que o principal escapa de sua atenção.

O inchaço ser 1 tumor ou lesão: você vai ter pânico numa condição dolorosa, principalmente por causa de sua desconfiança e uma cena sombria em sua vida real.

Estar inchado: receberá más notícias.

Parentes inchados: riqueza.

Amigos inchados: honraria.

Outras pessoas inchadas: morte de 1 inimigo.

Rosto inchado por causa de 1 dente: é 1 sinal de que você não deve se preocupar com nada, enquanto que o principal escapa de sua atenção.

+ *Cuidados*: seria bom o sonhador(a) fazer 1 checape.

Incontinência urinária

Sonhos onde a cama está molhada (porque urinamos nela dormindo): pode ser 1 símbolo da libertação e da necessidade de deixar ir algumas memórias do passado. Sugere também a necessidade de maior controle de nossas ações.

Sonhar que molhamos a cama (ao urinar dormindo): é prenúncio de humilhação e culpa por comportamento inadequado.

Se no sonho o fato de urinar na cama não causa qualquer sentimento negativo: é 1 sinal de que temos conseguido 1 elevado grau de maturidade, em que aceitamos nossos erros e estamos dispostos a aprender com eles.

Noutros casos, os sonhos onde deixamos de controlar a bexiga e molhamos a cama: pode ser 1 sinal de que há são alguns traumas de infância que não conseguimos superar e que seria sábio ver 1 especialista.

Sonhar que zombamos dos outros por causa da enurese (*emissão involuntária de urina, frequentemente à noite*): indica que às vezes nos mostramos indiferente às preocupações dos outros e que estamos 1 pouco superficiais e não estamos interessados em aprofundar nas situações dos outros.

Se sonharmos que temos enurese, mas não molhamos a cama: isto possivelmente tem a ver com permitir-se a liberdade d'expressão, mas com a preocupação com a condenação social ou de decoro. Se não for isso, pode haver ansiedade que reduz você a sentimentos de infância com falta de autocontrole sobre as emoções. Esta é uma área muito poderosa de sentimentos, e pode deixar influências fortes na personalidade adulta. Para lidar com isso, não se preocupe muito com o sintoma – ao molhar a cama – mas lide com os sentimentos em torno do controle e perder o controle ou manter o controle.

Indigestão

Sonhar com indigestão: simboliza excessos n'alimentação e indica problemas relacionados à saúde.

+ *Cuidados*: alimentação saudável e na medida certa só fará bem ao sonhador(a) em questão.

Sonhar que sofre uma indigestão: indica problemas relacionados à saúde.

Sonhar que outra pessoa tem uma indigestão: simboliza que poderá testemunhar 1 acidente.

Infarto

Sonhar com infarto: externa seu esgotamento físico. O corpo do sonhador(a) está implorando por 1 descanso, coisa que ele(a) certamente não faz há 1 tempo.

Infecção

Sonhar com inflamação: simboliza que as coisas podem mudar.

A inflamação aparece muitas vezes de forma repentina: isso pode acontecer para você também e algo inesperado pode aparecer e você deverá aceitar e se adaptar, fazendo com que uma situação muito chata se resolva.

Em geral: você poderá ter perdas, causadas por conselhos de amigos mal orientados.

Sonhar que você estava tentando curar alguém de uma infecção do sangue: é a prova de que você não se sente a satisfação em sua vida. Além disso, este sonho pode significar você ser capaz de alcançar os resultados desejados e que para isso, você está pronto para usar todos os meios.

Inflamação

Sonhar com inflamação: simboliza que as coisas podem mudar. Há coisas e falas que podemos ter que podem acabar, trazendo alguma consequência e isso muda tudo, seus planos e pensamentos prontos para algo que já tinha certeza de como seria. A inflamação aparece muitas vezes de forma repentina e isso pode acontecer para você também, algo inesperado pode parecer e você deverá aceitar e se adaptar, fazendo com que a situação se resolva.

Sonhar que você tem algo muito inflamado: uma dor de cabeça próxima para você resolver.

Sonho de inflamação no rosto como erisipela: você terá uma operação perigosa próxima.

Insolação

Uma insolação: evite os rivais.

Sofrer uma insolação: outras pessoas terão motivos para invejá-lo bastante.

Parentes com insolação: brigas de família.

Outras pessoas com insolação: a preocupação se dissipará.

Insônia

A insônia pode ser causada por uma variedade de razões: por problemas no trabalho, a falta de dinheiro, uma agitação antes d'eventos importantes, etc.

Se você sonhou com alguém se queixando de insônia: na vida real, essa pessoa vai lhe pedir conselhos práticos. Essa pessoa precisa urgentemente de sua ajuda.

Sonhar alguém tomando pílulas para dormir: todo cuidado possível quanto a uma pessoa sem escrúpulos, que fingindo consolá-lo, quer engana-lo.

+ *Cuidados*: a situação exige uma consulta médica urgente.

Em geral: é uma manifestação para abrir algo oculto que você nem supõe; ou significa que você passa por 1 monte de problemas e preocupações e que seu consciente está ocupado procurando maneiras de resolvê-los.

Intoxicação

Se você sonhou estar intoxicado: está fazendo mal a si mesmo e inclusive decepcionando amigos mais próximos. Também pode ser 1 aviso de que você pode estar s'envolvendo em algo que pode prejudicá-lo mentalmente, emocional ou fisicamente. Isso pode ser na forma de palavras, pensamentos ou substâncias; ou talvez 1 aviso para evitar alguma coisa; algo que não vai ser bom para você; atitudes, emoções ou pensamentos que podem prejudicar, alertando-o(a) contra certos negócios ou relações, como ficar se imaginando constantemente que doente ou mal-amada(o).

Sonhar com intoxicação alimentar: é 1 sinal de que algo em sua vida está errado e poderá feri-lo.

+ *Cuidados*: o tipo de comida não significa num sonho necessariamente que o alimento seja realmente comida; trata-se de uma metáfora que significa que você está buscando, por exemplo, 1 alimento intelectual que é realmente falso ou que está prejudicando seu paradigma sobre a vida. Muitas vezes essas pessoas que nos oferecem comida, simbolizam 1 alimento espiritual ou 1 alimento literal, esperando algo de nós. Certifique-se de que não existem amarras ou preconceito ligados ao alimento que você procura ou que lhe é oferecido.

Sonhar com outros tipos de intoxicações: isso significa que está a cultivar os seus desejos por prazeres ilícitos e isso poderá ser prejudicial à sua saúde.

Ou que você perde a voz durante o sonho: é indicativo de que não deve correr riscos desnecessários nos próximos dias. Nesta semana evite participar de qualquer tipo de jogo que envolva risco para sua integridade física ou financeira.

Sonhar que você tem laringite: indica uma perda de identidade e falta de poder pessoal. Você é incapaz de falar e se defender. Alternativamente, o sonho aponta para sua incapacidade de transmitir uma certa mensagem. Você não tem certeza de como colocar em palavras o que quer dizer a alguém.

Leucemia

Sonhar ter leucemia: simboliza o "outro", a importância e atenção que você tem para com o "outro" em sua vida. Sendo uma doença que só pode ser curada caso uma outra pessoa doe medula óssea, deixa muito claro que você deve tratar e olhar melhor as pessoas ao seu redor, todas, desde as mais íntimas até mesmo as pessoas com que vai cruzar durante o dia na rua. Você talvez esteja muito fechada(o) em si e em suas necessidades que podem talvez ser bem grandes e que talvez sejam mesmo.

+ *Cuidados*: mas este olhar para os outros, com mais carinho e simpatia, pode fazer você sentir que você está muito bem e que não precisa se preocupar tanto com coisas que você imagina possam ser até fatais. Esse novo olhar o fará perceber que são tão pequenas.

Lombriga

Quando sonhamos com lombriga é no mínimo nojento não é verdade? Mas no universo místico dos sonhos qual deve ser o significado? As lombrigas são espécies de vermes e como tal são totalmente conhecidos no mundo dos sonhos como símbolos de maldição e miséria! Infelizmente a forma nojenta deste verme não é nem de longe mais repugnante que o seu significado.

Sonhar que evacua lombriga: caso você sonhou que defecava, evacuava lombriga é sinônimo de que existem forças contrárias buscando fazer com que recaia maldição sobre você. Pessoas de coração ruins podem fazer trabalhos espirituais para te derrubar em algum momento. Busque energizar-se e manter-se em sintonia com energias positivas. Ao sonhar evacuando lombrigas tome muito cuidado com pessoas que dão tapinha nas costas e diz te amar, essas são as mais sorrateiras. Obviamente que toda regra tem exceção, mas fica o alerta. Sonhar com lombriga que sai de você é coisa ruim querendo entrar!

Sonhar que come lombriga: eu sei que é muito nojento mesmo, mas não é impossível de acontecer este sonho, inclusive, parece mais pesadelo e já até recebi e-mail pedindo uma definição para este sonho. Sonhar que come lombriga significa capacidade de nutrir apenas sentimentos ruins. Se você tem esse sonho reveja seus sentimentos e conceitos e perceba se não está odiando demais, sendo preconceituoso demais, enfim, criando 1 ser exterior que não é você. Saiba que você é uma pessoa boa e pode fazer coisas maravilhosas. Aprenda a gerenciar seus sentimentos e o que deseja às pessoas. Quanto mais raiva e ódio nós sentimos de alguém, mais esta pessoa se afasta de nós, mas deixa uma herança maldita que nós mesmos pedimos.

Sonhar com lombriga morta: ver lombrigas mortas em sonho é sinônimo de grandeza e realizações! Este sonho com lombrigas mortas revela que você está evoluindo rapidamente no campo dos bons sentimentos e se tornado uma pessoa melhor! A pergunta que devemos fazer é a seguinte: que tipo de ser humano estou me tornando?

Machucados

Ver algum machucado em seu corpo: o sonhador(a) passará por tristeza emocional.

Mal de Alzheimer

Sonhar que você ou alguém tem a doença de Alzheimer: se refere ao seu medo de deixar de ir ao passado. Você está segurando em memórias antigas por medo de esquecê-las. Alternativamente, o sonho pode ser 1 sonho de ansiedade onde você está muito preocupado com esquecer uma data importante, compromisso ou evento. Se alguém em sua vida de vigília está sofrendo de doença de Alzheimer, o sonho pode representar o estresse e/ou tristeza de lidar com a doença. A presença de doença de Alzheimer no seu sonho também pode indicar 1 medo d'envelhecimento e perda de capacidade seja mental ou física. Esta é uma preocupação geral para muitas pessoas e, portanto, 1 sonho comum de se ter, especialmente se você estiver no final da 1/2 idade.

+ *Cuidados*: pessoas que se mexem enquanto estão sonhando podem sofrer de uma condição chamada de distúrbio comportamental do sono REM. Acredita-se que o problema pode ser causado por danos na parte do cérebro responsável pelo controle dos sonhos, o que nos impede de ter algum tipo de reação durante o sonho. Para o médico, esse tipo de reação pode ser o 1º sintoma da doença de Alzheimer. Ele alerta também para outros sinais da doença, como a perda da memória.

Mal de Parkinson

Pesadelos violentos frequentes: podem ser 1 indicador precoce da doença de Parkinson, sendo uma doença neurológica que causa tremores musculares, rigidez e fraqueza. *"O conteúdo dos sonhos de alguns pacientes é quase sempre o mesmo. Eles se sentem perseguidos ou atacados e muitas vezes agem fora dos pesadelos, reagindo com socos e pontapés e tendem a se machucar ou machucar seus parceiros"* – explica a psiquiatria.

+ *Cuidados*: a cada dia novos experimentos se realizam e milhares de laboratórios s'esforçam em aperfeiçoar remédios que possam amenizar o problema; acompanhe.

Lembrete: além dos farmacos de praxe, Rasagilina (1mg) e Clozapina (25mg e 100mg) são as novidades terapêuticas que lançados recentemente prometem proporcionar mais qualidade de vida aos usuários que sofrem com transtornos associados à doença.

Malária

Se você no sonho pegou malária: significa que você vai sofrer de algum tipo de doença física, e que a falta de confiança em seu próprio quintal levará quase ao ponto do desespero.

Se você está sonhando que está tendo 1 ataque de malária: isso significa que você está muito perto de insuficiência cardíaca estão tomando seus amigos.

Se a malária atormentou alguém em sua família: ela anuncia confusão mental e perda de material, como resultado de uma viagem mal sucedida.

Se você sonhou que estava sendo tratado para febre por curandeiros: então a realidade vai ofender alguém de sua atitude arrogante.

Se você mesmo fez o papel de curandeiro tentando tratar pacientes com febre: os seus desejos serão cumpridos pela metade.

Outros pegaram: significa que ofendem as pessoas com seu desprezo arrogante por suas ações.
Em geral: a malária é 1 sonho prediz distúrbio de saúde e as relações familiares.

Mancar

Mancar: será desonrado.
Ter de descansar por estar mancando: enfrentará trabalho pesado.
Não poder fazer uma viagem por estar mancando: empreendimentos comerciais favoráveis.
Parentes mancando: evite complicações.
Inimigos mancando: tenha cautela em todas as transações.

Mau hálito

Sonhar que você tem mau hálito sugere que você precisa pensar duas vezes antes de abrir a boca. Pense no que você está dizendo antes de s'expressar e ofender os outros.

Micose

Sonhar com micose: mostra que há algo que lhe perturba bastante. Assim como a micose que incomoda e é bem difícil de ser tratada, você se sente desconfortável com uma situação ou até mesmo uma pessoa. Caso não tenha isso muito claro, se prepare, logo saberá o que é. Para resolver a situação, tente estar o mais calmo possível, nas horas em que se dedicar a estes pensamentos, não faça nada com raiva ou mal humor. Isso só irá prorrogar uma situação que para você já é desagradável.

Náuseas

Sentir: significa a saúde, a resolução de casos. Se você sonhou que estava tendo náuseas, então, na realidade, você não pode aceitar a situação como ela está. No entanto, você se sente impotente para mudar qualquer coisa; daí, você apenas tem que aturar.
Ver algo tão repugnante que até sente náuseas: significa que você vai ter 1 grande problema.
Alguém vomitando: externa o confronto, a tristeza, a perda de uma coisa.
Se alguém num sonho reclamou com você sobre náuseas: então talvez você precisa repensar suas relações com os outros, principalmente os mais íntimos. Também, pode ser aviso de doença grave a caminho como Aids causado por seu namorados.

Em geral: náuseas também podem indicar que você deve mudar sua dieta.

> *+ Cuidados*: examine o seu alimento regular, talvez você encontrará algo que não está de acordo com o seu organismo; deve ser algo que ele não é capaz de digerir na realidade. Livrar-se do supérfluo e do que não seja necessário.

Nervosismo

Estar nervoso: boa sorte.

Outras pessoas nervosas: você tem uma amizade leal.

Estar com o sistema nervoso abalado: descobrirá 1 tesouro.

Parentes com o sistema nervoso abalado: aviso de dificuldades.

Colapso nervoso

Sonhar que você ou alguém tem 1 colapso nervoso: sugere que você perdeu seu quadro de referência 1 relacionamento ou situação. Você está buscando mais clareza e discernimento. O sonho também indica que você está tendo dificuldades em confiar em seu próprio julgamento e decisões. Você está se sentindo inseguro.

Obesidade

Sonhar com obesidade: pode significar que você está tentando se afastar de seu ambiente atual para se proteger de qualquer envolvimento em alguma situação.

Sonhar estar obeso: significa falta de amor-próprio.

Ver outro alguém obeso: simboliza falta d'esperança e dificuldade para expressar seu poder e autoridade.

Obstáculos orgânicos

Indicam as dificuldades que atravessaremos e nos convidam a enfrentá-las.

Ver ou passar por obstáculos em seu sonho: simboliza coisas em sua vida que você precisa superar. O sonho pode estar lhe oferecendo 1 caminho para chegar à solução de 1 problema em sua vida. É preciso prestar atenção ao que é mostrado e ao que é dito; 1 obstáculo no sonho pode representar uma porção reprimida que contém aspectos rejeitados de nós mesmos, ou ser esta porção reprimida a causadora do desafio que deve ser enfrentado. É a parte de si mesmo que você não quer que o mundo veja porque é feia ou desagradável. Muitas vezes em sonhos nos deparamos com obstáculos que simbolizam fraqueza, medo ou raiva. Nos sonhos, a figura d'obstáculo ou do enfrentamento é representada por 1 desafio grande e muitas vezes assustador. Esse tipo de sonho força a confrontar as coisas que você não quer ver, ouvir ou viver.

Paralisia

De modo geral: é 1 sonho que denota perda de saúde debilitada por excessos.

Sonhar que você não pode se mover: isso significa que você se sente atados às mãos de certos eventos que começaram a se desenvolver ou estão prestes a acontecer e que devemos ter em mente que, mais cedo ou mais tarde, teremos d'enfrentar a realidade e que escapar deixará de ser uma opção viável. Muitas pessoas se refugiam em Deus ou na religião para encontrar respostas para suas perguntas – o que é uma lástima.

Sonhar com outras pessoas paralisadas: *representa nosso ego e falta de confiança que sentimos em relação aos outros.* Estamos convencidos de que ninguém é capaz de fazer o trabalho tão bem quanto nós, então tendemos consciente ou inconscientemente a menosprezar os outros. A atitude que tomamos pode virar contra nós e a única coisa que vamos ganhar serão os inimigos. Embora seja imperativo que estejamos seguros e independentes, nunca sabemos quando precisamos da ajuda das pessoas ao nosso redor. Todos nós temos falhas e cometemos erros, sendo que com orgulho e arrogância não chegaremos a 1 bom porto.

Sonhar que estamos paralisados ou que não podemos andar: refere-se às barreiras e limitações que impomos a nós mesmos. Tentar avançar no sonho, implica uma enorme força de vontade e desejo de se sobressair.

Um sonho onde você estava paralisado como resultado de ferimentos graves devido a 1 acidente: anuncia o declínio nos negócios e fracasso no amor.

Desistir de andar sem 1º lutar: é sinônimo de fracasso e arrependimento. Tomando medidas firmes, sem olhar para trás, obteremos melhores resultados do que esperar até que as oportunidades e a felicidade toquem a nossa porta.

O medo paralisa e nos impede de pensar claramente: é necessário erradicar toda a negatividade e agir com determinação, apesar da adversidade.

Não ser capaz de se mover em sonhos: anuncia que afogar-se em preocupações não leva a lugar nenhum.

Seu filho com paralisia: 1 mau sinal, presságio fracasso financeiro e decepção em atividades literárias. No amor, ele anuncia o fim do amor.

Ver 1 amigo paralítico: é 1 sinal de que alguma fatalidade irá interferir em seu relacionamento e sua sombra cair sobre sua casa.

Sonhar ficar paralisado enquanto transa: significa que a insatisfação num relacionamento pode destruir a sua felicidade, podendo inclusive significar o fim do amor, ruptura, divórcio.

Se a paralisia agarrou seu marido ou amante: fique sabendo que enfrentam 1 perigo crescente dos detratores insidiosos e cruéis.

Parasitas

Ver parasitas em seu sonho: significa possível perda de vitalidade e esgotamento físico. Você pode estar ficando muito dependente dos outros.

+ *Cuidados*: o sonho também pode indicar que deve cuidar melhor de sua saúde.

Pedras na bexiga

Este sonho indica casos de amor, várias aventuras, que geralmente carecem de moral e aos bons costumes. Também anunciam tropeço no andamento dos negócios ou assuntos.

Pedras nos rins

Pedras ou areia, simbolizam o desmembramento, a desintegração, doença e morte.

Pressão alta

Sonhar com pressão: manifesta 1 certo nervosismo por parte do sonhador(a).

+ *Cuidados*: seria bom se ele(a) botasse uma mesa de pingue-pongue em sua casa para brincar coma família ou vizinhos; ou de snooker, ou de bilhar, se preferir jogar sozinho.

Pressão baixa

Sonhos relacionados à sua pressão arterial baixa: indicam que uma situação ou problema estão lhe provocando algum estresse.

Se no sonho a sua pressão arterial está muito baixa: é indicativo que a sua vitalidade e estilo de vida está num ritmo mais lento. Você necessita se socializar mais.

Prisão de ventre

Sonhar que você tem constipação intestinal denota que você não está disposto a se desfazer de seus velhos hábitos. Você continua a se agarrar aos seus velhos hábitos e deixar de ir, perdoar e esquecer. Você pode estar se debruçando sobre problemas do passado e dificuldades anteriores. Sonhar que está com vontade de defecar e não conseguir: é sinal de que há muitas pessoas invejando a sua vida e desejando te impedir de ser feliz ou alcançar o sucesso.

+ *Cuidados*: não facilite, muito cuidado.

Dica psicológica: acender uma vela e bater palmas em agradecimento à princesa Izabel que libertou todos os escravos negros no Brasil.

PROBLEMAS FEMININOS

Corrimentos

Este sonho pode representar alternativas indesejáveis ou 1 problema capaz de interessar a outros.

Frieza sexual

Ver *Falta de orgasmo*.

Menstruação

Sonhar com menstruação: significa que a sonhadora está prestes a receber boas notícias. *Porém, se ela sonha que sua menstruação falhou (ou está falhando)*: não deve sofrer em vão, pois suas preocupações são infundadas, nada vai lhe acontecer de ruim.

Caso a mulher tenha sonhado que viu uma roupa ou qualquer peça manchada com o sangue da menstruação: ela deve preparar-se pois muitas alegrias vão florear o seu caminho.

Lembrete: ela pode usar também os seguintes chás: anis-estrelado e canela-da-india.

TPM

Os pesadelos que podem ocorrer à mulher devido a tensão pré-menstrual que lhe ocorre mensalmente, vem notifica-la que tenha mais paciência, lembrando-lhe que durante 9 meses vai sentir dores maiores se quiser ter 1 filho e que deixe a vida fluir, valendo-se da *Gamaline V*, o anticoncepcional *Yaz* (que pode ser utilizado também como remédio com bons resultados para TPM), o *Dieloft, Gamaline*, o ácido gama linolênico, gamali-noleicos e outros óleos poli-insaturados com vitamina E, além de poder fazer 1 implante subcutâneo, tomar uma injeção de progestogênico ou de progesterona, *Fluoxetina, Sertralina,* bem como os *Ansiolíticos* para os casos mais graves da TPM A – que seu médico pode receitar; como também a composição homeopática *Pulsatillanigricans, 5CH, Natrum muriaticum 5CH, Chamomilla 5CH, Actaea racemosa 5CH – Glóbulos 15 gr;* e lembrando dos remédios naturais como "mais água e menos sal" na semana de suas cólicas, d'oleo de prímula, suco de cenoura e agrião, suco de banana com kiwi e dos seguintes chás: *agoniada, amora, capim-limão, damiana* e *erva-doce*, para amenizar suas dores. E que, sem mudar o seu ambiente, nem seus hábitos e muito menos seu corpo (muitas até pedem para o médico eliminar seus úteros), continue sendo humana, agindo naturalmente com todos (lembrando que todas as grandes artistas, comediantes, apresentadoras, bailarinas, ou cantoras que se apresentam em shows ou na TV, têm que fazer o mesmo, natural e permanentemente, sempre denotando alegria, sorrisos e simpatia e nunca, jamais, em tempo algum, expressar mal-estar com caretas de martírio, se não, não ganham nem aplausos nem dinheiro). E daí, mesmo tendo pesadelos correlatos, minha sonhadora nunca deve usar seu período menstrual para descarregar seus fardos sobre os ombros de outras pessoas, devido a "droga" da TPM que a faz sofrer.

Lembrete 1: no famoso *Mercado Ver o Peso* em Belém do Pará, vende-se uma "milagrosa" garrafada que contém: *abutua, agoniada, joão da costa, barbatimão, tanchagem, abacateiro, unha de gato, uxi amarelo, amoreira, jequitibá, ypê-roxo* e *mulungu*.

Lembrete 2: e na terra do Tio Sam, para o regalo da maioria das mulheres que sofrem de TPM grande número de lojas e drogarias autorizadas já vendem livremente a maconha, sendo que todas as sonhadoras martirizadas, mensalmente com este "regalo del diablo"– como a denominam as espanholas, já po dem comprar os seguintes tipos – todos de fato muito eficientes: *acapulco Gold, Blue Dream, Lamb's Bread, Kali Mist, Kosher Kush, Vanilla Kush, Wonder Mist*, que acabam mesmo com qualquer TPM por mais forte que seja.

NB: embora as fontes destas panaceias milagrosas s'encontrem 1 tanto longe, espero ter sido útil às minhas queridas sonhadoras que podem se dar ao luxo de dar uma chegadinha até lá...

Pus

Infecção e emoções ruins: infecção geralmente segue a formação de pus. Algo "tornou-se ruim" e já infectou ao entorno, pode aparecer num sonho como pus. Talvez o sonhador sente ansiedade, insegurança e até mesmo pode estar "infectado".

No sonho se você viu pus: este sonho significa que você vai ser libertado de tristezas pesadas e preocupações.

Pus como sinal de doença: é uma manifestação negativa, que num sonho mostra que andamento perigoso em seu organismo pode causar dor e dificuldade em sua vida, se não for tratado adequadamente.

Se outra pessoa sofria de purulência num sonho: o sonhador tem que lidar com sua negatividade interior e aprender a curar a si mesmo.

Se você espremeu pus no sonho: significa que você está expressando suas emoções que foram reprimidas. Agora vai ser ainda melhor para você, não tenha medo de mostrar seus sentimentos.

Em geral: o pus em seu sonho significa que o sonhador tem que lidar com assuntos negativos e assuntos em seu ambiente. Que deve livrar-se de coisas negativas em seu ambiente. Seu significado espiritual denota que o pus é o resultado da tentativa do sonhador(a) tentar lutar com algo mal/ruim.

Queda

Na verdade, existem vários significados em sonhar com queda. Em geral, representa, literalmente, 1 ato de cair, ou seja, não é uma boa notícia, mas depende muito do contexto, de como aconteceram os fatos e como terminou esse sonho. Porém, alguns sonhos com quedas represen-tam ascensão.

Homem sonhar com queda: se for por 1 longo período e, se quando terminada, estiver com ferimentos, significa 1 presságio de que acontecerão coisas ruins. Já para os psicanalistas, sonhar com queda significa angústias.

+ *Cuidados*: mostra que você precisa se livrar urgentemente de problemas do dia a dia.

Uma mulher que sonha com queda pode estar se sentindo desamparada e com muitos medos na sua vida. recomenda-se analisar os medos, tanto os antigos,como os atuais.

Se você sonhar que caiu e se feriu, é melhor esperar por períodos adversos.

Sonhar que você está numa queda sem fim: indica que terá uma ascensão social e financeira. Outra interpretação deste sonho é a solidão – você se sente abandonado pelas pessoas que mais gosta.

+ *Cuidados*: será necessária ajuda para você se reencontrar.

Sonhar com a queda de alguém de 1 lugar alto tem duas interpretações: 1ª: significa que algum parente ou amigo sofrerá uma grande perda; e, 2ª: pode indicar que você colherá bons frutos (irá lucrar) através da negligência de outras pessoas.

Sonhar com queda de avião: significa que você está com medo de não conseguir realizar seus objetivos.

Sonhar com queda de objetos: significa que está na hora de se concentrar e s'esforçar para alcançar os seus objetivos. Mostra que nesse momento você s'encontra desfocado, distraído e descuidado.

Sonhar com queda de andaime: se foi você quem caiu, não feche negócios ou assine documentos nos próximos dias.

Sonhar com queda alguém que você conhece caiu: se você viu alguém caindo, 1 amigo precisará da sua ajuda.

Sonhar com queda de uma árvore: significa que momentos conturbados estão chegando.

Sonhar com queda numa cova: sinal de que precisa de 1 tempinho a mais para o lazer: maus presságios, pois a sua posição e a sua reputação, social e profissional, estão ruindo.

Dica psicológica: analise melhor seus relacionamento e negócios para não perder o que conquistou. Você deverá dedicar 1 pouco do seu tempo a 1 amigo caso sonhe que está em queda junto de alguém.

Sonhar com queda livre do alto: sonhar que está em queda livre de 1 ponto bem alto mostra que você vive uma situação muito delicada, sem rumo, perdido nas suas decisões e quase em desespero total.

Dica psicológica: é preciso tomar algumas atitudes (bem pensadas e calculadas) para aprumar novamente sua vida.

Sonhar com queda no buraco: sonhar com queda num buraco indica que é necessário se precaver em relação a amizades falsas.

Sonhar com queda num precipício: sonhar que está caindo num poço ou de 1 precipício pode indicar que você precisa cuidar melhor da sua saúde.

Sonhar com queda numa fenda: sonhar que está caindo numa fenda é sinal de que a mudança que planeja precisa esperar.

Sonhar com queda de uma torre: queda de uma torre (ou mesmo empurrado) significa para não confiar seus segredos ou planos a outras pessoas.

Sonhar com queda de 1 elevador: pode esperar por surpresas, possivelmente desagradáveis, no futuro. Remete à decepção e forte choque emocional. Esteja preparada(o).

Sonhar com queda n'agua: pode ser positivo desde que a água esteja limpa. Significa que você está se livrando dos problemas. Se a água estiver suja, significa que os problemas estão chegando.

Se 1 adulto cai: está abandonando velhos padrões, mas deve tomar cuidado com decisões rápidas.

Se for criança: está crescendo.

Cair e levantar-se rápida: será considerada pessoa honrada.

Ver filhos caindo: gravidez.

Cair de 1 telhado: seus planos podem falhar.

Cair de joelhos: é 1 sonho que pede cuidado para não ter problemas com humilhações.

Em geral: como podemos observar, na maioria das interpretações sobre sonhar com queda nos remete a uma advertência. E é frequente as mulheres que sofrem de depressão sonhar que estão se afogando em água, na comida, no ar. Esse tipo de acontecimento no sonho representa stress. Significa que está passando por algum problema ou situação complicada e que, infelizmente, sente que não tem o apoio de ninguém.

Queimaduras

O fato de algo estar queimado perde o conceito da pureza, da originalidade, do que é belo e, de certa forma, da noção de vida. No entanto ao sonhar com queimados, o significado não é tão mau como à partida parece ser, pois representa 1 pouco de sacrifício em busca da redenção.

Algo ou alguém está queimado: é sinónimo de boas notícias para si, no 1/2 da tormenta aparecerá a bonança.

Ao sonhar que queima a sua mão num fogo vivo: significa que os seus propósitos são puros e que terá a aprovação dos seus amigos.

Ao sonhar que os seus pés estão sob pedras em brasa: isso demonstra a sua habilidade no cumprimento das suas obrigações e tarefas, que parecerão impossíveis de realizar aos olhos de outros.

Psicologicamente: é uma boa notícia.

Queimar as mãos: significa pureza d'espírito e a aprovação de amigos.

Queimar seus pés: caminhando sobre brasas ou cinzas, mostra a sua capacidade d'executar qualquer empresa, não importa o quão impossível que isto possa parecer para os outros. O sono também promete que a sua boa saúde permanecerá intacta com você.

Mas se você queimou o corpo: o sonho prediz que seus interesses vão sofrer traição daqueles a quem você considera amigos.

Se ver no 1/2 do fogo: representa que os seus interesses vão sofrer abalos e traições de supostas pessoas que se consideram amigos.

Em geral: denota que você está fazendo algo errado, tenha cuidado.

Raiva

Sentir ou ver outra pessoa sentindo ou expressando muita raiva em sonho: é sinal de que o sonhador(a) deve controlar o seu gênio – só assim fará novos e fiéis amigos.

Respiração

Toda a gente para viver necessita de respirar. O oxigénio é o combustível que faz a máquina andar, caso contrário o homem seria 1 ser inerte. Nos sonhos, uma boa respiração implica sucesso e satisfação, caso contrário o negativismo ganha forma.

Ao aproximar-se de uma pessoa nos seus sonhos que tem 1 respirar puro e doce: isso quer dizer que terá uma boa conduta na vida e os seus negócios vão florir.

Perder a respiração: demonstra 1 sinal de falha onde o sucesso parecia assegurado.

Se a sua respiração num sonho era difícil: significa que você está sofrendo alguma negatividade, medo ou pressão, dependendo das circunstâncias em sua vida de vigília.

Se você se viu respirando debaixo de água: então esse sonho denota a sua conexão com sua mãe ainda nos tempos em que estava no seu útero. Talvez você esteja procurando por 1 pouco de segurança, pois você está s'escondendo sob o abrigo. O sonho de respirar debaixo de água também pode indicar a falta de auto-confiança, pois você colocou todas as suas responsabilidades em mãos de 3ºs.

Se você estava segurando a respiração: então isso significa que você é incapaz de tomar alguma determinada decisão. Provavelmente você faz questão de manter a sua própria opinião e não deixa que os outros também opinem.

Se você sonhou ter dificuldades ao respirar: então isso significa que você está emocionalmente destruído e cansado.

+ *Cuidados*: talvez você precise dar 1 tempo para relaxar. Este sonho também pode ser causado pelo estímulo interno mostrando que você está tendo problemas com a respiração por causa de uma asma brotando ou nariz escorrendo.

Ressaca

Qualquer forma de ressaca em sonho é certeza de que o sonhador(a) precisa assumir suas responsabilidades.

Reumatismo

Sonhar que você tem reumatismo: significa que uma interrupção inesperada irá atrasar a realização de seus objetivos e planos.

Sonhar que os outros têm reumatismo: extravasa decepção.

Rouquidão

Em geral: existem em torno de você influências discordantes e logo terá de tomar uma decisão a fim de proteger seus recursos.

Sarampo

Sonhar que você tem sarampo: significa muita preocupação e ansiedade em sua vida, que irão interferir em seu trabalho ou escolaridade.

No sonho, tornar-se doente com sarampo: é 1 sinal de muita sorte; 1º, do nada, virá 1 ganho ou uma riqueza inesperada; em 2º lugar, nada deve preocupar quanto a sua saúde.

Morrer de sarampo num sonho: significa que a sua felicidade atingirá o pico.

Sarampo no sonho atinge 1 de seus entes queridos: 1 futuro brilhante o(a)espera.

Ver outros com sarampo em seu sonho: denota que uma situação preocupante causada por certas pessoas, lhe dão muita preocupação.

Em geral: traduz tristeza, ansiedade causada por problemas principalmente em transações comerciais.

Senilidade

Velho quando aparece num sonho: marca o começo ou o fim de uma nova etapa na sua vida.

Sinusite

Assoar muito o nariz: significa mudança de residência.

Sufoco

Você ser sufocado no sonho: significa que você está se sentindo sufocada(o)a ou oprimido(a) por alguma situação ou relacionamento. Algo ou alguém está retendo a sua volta. Você está experimentando estresse e tensão.

Você sufocar alguém em seu sonho: indica que você quer dominar ou dominar essa pessoa em sua vida de vigília. Esta pessoa também pode representar 1 aspecto do seu próprio eu que você está tentando controlar.

Surdo/mudo

Ser surdo: você se sentir isolado do mundo.
Surdez simulada: separação momentânea.
Fingir ser surdo: notícias desagradáveis.
Homem surdo: manter em segredo.
Ver 1 mudo: prêmios realmente merecidos.
Fingir ser mudo: brigas com seu amado.
Fingir ser surdo: notícias desagradáveis.
Homem surdo: manter em segredo.
Ver 1 mudo: prêmios realmente merecidos.
Fingir ser mudo: brigas com seu amado.

Tétano

Ter tétano: sério desastre pela frente.
Outras pessoas com tétano: perda de dinheiro.
Morrer de tétano: você está sendo enganado.
Recuperar-se do tétano: você se casará com uma pessoa que o importunará.

Tontura

Sentir ou ver alguém sentindo tontura num sonho: é presságio feliz para o amor, seu sentimento será correspondido, espere 1 pouco mais. Também traduz felicidade conjugal embora marcado por alguns acontecimentos desagradáveis, sendo que as coisas também podem tomar 1 rumo ruim, além de predizer perdas que você pode ter como uma desagregação familiar.

Torcicolo

Sonhar com torcicolo: mostra que você pode não querer ver algo. Você tem consciêncdas coisas que acontecem ao seu redor, mas há coisas que muitas vezes não quer ver, sejam elas boas ou ruins, ou até mesmo você não queira participar e por isso se trava para aquilo.

O torcicolo que "trava" o pescoço e que faz com que não consiga se mexer direito, e muitas vezes olhar para traz: pode não ser possível, lhe deixa mais claro algo que você já sabe. Você não quer lidar com uma situação que está acontecendo ou vê que se aproximar, está pode ser atual, mas o mais provável é que seja uma situação do passado, uma desavença com alguém que o faz não querer retomar isso.

Tosse

A tosse é uma ação que o nosso corpo adopta para expelir as poeiras, bactérias, vírus, fungos e outras substâncias danosas que irritam as passagens de ar na faringe, laringe, traqueia ou pulmões. É 1 estado bastante incomodativo, na medida em que o indivíduo sente-se mais fragilizado. Nos sonhos, adopta 1 sentido negativo.

Ao sonhar que o seu estado de saúde piora à medida que a sua tosse aumenta: isso indica que está a atravessar 1 período clínico menos favorável. Contudo, este sonho indica que vai conseguir recuperar e retomar com os seus hábitos.

Ao sonhar que ouve a tosse de outras pessoas: isso quer dizer que desenvolvimentos negativos se desenrolarão à sua volta, dos quais você poderá sair afetado.

Psicologicamente expressa: saúde, sucesso nos negócios.

Estar com: o estado emocional do sonhador(a) anda 1 pouco abalado.

+ *Cuidados*: você deve procurar relaxar e sair mais de casa.

Sonhar que tem uma crise de tosse: simboliza algo que você está vulnerável a passar por algo ruim e mostra a você uma realidade, talvez por qualquer motivo você pode achar que certas coisas podem não acontecer com você, que certas coisas acontecem com quem se "deixa" abater. É preciso que você não julgue as situações e também as pessoas, pode ser difícil ser totalmente compressível e entender e aceitar tudo o que o outro faz ou deixa de fazer, mas você deve tentar. Em momentos ruins as pessoas precisam principalmente de apoio e não de julgamento, hoje alguém passa por algo que você pode achar que se deixou chegar a isso, não pense isso. Amanhã pode ser você, s'espera que não, mas não se pode julgar e muito menos falar caso nem tenha vivido algo parecido.

+ *Cuidados*: pare de julgar os outros e assim viva melhor e com menos crises emocionais.

Transe

Se você estava num transe durante o sonho: traduz 1 crescimento espiritual que você está ganhando. Tente mais abrir-se aos outros, não só nos sonhos, mas na realidade também.

Se você sonhou com alguém em transe, isso significa que alguém está precisando de sua ajuda, mas acha inconveniente apelar. Daí, você precisa dar uma olhada nos outros, para tentar detectar quem possa ser.

Se você sonhar que estava tentando entrar num transe, mas você faz isso e não consegue: então, na realidade, você pode contornar o problema, se você for menos suscetível à influência dos outros.

Se no sonho alguém ou você foi acordado de 1 transe: mostra que graças aos esforços de sua força de vontade, você conseguirá quebrar a cadeia de falhas e problemas.

Traumas

Sonhar com trauma: mostra que qualquer coisa do tipo vai passar. Quando sofremos um trauma, seja emocional, físico ou de qualquer outra espécie, ele fica se remoendo e persistindo em nossos pensamentos por 1 bom tempo. O sonho com o trauma mostra que agora estes pensamentos irão acabar, tudo que poderia ter pensado ou imaginado acaba por aqui. O trauma no sonho vem para mostrar que você superou isto. Estará sempre em seu subconsciente como mostrou o sonho, mas agora certamente não lhe perturbará mais e sim lhe dará forças para enfrentar o que for preciso.

Tuberculose

Se você sonhou ter esta doença: então você está em risco na vida real. Mantenha seus amigos, sem eles você vai ficar fora. Significa também perda de peso, humilhação na sociedade.

Tumores

Tumor, neplasma, neplasia, tumoral: se você viu 1 tumor num sonho, então tal sonho mostra as coisas que você está mantendo dentro e não extravasa. Talvez sua mente subliminar está tentando pôr para fora esses segredos. Procure identificar esses problemas e deslinda-los por mais difíceis que possam parecer.

Sonhar com 1 tumor maligno: traduz uma mudança de humor. Talvez algo não lhe dá paz d'espírito? Então, muito em breve, as coisas vão mudar para melhor, tudo vai estar em ordem e você não terá nenhum motivo para ficar triste.

Ver como o tumor está crescendo devido sua lesão: esse sonho prevê que 1 inimigo tece rumores contra você. Mas a coisa mais perigosa é que todo mundo acredita nessa mentirosa fabricação; por isso é necessário o mais rápido possível para acabar com essas insinuações, ou rumores, pois a opinião de certas pessoas é muito importante para você.

+ *Cuidados*: ponde inclusive ser 1 motivo de séria preocupação sobre o seu estado de saúde.

Sonhar que alguém tem 1 tumor: é 1 sinal de má sorte. Este sonho é 1 prenúncio de doença e problemas.

Em geral: é 1 sinal de aumento da riqueza e a melhoria das condições econômicas; ele também anuncia a aquisição de conhecimentos ou riqueza, após 1 período de preocupação e dúvida.

+ *Cuidados*: eles também dizem que o sonho pode ser 1 prenúncio de prisão ou qualquer dano às autoridades.

Várias doenças

Sonhar em ter várias doenças, pode estar associado como uma extorização de problemas em sua vida real. A sua saúde está fortalecida e não se ressentirá.

Ter uma doença grave: problemas na vida amorosa.

Ver doentes: aborrecimentos, tristezas e contrariedades.

Ver conhecidos doentes: ganhos financeiros.

Em geral: é 1 indício de boa saúde.

Doença mortal em sonhos: está muitas vezes ligada a símbolos de medo, ansiedade e uma crise de confiança, que devem ser tratadas com 1 psiquiatra.

Sonhar que está infectado com uma doença contagiosa: pode ser fruto de alguma doença que você de fato tenha. Este sonho também pode estar associado à forma como o sonhador(a) se comunica na vida.

Sonhar que não tem nenhuma doença: tais sonhos não se referem a males físicos reais, mas muito pelo contrário, ilustram a situação mental ou moral da pessoa.

Virose

Sonhar com virose: demonstra uma preocupação excessiva. A virose no sonho deixa claro que você está se preocupando demais com determinado assunto. Você sabe exatamente o que aconteceu no que está lhe preocupando, sabe as consequências. Por isso não deixe que isso lhe afete tanto. Se for necessário pensar nisso e se for possível fazer algo sobre isso ótimo, caso contrário esqueça e siga em frente.

Vômito

Em geral: quando alguém se depara vomitando num sonho, muitas vezes é algo importante que ele precisa remover da sua vida. Pode ser uma coisa, uma pessoa ou mesmo algo relacionado à sua carreira. É 1 sonho que representa liberar algo. Situações na vida fazem parte do ciclo da vida; nós só precisamos aceita-las. Vômito num sonho é na verdade 1 presságio espiritual bem-sucedido.

A pessoa está prestes a se afastar de alguém vomitando: pode significar que é hora de seguir em frente.

DOR

Sonhar com dores: este sonho é uma advertência para intrigas.

Dores em geral: problemas n'area afetiva; pode significar remorso por injustiça cometida.

Sentir dores por todo o corpo: êxito.

Outras pessoas com dor: sua vida está cheia d'erros.

Crianças sentindo dor: perseguição por 1 inimigo.

1 homem com dor: negócios bons e prósperos.

1 agricultor com dor: obterá uma boa colheita.

1 marinheiro com dor: fará uma viagem bem-sucedida.

Uma pessoa que você ama sentindo dores: momento adequado para paquerar.

Dor de cabeça: dificuldades à frente. Terá que ultrapassar obstáculos.

+ *Cuidados*: o sonhador(a) não deve revelar seus segredos e planos e também lembrar-se de que a inveja existe. Nem deve ficar muito tempo na TV, nem no computador.

Sonhar com enxaqueca: extravasa 1 problema que lhe perturba muito. A enxaqueca que por muitas vezes aparece sem motivo, mostra que no contrário a isto você se vê no 1/2 de uma confusão e não sabe como sair dele.

+ *Cuidados*: respire e veja quais são as possibilidades e limitações para assim poder resolver e decidir qual o melhor caminho para se resolver este problema. Porque saiba, é preciso sim resolver isto, não há mais como adiar está situação.

Dor no coração: infelicidade.

Dor de dentes: dores de dente normalmente significam preo-cupação com atos futuros. Dúvidas podem estar pululando em sua cabeça, causando, além de dor de dente onírica, muita dor de cabeça na vida real.

> + *Cuidados*: é o momento ideal para repensar 1 pouco suas escolhas e agir com mais cautela, pesando os benefícios e prejuízos de suas decisões.

Dor nos ouvidos: maledicência contra você. Pode ser reação psicológica à intrigas que poderão perturbar a sua paz.

Dor de barriga: isso pode significar falta de dinheiro – que afinal é 1 dos problemas mais comuns de todos. Aumento substancial de ganhos.

Dor no estômago: atividades sociais agradáveis. Pode ser 1 sinal que em breve o sonhador(a) será convidado para uma festa maravilhosa.

Dor nos ombros: tenha cautela nas atividades comerciais. Não queira responder por atos alheios.

Dor no peito: ganhos financeiros.

Dor na garganta: descoberta de objetos valiosos que estavam perdidos. Pode ser 1 aviso para que fale menos e ouça mais e evite transtornos sociais. Também pode externar uma sugestão da consciência do sonhador(a), para que ele fale menos e ouça mais, para assim não envolver-se em confusões.

Dores nas pernas: receberá boas notícias.

Dor nas pernas ou nos pés – O sonhador(a) deve procurar agir com calma na hora de uma decisão importante.

Dores nos pés: superará as dificuldades.

Dores por todo o corpo: êxito.

Pessoa apaixonada, sonhando que tem dores por todo o corpo: o amor dela está garantido.

Dor nas costas: demonstra uma situação de stress que você pode estar passando. A dor nas costas num sonho demonstra que é preciso se acalmar, pois isso está começando a afetar sua saúde e bem-estar.

> + *Cuidados*: então respire e tente relaxar por alguns momentos isso lhe fará bem.

Dor lombar: a dor lombar também está associada ao sedentarismo, principalmente para as pessoas que ainda não se tenham consolidado ao hábito da prática de atividade física, sendo este 1 fator determinante para se prevenir a lombalgia.

Dor no peito: É 1 aviso de consciência, para que o sonhador não deixe o lazer no esquecimento e que divida melhor o seu tempo.

Dor nas mãos ou nos braços: este sonho significa ganhos inesperados e muito sucesso.

Dor nos olhos: o sonhador(a) receberá recompensa por seus méritos.

Dor de parto: alegrias e nascimento de nova amizade.

Dores sentidas por outra pessoa: num sonho, é 1 fato que pode prever 1 romance ou transa repentina.

Dor de cotovelo: sentir inveja em sonho é certeza de triunfo sobre rivais poderosos. Se, em sonho, você era motivo de inveja, é anúncio de que seu carisma e magnetismo estarão, assim como os anjos, a seu favor, aproveite.

DORMIR

Sonhar que se dorme: é sinal de cansaço físico.

Se você sonha em dormir: então tal sonho significa para a tranquilidade de sua mente. Por outro lado, o sonho pode ser uma indicação de sua incapacidade de abrir bem os olhos e aceitar as circunstâncias em que está. Ao sonho de dormir com a pessoa que você não conhece, mostra que você achar que é difícil lidar com a situação que foi fornecida por alguma pessoa.

Em geral: tem alguma relação à sua vida; daí, o sonhador(a) deve mudar algumas atitudes e opiniões sobre as coisas e assim terá resultados mais satisfatórios.

+ *Cuidados*: o médico pode sugerir que seu paciente mude a cama de lugar.

Ao ver as outras pessoas dormindo: geralmente simboliza a si mesmo o que você sente e do jeito que você aceitar os outros. Considere-se que o sono é também associado à morte, quando a pessoa dorme, ele não tem conhecimento do que está acontecendo ao seu redor. O novo começo é também 1 símbolo do sono, o que significa que você pode começar tudo de novo, tudo desde o começo do momento em que você acorda.

Ronco

Se você sonha e ouve alguém roncando: significa que não há maneira d'escapar de fazer amor com certo alguém em seu sonho.

Se você ronca durante o sono: diz que você está perto de sentir grande ansiedade. Lembre-se que sua paciência em breve poderá estourar e que isso, pode ter a certeza não vai ser bom para você.

+ *Cuidados*: se der o máximo de atenção à família, há uma chance de que vai esquecer todos os seus pecados e sob o telhado de sua casa vão voltar o amor e a compreensão. Para uma causa tão grande, talvez você possa tentar comprometer, que deve comprometer os seus próprios princípios.

Se você percebe ronco de seus filhos: tal sonho anuncia relacionados e sérios problemas que eles não tentam enfrentar pela força.

+ *Cuidados*: tato e delicadeza, tentar desafiá-los para uma conversa confidencial. Neste caso, tente não abusar da confiança dos filhos, ou ser cabeça dura no trato com eles. para si.

Quando são os pais que roncam durante o sono: torna-se uma fonte de preocupação de que eles tenham problemas: mas, neste caso, não serão problemas graves. Todo mundo sabe que as pessoas mais velhas tendem a periodicamente denotar pânico por alguma coisa a maioria das vezes insignificante; mas não há nada que você possa fazer sobre isso.

DRAGÃO

Este é sem dúvidas 1 tipo de sonho muito bom, pois o dragão é 1 símbolo de fidelidade e força e ao sonhar com dragão *pode ter a certeza de que seus amigos verdadeiros irão o defender a todo custo*. Então caso sonhe com 1 dragão pode ficar bem tranquilo, pois é sempre 1 bom presságio ter este tipo de sonho. É também o principal sonho dos chineses.

Uma pessoa que veja 1 dragão que lhe dirige a palavra, ou lhe dá presentes no sonho: poderá esperar vultuosos benefícios; mas se o sonhador(a) estiver doente, é anuncio de morte.

Vê-lo distante: anuncio de males.

Vê-lo de frente: dá a indicar de que você é uma pessoa muito querida por seus amigos e familiares. Então para que sempre continue assim, seja uma pessoa certa e sempre presente, para que a opinião das pessoas sobre você não mude.

Quando o dragão era purulento e repugnante: é indício de perigos graves para a sua saúde ou segurança.

Lutar com 1 dragão: é conquistar sua energia inconsciente, o que lhe proporciona 1 domínio total da vida se o dragão for vencido.

Se ao sonhar você se deparar com muitos dragões ao invés de apenas 1: é muito importante que tome distância de uma pessoa muito amada por você. Ainda mais se souber que há 1 grande risco de que possa haver 1 rompimento nessa relação. Ou seja, fique sempre muito atento com as pessoas que rodeiam o seu relacionamento para que não interfiram.

Se durante o seu sonho o dragão tentar te atacar: não é preciso que fique assustado, pois pode ser 1 sinal de que muito em breve irá enfrentar 1 inimigo muito poderoso e isso é muito bom porque você irá sair como vitorioso. E ao vencer o dragão, saiba que é essencial que não permita que a vaidade toma conta de si, pois será prejudicial para a sua vida. Então para ficar mais por dentro do assunto e saber tudo o que precisa sobre sonhar com dragão continue lendo o post e tire todas as suas dúvidas. Mas leia com muita atenção, pois este é 1 assunto muito delicado e da mesma forma ele pode acabar sendo 1 pouco confuso.

Em geral: outro grande significado é que o dragão também é um símbolo de muita fortuna e fartura, ou seja, ao sonhar com isso é muito importante que saiba que você está prestes a passar por bons momentos em sua vida e terá uma grande recompensa financeira. Não s'esqueça então de sempre colocar em dia todos o s seus planos e sempre correr atrás de suas metas.

Sonhar com 1 dragão voando: algumas pessoas não vêm este sonho como uma coisa boa, mas na verdade é sim, porque ele tenta te mostrar que é preciso que trabalhe muito duro para conquistar as coisas que tanto deseja e para que assim também as pessoas possam reconhecer todo o seu esforço e assim possa ser muito bem recompensado por seus esforços. Este sonho também indica que você pode estar passando por alguns problemas 1 pouco difíceis em sua vida, mas que com muita fé e esforço você irá conseguir vencer estes obstáculos. Então nunca desista de seus sonhos e continue sempre lutando para que consiga chegar onde tanto quer.

Sonhar com 1 dragão monstruoso: não é preciso que se assuste, pois este sonho indica que logo você terá que passar por uma fase em que muitos problemas difíceis irão aparecer em seu caminho e que por muitas vezes você irá fraquejar e pensar em desistir.

Quando o dragão foi verde ou tenha cuspido fogo: pode ser advertência de uma provável formação de pedras em seus rins.

Se o dragão soltava fogo pela boca: eventual presença de pedras na bexiga.

DROGAS

Sonhar com drogas é algo que choca a pessoa, principalmente se este não for usuário(a). Faz ficar o resto do dia só pensando em seu significado e o que ele quer passar na realidade. Mas não se preocupe, no geral, o sonho não é ruim, tudo dependerá de seus detalhes. Talvez ele seja 1 alerta para que fique atento(a) com pessoas falsas, traições ou certas dificuldades que são comuns no dia a dia de qualquer indivíduo. Significa também que você não deve se relacionar com quem não for de confiança; dê as costas para pessoas desonestas e tome mais cuidado com a sua saúde. No entanto, também pode representar 1 período de muita felicidade na sua vida.

Vender ou fornecer drogas: é aviso para que não s'envolva com pessoa desonesta.

Ver ou falar com 1 viciado em drogas: é aviso para que cuide mais de sua saúde. Se você tomou ou ingeriu qualquer droga em sonho, é aviso para que não confie em pessoa que conheceu há pouco tempo. Recusar qualquer tipo de droga, período de muita alegria no lar. Se você viu drogas guardadas num armário, certeza de vida tumultuada e infeliz. Se você fez uso de drogas com fins medicinais, para tirar a dor e por recomendação médica, o prenúncio é de saúde boa e amizades sinceras. Quando quem sonha vê ou entra numa drogaria, sinal de que fará excelentes negócios ou receberá aumento salarial. Trabalhar numa drogaria, não se deixe explorar, você precisa descansar e passear.

Sonhar com drogas, das quais você é usuária(o): este sonho é 1 mal presságio, pois avisa para que tenha cuidado com doenças e acidentes. Apesar de não poder evitar que essas coisas aconteçam, você pode usar este aviso para se proteger em viagens e também para manter seus exames em dia. Tente também evitar andar com pessoas negativas e invejosas que podem roubar sua energia.

Dica psicológica: que tal comprar 1 amuleto ou preparar 1 banho para proteção?

Se você sonha estar tomando drogas: significa na vida real você está exposto(a) a muitas tentações, às quais não consegue resistir por causa da complacência ou falta de aspiração. Também significa que, apesar da fraqueza física aparente, você tem uma grande influência sobre outros. Este sonho é 1 aviso: você tem que limitar o seu impacto sobre as pessoas. Adverte também que você corre o perigo d'entrar num estado de intoxi-cação narcótica, revelando que na realidade, você está cansado de uma pressão escondida e procurando fugir da realidade. Também alerta aflição, doença, acidente, inconsciência, ou desequilíbrio psíquico.

+ *Cuidados*: pense direito se esse é o caminho que deseja seguir.

Se uma amiga sua foi a usuária: existe uma pessoa muito próxima que precisa se sua ajuda para encontrar o melhor caminho na vida, mas você não tem notado os pedidos de socorro que ela tem feito. Pare 1 pouco, veja quem está em volta e tente interpretar os sinais. Talvez seja hora de deixar suas coisas 1 pouco de lado para ajudar quem tanto necessita de você e também que sempre a(o) socorre nas necessidades.

Usar drogas e portar drogas: é mau presságio. Significa que uma enfermidade ou 1 evento inesperado e desagradável atingirá o sonhador(a), direta ou indiretamente.

Se no seu sonho você não usava, mas portava drogas: este é 1 alerta: apesar da urgência que você tem para resolver uma determinada situação, não seja inconsequente ao escolher qualquer uma. Ela pode parecer ideal no momento, pois você deseja se livrar do problema o quanto antes, mas pode custar caro em breve.

Outra pessoa usando drogas: significa que 1 amigo(a) precisará da sua ajuda para atravessar 1 momento bem difícil. Você vai ter que deixar de lado seus próprios problemas por algum tempo se quiser ajudá-lo realmente. Também diz ser tempo propício para flerte.

Se o sonhador(a) não for usuário(a): no geral, o sonho não é ruim, tudo dependerá de seus detalhes e talvez ele seja 1 alerta para que fique atento(a) com pessoas falsas, traições ou certas dificuldades que são comuns no dia a dia de qualquer indivíduo.

Ter drogas em suas mãos: indica que há a necessidade de uma solução rápida para os problemas que afligem sua vida.

Sonhar que sua namorada(o), decepcionada(o) com a vida, usa drogas: significa o fracasso de 1 futuro e a perda de 1 amigo(a).

Dar droga para alguém: significa que alguém da família vai se queixar de uma ligeira indisposição.

Se num sonho, que você advertiu alguém sobre o descabimento do uso de drogas: significa que na vida real o que você passa às pessoas é o bem e alegria.

Ser visto usando droga num sonho: indica que na vida real você sucumbiu a paixões insalubres e prazeres sexuais.

Se o sonho envolve outra pessoa: esteja atento ao seu amado(a) que pode induzi-la(o) ao uso nefasto de drogas.

1 sonho em que você está tomando medicamentos também considerados drogas: significa que, apesar da fraqueza física aparente, você tem uma enorme influência sobre outros. Talvez você deve limitar o seu impacto sobre as pessoas.

Se você sonhou que tentou dissuadir alguém a tomar drogas: revela que na vida real e você proporciona o bem e alegria às pessoas.

Ver-se no sonho recebendo entorpecentes: significa que você vai causar 1 enorme impacto nas pessoas e que sua fraqueza física óbvio o impede completamente a uma reação.

Se você permitia outra pessoa usar drogas no sonho: revela que você é na vida dos outros, alegria e bondade.

Sonhar que você impedia uma pessoa usar drogas: significa que pessoas estão olhando e começando a comentar. Também expressa a perda de 1 ente querido.

Recusar qualquer tipo de droga: período de muita alegria no lar. Se você viu drogas guardadas num armário, certeza de vida tumultuada e infeliz.

Se você fez uso de drogas com fins medicinais: para tirar a dor e por recomendação médica, o prenúncio é de saúde boa e amizades sinceras.

Se você no sonho achou que seu amado(a) está tomando drogas: na vida real, você deve ser cuidadoso(a) e atento(a) face a 1 provável para fraude. Para o sonho de uma jovem mulher em que ela s'encontra em drogas, avisa que ela corre o risco d'erros na escolha de 1 parceiro de vida.

Sonhar que estava dopada (o) devido à ação de drogas tomadas: doença intermitente, ou falta d'energia para tomar juízo.

O uso de "medicamentos para dormir": indica uma possível doença grave.

Submeter-se a 1 drogado: revela doença ou diminuição de sua força mental.

Ter drogas: doença perigosa a caminho.

Ter 1 armário cheio de drogas: bons negócios, porém sem lucro.

Preparar drogas: perda de dinheiro.

Receber convite para tomar drogas: sua moral vai levantar.

Recusar-se a tomar drogas: haverá confusão em sua vida.

Receber drogas de 1 médico: contará com a proteção de amigos.

Dar drogas a parentes: está cercado por muita fofoca.

Dar drogas aos filhos: especulação bem-sucedida.

Sonhar que compra drogas: sonhar que compra drogas representa sua necessidade em "botar pra fora" todo o sentimento enraizado em seu coração. Você precisa liberá-los e mudar seus hábitos para que possa viver com mais prazer e diversão. O sonho pode ser 1 alerta para aqueles que estão entrando num caminho perigoso, fazendo coisas que não sou legais; ele avisa para que tente desviar destes caminhos ruins antes que seja tarde demais.

Sonhar que vende ou fornece drogas: sonhar que vende ou fornece drogas é 1 aviso para ficar atento(a) às pessoas ao seu redor, pois elas podem ser desonestas e agirem de má fé com você. Vender ou fornecer drogas num sonho também pode indicar que pessoas próximas a você estão precisando de sua ajuda. Não se sinta envergonhado (a) em oferecer ajuda, mesmo sem o indivíduo pedir, pois muitas vezes ele só quer desabafar, ser ouvido por alguém. Se a necessidade de conversar for sua, não tenha medo e fale com alguém, isto lhe fará muito bem.

Sonhar que vê ou conversa com 1 viciado em drogas: pode ser 1 aviso para que olhe em volta de seus amigos e preste mais atenção neles, pois alguém da turma está precisando muito de você e da sua ajuda. O sonho também pode significar outro aviso: cuide de sua saúde! A saúde é o bem mais precioso que temos, por isso é essencial cuidarmos dela e assim que perceber algo d'errado, ir ao médico.

Sonhar que está sob efeitos de drogas: quando uma pessoa sonha que está sob o efeito de algum tipo de drogas, é sinal de que pode estar tomando 1 caminho 1 tanto quanto perigoso com relação a algum aspecto da sua vida de 1 modo geral. Pode ser também que a pessoa esteja querendo ter algum tipo de aventura, mas pode estar arriscando algo importante.

Ser dependente de drogas: passará por momentos de tensão.

Amigos tomando drogas: esta é a altura ideal para o sonhador(a) tomar decisões na sua vida.

Sonhar com uma overdose de drogas: quando as pessoas sonham que estão passando por uma overdose de drogas, é sinal de que estão vivendo 1 momento na vida de imenso prazer com relação as coisas boas da vida. Mas é importante sempre ficar atento com relação as consequências desses momentos. Esse é 1 verdadeiro pesadelo, principalmente se terminar com a sua morte. Esse sonho também é 1 alerta, você tem abusado do poder e prazer que a vida lhe dá. Cuidado com os excessos e com atitudes desagradáveis, você pode magoar pessoas que o(a) amam.

+ *Cuidados*: com os excessos e com atitudes desagradáveis, você pode magoar pessoas que o(a) amam.

Dica psicológica: o médico pode recomendar ao seu consulente que vá sozinho ou com 1 amigo munido com uma câmara e filme os trechos mais lamentáveis da Cracolândia de sua cidade, para depois então, ele(a) passar o vídeo em sua TV todo sábado antes de dormir em sua TV durante 1 semestre, para ele ver bem e sempre ter na memória o triste destino que pode esperar todo aquele que for viciado.

Sonhar com grande quantidade de drogas: existe 1 sentimento que vive em seu coração e que está te fazendo mal, porém você não consegue abrir mão dele, pois não é capaz de perceber que ele te prejudica. Reflita, às vezes você guarda raiva de alguém, uma mágoa que só te faz sofrer. Tente entender o que anda atrapalhando seu sono e livre-se disso!

Em geral: quando alguém sonha que usa uma droga legalizada significa que ela está perdendo as esperanças em algum aspecto da sua vida. Não tem mais ânimo para realizar os seus objetivos.

Álcool

Quando, em sonho, se bebe álcool ou qualquer bebida contendo este elemento: é aviso para que procure 1 médico, pois sua saúde encontra-se debilitada, cuide-se.

+ *Cuidados*: na questão da saúde , se você toma no máximo 1 dose de bebida alcoólica por dia (1 dose corresponde a 1 lata de cerveja/350ml ou a 1 cálice de vinho tinto 150ml ou a 1 dose de bebida destilada/40ml), aí não se preocupe – é o limite e não faz mal a ninguém, seja homem, mulher ou mais ou menos.

Se você sonhou com bebidas alcoólicas que têm gosto amargo, como aguardente, whisky e outros tipos de bebidas destiladas: deve tomar muito cuidado com o que está acontecendo em sua vida: isso é presságio de derrotas sociais, de desgostos, de infelicidade. Pode ocorrer de você estar se sentindo abandonado pelos seus amigos e pelos seus familiares e essa situação precisa ser resolvida com urgência. O melhor que você pode fazer nesse momento é rever seus próprios conceitos e mudar o seu planejamento de vida.

Sonhar beber álcool: alguém pode sonhar com álcool por vários motivos. Por exemplo, se você tem 1 membro da família com problemas de alcoolismo, ou você mesmo já teve. E significa que você precisa tomar mais cuidado com a sua saúde.

+ *Cuidados*: também é aviso para que procure 1 médico, pois sua saúde encontra-se debilitada, cuide-se.

Sonhar querer beber: medo d'engano.

Oferecer uma bebida: união inconstante.

Quando uma mulher sonha com qualquer tipo de bebida: isso quer dizer que ela, na vida real, poderá estar a envolver-se em terrenos muitos perigosos, apesar de que no momento, ter muito prazer com isso.

Se sonhar que não consegue beber uma bebida sem ser álcool: isso significa que vai deixar de apreciar algum tipo de ação que antes lhe dava muito prazer.

Se você sonhou que bebeu demais e que ficou bêbado: é 1 sinal preocupante: em sua vida normal; você está vivenciando problemas e perdendo o controle da situação.

+ *Cuidados*: se você está perdido, se não está tomando as decisões mais corretas, deve pensar com atenção em tudo o que está acontecendo para não ser prejudicado ou para não prejudicar pessoas ao seu redor. Lembre-se que a sobriedade e a tranquilidade são os melhores caminhos para encontrar a felicidade.

Consumir álcool em excesso às escondidas: pode indicar que você passa por 1 momento negativo, onde a única coisa que você está procurando é esquecer algo que aconteceu e que todos os dias não permite você se levantar e seguir em frente. No entanto, nem tudo é negativo e você tem a oportunidade de começar a procurar uma solução para o problema que está enfrentando, nem tudo é ruim, lembre-se de que a vida lhe oferece a oportunidade de melhorar tudo. Atreva-se a avançar para encontrar a resposta.

Consumiu álcool e ficou intoxicado: é uma necessidade interior d'escapar da realidade ou a sua situação de vida. Isso também indica 1 sentimento de alienação e possivelmente culpa.

Tomar álcool sem parar: desejos violentos.

Gosta de tomar álcool: negligência prejudicial.

Ver alguém ficar bêbado: é geralmente uma expressão negativa do seu sentimento interior em relação à pessoa ou traço de personalidade exibido pela pessoa que está bêbada.

Estar sóbrio numa multidão de bêbados: indica sentimentos de ser deixado de fora, ou ser superior.

Beber álcool de forma moderada: isso significa que você está no melhor momento, satisfeito com o que fez e que propôs novos objetivos para poder realizar. Ou que você tem muita confiança e espera ver o sucesso pelo qual você lutou tanto para alcançar.

Sonhar com 1 familiar bêbado: você está preocupado com sua família. Desejar o melhor para ele/ela e vê-lo nesse estado causa dor. Faça tudo o que puder para ajudá-lo e deixe-o saber que ele não está fazendo o que é certo. Esforce-se, ajude, seja simpático!

Outras pessoas tomando álcool: pode significar problemas, tempos difíceis, etc.

Sonhar em ser alcoólatra: você está passando por 1 momento difícil que você quer esquecer. Além disso, você acha que não é uma pessoa independente. Você precisa de ajuda externa para viver.

Achar uma bebida amarga: viagem de negócios.

Bebida gelada ou com cubinhos de gelo: negócio arriscado.

Oferecer uma bebida: bom presságio.

Servir uma bebida: visita interessante.

Desfrutar de uma bebida: felicidade crescente.

Comprar bebida: inimizades ocultas.

Beber com seu amante: aumento d'energia física.

Recusar uma bebida: contrastes e obstáculos.

Estocar bebidas: oposição no trabalho.

Em geral: Se 1 alcoólatra sonha com o álcool pode ser 1 sinal de abstinência; ele está s'esforçando para parar de beber, sem sombra de dúvida está no bom caminho! Para outras pessoas, sonhar com álcool pode significar problemas, tempos difíceis etc. Tudo depende da sua situação de vida atual e do relacionamento que se tem com o álcool.

Absinto

Desde tempos imemoriais que o absinto é considerado uma bebida com poderes especiais e normalmente associado a uma vida boêmia, divertida e fútil.

Sonhar com absinto ou com os efeitos que a bebida causa: significa que estará desperdiçando as suas verdadeiras capacidades e desaproveitando o seu potencial em detalhes e particularidades que não merecem a importância que está dedicando.

Sonhar que bebe 1 absinto com a pessoa amada: significa um aviso para não se deixar levar em avanços precipitados nessa relação, que podem ter consequências negativas.

Aperitivo

Significa que você está vivendo uma situação falsa.

Batida

Sonhar com uma batida, de coco por exemplo: significa que em breve notícias excelentes irão aparecer na sua vida.

Servir uma batida em sonho: é augúrio feliz, a saúde está boa. Também pode ser interpretado como perseverança. Pode ser que você esteja lutando com todas as suas forças por algo. Não perca a esperança, mantenha essa atitude esforçada e focada, em breve os resultados irão aparecer. Sonhar com uma batida é 1 ótimo prenuncio para a sua vida.

Brandy

Tomar brandy: satisfação nos assuntos sentimentais.
Possuir uma garrafa de brandy: cuidado com amigos falsos.
Comprar uma garrafa: receberá notícias boas e inesperadas.
Oferecer 1 gole de brandy a outras pessoas: precisa controlar suas paixões.

Cachaça/Pinga

Sonhar com cachaça: de modo geral, sonhos com essa bebida não representam presságios tão bons quanto pode parecer. Teve 1 devaneio no qual você se via comprando uma cachaça para outra pessoa? Acredite: isso é 1 sinal para que você tenha cuidado com amizades duvidosas.

Sonhar comprando cachaça: o contrário do sonho, ou seja, sonhar comprando aguardente para você mesmo, prediz que você precisa manter o foco e o equilíbrio para não sofrer perdas importantes.

Sonhar bebendo cachaça: ter 1 sonho bebendo cachaça em excesso corresponde a 1 alerta para o sonhador(a), pois o(a) mesmo(a) pode estar com a saúde em situação de fragilidade.

Sonhar cheirando a cachaça: traz 1 bom presságio, pois representa que o sucesso pode estar próximo de bater na sua porta.

Desgostar de cachaça: euforia momentânea.

Caipirinha

Sonhar com caipirinha: simboliza a necessidade de mais descontração. E demonstra que é necessário você se desligar 1 pouco, se divertir e descontrair 1 pouco, pois é necessário para que também seu trabalho tenha 1 resultado melhor. Tente perceber isso, quem sabe você goste.

Cerveja

Se você está bebendo a cerveja num copo e a espuma no topo do copo fica em evidência: é 1 ótimo sinal, indica que coisas boas irão acontecer na sua vida.

Se no seu sonho você está bebendo cerveja com moderação: em algum local divertido com pessoas que gosta, significa que muito sucesso está por vir.

Sonhar com cerveja: infidelidade de parentes.

Champanhe

Sonhar que está bebendo champanhe: simboliza 1 período de celebração pelo qual você passou recentemente.

Sonhar que alguém abre uma garrafa de champanhe: significa que você passará por 1 momento de bons acontecimentos e de sorte. O desarrolhar significa que seu grande sonho se tornará realidade.

Regalar-se com champanhe: euforia momentânea.

Conhaque

Amarguras pela frente.

Se você viu garrafas de conhaque, em sonho: o aviso é para que não dê tanto valor ao lado material, valorizar a espiritualidade também é importante.

Comprar ou vender conhaque: é certeza de que haverá melhora no setor financeiro.

Se você viveu garrafas de conhaque, em sonho: o aviso é para que não dê tanto valor ao lado material, valorizar a espiritualidade também é importante.

Comprar ou vender conhaque: é certeza de que haverá melhora no setor financeiro.

Coquetel

Coquetel é uma mistura alcoólica ou sem álcool que combina duas ou mais bebidas, nas quais costumam ser adicionadas gelo, frutas, creme de leite, açúcar, entre outros. Nos sonhos representam uma vida desregrada.

Ao sonhar que está a beber 1 coquetel: quer dizer que vai enganar os seus amigos devido às suas inclinações para a diversão. Trocará os seus amigos por outros que alegam que o são. E mais: ao ter este sonho, isso implica uma vida cheia de loucuras, sem regras e sem qualquer pudor para com a moralidade.

Dissabor: uma mistura de ingredientes pode apontar especificamente mal-entendidos com os outros por causas pessoais, circunstâncias que você tem que resolver imediatamente, a fim d'evitar problemas.

Agitar a vida: também o sonho com coquetel pode ser 1 símbolo que mostra uma vida monótona, muito chata, então você deseja misturar tudo e tentar uma agitação.

Sonhar que você está bebendo muitos coquetéis: indica a sua necessidade de 1 pouco de relaxamento. Você precisa escapar e fugir da rotina diária e descontrair.

Sensualidade: o coquetel em sonho simboliza sensualidade, principalmente erótica que o sonhador quer em sua vida monótona.

Decepcionado se o gosto do coquetel era ruim: se o sabor de sua bebida era muito ruim, então você vai decepcionar seus amigos e membros da sua família.

Se você preparou 1 coquetel em seu sonho: então esse sonho anuncia que você vai ter desentendimentos na vida privada.

Se viu uma mulher tomando 1 coquetel: esse sonho promete vida dissoluta e ignorância das convenções morais.

Em geral: necessidade de mudanças; este sonho marca que você anseia por mudanças em sua vida.

Drink

Oferecer 1 drink a alguém: desejos violentos.

Gim

Sonhar com gim: é indício de vida profissional favorecida.

Licor

Oferecer 1 licor: união inconstante.

Tomar 1 licor: decepções fáceis.

Em geral: mentir para os amigos.

Martini

Quando você se depara com 1 sonho em relação a uma taça com Martini: basicamente significa que você vai conseguir suas recompensas e que os frutos do seu trabalho vieram!

Quentão

Prepara ou beber quentão: prenuncia amores intensos.

Rum

Sonhar estar bebendo: alegrias nas proximidades.

Saquê

Sonhar com saquê: simboliza que é preciso ser mais paciente. O saque uma bebida da cultura japonesa que precisa de fermentação para acontecer, mostra que é preciso dar tempo ao tempo. Você precisa saber esperar e saber que as coisas têm hora para acontecer, pois muitas vezes se acontecerem no momento errado pode não ter o melhor resultado. Isto acontece não por não ser a melhor escolha, mas sim porque pode ter sido forçada, adiantada, não era para ser neste momento. É preciso saber esperar o destino fará sua parte e tudo que deve acontecer acontecerá, tenha paciência.

Tequila

A tequila – a aguardente mexicana – é uma bebida de alto teor alcoólico. De acordo com a sabedoria popular a tequila era conhecida por prolongar a vida e curar doenças. Ideia essa que não vigora mais, pois é vista como 1 digestivo e o seu consumo em excesso é prejudicial à saúde.

Sonhar com tequila: quer dizer que vai conseguir atingir as suas metas e os seus planos estabelecidos anteriormente. Também significa que nas suas ações futuras, os seus projetos estarão sem sal, vai faltar 1 pouco mais de criatividade por muito original que seja.

A 1 nível mais pessoal e privado: sonhar com tequila significa que vai lhe faltar aquele pequeno toque para conseguir estabelecer laços de amizade com aqueles que mais quer e que mais lhe agradam.

Vermute

Sonhar estar bebendo: vai sentir uma dor aguda.

Vinho

Riqueza e abundância. Grandes oportunidades estão no seu caminho e você terá ótimas chances para agarrá-las. É 1 sinal perfeito de positividades na sua vida. Vinho em sonho é prenúncio de saúde e felicidade.

Se, em sonho, você bebeu vinho: espere restabelecimento de pessoa amiga.

Quando, em sonho, s'entorna vinho: é aviso para você não desperdiçar tempo e energia com pessoa que não merece o seu amor.

Vodka

Geralmente, os sonhos com vodka não preveem nada de bom. Provavelmente, tal sonho vai ser conectado com decepções.

Se você sonhou com vodka em garrafas fechadas: você deve tomar cuidado com os interesses, seja vigilante e tenha atitudes vigorosas para protegê-los.

Se no sonho você só bebeu vodka: na realidade, você corre o risco de perder amigos por causa do próprio egoísmo.

Quebrar uma garrafa de vodka: refere-se a perda de amigos por causa do comportamento ignóbil.

Você teve vodka derramada sobre óculos, ou não pôde bebê-la: será difícil para você para alcançar o sucesso em que você confiou.

Whisky

Sonhar com uma garrafa ou dose de whisky: significa que você está totalmente conturbado com problemas insolúveis. Esta garrafa representa toda a sua falta de controle dos problemas e uma busca pela solução.

Sonhar que toma whisky: significa que você tem uma forte inclinação para descontroles emocionais e doenças psicossomáticas. Existem pessoas que não conseguem lidar com os seus problemas e acabam desenvolvendo doenças emocionais gigantescas. Busque gerenciar seu conflito a partir de atitudes que lhe projetem para a solução e não para o ocultar mais problemas.

Sonhar que quebra uma garrafa de Whisky: é 1 péssimo presságio, pois, pode significar uma queda de recursos financeiros ou a perda de algo valioso. Este algo valioso pode ser tanto material quanto sentimental e lhe causará 1 descontrole sem medida.

Sonhar que ver alguém embriagado por whisky: é sinônimo de notícias boas chegando em breve, pois, essa embriaguez de alguém representa o estado eufórico que sentimos ao receber boas notícias.

Sonhar que você está bêbado porque ingeriu álcool demais: tem a mesma conotação, todavia, difere apenas em relação ao fato de alguém próximo ser o beneficiário de boas notícias e você ser alcançado.

Garrafas de whisky: indicam que você é pessoa muito atenta e vigilante.

Sonhar que ganha garrafas de whisky: representa, também, muita sorte e indica boa época para investir nesta sorte. Pode ser através de jogos, empreendimentos, amor enfim, várias situações.

Sonhar que entrou num bar para tomar uma cachaça ou cerveja: sugere algum tipo de barreira em seus relacionamentos com os outros.

Se você está tomando uma bebida num bar: isso sugere que você está buscando a aceitação de 1 grupo de pessoas.

Ficar bêbado num bar: implica uma atitude descontraída em relação à sua vida e isso também indica que é hora d'estar sozinho. Para que possa seguir seu próprio caminho em vez de ser constantemente influenciado por outros.

Se você está bebendo whisky sozinho(a) em seu sonho: então isto revela que você é pessoa muito egoísta e egocêntrica. Você não compartilha a sua felicidade e realizações com seu amigo, membro da família ou colegas. Por outro lado, este símbolo de também pode mostrar sua desconfiança pelas suas próprias habilidades. Você está tentando evitar o seu dever.

Alucinógenos

Fuga da realidade, problemas de suspensão, a manifestação de dependência dolorosa.

Sonhar com alucinógenos: mostra que o sonhador(a) está com uma ideia equivocada sobre algo. Os alucinógenos no sonho deixam claro que o sonhador(a) está indo pelo caminho errado numa decisão ou opinião no momento. Por isso ele deve procurar prestar atenção na opinião das pessoas ao seu redor e de sua confiança sobre o mesmo assunto. Isto fará com que ele perceba mais rápido onde está errando; ou será que todos estão errados, menos ele? – isto é pouco provável, já que os alucinógenos sempre induzem que a pessoa pode estar "viajando".

+ *Cuidados*: o médico deve se inteirar se o sonhador de fato usa alucinógenos ou se ele apenas sonha com eles, para então, caso afirmativo, impor 1 tratamento.

Anfetaminas

Pode ser que à 1ª vista você pense que esse sonho seja 1 alerta para algum problema de saúde ou a necessidade de se cuidar melhor. Na verdade, sonhar com pílulas tem muito mais a ver com problemas emocionais do que físicos. Eles refletem, na maioria das vezes, nossa fragilidade interior e a busca de uma saída para nossos problemas.

Comprar pílulas: é prenúncio de mudança domiciliar.

Dar a alguém ou ingerir essas pílulas "medicinais", em sonho: é indício de novas e grandes responsabilidades.

Cigarro

Fumar cigarro: o sonhador deve evitar o complexo de ser rejeitada(o) e é sinal que ele, poderá ser induzido(a) a usar drogas. Geralmente, quem sonha que está fumando tem desejos e prazeres ocultos que podem lhe trazer transtornos psíquicos.

+ *Cuidados*: se o sonhador for fumante, seria bom se largasse de fumar de vez, já que este tipo de sonho avisa que o seu pulmão, garganta ou cérebro estão ameaçados de desenvolver 1 câncer que mata.

Apagar 1 cigarro em sonho: é sinal de que novidades estão para acontecer em sua vida profissional.

Quando você sonhou 1 cigarro para outra pessoa: é 1 aviso sobre a breve realização de novos ou antigos sonhos.

Sonhar que está fumando ou vendo alguém fumar: indica a vinda de difíceis momentos na vida a 2.

Oferecer ou receber 1 cigarro de alguém: significa que é o momento de você começar a satisfazer as suas vontades. É hora de pensar mais em você.

Apagar 1 cigarro em sonho: é sinal de que novidades estão para acontecer em suavida profissional.

Quando se sonha que alguém acendeu 1 cigarro: é 1 aviso sobre a breve realização de novos ou antigos sonhos.

Sonhar que está fumando ou vendo alguém fumar: indica a vinda de difíceis momentos na vida a 2.

Se ver fumando alguma substância desconhecida.

+ *Cuidado*: indica que você está precisando dar 1 tempo no cigarro. Ele poderá ser fatal aos seus pulmões.

Fumar cachimbo: saúde satisfatória.

Cocaína

A cocaína é conhecida pela poderosa capacidade de desencadear problemas e prejuízos em todos aspectos da vida. Além disso, a cocaína enfraquece todas as barreiras do espírito, abrindo espaço para sexo desregrado, pensamentos obsessivos e muita depressão. Por estas características, sonhar com cocaína significa o quanto você está vulnerável em sua vida de vigília. Provavelmente existe uma névoa em torno de si, a qual obscurece suas decisões e capacidade de reagir às dificuldades. Para dissipar a névoa e recuperar seu potencial, é necessário foco e dedicação em alguma atividade. Dedique-se a leitura de 1 livro, praticar esportes, ir à academia, meditar, fazer alongamentos, etc. Qualquer atividade irá ajudar a enfraquecer essa névoa que paira sobre você e assim, recuperar o fôlego pra tocar a vida adiante.

O sonho, no qual você pegou a cocaína: revela o seu estado d'espírito, onde você se sente inútil e exausto. Talvez você esteja tentando sair de seus deveres e dedicatórias. Você não tem nenhuma arrogância ou orgulho e faria qualquer coisa para sair da vida que você está vivendo no momento. Alternativamente, o sonho pode sugerir para você se divertir mais e tentar relaxar 1 pouco, a fim de obter satisfação.

Sonhar que se usa a cocaína para alimentar o vício: é 1 sinal de alerta e que o sonhador(a) deve, afastar-se desse tipo de tentações, que só lhe trarão dores e tristezas.

Crack

O crack, como podemos ver nos noticiários, é a pior droga que existe. O crack arreganha a consciência deixando o usuário completamente fora de si, além de perder totalmente a capacidade de agir. No entanto, sonhar com crack demonstra a sua perda de identidade e personalidade. Talvez você se sinta fora de si e pensando demais. Nesse caso, o sonho é 1 alerta para tomar as rédeas da vida, antes que seja tarde demais. Consumir crack durante o sonho significa o fracasso ou uma forma compensatória de prazer ou de alerta a potenciais recaídas; não consumir a droga significa sintomas de abstinência ou o sucesso em ter vencido a dependência.

Consumir crack no sonho: significa o fracasso ou uma forma compensatória de prazer ou de alerta a potenciais recaídos.

Não consumir a droga: significa sintomas de abstinência ou o sucesso em ter vencido a dependência.

Drogas alucinógenas

O efeito alucinógeno faz com que os consumidores vejam ou percebam realidades que não existem. Ao contrário do que muitos acreditam, essas alucinações nem sempre são agradáveis. Também é possível ter experiências muito assustadoras sob o efeito da droga.

Cogumelos

Usuários de cogumelos alucinógenos costumam descrever a experiência comparando-a a sensação de estar num sonho. As áreas primitivas do cérebro, associadas às emoções e a memória, que foram ativadas durante o uso de *psilocibina* são também associadas a atividade cerebral durante os sonhos e parecerem funcionar de maneira mais sincronizada e coordenada durante o efeito da droga.

Em geral: ver cogumelos é explicado como o sonho de simbolismo importante para o sonhador. Este sonho significa prazeres insalubres e pressa imprudente em acumular riqueza, pois podem desaparecer em ações judiciais e vãos prazeres.

Ecstasy

Provoca 1 rápido aumento da temperatura corporal. O problema é que a mesma droga evita que a pessoa perceba claramente o que acontece no seu corpo. Se levarmos em conta que geralmente é consumido em festas, em locais fechados e com muitas pessoas, não é surpreendente que, em muitos casos, leve a uma desidratação severa.

Consumir ecstasy em seu sonho: significa que você está deprimido e sugere que você *está se movendo em direção a uma experiência espiritual. A mensagem principal deste sonho é que você precisa ter certeza de ter força interior para sobreviver no futuro.*

LSD

Sonhar que estar fazendo uso de LSD: tem o significado simbólico e sugere 1 despertar, novos talentos e consciência expandida. Você está olhando para as coisas em sua vida por 1 novo prisma. Parabéns! O sonho sobre este ácido também simboliza 1 aspecto de sua personalidade tão contundente ou dura. Possivelmente 1 reflexo de ódio, raiva e/ou 1 desejo de vingança e propositadamente doloroso. O LSD também pode representar algo ou alguém que está corroendo você.

Sonhar estar tomando LSD: isso significa que está emocio-nalmente acorrentado e não sabe qual o caminho tomar. Este sonho é 1 sinal para você notar que existem algumas áreas ocultas e que você precisa encontrar a sua.

Drogas lícitas

Sonhar com drogas ilícitas como *Prozac, Ritalina, Seroxat* e álcool, significa que você está às portas de 1 colapso devido o alto nível de stress. Este sonho é uma revelação de que estamos potencialmente aptos a sofrer de crises existenciais, doenças psicossomáticas, enfim, ter problemas mais profundos. Este fato ocorre devido acumularmos coisas ruins demais em nossa mente sem fazermos uma chamada "limpeza de chaminé". Por outro lado sonhar que ver pessoas usando drogas ilícitas é sinônimo de profunda preocupação com pessoas que você possui respeito, carinho e amizade. Muitas vezes nós gostamos de pessoas que não estão indo bem nas suas decisões, vidas e atitudes gerais.

Drogas ilícitas

Sonhar com drogas ilícitas: significa que você está às portas de 1 colapso devido o alto nível de stress. Este sonho é uma revelação de que estamos potencialmente aptos a sofrer de crises existenciais, doenças psicossomáticas, enfim, ter problemas mais profundos. Este fato ocorre devido acumularmos coisas ruins demais em nossa mente sem fazermos uma chamada "limpeza de chaminé". Sonhar que usa uma droga ilícita significa que você está precisando de ajuda urgente para gerenciar e vencer seus conflitos internos.

Por outro lado sonhar que ver pessoas usando drogas ilícitas: é sinônimo de profunda preocupação com pessoas que você possui respeito, carinho e amizade. Muitas vezes nós gostamos de pessoas que não estão indo bem nas suas decisões, vidas e atitudes gerais. Este tipo de sonho é 1 alerta para ajudarmos quem está se perdendo no foco da vida e tomando as decisões mais erradas que já poderiam ter tomado em toda a sua vida. Também denota como você vê as pessoas que estão a sua volta e significa que você está precisando de ajuda urgente para gerenciar e vencer seus conflitos internos.

Sonhar com drogas lícitas e drogas ilícitas: sonhar com drogas lícitas – aquelas que são comercializadas livremente, sendo proibida sua venda somente a menores de 18 anos – como o álcool e o cigarro de nicotina, é uma indicação de que você está perdendo as esperanças. Por sua vez, o sonho com drogas ilícitas, aquelas obtidas de forma ilegal, apontam duas situações prováveis: você pode estar desiludido e sem ânimo para continuar perseguindo seus objetivos ou pode estar buscando satisfação noutras fontes que no fim das contas serão nocivas. Esse sonho indica também que você não tem matu-ridade para lidar com seus próprios conflitos.

+ *Cuidados*: este sonho com pessoas usando drogas ilícitas é 1 alerta para ajudarmos quem está se perdendo no foco da vida e tomando as decisões mais erradas que já poderiam ter tomado em toda a sua vida.

Haxixe

Perdas inesperadas.

Maconha

A maconha é muito utilizada de forma recreativa em diversas partes do mundo. E embora haja muita discussão sobre seus benefícios, ela continua sendo 1 tabu em muitos lugares. No entanto, sonhar que está fumando maconha representa a concentração e atenção. A maconha num sonho significa que você está amolecendo suas decisões, seja pelo consumo da maconha em si ou por outros vícios e atitudes. Tais atitudes o estão despersonalizando e enquanto não recuperar a lucidez, você estará regredindo na vida.

Ver a planta da maconha: sofrerá com melancolia.

Vender maconha: terá muita proteção.

Ser preso por fumar maconha: você gosta demais de se divertir.

Sonhar estar comprando maconha: quando se sonha comprando maconha é sinal de que algo vai muito mal na mente do sonhador e que ele não está conseguindo se organizar. Muitas vezes não consegue ao menos encontrar seu lugar no universo.

Sonhar estar fumando maconha: significa que o sonhador(a) é uma pessoa influenciável demais. Isso indica uma inca-pacidade de ter sua própria personalidade e forma de agir e pensar. Ele(a) deve buscar aprimorar suas atitudes e agir corretamente conforme o seu coração e não seguindo paradigmas e molduras externas. A sua posição no mundo exigirá sempre a tomada de decisões e alguém para ser feliz e livre de vícios principalmente, não pode viver para sempre tomando as decisões que os outros querem que o sonhador tome. É necessário que ele mesmo venha ser o agente de suas mudanças.

Fumar maconha sozinho: sonhará com coisas inatingíveis.

Fumar maconha com alguém do sexo oposto: segurança no amor.

Sonhar com plantação de maconha: uma pessoa que sonha com uma plantação de maconha é alguém que persiste em relutar contra suas próprias capacidades e forças suficientes. Existem momentos que somos incapazes de lutar nas circunstâncias da vida e em tudo o que nos propusermos a fazer, todavia, existe uma necessidade de reflexão sobre o que estamos fazendo e o que podemos fazer para nos colocar na direção certa. Sonhar com plantação de maconha revela no significado final que o sonhador é incapaz de acertar sua identidade de se organizar em torno das questões que ele mesmo levanta.

Narcóticos

Usando narcóticos: honrará suas promessas.

Ser viciado em narcóticos: obterá bons ganhos financeiros.

Outras pessoas viciando-se em narcóticos: fará boas especulações comerciais.

Ópio

Prazeres fáceis e caros mas carregados de consequências frustrantes.

Sonhar com ópio: significa que pessoas desconhecidas vão utilizar meios manhosos e sedutores para obstruir as suas chances de melhorar a sua fortuna.

Ao sonhar que transportou ópio: significa que os seus negócios poderão ter alguma irregularidade, que você sabe que poderá ser apanhado e o mais certo é que será mesmo.

ENCRUZILHADA

Deverá assumir uma relação mais séria em sua vida.

Estar numa encruzilhada: conseguirá restabelecer a saúde.

Amigos numa encruzilhada: o sonhador(a) precisa de orientação; procurar conversar com alguém mais experiente nos assuntos que o preocupam neste momento.

> *Dica psicológica*: seria bom se o sonhador(a) pudesse – com a ajuda de 1 umbandista ou candomblista, ser levado(a) para ver 1 "*despacho para exu*" com galinha preta ou uma cabeça de boi decapitada ao lado de velas pretas e garrafas de cerveja, feito numa encruzilhada de terra, para constatar até que ponto chega o fanatismo religioso que não é só privilégio dos fundamentalistas muçulmanos tão esforçados – através de seus carros, aviões, homens, mulheres e crianças-bomba – em assassinar a todos que são infiéis à sua religião.

ESCÂNDALO

Em geral: triunfo em todos os sentidos.

Estar envolvido num escândalo: poderá ser vítima de 1 insulto que o deixará muito magoado.

Amigos envolvidos num escândalo: lucros a nível financeiro.

ESPÍRITO

Em geral: bom presságio.

Ter medo de 1 espírito: preocupações familiares.

Um espírito o faz chorar: 1 amigo seu não é verdadeiro para consigo.

ESPIRRAR

De modo geral: indica alívio de tensões no setor psicológico e mental; o sonhador(a) terá alguns probleminhas de saúde que serão passageiros.

Se a pessoa estiver doente: logo se restabelecerá.

Se em seu sonho outra pessoa espirra: então algumas pessoas vão provocá-lo com as suas visitas.

Esportes

Sonhar com algum esporte: a consciência indica que o sonhador(a) precisa praticar mais esportes. Alternativamente, o sonho com esportes pode representar as atitudes do sonhador sobre sexo que o considera como 1 ato agressivo.

Sonhar assistir uma competição de qualquer esporte: representa 2 pontos de vista opostos ou opiniões conflitantes.

> + *Cuidados*: todo médico, psicólogo ou psiquiatra, deve sempre recomendar ao seu paciente a prática de algum esporte, mesmo que seja só andar uma volta no quarteirão a pé.

Alpinismo

Ver uma montanha, em sonho: é advertência de desafio para enfrentar problemas, não esmoreça.

Se, em sonho, você escalou uma montanha: saiba que as desventuras do mundo serão transformadas, por você, em alegrias.

Subir uma montanha: é sinal de que as dificuldades aumentarão, mas você saberá driblá-las e vencê-las.

Alcançar o topo da montanha: é prenúncio de as lutas empreendidas serão a preservação do futuro.

Arremesso de lança ou peso

Sonhar que você está arremessando algo: indica que há algo ou alguém que você precisa se livrar em sua vida. Considere o objeto que você está lançando para buscar outro significado.

Atletismo

Sonhar com atletismo: simboliza foco e determinação. Há momentos em que pecamos 1 pouco nesta parte, todos temos nossos objetivos, sejam a longo ou curto prazo, mas você s'esqueceu 1 pouco deles. Assim como no atletismo que é rápido e decisivo, você se foca muito mais nas coisas a curto prazo. Por isto tente pensar mais longe, em sua velhice, isto lhe fará mais seguro e feliz, se planeje, este é 1 ótimo conselho.

Automobilismo

Em geral: a corrida de carros que é algo muito rápido e dinâmico lhe deixa claro que as coisas acontecem da mesma forma, tudo muito rápido e dinâmico. Não de muita importância a coisas pequenas e corriqueiras do dia a dia, faça com que as coisas fluam de forma mais leve. Assim você poderá aproveitar melhor seus momentos de lazer e diversão.

Beisebol

Sonhar que você está participando de 1 jogo de beisebol: representa contentamento e paz d'espírito.

Sonhar que você está jogando beisebol: denota a sua necessidade de estabelecer metas e alcançá-las. É hora de parar de brincadeira e definir seus objetivos para o longo prazo. Considere o significado da posição que você está jogando. Alternativamente, jogar beisebol pode ser análogo a preliminares sexuais como na obtenção de 1ª, 2ª ou 3ª base numa data. O jogo de beisebol tem insinuações sexuais, onde os aspectos masculinos são representados pelo bastão e os aspectos femininos são representados sob a forma de a bola ou o estádio.

Sonhar que você está num campo de beisebol: indica que você precisa prestar atenção às oportunidades que estão vindo em sua direção.

Ver 1 campo de beisebol em construção: refere-se a questões sexuais não resolvidas.

Sonhar com bastão de beisebol: ver ou segurar 1 taco de beisebol em seu sonho representa a sua motivação e forças motrizes. Alternativamente, o beisebol pode ser 1 símbolo fálico e, portanto, têm conotações sexuais.

Basquete

Homem sonhar com basquete: geralmente significa coisas boas para as pessoas que estão dormindo e que acordam lembrando deste jogo.

Mulher sonha com 1 jogo de basquete (ou até mesmo quando ela está participando de uma partida): isso pode significar que boas vibrações de 1 modo geral para a sua vida.

Canoagem

Sonhar com canoagem: indica que as coisas andam bem. Mas assim como na canoagem de velocidade você deve ser mais ágil e confiante. A canoa é uma embarcação bem segura e dificilmente você cai da canoa, por isto a canoagem de velocidade no sonho lhe afirma que as coisas estão estáveis, tudo indo bem e por isto não deve ter receio de arriscar 1 pouco mais, ser mais rápido e dinâmico.

Ciclismo

Sonhar com ciclismo mostra que as coisas estão acontecendo de forma muito rápida, mais agilidade em ações e pensamentos deve acontecer, para que assim se saia melhor, principalmente no trabalho.

Corrida de carros

Sonhar com corrida de carros: simboliza a rivalidade ou competição. Para impressionar alguém, ou vendo como você mede-se. Como alternativa, você pode estar lutando contra si mesmo de alguma forma como você cabeça para 1 prazo. Um sinal de que você tem maus hábitos que fica no caminho.

Sonhar com 1 carro de corrida: pode simbolizar sua condução difícil e atitudes teimosa. Também pode refletir sua natureza competitiva e a necessidade de ganhar. Alternativamente, o símbolo pode ser 1 trocadilho para seus problemas com a raça e etnia.

Sonhar que você está dirigindo 1 carro de corrida: representa seu estilo de vida passeado rápido. Você pode estar prejudicando sua saúde com sua imprudência.

Pistas de corrida: este sinal indica vida na pista rápida para você. As faixas podem ser uma metáfora para a sua busca para subir na vida. Como alternativa, você pode sentir que você está andando em círculos. Ou que você tem 1 caminho estabelecido de pensar e fazer as coisas e não está dispostos a se desviar dele.

Corrida a pé

Quem assiste a uma corrida, em sonho: pode alegrar-se, pois este é 1 período de muita sorte.

Participar de uma corrida: é prenúncio de que conseguirá aquilo que mais deseja no momento.

Ser o vencedor de uma corrida: é certeza de que seus esforços serão altamente recompensados.

Sonhar que você está correndo numa maratona: simboliza sua vida e como você a está levando. *Desistir da maratona* significa que você está "entregando os pontos" sem lutar por seus objetivos. Considere como você se sente durante a maratona para traçar uma comparação sobre suas atividades.

Esgrima

Sonhar com esgrima: simboliza receio seu em relação a sentimentos. Na esgrima o objetivo é tocar a espada no adversário e você no momento, não consegue se abrir e se deixar tocar, por sentimentos, fatos, pessoas e até por amores. Tente ser mais aberto, s'entregar mais as coisas que faz e assim se deixar tocar por sentimentos e fatos em que possa s'envolver e aprender com isto. Aprenda a se abrir e a escutar as pessoas, isto lhe fará muito bem e também a quem está sendo ouvido.

Esqui

Sonhar com esquiar: simboliza que você está sempre testando suas habilidades físicas e mentais. Este sonho indica que você está competindo consigo mesmo em busca de novos desafios.

Futsal

Sonhar com futsal: indica a necessidade de agilidade no trabalho. O mercado de trabalho está cada vez mais competitivo e por isso é preciso sempre aprender e se renovar. O futsal lhe mostra que é preciso haver mais agilidade de sua parte em relação ao trabalho. Ficar acomodado ou achando que o seu está garantido, não lhe trará melhorias e nem mesmo poderá manter seu emprego. Por isso procure aprender e se aprimorar no que faz, seja qual for o seu trabalho temos sempre algo a aprender e com isso melhorarmos.

Futebol

Sonhar com futebol: significa que em breve você melhorará financeiramente. Pode ser que você seja promovido no trabalho. No entanto, não se acomode, senão a vida lhe dará 1 carrinho. Esteja sempre se renovando e ajude seus amigos quando eles precisarem. Jogar futebol em sonho: é prenúncio de melhoria financeira, através de promoção funcional.

Assistir a uma partida de futebol em sonho: é aviso de que 1 amigo precisará de sua ajuda, não a negue.

O time de sua preferência consegue uma vitória, em sonho: é aviso para que não se acomode, ainda precisa lutar para chegar ao topo do sucesso; porém, se o seu time sofreu uma derrota, é advertência, renove suas ideias e suas tarefas, deixe a rotina, renove-se e alcançará êxito.

Ser 1 jogador de futebol, **em sonho**: é aviso para que você pense bem antes de tomar qualquer atitude definitiva.

Golfe

Sonhar com golfe: significa que você está a cada dia que passa mais próximo de alcançar seu objetivo. Com o passar do tempo você vai se aprimorando e mostrando que não está parado, aprendendo com os erros que comete no caminho.

Ver ou estar num campo de golfe: é aviso para que não esbanje, poderá vir 1 período muito difícil financeiramente.

Hipismo

Ver 1 cavalo de corrida: prenuncia desentendimentos em família.

Assistir a uma corrida de cavalo: é certeza de prosperidade e fama. Espere para breve ascensão social.

Se você montou num cavalo (todavia se você caiu do cavalo) é aviso de que poderá encontrar 1 rival em seu caminho.

Muitos cavalos numa corrida: é presságio de que as dificuldades serão transpostas.

Jogos olímpicos

Sonhar que você está competindo nas Olimpíadas: representa sua necessidade de crescer e expandir. Saber o valor da resistência e perseverança. Também ser mais assertivo.

Se no sonho você ganha uma competição olímpica: sugere que você tem as habilidades necessárias para realizar 1 objetivo ou resolver 1 problema em sua vida.

Se você sonha em assistir aos Jogos Olímpicos: você pode sentir que os outros estão passando por você de alguma forma – social ou romanticamente – e você está apenas "sentado à margem" da vida. Você precisa ter mais confiança e ser mais envolvido nas coisas.

Lutas

Box: simboliza que precisa controlar os nervos. Procure manter a calma e respirar fundo antes de falar.

Jiu Jitsu: significa sobrevivência.

Se você lutou jiu jitsu: o sonho indicará que você é visto como uma pessoa superior em inteligência e força física.

Se você é 1 profissional: indica a você sucesso nos estudos e novas empresas; você fechará 1 contrato importante.

Sonhar com uma luta: é 1 alerta de que tempos complexos estão chegando, apenas com paciência e tolerância será possível derrotá-los.

Quando você sonha ser incapaz de praticar jiu jitsu: é 1 sinal de saúde precária, alguém próximo irá prejudicá-lo em seu trabalho. Se é 1 avô que leva você para praticar jiu jitsu significa que você tem proteção divina, você deve se comunicar com eles.

Sonhar lutar com jiu-jítsu num tatame: *o* significa habilidade com as mãos, qualidade e rapidez nos seus assuntos. Se você sonha em praticar jiu jitsu, expresse seu desejo de realizar exercícios para melhorar sua qualidade de vida.

Sonhar com 1 treinamento de jiu jitsu prediz habilidade diante de situações de negócios.

Vestir 1 quimono de jiu jitsu num sonho: representa estar preparado e atento a qualquer evento futuro. Precisamente, jiu jitsu num sonho significa, ao mesmo tempo, pessoa gentil, justa e carinhosa com sua família e amigos.

Judô: sonhar que você está lutando, simboliza sua luta com 1 problema em sua vida pessoal ou profissional. Você está lidando com ideias e hábitos com os quais tem pouca afinidade e após alguns percalços estarão sob controle. Se em seu sonho você se viu praticando judô, este vem como 1 sinal de que você confia muito em sua própria força sem uso de artefatos. É preciso ser determinado, mas lembrar-se de que todos nós podemos precisar de ajuda algum dia e que não há nada de errado nisso.

Karatê: extremamente relacionado com a disciplina física e mental, muito mais do que com a prática da luta, o karatê aparece em sonho para representar uma situação que aparecerá em breve e exigirá extrema concentração e disciplina de sua parte.

Luta livre: significa que você está procurando 1 confronto com outra pessoa.

Ganhar a luta: você vai prevalecer numa discussão, mas o resultado será uma separação.

Perder a luta: você encontrará 1 compromisso e permanecerá amigo. Preste atenção ao resto das imagens dos sonhos.

Marciais

Em geral: as lutas marciais são praticadas por muitas pessoas como 1 esporte em que duas pessoas combatem para obter a vitória. Os sonhos envolvendo quaisquer combates, normalmente estão associados à combates e lutas invisíveis como contra uma doença, por exemplo.

Motociclismo

Em geral: 1 dos melhores que existem é sonhar com moto, ou seja, estará ligado diretamente a suas aspirações e independência. Trata-se de 1 símbolo de liberdade, ou seja, você poderá "alçar voos" mais altos, portanto, é o melhor. Só que dependendo da interpretação esse sonho terá outro tipo de interpretação, portanto, preste atenção no contexto. Grande parte das pessoas possuem 1 desejo muito grande de serem livres, se livrando das amarras. Seja 1 trabalho chato ou mesmo o tédio de 1 fim de semana sem que nada possa ser feito de novo. A realidade é que todos podem conseguir serem mais felizes e ter tido esse sonho terá muita ligação com isso.

Natação

Sonhar com natação: simboliza a busca por apoio emocional. Você pode estar se sentindo excluído ou acredita que não tem recebido apoio de pessoas próximas em alguma situação difícil.

Praticar natação subaquática durante o sonho: significa que você está imerso em seus problemas e lutando para superar algum problema emocional.

Paraquedismo

Sonhar que está saltando de paraquedas: simboliza que você se sente protegido mesmo estando consciente dos riscos que o cercam. Você tem senso de segurança. O sonho significa que está na hora d'enfrentar uma situação ou abandonar uma ideia ultrapassada ou se livrar de algum hábito.

Patinação

Sonhar com patinação: simboliza o equilíbrio em sua vida.

Sonhar que você está patinando no gelo: simboliza que está satisfeito com seu desempenho e com suas conquistas, mas fique alerta para não correr riscos em demasia ou patinar sobre uma camada de gelo muita fina.

Pesca

Sonhar que está pescando: isso pode querer dizer que precisa pensar mais no que está fazendo de sua vida, ou que necessita de uma análise das emoções que guarda dentro de si.

Pulo

Quando alguém sonha que está pulando, significa que ela precisa arriscar na sua vida, de alguma forma. Já quando a pessoas sonham que precisam pular de alguma forma mas acabam se sentindo insegura para realizar o movimento, então isso significa que ela também está insegura em relação a determinadas decisões que precisam ser tomadas. O pulo também pode ser 1 bom presságio para as pessoas que estão precisando passar por uma determinada provação. Basicamente ele diz que a pessoa vai conseguir chegar no seu objetivo, mas para isso terá que ter paciência e perseverança.

Regata

Ver ou usar remos numa competição em seu sonho: significa controle sobre seus sentimentos. Você é capaz de navegar pela vida com base nas lições e habilidades que você aprendeu. Se você estiver remando energicamente, indica que você precisa abordar alguma situação com mais vigor .

Rugby

Ser 1 jogador de rugby: é aviso para que você pense bem antes de tomar qualquer atitude definitiva.

Saltos ornamentais

Em geral: simboliza sua confiança e poder d'execução. Nos saltos ornamentais o atleta precisa dominar sua mente e ter muita confiança, afinal uma mente não deixaria seu corpo pular de uma altura tão alta e correndo diversos riscos. Por isto se há algum receio lhe atrapalhando, principalmente no trabalho, pense e reflita. Caso saiba exatamente o que fazer, faça, não há porque ter receios, mas se ainda não se sente capaz, espere 1 pouco, está ainda não é a hora.

Surf

Este sonho indica que você está conseguindo viver de maneira equilibrada, usando o controle emocional, ousadia e energia para se manter bem. Sonhar que estava surfando também pode simbolizar uma sensação de liberdade e realização.

Tênis

Sonhar com jogo de tênis: sinaliza uma rivalidade no trabalho. Muitas vezes não percebemos alguém que seja nosso rival, principalmente no trabalho, mas para você, isso ficará claro, logo logo, caso você já não saiba. Assim como no jogo de tênis que parece ser algo disputado de maneira mais civilizada, é assim que você deve conduzir esta rivalidade, de maneira mais contida e organizada.

Tênis de mesa

Sonhar com tênis de mesa: simboliza sua velocidade em relação ao trabalho. Assim como no tênis de mesa a velocidade da bolinha ajuda muito o atleta a ganhar o jogo. No trabalho você precisa de muito mais agilidade e dinamismo, o cansaço ou até a falta de reconhecimento e confiança podem lhe deixar mais cansado e menos comprometido com o mesmo. Por isto crie coragem, respire fundo, seja mais ágil, isto fará toda a diferença.

Velejar

Você está velejando em águas calmas: representa como sua vida vai e como você tenta superar eventuais problemas.

Sonhar que você está velejando contra o vento: indica que você está passando por 1 período com muitas dificuldades, mas que serão superados com determinação e força de vontade.

Volei

Sonhar com vôlei: simboliza que você é o centro das atenções no trabalho. Chegou a hora de mostrar seu potencial e brilhar. Também que você talvez receberá ajuda dos amigos para crescer profissionalmente.

FAMÍLIA

Ver a sua própria família no seu sonho: representa segurança, calor e amor. Também pode simbolizar amargura, inveja ou rivalidade, dependendo do seu relacionamento com sua família. Alternativamente, isso pode significar que você é excessivamente dependente de sua família, especialmente se os membros da família estão em seus sonhos recorrentes. Considere também o significado de 1 membro da família em particular ou o relacionamento que você tem com eles.

Avós

De uma forma geral: sonhar com avós representa proteção, mas tudo vai depender do que e como você viu. Se o seu avô ou avó está olhando para você demonstrando carinho, é sinal de que você está protegido contra energias negativas.

Enteada

Ver sua enteada no seu sonho: sugere que você está tentando estabelecer alguns limites sem passar por cima dos dedos dos pés de ninguém. É importante considerar seu próprio relacionamento com sua enteada e seus sentimentos em relação a ela. Se você não tem uma enteada, então o sonho pode ser realmente sobre sua filha ou alguma jovem figura feminina em sua vida. Também poderia apontar para o aspecto feminino dentro de você.

Esposa

Ver a esposa num sonho representa o medo de algum segredo ser revelado. Muitas vezes se trata de uma traição ou algo que com certeza machucaria emocionalmente ela ou outra pessoa a quem você ama.

Se sonhou que sua esposa o estava traindo: significa que aborrecimentos e discussões podem estar por vir.

Sonhar em estar com a própria esposa: é aviso para que não deixe a preocupação com as finanças afetar a harmonia do seu lar. O sonhador(a) guarda 1 segredo que não quer que ninguém conheça. Também pode sinalizar que você tem medo de algo que tenha feito em segredo seja revelado, especialmente uma traição.

Discutir com a esposa: discussões que durarão algum tempo.

Brigar com a esposa: é 1 indício de que sua vida está muito estressante e que você deve fazer alguma atividade para melhorar essa situação.

Sonhar com a esposa de outrem: é aviso para que evite os conflitos domésticos.

Se você conversava com sua esposa (ou de outrem): este é o momento de pôr em prática metas e objetivos há muito esquecidos, aproveite.

Acarinhava-a (beijar, abraçar, etc.) **sua esposa**: novidades à vista, mudanças – profissionais, sociais ou mesmo de residência.

Flertar, namorar ou desejar a esposa de outrem: cuidado com a maledicência de falsos amigos. Também pode externar desentendimentos domésticos.

Esposo

Sonhar com o esposo: a sonhadora está com boas energias a rodeando, por conta desse fator que ela deve ficar muito feliz quando sonha com o marido, pois isso pode simbolizar que muitas coisas boas podem acontecer em sua vida, coisas que irão influenciar na sua vida junto com seu cônjuge.

Esposo doente: pode significar que existe infidelidade entre os 2, não necessariamente traição com outras mulheres, mas ambos não ligam pros desejos 1 d'outros, o que acaba resultando no fim do casamento em muitos casos.

Sonhar com o esposo traindo: significa mentira. Não há traição, pois a relação entre ambos é de confiança.

Sonhar com esposo morrendo: significa, de forma geral, que o futuro lhe aguarda coisas positivas. No entanto, pode representar problemas e situações que precisam ser conversadas.

Vê-lo já morto: significa tomar cuidado com suas atitudes frias e calculistas, pois ele sempre conseguirá ir mais longe.

Sonhar discutir com seu esposo: indica que pode vir a ter fortes brigas com ele, mas que, apesar da disputa, vão reconciliar.

+ *Cuidados*: não entre em pânico, ainda pode reverter a situação.

Ver o seu esposo emagrecido: indica que 1 ente querido ou a sonhadora(o) mesma está prestes a sofrer qualquer doença.

Ser abusada por seu esposo em sonhos: significa que ele não lhe está tratando da maneira que merece. Você pode até mesmo ser julgada por infidelidades que ele pressupõe que você está fazendo.

Se no seu sonho seu esposo está com outra mulher: representa a situação atual do seu relacionamento. Muitas vezes é a indicação de que você não está com a pessoa certa.

Sonhar todo dia com o esposo: significa, de forma geral, que o futuro lhe aguarda coisas positivas. No entanto, pode representar problemas e situações que precisam ser conversadas. pois seu desejo formalizar a relação ou pelo menos assumi-la perante familiares e amigos.

Seu esposo entra 1/2 escondido em seu sonho: é aviso para que não se apresse, deixe o tempo agir, tudo se resolverá.

Se o sonhador maltrata e acusa a esposa de infidelidade: ele vai manter seu respeito e confiança, mas outras preocupações o seguirão e ele será avisado para ser mais discreto em receber a atenção dos homens.

Se a sonhador vê seu esposo morto no sonho: decepção e tristeza irá envolvê-la.

Vê-lo pálido e aflito, a doença vai tributar fortemente e você, como alguns da família vão provavelmente ficar na cama por 1 tempo.

Se você não é casada mas sonha com esposo: então é provável que haja algum descontentamento com a sua vida amorosa atual.

Se no seu sonho você apenas avista a figura ou vulto do seu esposo: o significado de sonhar com marido está relacionado com o tempo certo de cada fase da sua vida. Tudo tem 1 momento ideal para acontecer. Muitas vezes acabamos apressando eventos ou realizações apenas para manter nossa expectativa bem alimentada. Isso é 1 erro: mantenha serenidade no seu querer e nas suas atitudes, continue buscando os seus objetivos e na época certa você colherá os frutos. Saber esperar é tão importante quanto ser perseverante.

Sonhar apaixonada pelo esposo: na grande maioria dos casos, é prazeroso. Acontecimentos e eventos marcantes podem estar próximos de se realizar. Contudo, não fique com a ideia de que o seu caminho será feito apenas de flores: todas as trilhas têm obstáculos. Muitas vezes será necessário lidar com o que de pior o ser humano tem para oferecer, como intrigas e maledicência. Não veja isso como 1 infortúnio, apenas como uma barreira que terá que ser vencida. Você é forte e coisas boas estão esperando você.

Filhos

Sonhar que tem filhos sem os ter: decepções sexuais à vista; sendo mulher, o significado maior é 1 desejo de maternidade.

Ver 1 menino bonito: é sinal de felicidade.

Em geral: este tipo de sonho externa 1 investimento emocional ou esperança para o futuro numa situação onde o sonhador(a) é o dominante, assertivo ou insensível. Sentimentos de proteção determinados. Fazendo tudo o possível para manter o controle sobre uma situação. Ficar preso com uma decisão na qual ele tem uma participação de líder ou de controle. Decidindo a afirmar-se ou ser agressivo e agora viver com as consequências ou a responsabilidade dessa decisão; 1 aspecto masculino em desenvolvimento da sua personalidade ou vida.

Se o filho estiver ferido ou doente: pressagia angústia e tristeza.

Se o sonho mostra uma criança abandonada, sofrendo: o psiquismo do sonhador está ameaçado no futuro e a situação é ainda mais grave se a criança estiver morta.

De modo geral: é 1 sonho que indica mudanças nos seus planos; porém devem ser esperadas no sentido de que tudo vai melhorar.

O sonho sobre 1 filho que você tem na vida real: pode representar uma situação em que ele(a) espera ver suceder ou prosperar.

Se ele(a) tiver mais de 1 filho na vida real: então cada filho representará 1 aspecto diferente de si mesmo com base em seus sentimentos mais honestos então. O médico pode perguntar a ele(a) que qualidades ou sentimentos ele(a) pode destacar mais entre ele(a) e seu filho e tentar ver como que eles podem se aplicar a uma situação na vida real.

Maus filhos: simbolizam aspectos negativos ou corrompidos de sua personalidade. Tal sonho também pode apontar para uma situação ruim ou problema ao qual ele(a) está se apoiando, podendo inclusive fazê-lo perceber que sua própria agressão ou assertividade se transformou devido a isso.

Dica psicológica: o sonhador(a) pode comprar 2 balanços ou uma gangorra para dar de presente para uma creche, pré-escolinha ou orfanato que não disponha deste tipo de brinquedos.

Irmã

Em geral: proteção e apoio de pessoa muito próxima.

Irmão

Em geral: demonstra que você está cheio d'energia e inspiração para o futuro. Este sonho também pode simbolizar que seu irmão vai encontrar sorte brevemente.

Se você não tem irmão mas sonhou que tem: pode simbolizar particularidades que você precisa reconhecer em si mesmo.

Madrasta

Sonhar com uma madrasta: representa 1 desejo ou instinto de controlar ou direcionar algo ou alguém sem qualquer medida. Uma madrasta terá sorte se você se sentir agradável ou confortável durante esse sonho. Se você sonha com uma madrasta como a *Bela Adormecida*, você deve ser prudente e observador no futuro. Sonhar com uma madrasta como *Cinderela*, aconselhamos que você tenha muito cuidado ao conversar com estranhos. Precisamente, esse sonho está relacionado à prudência e boca fechada, mas ouvindo e conhecendo muito sem incomodar ninguém. Assim, uma situação desagradável será descoberta e evitada por você.

Sonhar que temos uma madrasta: significa que em pouco tempo estaremos enfrentando discussões e divergências dentro da família, ou talvez com nosso parceiro.

Se no sonho, vemos que temos uma madrasta, quando na vida real não temos: implica que estamos mantendo relações tensas com a nossa mãe para 1 problema que não está resolvido, mas aconselha-nos a ser respeitosos e solidários com ela.

Se vemos em sonhos com uma madrasta que nos trata com amor: o sonho sugere que sofreremos 1 fracasso amoroso ou delírios com alguém do sexo oposto.

Sonhar com uma madrasta que nos insulte ou nos ofenda: teremos que enfrentar problemas e obstáculos se quisermos alcançar nossos objetivos.

Se no sonho vemos uma madrasta com nosso pai, ambos com uma atitude severa em relação a nós: isso significa que estamos sofrendo, estaremos envolvidos num conflito muito desagradável com nossos superiores.

Mãe

Sonhar com mãe: é o sonho perfeito para quem está carente e simboliza paz, abrigo, conforto, vida, orientação, proteção e muita felicidade.

Conversar com sua mãe durante o sonho: significa que alguma coisa a(o) preocupa ou que você se sente insegura(o) para tratar de algum assunto.

Vê-la morrer ou morta: recuperação de saúde.

Netos

Sonhar com seu nascimento: alegria inesperada.

Ver seu: conforto, alegria e prazer.

Ver de outros: para participar de 1 evento importante.

Você está cuidando de netos de outras pessoas: prenuncia uma alegria inesperada.

Padastro

Ver seu: é 1 sinal de segurança.

Numa visita: presságio de que em muito breve poderá se fazer uma bela viagem.

Brigar com ele: prenúncio de que você precisa lutar muito para conseguir o que busca.

Padrinho

Sonhar que é padrinho de alguém (seja você homem ou mulher), isso significa que você terá de fazer 1 sacrifício em nome de algo ou alguém. Pode ser que alguém bem próximo a você precise de ajuda e, assim, será preciso abrir mão de algo para socorrer tal pessoa.

Pai

Em geral: 1 pai representa segurança, respeito, mas também confiança e carinho. Também estabilidade financeira e responsa-
-bilidades crescentes. O significado de sonhar com pai é 1 símbolo especialmente interessante. Sonhar com pai está intimamente associado ao seu desejo de controle sobre sua vida, mas também ao

de ser protegido dos perigos que advém dessa independência. O pai é uma forte referência de segurança e proteção, portanto, é comum que esse seja o seu desejo de ser você mesmo este referencial para os outros. A forma como você lida com seus relacionamentos, sejam afetivos, amorosos, com seus colegas de trabalho ou subordinados, é de importante relevância na hora de se interpretar o que significa sonhar com pai. Por exemplo, é necessário identificar se a figura do pai em seu sonho simboliza poder e autoridade sobre você ou o que você exerce sobre outras pessoas.

Sonhar que conversa com ele: o pai é 1 conselheiro, sonhar que estão tendo uma conversa agradável é 1 ótimo presságio e simboliza estarmos andando no caminho certo. S'eventualmente algumas pessoas discordarem de suas escolhas, projetos e objetivos, apenas s'esforce e mantenha seus passos firmes. A estrada está para você.

Sonhar que brinca com ele: interpretar este sonho onde você brinca com seu pai exige algumas observações importantes: você era uma criança no sonho? Era 1 adulto ou ainda 1 adolescente? Ser criança ou muito jovem num sonho quando já se é 1 adulto indica a necessidade de amadurecimento, de abraçar suas responsabilidades e crescer. É importante mantermos viva a criança interior, mas chega 1 momento em que nós devemos ser o vetor de responsabilidade.

Sonhar que se diverte com ele: mas de igual para igual, deixe sua criança interior aparecer mais. Não leve tudo tão a sério. Caso vocês brinquem em seu sonho utilizando brinquedos, isso é sinal de sucesso pessoal a caminho ou alguém que você gosta, mas que não vê há muito tempo, voltando.

Sonhar que dá 1 longo e apertado abraço em seu pai: é sinal de felicidade na família. Se seu pai a(o) abraçou em seu sonho, é sinal de que você está protegido e é querido pelas pessoas. Se em seu sonho você acariciou seu pai, é 1 sinal de renovação espiritual e física.

Um pai bravo ou irritado em seu sonho: é 1 alerta de que você deve revisar algumas de suas decisões recentes. Você teve algum desentendimento familiar? Talvez seja a hora de analisar se você não foi duro demais. O conselho que o sonho te dá é o de desculpar-se e buscar o perdão. Deixe para trás as mágoas e busque o conforto da paz d'espírito. A sua própria raiva também pode se projetar na irritação de seu pai em seu sonho. Neste caso, é muito importante respirar e contar até 10 antes de partir para o ataque se levar uma fechada no trânsito ou uma bronca no trabalho ou em discussões com pessoas, familiares ou não.

Sonhar que briga com seu pai: não é 1 sonho exatamente ruim. Simboliza sacrifícios que você talvez tenha de fazer. Se vocês brigaram no sonho, mas logo depois fizeram as pazes, é sinal de que haverá batalhas na vida em breve, mas o caminho não será tão duro quanto possa parecer. Se vocês travarem uma briga muito acentuada e partirem para a agressão física, é sinal de que você precisa se reaproximar de seu pai na vida real. Se seu pai lhe bater, isso é sinal de desconexão emocional entre vocês.

Se você sonhar com o pai em prantos: isto é 1 sinal de que suas expectativas não serão atendidas. Talvez você espere muito de alguém ou de algo que você objetivou, mas neste momento tudo se trata de meras ilusões. Tenha paciência, a hora ainda irá chegar. Sonhos assim também podem sugerir que alguém que você menos espera virá em seu auxílio e que esta pessoa se mostrará 1 verda-deiro amigo. Se seu pai estiver chorando não de tristeza, mas de alegria em seu sonho, este é 1 fator a ser considerado. Neste caso, talvez algum sonho pelo qual você tenha esteja prestes a se realizar. Observe a expressão e as palavras de seu pai no sonho para fazer a interpretação correta.

Sonhar com seu pai sorrindo: é sinal de que você está fazendo as escolhas certas. Prossiga confiante em seus projetos, você está no caminho certo. Manter o foco e o trabalho é importante, mas tendo a certeza de que o que temos feito está surtindo efeito é melhor ainda.

Sonhar com pai doente: existem duas interpretações possí-veis: na 1ª caso seu pai possua 1 aspecto claramente de alguém doente, o sonho indica a necessidade de se distanciar de alguém que exer-ça autoridade. Na 2ª hipótese, fique tranquilo, é sinal de boa saúde e vida longa para o seu pai.

Se seu pai morreu em seu sonho: isso representa que notícias positivas chegarão em breve. Estranhamente este sonho pode ser 1 bom sinal. Todavia, também é 1 indicador de cautela n'adminis--tração dos negócios ou na forma de realizar algum trabalho.

Sonhar com pai morto: ao contrário do que se possa imaginar, é 1 indicador de que a saúde de seus familiares próximos vai bem, inclusive a do seu pai. Por outro aspecto, pode indicar instabilidade financeira. Procure não fazer gastos desnecessários.

Sobrinha

Ver sua sobrinha em seu sonho: representa algum aspecto de si mesmo que você precisa reconhecer ou reconhecer dentro de si mesmo.

Sobrinho

Sobrinhos nos sonhos: pode significar que alguém da família ficará grávida em breve.

Sogra

De uma maneira geral, a presença da sogra num sonho representa a chegada de boas notícias. A sogra precisa ser vista como uma engrenagem que une 1 relacionamento. Afinal, ela é a mãe de seu amor. Além das boas vibrações, o sonho também indica o possível entendimento entre duas pessoas, principalmente após uma discussão ou até 1 mal entendido. É importante frisar que esse entendimento não é necessariamente entre 1 casal, pode ser entre amigos ou familiares.

Sogro

Para algumas pessoas, o sogro representa uma figura paternal, enquanto outras tantas podem enxergar uma figura de oposição. Muitas vezes, ele representa uma espécie de consciência personificada em relação à maneira como você age frente à pessoa com quem namora ou é casado (a).

FEZES/EXCREMENTOS

Sonhar com fezes: normalmente sugere que o sonhador(a) tenha com ajuda de 1 psicanalísta que se livrar de determinadas emoções e maus pensamentos que o torturam.

Excrementos de vaca, esterco de cavalo: dinheiro fácil.

Comendo fezes: comer fezes em seu sonho significa que é hora de pensar numa mudança.

Se foi acidentalmente, significa que você tem o desejo de tentar entender algo sobre si mesmo.

Se foi distraidamente: esse tipo de sonho significa sorte na vida.

Pisar em fezes: receberá aumento salarial.

Ver fezes de gato: deve apostar em algum tipo de jogo.

Presságio: felizmente apenas significa o bem e está associado a 1 bom presságio. Está associado às novas mudanças da nossa vida que estão para vir. Se tem alguma coisa que está prestes a acontecer, tal como esperar pela aprovação de 1 crédito, esse crédito vai ter resposta e vai ser aprovado! Sonhar com fezes de cachorro é sinal de sorte, de muita sorte! A sua vida vai ser inundada de coisas boas e vai ter sorte em praticamente tudo aquilo que faz. Se conheceu alguém e não sabe se vai dar certo este é 1 claro sinal de que vai, vai dar certo e vai ser 1 relacionamento forte e completo para você. Se tem relações que não andam muito bem também pode ser agora a reviravolta, sonhar com fezes de cachorro atrai sorte nos relacionamentos, sejam eles de amor, de família ou de pura amizade.

Sonhar com fezes de cachorro e gato: quando 1 gato está presente num sonho, ou apenas as suas fezes, isso significa apenas uma coisa... Alguns problemas! Como viu anteriormente vai ter novas relações e vai ter sorte na vida, mas como o gato também estava presente é muito provável que tenha d'enfrentar alguns desafios da vida até alcançar essa sorte. Não vai ter a sorte de mão beijada! Vão existir pessoas que se vão meter no seu caminho e que a/o vão tentar impedir de viver a sua felicidade, mas simplesmente não vão conseguir pois a sua sorte e a sua determinação vão vencer tudo.

Sonhar com muitas fezes de cachorro: quanto mais fezes você vir mais sorte terá. Se sonhar com fezes de cachorro atrai sorte, sonhar ainda com mais fezes atrai ainda mais sorte. Essa sorte aplica-se a todos os casos, tais como no amor, no dinheiro, na família e nas amizades. Muitas vezes também se aplica na saúde, o que é ótimo.

Você tocou nas fezes do cachorro? Se você tocou nas fezes do cachorro isso vai ter 1 significado completamente diferente! Significa que você está na boa hora de tomar decisões importantes na sua vida, se existem algumas decisões que precisam ser tomadas e você não tem coragem de toma-as pode começar agora. As decisões mais difíceis são as que nos deixam com mais medo e mais receio, mas a verdade é que elas têm de ser tomadas mais cedo ou mais tarde. Este é 1 aviso de que está n'altura certa de fazê-lo, por isso não deixe para depois. Queremos lembrar o leitor, que este significado apenas se refere às fezes castanhas ou cores parecidas, tal como castanho escuro/claro. No caso das fezes vermelhas pode ter 1 significado 1 pouco diferente – consulte a palavra *COR* neste dicionário.

Caso as fezes também sejam de gato: não se preocupe, isso apenas significa que vão existir ainda mais pessoas a tentarem evitar o seu sucesso e a sua felicidade, mas vai ficar sempre por cima!

FOGO

Sonhar com fogo representa problemas que estão consumindo o sonhador(a) internamente. Pode também representar uma forte paixão ou obsessão prolongada.

Com muita fumaça: anuncia más notícias. Para Freud, o fogo que aparece nos sonhos é o símbolo universal da libido; representa que os contrários s'encontram: destruição e purificação; perigo e prazer; paraíso e inferno; paixões humanas e divinas.

FUGIR

Fugir em sonhos está associado a "fugir" de uma situação na vida desperta. É importante reconhecer "de que" você está fugindo no estado de sonho, pode ser que você precise remover-se de uma situação, isso poderia ser 1 relacionamento ou, alternativamente, 1 conflito familiar. Além disso, fugir também pode simbolizar que você está se sentindo deprimido. É uma sugestão que você pode estar querendo escapar de 1 relacionamento ou problema difícil na vida real. Como já concluímos, é importante identificarmos "de que" estamos fugindo no sonho. Sonhos de fugir também denotam que você precisa rever como está aproveitando a sua vida. Dê uma olhada aprofundada em seus relacionamentos sociais. Isso implica que há questões que você deseja realizar para melhorar seus relacionamentos íntimos.

Fugir de casa: prediz que os outros farão você se sentir desconfortável na vida. Isso pode possivelmente ser problemas com colegas de trabalho ou fornecedores em seu local de trabalho.

Sonhar que o seu cão está fugindo: é uma indicação de que você provavelmente estará ocupado na vida cotidiana. Ver cães ou raposas fugindo sugere que há problemas nas relações com 1(uma) colega de trabalho. Fugir de 1 cachorro no sonho sugere divergências entre os membros da família.

Fugir de 1 assassinato: é 1 aviso de que você quer se proteger dos outros que podem tentar ser desonestos. É uma indicação de que você quer simplesmente dedicar algum tempo para meditar. Pense em algo que é difícil em sua vida atual. Tente abordar os problemas enfrentados! Isso é uma mensagem.

Touro: haverá dificuldade no trabalho se você for perseguido por 1 touro.

Sonhar em fugir da polícia ou do FBI: sugere que você está trabalhando duro para evitar problemas em sua vida. Fingir que as coisas estão boas (para os outros) quando elas não estão, geralmente pioram as coisas – tente enfrentar os problemas da vida.

Fugir das abelhas: prediz 1 problema sério no futuro.

Ser picado por uma abelha, depois de fugir: pode ser 1 indicador de que você terá problemas de relacionamento.

Ver 1 enxame de abelhas perseguindo-o: significa alguém próximo a você – não é amigo(a). Quem pode ser?

Sonhar em fugir numa guerra: indica sentimentos de raiva, ansiedade, ciúmes ou mesmo desprezo no mundo desperto. A guerra nos sonhos está associada à falta de controle. O sonho pode refletir sentimentos ou faculdades que você escolheu negar.

Se você é perseguido(a) por 1 zumbi ou por 1 alienígena (algo que não é real) num sonho: é 1 aviso de que 1 relacionamento vai dar errado.

Sonhar em fugir de 1 carro que está fora de controle: indica que você está "fugindo" de suas próprias responsabilidades. Pode sugerir que você sinta que as coisas estão fora de controle junto com a pressão.

Para fugir de uma certa "amiga"(o), de 1 monstro, de 1 homem, de 1 bicho papão, ou até mesmo 1 grupo de pessoas que está tentando causar ferimentos a você: denota que você está tentando escapar na vida desperta. Você está sendo defensivo(a) na vida desperta. Você pode tentar, no estado de sonho, enganar seu perseguidor ou escapar. Os sentimentos convencionais no sonho podem sugerir quão importante é a sensação de fugir do perigo.

Para fugir de 1 desastre natural em seu sonho, como: incêndio, furacão, ataque terrorista, inundações, erupções vulcânicas e tornados, indica uma sensação de insegurança, estresse e pânico na vida desperta. Sonhos desse tipo estão associados à evitação. A interpretação comum é que você está fugindo de algo na vida cotidiana.

Fugir do casamento num sonho: denota que você perdeu o controle da vida.

Ser perseguido por 1 animal: tem significado diferente do que ser perseguido por 1 indivíduo; 1 homem ou uma mulher que está perseguindo você no sonho tam bém pode ser considerado uma "parte" particular ou uma característica sua. Seus próprios medos podem se manifestar de diferentes maneiras na vida.

Sonhar em ser perseguido: pode significar que você está tentando evitar uma situação debilitante, desconfortável e com medo.

Se você for homem e está sendo perseguido por uma mulher: pode significar sentir-se preso por alguém na vida de vigília.

Se o caçador(a) for alguém que você conhece na vida real: isso indica que os problemas logo chegarão ao fim.

Se qualquer coisa perseguir seus filhos e você os ver fugindo no sonho: isso pode predizer a preocupação interna com seus filhos. É o tipo de sonho que não está ligado a nada, mas associado ao medo natural.

Se você não conseguir fugir e foi assaltado ou capturado: isso indica que os eventos estão atualmente alcançando você. Você está correndo para ficar à frente de uma situação, mas acha difícil. Às vezes pode ser associado a fugir de algo em sua vida, como uma questão emocional. Freud indica que correr num sonho mostra que você sentindo-se preso ou pressionado a 1 relacionamento na vida real. Também pode significar que você está se sentindo preocupado com o trabalho.

Correr num esporte qualquer, tem 1 significado diferente que fugir de 1 perigo.

Observar pessoas fugindo (mas sem medo): indica que você é obrigado a ter 1 objetivo. Em algumas circunstâncias, isso pode indicar seu desejo sexual. Às vezes isso pode significar que você está se preocupando com algo na vida. Pode ser o seu subconsciente dizendo para você enfrentar problemas e você precisará parar de fugir porque você pode resolver qualquer coisa! Você quer gerenciar os problemas que você tem. Você pessoalmente pode ser invocado por outros. Você quer seguir em frente e manter-se motivado.

Um monstro perseguindo você no sonho: geralmente significa que você tem a capacidade de superar qualquer coisa na vida. O espaço entre o seu perseguidor e você no sonho pode ser importante. Pode representar que você precisa lidar com problemas diretamente se a distância for muito longa.

Se for 1 homem ou uma mulher perseguindo você se distanciando: isso pode sugerir que você deve relaxar e pensar sobre o que você quer da vida. Se você ultrapassar o perseguidor, isso pode significar que 1problema desaparecerá com o tempo estipulado e provavelmente se consertará.

+ *Cuidados*: a ação de fugir de algo pode, às vezes, fazer você acordar perturbado. Esses são seus mecanismos naturais de defesa. Dedique alguns minutos para testar exatamente por que você se sente assim.

Estar congelado no local e não ser capaz de fugir num sonho: implica que você quer assumir a responsabilidade. Não importa quais problemas você tenha, você deve aceitar a responsabilidade. Seu chefe pode acreditar que você não tem 1 desempenho tão bom quanto os outros se for perseguido por colegas de trabalho em seu sonho.

Ser perseguido por 1 professor em seu sonho: indica que você pode se sentir preso.

Ser perseguido por tubarões: significa que há bons tempos pela frente.

Se você for morto depois de fugir: é sinal de tempos difíceis pela frente.

Fugir de uma cobra: sugere renascimento.

Se a cobra morde você ou você é morto pela cobra: então você vai triunfar sobre seus inimigos e superar todos os obstáculos. Cobras são uma indicação de segurança.

> *Dica psicológica*: em conclusão, fugir está relacionado a como precisamos fugir da situação na vida desperta. Isso significa que sua mente subconsciente acredita que você deve correr, mas enfrente os seus problemas.

FUTURO

Sonhar com o futuro está ligado à nossa própria mente subconsciente. Se você pensa em sonhar como associado a 1 maior senso de consciência, não é incomum que os sonhos realmente possam prever o futuro. Há muitas coisas que vêm à luz em sonhos, visão distante, visão remota e premonição. Então, isso é basicamente o conhecimento d'eventos futuros que podem ser confusos.

Pode haver ocasiões em que seus sonhos sejam no futuro: essas são mensagens em áreas-chave que às vezes surgem num estado de sonho; para muitos, os sonhos se tornaram realidade muitas vezes. Você não sabe necessariamente no momento de sonhar que o sonho é, de fato, uma previsão.

Sonhar com coisas no futuro em seu sonho: é uma ocorrência normal porque, a qualquer momento de sua vida, você pode estar pensando em coisas para fazer no futuro e, assim, o futuro está sempre em sua mente subconsciente. Quando alguém se torna 1 sonhador mais ativo, os sonhos podem lhe fornecer muitas descobertas. O sonho é como uma ponte para a próxima dimensão. Ele pode nos ajudar a entender a nós mesmos e a assim fazer nossa vida melhor, fornecendo-nos imagens e acima de tudo energia psíquica que pode realizar problemas difíceis enfrentados.

O que os sonhos sobre o futuro significam? Sonhos sobre o futuro é normalmente uma representação da sua visão subconsciente sobre como o futuro deve ser. Mas o que acontece se 1 sonho sobre o futuro realmente se tornar realidade? Quando você pensa no futuro, você provavelmente sonha em conseguir 1 novo emprego, se casar, comprar 1 apartamento ou uma casa, ganhar na mega ou ter 1 filho. O sonho pode não se tornar realidade como você vai sonhar, mas eles terão 1 significado próximo ao mencionado acima. São os normalmente chamados de precognitivos, onde o que você sonha sobre o futuro virá na vida real, exatamente da maneira que você sonhou. Se você tem a capacidade de sonhar com o futuro, você sonhará com coisas como eventos mundiais como terremotos, tsunamis antes que eles realmente aconteçam nos dias por vir. Ter sonhos precognitivos pode servir como se você estivesse no caminho certo em sua vida. Você se vê num determinado lugar, ou você está com alguém, então isso pode prever uma forte percepção psíquica. Para diferenciar o sonho do futuro com o sonho normal, ele tende a ser vívido e fornece muitos detalhes e, acima de tudo, chama a atenção e aponta para 1 evento específico prestes a acontecer. Sonhar com o futuro sem implicação precognitiva poderia ser apenas 1 sinal de que você está sobrecarregado com as atividades do dia a dia e os problemas da vida. Pode ser que você não se concentre mais e anseie por mudanças.

O que significa sonhar em ter uma família no futuro? Um sonho de ter uma família no futuro e você está namorando ou recém-casado significa que você tem instintos maternais e está pensando em ter uma família grande para si mesmo no futuro. Também é 1 sonho comum se você está achando difícil conceber ou ter filhos completamente. Alternativamente, pode implicar que, nos próximos meses, você esteja recebendo 1 bebê na família. Pode ser que haja alguém próximo a você que está grávida e provavelmente dará à luz nos próximos dias. Também pode implicar que você está grávida, se você é uma mulher – mesmo que você não saiba sobre isso ainda.

GEMIDOS

Gemidos num sonho: 1 reflexo de decisões dúvida. Evite rivais. Você tem que tomar decisões rápidas, uma vez que em torno de você formou-se uma situação desfavorável.

Os filhos gemendo: terão vida longa. Recursos abundantes. É também 1 aviso que você deve agir rapidamente, caso contrário, seus planos podem naufragar.

Parentes gemendo: ganhos financeiros.

Ouvir gemidos de inimigos: você tem 1 amigo fiel.

Gemer por causa de dor ou pesar: cuidado com amigos falsos.

Outras pessoas gemendo: tenha cautela em todas as transações.

Ouvir os gemidos do animal: o sonho adverte que você pode s'envolver numa aventura erótica muito duvidosa. Você gemendo alto: é fazer sexo com a outra metade ou uma aventura amorosa.

GLS

Sonhar com eles: significa que irá recuperar dinheiro perdido. Em alguns momentos você deve se conter, em pensamento e atitudes demonstradas, principalmente no trabalho. Por isso não fale tudo o que pensa no momento em que pensa. É necessário refletir e perceber qual será as consequências e desdobramentos que suas opiniões podem ter. Por isso meça suas palavras, não seja totalmente sincera(o) a todos, apenas com as pessoas que sabe que pode confiar. Sonhar com homossexual demonstra que deve se conter 1 pouco em suas atitudes. Será preciso controlar os seus impulsos e evitar desentendimentos. Sonhar com homossexual demonstra que deve se conter 1 pouco mais em suas atitudes.

Drag queen

Ver ou sonhar que você é uma drag queen: refere-se à sua atitude exagerada. Você também está exalando muita confiança. Alternativamente, os sonhos sugerem que você está escondendo seu verdadeiro eu. Talvez você esteja sendo alguém que não é.

Gay

Sonhar com 1 gay: demonstra que deve se conter 1 pouco em suas atitudes. Também ganhos financeiros.

Conhecer alguém que é homossexual: recuperação de dinheiro perdido.

Gay preso: precisa controlar suas paixões.

Em geral: em alguns momentos você deve se conter, em pensamento e atitudes demonstradas, principalmente no trabalho. Por isso não fale tudo o que pensa no momento em que pensa. É necessário refletir e perceber qual serão as consequên cias e desdobramentos que suas opiniões podem ter. Por isso meça suas palavras, não seja totalmente sincero a todos, apenas com as pessoas que sabe que pode confiar.

Lésbica

Sonhar com lésbica: simboliza dúvida sobre 1 sentimento antigo. Se você já manteve 1 relacionamento com esta pessoa não tente reavivar, pode não dar certo mais uma vez. Este sonho também pode indicar seu reconhecimento da determinação e respeito pela pessoa que sonhou.

Se você é homem e sonha com lésbica: deve mandar flores para ela.

Se você é mulher e sonha que manteve 1 relacionamento lésbico: demonstra seu carinho por esta pessoa.

Travesti

Um homem com características femininas: vestido de mulher, disfarçado (trans), equipado, com saltos, batom, etc, pode ser uma imagem que traz suas atitudes contra a homossexualidade, ou refletindo sua identidade sexual.

Quando as pessoas sonham que são ou que se tornaram um travesti: é sinal de que ela tem medo ou está sentindo algum tipo de confusão diretamente relacionada a forma como deve se comportar diante das outras pessoas, ou seja, diante da sociedade. Este é 1 sentimento bastante comum e nem sempre está relacionado com questões de gêneros sexuais.

Se você sonhar que você mesmo é o transexual: o sonho pode significar algo que tem a ver com seus sentimentos sobre papéis de sexo (masculino e feminino), especificamente em sua vida. Também pode ter a ver com os seus sentimentos sobre o comportamento passivo/agressivo; 1 sonho como este pode ser 1 indício de que você deve olhar para estas questões na sua vida e considerar lidar com elas.

Se a pessoa tiver o sonho no qual o foco é uma outra pessoa travesti: é sinal de que existe alguma confusão ou algum problema relacionado com os lados masculinos e femininos.

GUERRA

Significa que há algum tipo de conflito em sua vida, que pode ser 1 conflito interno dentro de sua própria mente, ou externo. O sonhador(a) auxiliado por 1 psicólogo, deve saber de que lado ele está em sua guerra íntima e conscientemente esclarecer se o lado que está defendendo é saudável e válido e daí perceber se, em seu dia a dia, o modo de agir associado a esse lado em que s'encontra está sendo construtivo, produtivo e satisfatório para sua vida. A partir deste exercício, poderá saber melhor como dirigir a sua vida, levando em consideração as tendências comportamentais associadas ao "outro lado". Vamos supor que no lado que ele defende estão os líderes, as pessoas mais ativas e dinâmicas. E, n'outro, encontram-se as pessoas mais passivas, que não tomam a iniciativa. Pode ser que seu sonho esteja-lhe mostrando a importância de assumir uma postura assertiva, corajosa, ousada e capaz de tomar suas próprias decisões. Claro que nem sempre o lado em que s'encontra será o mais apropriado. Por isso a importância d'entender sobre o que é marcante em cada polo dessa guerra e por que está pendendo mais para 1 do que para outro. Será assim que saberá se deve manter-se ali, mudar ou ajustar ambas as polaridades.

Sonhar que não está participando da guerra: pode ser que a sua reação diante da guerra retrate a sua atitude cotidiana diante dos conflitos internos e/ou externos. Se ele não está participando do conflito, apenas observando-o, pode ser que esteja evitando o desconforto de tomar decisões, desagradar as pessoas e negociar acordos (consigo mesmo e com o outro).

Sonhar que 1 dos lados perde a guerra: se 1 lado que participa da guerra é morto ou aniquilado, o médico deve observar se não está reprimindo nele certas atitudes, valores e comportamentos associados ao polo que perde. Vale a pena mesmo não dar vazão a esse lado em seu dia a dia? Ou é melhor ajustar sua forma de agir para tentar integrar a energia representada pelo lado perdedor? Psicologicamente reproduzimos externamente nossos conflitos internos, que são predis-posições humanas, por meio de conflitos com os nossos pais, colegas, governo, e com os valores sociais. Sendo assim, será que s'entrarmos num acordo com essas partes conflitantes em nós, estaremos contribuindo para diminuir as guerras fora de nós? Dessa forma, para lidar mais sabiamente com a sua guerra interna, é fundamental entender a causa-mor desses embates, o próprio conflito entre consciente e inconsciente.

Do ponto de vista de Jung: só nos tornamos 1 indivíduo completo, ou seja, com 1 referencial próprio, centrados e conduzidos a partir das indicações da parte sábia de nosso eu mais profundo (também chamado de *Self*), quando sabemos lidar com esse eterno e constante conflito entre a consciência e o inconsciente. Entender as mensagens dos sonhos e ter a força pessoal de, conscientemente, realizar, em nosso dia a dia, as mudanças sugeridas pelos seus possíveis significados (vindos dessa esfera inconsciente de nossa natureza) são 1 dos instrumentos mais úteis para estabelecer acordos em nossas guerras pessoais. Daí a importância de prestarmos bastante atenção quando sonhamos com esses conflitos, embates e confrontos. Os sonhos podem estar apontando para a necessidade de conciliar essas facetas. Para atingir esse objetivo, é essencial refletirmos sobre cada lado que está em guerra. Um deles refere-se a quais tipos de atitudes, de comportamentos, de crenças? E o outro? Um precisa ceder, o outro precisa preponderar, mas essa dinâmica não pode reprimir nenhuma dessas polaridades. Por exemplo: quando estamos com raiva e com vontade de voar na jugular da pessoa parceira, do cliente ou do chefe, podemos não reprimir essa energia raivosa. Buscamos entrar em acordo com ela, expressando-a como uma vontade construtiva que vai atrás dos objetivos, respeita os valores, a personalidade e o momento d'outro e se posiciona com assertividade. Este é o grande segredo para lidar com os sonhos com guerra. Não desvalorizar nenhum dos lados e tentar integrá-los de forma coesa, corajosa e madura. É assim que damos passos proveitosos em nosso processo de individuação. Compreender sonhos pode ajudar a terminar a guerra interna.

Dica psicológica: o médico pode recomendar que seu consulente acenda uma vela roxa em memória das 47.000.000 de pessoas que morreram na 2ª Guerra-mundial vítimas do nazismo.

HOMEM

Mulher que sonha com homem: tentação e desejo insatisfeito. No entanto, também pode levar outros tipos de significados. Na verdade, uma mulher, inconscientemente, sempre associa a figura do homem a seu pai e, ao fazê-lo, pensa imediatamente na proteção e segurança. Nossos pais são aqueles que nos enviam tranquilidade emocional, porque sabemos que podemos contar com eles nos piores momentos.

Homem que sonha com homem: este sonho pode indicar homossexualidade reprimida.

Se você sonhou com 1 homem conhecido: isso significa que é 1 homem no qual você tem mais proximidade ou 1 vínculo emocional, também pode ser 1 sinal de desejo e afeição por esse homem, 1 sentimento escondido nas profundezas de seu subconsciente.

Se você é uma mulher e sonha que está nos braços de 1 homem: isso significa que você está reconhecendo seus traços masculinos. Talvez você esteja ansioso para ter uma parceria significativa e este é o tipo de homem que você deseja.

Ver 1 homem velho em seu sonho: simboliza a inteligência e a capacidade de oferecer a absolvição para aqueles que transgrediram.

Sonho com 1 homem gritando: se o sonho de 1 homem que sabe quem está chorando, isso significa que estamos preocupados com essa pessoa e nós gostaríamos de ajudar. S'estivermos conscientes de certos problemas que está enfrentando uma pessoa querida para nós é normal querer fazer todo o possível para não vê-los tristes ou fracos. Se for 1 homem que não tem 1 rosto familiar, ele também poderia representar o nosso "eu interior". Ele passa a ser em situações desagradáveis, mas de não ser capaz d'expressar-se livremente. Aqui é o nosso inconsciente faz outras maneiras percebermos que talvez devêssemos começar a nos preocupar 1 pouco de nós mesmos.

Sonho com 1 homem enforcado: a figura do homem pendurado é uma figura recorrente no mundo do simbolismo, não só em sonhos. Tendem a descobrir enforcado não associa valores positivos; muitas vezes está associado com 1 período difícil ou cheio de sacrifícios. O homem pendurado também é uma punição para as transgressões. Podemos ver isso como o preço a pagar por ter feito algo errado. Se o homem é alguém conhecido, definitivamente queremos punir-nos para as ações cometidas, mas, se o homem não tem 1 rosto familiar para nós, pode sempre consultar o nosso "eu interior".

Sonho com 1 homem com cabelo comprido: em contraste com as tendências atuais, cabelos longos tem sido sempre 1 símbolo de virilidade e poder, especialmente dos "gostosões". No mundo das mulheres, o cabelo longo é 1 símbolo de beleza e isso também se aplica aos homens. Mas muitas vezes eles também estão associados com poder e força, basta pensar em Sansão. Sonhar com 1 homem com cabelo comprido é o almejo de ser 1 homem forte, autoconfiante e que impressione bem.

Sonhar com 1 homem ancião ou velho: pode ter 2 tipos de interpretações em parti-cular. No 1º caso, nós associamos a figura masculina mais antiga com a fadiga. S'estivermos vivendo 1 momento muito caótico em nossas vidas, isso poderia apontar-nos para acalmar e relaxar 1 pouco nos afastamos do nosso ritmo demasiado apressado. Muitas vezes, o homem de idade está associado com a figura d'ensaio humano. Devemos prestar muita atenção às palavras e ações deste homem, porque ele poderia nos dar indicações de que pode voltar útil para lidar com uma situação particular ou dar-nos conselhos sobre algo que nos perturba.

Sonho com 1 homem urinando: de acordo com as teorias de Jung, a necessidade de fazer xixi em sonhos é uma necessidade física como qualquer outra necessidade, algo que não podemos segurar, porque eles sentem a necessidade de fazê-lo. Precisamente por este sonho de fazer xixi em sonhos, indica o lançamento, o fato de que fomos capazes de trazer algo a ser concretizadas.

Sonhar com 1 homem gigante ou muito "grande": muitas vezes pode ser associado com o sentido de autoestima. 1 grande homem, ou de 1 gigante, pode significar que nós nos tornamos mais importantes, que nosso sucesso na vida cresceu, marcando 1 marco importante.

Sonhar com homens uniformizados: por exemplo, como policiais ou soldados, ou até mesmo militares, são todas as coisas que associamos a fim de justiça. Quando pensamos num homem de uniforme é normal associar a segurança; para uma mulher, principalmente, uma figura masculina que esteja de uniforme, é 1 símbolo de proteção e força. Muitas vezes, isso também pode ser uma forma de nosso inconsciente nos mostrar a nossa tendência excessiva para controlar; devemos nos manter comedidos, incluindo no que diz respeito às pessoas que estão ao redor.

Sonho com homem morto ou mais homens mortos: nem sempre é 1 bom sinal. A morte pode ser uma mudança, uma passagem – se você sonha com alguém seu querido, isso também pode indicar a nossa preocupação em relação a ele. Se a pessoa (ou pessoas) que aparecem em sonhos, não são conhecidas, temos de aprender a nos relacionar com nosso eu interior. Talvez nós estejamos tentando suprimir 1 ou mais aspectos de nossa personalidade. Outras vezes, a morte, num mundo de sonho, representa a nossa boa recuperação para níveis saudáveis.

Sonhar com homens maus: se em sonhos aparecem homens que acreditamos ser particularmente ruins ou maus tende a nos assustar. Pode, de fato, assumir as características e comportamentos dos quais normalmente mais temos. Quanto à relação com nós mesmos, muitas vezes estes homens podem representar os aspectos negativos do nosso caráter, do que aqueles dos quais temos medo ou quem não gostaria de mostrar aos outros.

Sonho com homens altos: podem refletir tanto a si mesmo como também 1 sentimento de proteção, mas isso, claro, depende das sensações experimentadas no sonho.

Sonhar com 1 homem desconhecido: significa que boas novidades podem surgir na sua vida e caso algum contato seja feito com esse homem no sonho pode indicar boas novidades para você e pessoas próximas na sua área profissional.

Sonhar com muitos homens desconhecidos: indica que caminhos e oportunidades se abrirão para você e consequen-temente você encontrará seu sucesso.

Se você sonhou com 1 homem bonito e casado, mas conhecido: pode indicar fortes sentimentos que você tem por ele, 1 desejo incessante que vem sendo mantido por vários anos.

Caso seja 1 homem desconhecido: pode revelar 1 futuro de sucesso financeiro e promissor.

Sonhar com 1 homem gordo: pode ter 1 significado 1 tanto quanto diferente, indicando desejo sexual independente do seu sexo. Geralmente se relaciona com a imagem própria e grande vontade sexual, é recomendado que a pessoa busque satisfazer esses desejos e esteja aberta para novos relacionamentos.

Sonhar com 1 homem gordo: também pode significar prosperidade, mas como dito antes: nossos sonhos podem representar tanto nossos desejos mais profundos quanto o nosso maior medo, além de demonstrar nossos sentimentos mais profundos e obscuros, então tudo cabe à pessoa a analisar e interpretar o sonho da forma correta e que vem a calhar. Nossa personalidade também pode facilmente influenciar nossos sonhos e sentimentos.

Ser gordo: o excesso de peso é 1 grandíssimo problema que pode se tornar uma torturar no sono e sonhos da pessoa.

+ *Cuidados*: mudança dos hábitos alimentares e de práticas de exercícios físicos são fundamentais para o controle desta doença. O médico deve mandar reduzir o consumo de carnes gordurosas, embutidos, leite e derivados integrais. Também preferir óleos vegetais como soja, canola, girassol, oliva (1 colher de sopa por dia) e retirar a gordura aparente de carnes, pele de frango e couro de peixe antes do preparo.

Sonhar com 1 homem velho: depende de como você vem levando sua vida e é uma forma da sua mente te mostrar suas atitudes. Se este homem estiver ao seu favor, indica que você está ganhando conhecimento e discernimento para seguir sua vida de forma correta. Caso este homem esteja contra você, é 1 presságio para que você reveja suas ações e atitudes ultima-mente, que podem estar sendo prejudiciais à você .

Caso você tenha sonhado com 1 homem chorando: é bom que que irá surgir em sua vida, o indicado é que você deixe suas intuições o levar para um melhor resultado. O choro significa o dever de seguir suas intuições, pois o choro é mais comum na vida das mulheres e o homem chorando mostra que os homens também tem as mesmas emoções.

Sonhar com homem grávido: este tipo de sonho pode significar maus presságios, apesar de ser 1 sonho bem estranho e incomum. Mas caso você sonhe com 1 homem grávido, pode significar que você vem sendo arrogante e desrespeitoso com as pessoas ao seu redor. O sonho também indica que você deve tentar se igualar ao comportamento das pessoas próximas a você. Já para a mulher, ter 1 sonho tão estranho como esse pode significar o desejo pela fertilidade e procriação, o desejo de ter uma cria.

Sonhar com homem vestido de preto: calma, não precisa ficar com medo (mas também não comece a festejar), não é o que você está pensando, por mais que sonhar com 1 homem vestido de preto possa parecer que você esteja prestes a morrer.

Sonhar com 1 homem vestido de preto não significa a sua morte: nem a de nenhuma pessoa próxima, mas indica que poderá faltar dinheiro em sua vida.

Anão

Sonhar com anão: geralmente simboliza energia inconsciente e forças que afetam a vida imperceptivelmente. Você deve reconhecê-las mais claramente e mais exatamente para que possam ser usadas de forma mais consciente e deliberada.

Homens famosos

Sonhar mais de uma vez com 1 famoso: se for recorrente, o sonho indica que você precisa ser mais pé no chão. Você anda vivendo demais no mundo de ilusões e tem que ter cuidado para não viver uma mentira ou cair numa.

Sonhar que faz sexo com famoso: além de delicioso, este sonho indica que alguém que você deseja muito vai aparecer e pode ser que sua fantasia se realize!

Sonhar que é rejeitada por 1 famoso: infelizmente neste caso a realidade imita o sonho, pois é sinal de que você será desprezada por quem deseja.

Sonhar ser amiga de famoso: se no seu sonho você cria uma cumplicidade com a celebridade, é sinal de uma possível ascensão social. Você pode estar mais perto do círculo popular, vamos dizer assim.

Sonhar com 1 cantor famoso ou uma cantora famosa: você vai entrar numa fase de paz, harmonia e equilíbrio. Tente se manter neste estado e veja quanta coisa boa acontece.

Sonhar que 1 famoso morreu: este é 1 sonho contraditório, pois ele significa que algo com que você sonhou a vida inteira finalmente vai se realizar, porém, verá que essa realização não vai significar grande coisa. De repente você já está noutra ou vai se frustrar com a realidade. Dizemos que sonhar com famoso só é mais importante quando acontecer mais de uma vez, pois, às vezes, vemos 1 filme onde aparece 1 galã e essa imagem fica em nosso inconsciente. Quem não tem vontade de se aproximar, se relacionar de alguém importante, bonito e conhecido? Pode ser que o seu sonho seja apenas uma maneira de o seu cérebro lidar com essa vontade. Para saber mais detalhes, faça uma consulta com 1 especialista.

Dica psicológica: o psicanalista pode sugerir que a(o) consulente num domingo de manhã, acenda uma vela amarela e bata palmas para Ghandi, Mandela, Martin Luther King e Oskar Schindler que foram alguns dos maiores homens de verdade de nossa história.

Surdo e mudo

Ser surdo: você se sentir isolado do mundo.
Surdez simulada: separação momentânea.
Fingir ser surdo: notícias desagradáveis.
Homem surdo: manter em segredo.
Ver 1 mudo: prêmios realmente merecidos.
Fingir ser mudo: brigas com seu amado.

LABIRINTO

Ver 1 labirinto em sonho: é certeza d'êxito no futuro e lutas no presente.
Se você s'encontrava perdido num labirinto: é prenúncio de mudanças excepcionais para melhor.
Quando, em sonho, se consegue sair de 1 labirinto: saiba que a felicidade está a sua procura, aproveite.

LAVAR

De modo geral: o ato de lavar significa que muitas coisas novas e boas estão para acontecer em sua vida em todos os setores.
Lavar as mãos em sonho: pode ser sinal d'egoísmo e indiferença para com os outros.

> + *Cuidados*: inúmeras doenças contagiosas e perigosas podem ser evitadas com a manutenção de uma boa higiene pessoal.

LAZER

Caçar

Sonhar que você está caçando, atirando ou matando: se refere ao jogo da vida. Também representa sua capacidade de manter sua natureza animalesca sob controle e sob controle.

Cantar

Cantando no sonho: significa novidades positivas em função da resolução de contratempos.
Cantar ou ouvir alguém cantar em sonho: pequenos problemas serão superados.
Quando se ouve, em sonho: o canto de 1 coral, é prenúncio de que será favorecido nos negócios.

Se você cantarolava ou ouvia alguém cantarolar: saiba que brevemente chegarão boas notícias.

Entoar hinos religiosos: é prenúncio de que pessoa muito próxima lhe dará motivos para que se alegre muito.

Cantigas populares ou cantigas de roda: período de muita felicidade e amparo espiritual.

Cantar ou ouvir alguém cantar uma composição não conhecida: surpresas no amor.

1 canto fúnebre: sinal de grandes comemorações.

>*Dica psicológica*: acender 5 velas amarelas e bater palmas para Caruso, Pavarotti, Gigli, Mario Lanza e Maria Callas que até hoje continuam deleitando nossos ouvidos e acalentar nossas almas.

Cinema

Caso você se viu num cinema: prepare-se para viver momentos intensos ao lado da pessoa amada.

Se você foi ao cinema sozinho: não desanime, o período de solidão já está passando; e, se foi acompanhado, desfrutará de boa companhia e viverá momentos de muita felicidade.

Quando se sonha estar na sala d'espera de 1 cinema: é sinal de que, brevemente, receberá nova proposta d'emprego ou para fechar novos negócios, não aja por impulso.

Circo

Se você vir 1 circo em seu sonho: pode indicar que você está 1 pouco indecisa em relação ao que você quer para a sua vida. Conhecer seu interior é o 1º passo para tomar as decisões corretas para sua vida. Também pode dizer que você está passando por 1 momento difícil, ou nos negócios ou na saúde. Mas se no sonho você estiver assistindo 1 espetáculo de circo acompanhado de alguma criança significa que sua sorte vai melhorar. E pode indicar basicamente 1 momento difícil e complicado em termos de negócios.

Sonhar com 1 circo chegando a sua cidade: pode indicar que em breve você fará uma viagem inesperada e muito prazerosa.

Sonhar com caos no circo, como animais fugindo da jaula: pode indicar que sua vida está fora de controle. Reveja suas atitudes e a maneira como você a leva.

Se alguém te chamar no sonho para ir a 1 circo: é sinal de que você está sendo mal interpretado pelas pessoas ou está transmitindo a impressão errada sobre você mesmo.

Você convidar alguém no sonho para ir a 1 circo: pode dizer que atualmente você está de bem com a vida e satisfeito com o rumo que as coisas estão levando.

Acrobata

Sonhou ser acrobata: significa que você irá ultrapassar as barreiras que antes te impediam de realizar algo. Pode representar toda a sorte que você terá e de todos os perigos que você irá se desviar. No entanto, não ponha em jogo assuntos importantes com pessoas que você não conhece.

Quando se assiste a 1 espetáculo acrobático: é alerta para você não se arriscar em qualquer novo contato. Se, no sonho, você era o acrobata, o sinal é de contentamento, porque barreiras serão transpostas, vitória na certa.

Se 1 acrobata sofre 1 acidente: o sonho é de sentido oposto, indicando que você terá sorte em todos os sentidos e escapará de 1 grande perigo.

Andar na corda bamba

Em geral: simboliza que você está sentindo inseguro. Você pode estar vivendo uma situação ou relação instável. Você está fazendo o melhor que pode para manter o equilíbrio em vários aspectos de sua vida. *Sonhar que você cai* ao andar na corda bamba indica que você não deveria confiar totalmente em alguém próximo a você.

Comedor de fogo

Ver ou sonhar que você é 1 comedor de fogo: indica que você é capaz de manter sua raiva e agressividade sob controle. Alternativamente, o sonho também pode ser uma metáfora de que você está literalmente sendo consumido pela sua raiva.

Domador de animais

Simboliza força e liderança: se o domador dominou animais durante o sonho indica que você tem tudo sob controle e não terá nenhuma surpresa desagradável na vida profissional ou pessoal. Se o domador perde o controle ou foi atacado durante o sonho significa que deve ficar alerta para a possibilidade de ser enganado por falso amigo.

Equilibrista

É 1 sonho altamente místico e revela, entre outras coisas, que você poderá ter surpresas agradáveis em seus negócios. Sonhar com equilibrista fala de renda, ganhos, mudança de padrão de vida. Ora, todos nós queremos mudar de vida e melhorar em algum momento não é verdade? Ter aquele carro bacana, uma casa e uma conta bancária que nos proporcione estabilidade. Deste modo, podemos entender que sonhar com equilibrista é 1 sonho místico bom e rentável para quem está sonhando. Precisamos apenas aprender a gerenciar as coisas para que elas ocorram dentro dos conformes e que nossos objetivos sejam alcançados.

Sonhou que você era 1 equilibrista: significa que existe a seu alcance a chance de mudança. Chance de ganhar o que deseja, mas lhe falta foco e força para conseguir. Muitas vezes a palavra que permeia esta conjectura é gana, persistência e acreditar! Sonhar que você é 1 equilibrista fala que o jogo está em suas mãos e você poderá ganhar, acertar no que for fazer e, deste modo, conseguir realizar tudo o que estiver ao seu alcance.

Sonhou que viu 1 equilibrista nos ares: é sinônimo de perseverança de alguém e desistência sua. Onde você está desistindo de seus objetivos? O que está te proporcionando está derrocada pessoal? Não podemos jamais perder o foco, perder a esperança de conquistar nossos sonhos e objetivos. Cada 1 consegue ser aquilo que lutou, aquilo que persistiu. Sonhar ver 1 equilibrista demonstra que você já caiu da corda faz tempo e apenas é coadjuvante, assisti a vitória dos outros. Firme-se em olhar para frente sem medo de cair ou falir em suas atitudes.

Mágico

Um mágico que conhecemos: implica num bom sistema de apoio das pessoas ao nosso redor, bem como resultados positivos para o nosso futuro.

Sonhar com 1 palhaço: aborrecimentos no emprego, de curta duração, este é o presságio para quem, em sonho, viu 1 palhaço.

Sonhar com palhaço alegre: sonhar com palhaço alegre diz muito a respeito da sua personalidade. É 1 forte indicador de que você ainda carrega os mesmos atributos infantis que tinha quando criança. Quando visualizamos 1 palhaço alegre no sonho, sabemos que estamos inteiramente satisfeitos com a vida.

Sonhar 1 palhaço triste: saiba que brevemente terá uma surpresa muito agradável.

Sonhar com vários palhaços: é 1 sonho bastante comum e mostra que agora você está experimentando uma fase da vida em que vem sendo diretamente influenciado por pessoas nada saudáveis, tóxicas e que não te fazem bem. Está na hora de você retomar o controle da sua vida, alterar o rumo desta e analisar para onde esse caminho está lhe levando, onde você está se metendo e com quais pessoas está envolvido. Lembre-se de que a decisão de mudar é sua e sempre é possível recomeçar.

Se você mesmo era o palhaço: espere alegrias e reconhe-cimento por seus esforços. Também significa que alguém está tentando chegar perto e participar do seu cotidiano, mas você está tornando tudo muito complicado.

> + *Cuidados*: as pessoas que mais gosta podem lhe trair. Existem outros significados para este sonho e quase sempre implicam em julgamentos antecipados – em relação às pessoas, programas, trabalhos ou a si próprio.

Se estava executando truques: quer dizer que brevemente poderá comprar roupas boas e novas.

Se sonhou que estava fazendo mágica e foi aplaudido: isso significa que estáprestes a realizar uma coisa muito importante na sua vida e está sentindo medo de falhar.

Se no sonho você foi 1 mágico com plateia: isto quer dizer que algo que esteja planejando será bem mais difícil do que o previsto, ou que está tentando convencer outras pessoas a acreditar em algo que não é verdade, além de tentar enganar a si mesmo. Portanto, este tipo de sonho quase sempre significa desilusão.

Um mágico lhe deu uma rosa: significa que algo bom será oferecido de bandeja na sua vida, apenas faça acontecer e aproveite o momento.

Sonhou que realizou uma mágica muito difícil: significa que acabou de passar por momentos difíceis, mas conseguiu vencer, ou que obstáculos virão, mas você se manteve forte e continuará assim.

Malabarista

Ao sonhar que praticou malabarismos num circo ou que vê outras pessoas a fazê-lo: significa que será colocado numa posição extenuante e só conseguirá libertar-se dela graças à sua energia e à sua criatividade.

Ao sonhar que foi 1 malabarista quer dizer que será forçado a realizar qualquer truque para conseguir escapar de uma embrulhada que, inconscientemente, se tenha envolvido.

Palhaço

Você sonhou que se vestiu de palhaço: sonhar que se veste de palhaço possui 2 significados bem distintos. O 1º diz que você sente falta de mais humor e diversão no seu dia a dia. Se o seu local de trabalho ou a rigidez da sua família não lhe permitem ser assim, tente encontrar 1 espaço na sua agenda para soltar a sua criança interior. O outro significado indica que por vezes você exagera em algumas coisas, por exemplo, na hora de tentar ser agradável e engraçado. Nem sempre você escolhe o momento mais oportuno para se mostrar uma pessoa leve e bacana. Fique atento às regras sociais, elas têm claras restrições.

Em geral: sonhar com palhaço pode ser pavoroso para algumas pessoas, especialmente para as que têm algum tipo de trauma com essa figura. Já para outras pessoas, tudo não passa de 1 sonho engraçado e divertido. A verdade é que em alguns significados, sonhar com palhaço fala sobre a máscara na qual as pessoas podem s'esconder para omitir a verdade do resto do mundo ou de você. Mas a grande maioria das interpretações desse tipo de sonho é 1 indicador sobre o que está ocorrendo na sua vida atualmente.

Se tem fobia de palhaços: o palhaço pode representar uma pessoa misteriosa na sua vida que o quer magoar. Alguém que conheça pode não ser o que aparenta.

Picadeiro

Você pisando num: você está confusa (o), procurando uma saída fora do comum.

Pipoca

Comprar pipoca num circo: significa que algo bom está por vir e que você está cheio de boas ideias. No geral, sonhar com pipoca é sinal de que sua vida está evoluindo, mas é sempre bom analisar o contexto.

Sonhar comendo a pipoca: é sinal d'evolução, que você tem boas ideias e sabe quais atitudes devem ser tomadas diante de situações complicadas. É o momento do reconhecimento, porque seu caráter já está consolidado e você compreende melhor a vida. Caso tenha projetos na gaveta, esse é o bom momento para colocá-los em prática.

Sonhar com pipoca branca: é sinal que alguns obstáculos vão ser superados de forma inspiradora, mas é preciso que você trabalhe para transformar o sonho em realidade.

Sonhar que está compartilhando pipoca: com alguém ou várias pessoas, é sinal que você tem uma relação com alguém muito benéfica, uma relação de colaboração e crescimento. Alguém irá aparecer trazendo novidades.

Dança

Em geral: dançar é quase sempre uma coisa positiva num sonho e indica que os momentos agradáveis estão chegando.

Dançar com 1 parceiro(a) num sonho: é indicativo de 1 forte relacionamento e sexualidade.

Assistir: o sonhador(a) deve ter mais energia nas suas decisões e acreditar no seu potencial.

Sonhar com dançarina(o): significa que o sonhador(a) está buscando cura espiritual ou mais harmonia em sua vida.

Sonhar com as sapatilhas de uma dançarina: significa que ele(a) precisa unificar coisas em sua vida e viver com todas as suas decisões.

Dica psicológica: acender uma vela celeste e bater palmas para Ana Pavlova, Isadora Duncan, Greer Garson, Nijinski, Nureyev, Fred Astaire e Gene Kelly que tanto encantaram o mundo com o seu desempenho.

Disneylândia

Sonhar que visita a Disney: sonhar que está na Disney significa que sua mente fantasiosa e sonhadora a(o) tem levado além-fronteiras e você deverá aproveitar ao máximo o que a vida lhe proporciona. Todavia, é necessário fundamentar seus sonhos sobre 1 alicerce sólido que garanta a sua realização! Existe uma diferença entre sonho e devaneio, posto que, o devaneio acaba rápido em fração de milésimos de segundo, mas o sonho que se constrói dia a dia dura para sempre. Se você sonhou visitando a Disney está na hora de começar a realiza-lo criando possibilidades.

Sonhar com personagens da Disney: ao sonhar com personagens da Disney significa que você se sente bem e prazerosamente em devanear sobre aquilo. É 1 estado de tranquilidade e repouso da mente onde coisas boas e positivas são lembradas. É neste contexto que se constrói a sua mística neste sonho inspirador. Sonhar com o *Mickey, Pato Donald* ou qualquer 1 destes personagens irá lhe projetar a entender seu mundo de sonhos.

Sonhar viajar para Disney: ao sonhar que está indo à Disney significa que você é uma pessoa de força de vontade muito grande e deseja muitas coisas em sua vida. Todos nutrimos desde criança nossos sonhos, nossas fantasias, nossos desejos, mas para tanto é necessária muita administração eficaz para que possamos conseguir realizar tudo o que sonhamos e nos convém. Você só será capaz de realizar seus sonhos acreditando neles.

Sonhar morar na Disney: para quem sonha que mora na Disney este sonho quer dizer que você está vivendo 1 momento intenso de grandes projetos, desenvolvendo muitos sonhos, porém, precisa unir motivação com trabalho e continuar andando sem parar para realizar seus objetivos. Não existe resultado e nem realização de sonhos sem suor. Sonhar morando na Disney indica motivação e pede mais trabalho e força de vontade.

Montanha russa: é 1 tipo de sonho que indica que você está com medo e insegurança em assumir algo importante em sua vida, pode ser no campo profissional ou amoroso.

> *Dica psicológica*: acenda uma vela e bata palmas, desejando parabéns, para Walt Disney – o criador deste seu mundo maravilhoso que há tantas décadas faz feliz a tantas crianças.

Divertimentos

Se você se divertia em seu sonho: saiba que o momento é de muita proteção espiritual e paz interior.

Se você proporcionava divertimento a outras pessoas: saiba que terá problemas de curta duração.

Quando quem sonha vê outras pessoas se divertindo: é sinal de que receberá dinheiro extra e alcançará o sucesso.

Em geral: sonhar com 1 jogo pode ser 1 convite para não ceder a provocações ou ter cuidado com o engano. Também pode aconselhar a sonhadora(o) a ser mais ativa(o) e deixar-se levar 1 pouco mais pelas emoções.

Ginástica

Se, em sonho, você ou outras pessoas faziam ginástica: é prenúncio de boa saúde e vida feliz.

Ser o professor de ginástica: é anúncio de viagem de negócios.

Ginástica de solo: você conquistará uma condição melhor, obtendo os resultados esperados. *Assistir*: contrariedades sofridas por inveja alheia serão apagadas pela justiça e pela razão.

Ginástica com argolas: mostra que há uma situação em que você não participa. Assim como a argola que é fechada e não há como abrir, caso aconteça deixará de ser uma argola. Você perceberá que há algo que você não sabe, ou pelo menos irá perceber que não faz parte daquilo, algo que acontece paralelamente a você, mas bem próximo a você. Veja, isto não é uma razão para se aborrecer, afinal há 1 motivo para isso. Então antes de discussões, procure entender o porquê não faz parte disto, será que seria necessário? Reflita e aceite isso.

Ginástica nas barras paralelas: indica boa sorte, felicidade e capacidade de levar a própria vida sem a interferência de outras pessoas.

Jogos

Jogar com uma pessoa desconhecida: indica que conhecera alguém que vai ajudá-lo em alguma empreitada.

Ter sorte num jogo no sonho: desunião da família, sobretudo se for jogo de dados ou de cartas.

Sonhar com jogos mágicos ou de truques: pode significar que você vai ganhar dinheiro ou algo desonesto.

Sonhar estar se divertindo com qualquer jogo de tabuleiro: indica felicidade no lar.

Sonhar em participar de 1 jogo d'equipe: pode recomendar dar confiança e autonomia a seus colegas ou colegas de trabalho.

Sonhar com jogos online: simboliza sua competitividade no campo profissional e autoconfiança nas disputas em geral.

Se, no sonho, você foi o vencedor num jogo online: significa que será admirado e possivelmente invejado por seus parceiros na vida real.

Se você foi o perdedor: indica que poderá ser confrontado por 1 amigo ou parente em relação à disputa envolvendo bens ou valores. O perdedor do jogo, no entanto, terá sorte no amor.

Se você tem dedicado muito tempo para jogar online: o sonho pode ser 1 alerta para que dê mais atenção à sua vida pessoal e profissional.

Jogos infantis e de infância: lembram você de tempos passados e despertam sua criança interior.

Se você sonha em trapacear no jogo: isso pode refletir que na vida real você está acostumado a trapacear.

Bilhar: pode indicar boa saúde de sorte ou 1 fato casual muito afortunado para você que irá beneficiar a família, amigos e colegas.

Bingo: simboliza a experiência, a fortuna e a chance como sinal de esperança e moderação.

Jogar bingo num sonho: expressa 1 momento de sorte ou fato casual muito afortunado para você que irá beneficiar a família, amigos e colegas.

Ver várias pessoas jogando bingo num salão: indica ter cautela e cuidados no manejo de suas economias para o bem da família. Se você sonha com o bingo que as pessoas bem conhecidas jogam na varanda da sua casa, você obterá 1 prêmio que mudará a vida totalmente. Por outro lado, este sonho também pode apontar a rota de uma ocupação, trabalho ou investimento muito próspero para você. Raramente, jogar bingo aponta para ganhar loterias, importantes jogos de azar ou muito dinheiro.

Bolinhas de gude: mostra que precisará de jogo de cintura. A bola de gude no sonho lhe mostra isso, que terá que s'esquivar e ser rápido em suas tomadas de decisões e ações, para assim ter mais agilidade e conseguir realizar o que lhe está sendo exigido neste momento.

Cartas: pode refletir 1 fraco senso de responsabilidade ou que você tenha ansiedade sobre o futuro.

Dados: pode mostrar que você tem uma personalidade que gosta do inesperado ou promete prosperidade.

Dardos: sonhar que você está jogando dardos em seu sonho refere-se a algumas observações prejudiciais ou prejudiciais que você ou alguém disse. Alternativamente, representa seus objetivos e sua atitude de "empreendedor".

Damas: sugere que você necessita de uma boa estratégia para superar seus oponentes.

Dominó: este sonho demonstra que é preciso trabalho em equipe. O dominó que quando enfileirado e empurrado cai e leva todos juntos, mostra exatamente isso. Principalmente no trabalho, é preciso saber que é necessário trabalhar em equipe, não há como crescer, no trabalho sem a ajuda de outras pessoas, por isso valorize quem está ao seu lado e saiba dar valor as pessoas que trabalham contigo. Por que para que você seja realmente reconhecido e valorizado é preciso que saiba e perceba que precisa dos outros para lhe ajudar.

Futebol: pode avisá-lo de que seus esforços podem ser em vão. Ver *Esportes.*

Jogo da velha: representa sua estratégia para o sucesso. Você precisa alinhar seu plano para alcançar o sucesso. Alternativamente, o sonho simboliza abraços e beijos.

Loteria: convida você a ter cuidado com as despesas. Se ganhou no sonho, pode significar que você está cercado de pessoas invejosas.

Peteca: se você sonhou que estava jogando de peteca, é sinal de que você está com saudade do passado ou está se remoendo por algo ou alguém que já não faz mais parte da sua vida.

Sinuca: simboliza vida em sociedade, relacionamento interpessoal e inteligência. *Sinuca com amigos*: significa que você tem boas relações com amigos e pessoas próximas.

Softball: sonhar que você está jogando ou assistindo softball indica que você precisa ficar dentro de seus próprios limites e capacidades. Não exagere nas coisas.

Sudoku: ver ou jogar sugere que você está sendo confrontado com 1 desafio mental e 1 problema complexo. Considere o significado do número ou número destacados. O sonho pode apontar para preocupações financeiras e como você está tentando fazer os números funcionarem para você.

Tênis: ver *Esportes*.

Videogame: pode indicar a necessidade que essa pessoa tem em manter tudo sempre sobre controle. Quando ela está vivendo uma etapa na vida em que não pode mais tomar as rédea, entra num total desespero.

Xadrez: pode sinalizar 1 caráter forte e/ou competitivo. Também poderia anunciar prosperidade e/ou segurança econômica.

Você ganhou uma partida de jogo de xadrez: indica que você poderá ter lucros inesperados e de que se livrará de uma vez por todas de pessoas que te querem mal.

Sonhar que perdeu num jogo: pode prever sorte.

Ler

Sonhar com ler: significa o desejo que o sonhador(a) sente em aprender mais, de ter mais conhecimento das coisas, de ter maior compreensão do mundo que o cerca. Ele está aberto a absorver coisas novas e tem potencial para ler sinais e identificar posturas.

Ler em sonho: é presságio favorável que indica progresso em vários setores da vida. Se alguém leu a sua sorte, em sonho: boas notícias anunciam ótimos resultado referentes aos seus recentes exames de saúde. E se era o próprio sonhador(a) quem lia a sorte de outra pessoa: é presságio de realização de todos os seus planos.

*Dica psicológica: colocar 1 anúncio na *Internet* doando 1 aparelho Braile, novo.

Loteria

Fazer uma fezinha na loteria toda semana: sugere que você está confiando demais no destino em vez de se responsabilizar por suas próprias ações ou decisões. Você precisa reconsiderar algum problema ou situação antes de se comprometer com isso.

Sonhar que você ganha na loteria: representa seus desejos internos de viver sem ter que se preocupar com problemas financeiros e materiais. Alternativamente, o sonho pode ser uma metáfora de que o seu número surgiu e, portanto, implica em problemas em seu caminho.

Sonhar com 1 boleto de mega ou com 1 bilhete de loteria: indica que você precisa deixar algum aspecto de sua vida para o destino. Aprenda a deixar ir e deixe o destino seguir seu curso.

Se alguém lhe der 1 bilhete de loteria: significa que o destino está literalmente em suas mãos agora.

Máquina

"Não somos máquinas" já dizia Charles Chaplin num de seus memoráveis filmes *"somos homens, jamais deveríamos nos esquecer disso. Por mais que pensemos de forma contrária, devemos suprir diversas necessidades para que possamos desempenhar, a contento, nossas mais básicas funções. Ninguém pode viver perseguindo uma quimera, 1 sonho vazio ou inalcançável. Além disso, somos falíveis e deveríamos aceitar com mais naturalidade esse aspecto de nossa natureza!".*

Música

Em geral: ouvir música em sonho é anúncio de novos e felizes relacionamentos, talvez 1 casamento. Este tipo de sonho costuma indicar que momentos felizes e novidades devem ocorrer, em breve, na sua vida. Apenas não é possível saber se essas coisas boas serão na sua vida profissional, sentimental, familiar, financeira ou, até mesmo, em todas! Já pensou que maravilha? Portanto, ao sonhar com música em geral pode se manter tranquilo, pois de acordo com a interpretação, trata-se de 1 sonho que lhe trará coisas bastante positivas.

Se você era 1 músico no sonho: o presságio é de felicidade em família e com os amigos.

Sonhar com música agradável: o sonho indica que você viverá situações de muita diversão, descontração e aventuras. Muito bom, não é? Ainda significa bom relacionamento com os amigos. Portanto, se você tiver sonhos com músicas que lhe agrade, prepare-se para vivenciar momentos inesquecíveis de diversão com os seus amigos. E o sonho ainda traz 1 recado: não fique com medo de se arriscar, pois a sorte está ao seu lado!

A música lhe foi desagradável em sonho: procure se acalmar, não se aborreça com quem não merece.

Grandes músicos

Sonhar que estamos escutando músicas de grandes músicos: indica bons prenúncios para a nossa vida. Este tipo de sonho significa que você terá momentos bastante divertidos, alegres e felizes ao lado de amigos leais e companheiros. Ótimo sonho, não é?

Música lenta

Traduz a fase que você vivencia. Significa que você anda bastante confiante, por isso, anda tendo ótimos momentos de tranquilidade e paz. Continue assim! Poucas coisas são melhores do que viver assim.

Música gospel

Indica que você está procurando dar mais atenção a sua vida espiritual. É a doce ilusão que você vem buscando formas de se aproximar mais de Deus, por meio da música. Sonhar com louvar é 1 indicativo que você está precisando ter mais gratidão por aquilo no qual você crê. Significa que você tem muitas coisas boas, mas, muitas vezes, não dá valor. Que tal, então, começar a pedir e reclamar menos e agradecer mais? Sonhar com música de louvor em sua vida simboliza que é necessário mais reconhecimento e gratidão de sua parte.

Música acelerada

Não é necessariamente 1 prenúncio. Esse sonho diz mais sobre o momento que você vive. Indica que você anda ansioso com algumas coisas. E ansiedade nunca é algo bom.

> + *Cuidados*: procure relaxar mais e fazer as coisas uma de cada vez. Coloque o "pé no freio". Como diz o ditado: a pressa é inimiga da perfeição, não é?

Heavy metal

Pode evocar raiva, agressividade, uma descarga de energia ativa e carregada de intensidade. Também podem ser melódicas e profundas.

Músicas cantadas

Sonhar com cantar: significa novidades positivas em função da resolução de contratempos.

Cantar ou ouvir alguém cantar em sonho: pequenos problemas serão superados.

Quando se ouve, em sonho, o canto de 1 coral: é prenúncio de que será favorecido nos negócios.

Se você cantarolava ou ouvia alguém cantarolar: saiba que brevemente chegarão boas notícias.

Entoar hinos religiosos: é prenúncio de que pessoa muito próxima lhe dará motivos para que se alegre muito; s'entoava cantigas populares ou cantigas de roda, período de muita felicidade e amparo espiritual.

Caso, em sonho, cantava ou ouvia alguém cantar uma composição não reconhecida: surpresas no amor.

Canto fúnebre: sinal de grandes comemorações.

Rock

Rock da pesada: traduz instintos e reações caóticas e dissonantes. Às vezes a música ouvida num sonho, define nosso humor. O rock também tem 1 tom muito visceral e é 1 presságio agradável para energia, vivacidade e ser ativo. Com relação aos relacionamentos, indica proximidade e conexão física e também pode ser 1 sinal positivo para a fertilidade. Geralmente o rock é 1 sinal positivo, mas às vezes pode ser 1 aviso ou presságio também.

Ouvir: significa algo diferente para o sonhador, pois uma pessoa pode amar o este ritmo, outra pessoa pode absolutamente odiá-lo e é nessa preferência que fará a diferença do sonho. Quando você está sonhando com este tipo de música e tem uma reação positiva, isso é demonstração de que você é ativo(a) e equilibrado(a) em sua própria vida e aborda a vida com 1 coração leve e uma determinação ativa.

Não gostar: indica que você é mais reservado e tem uma abordagem mais cautelosa para com os outros e não está aberto com o seu sentimento.

Sonhar com música desagradável: é praticamente 1 pesadelo! Poucas coisas são piores do que ter que escutar uma canção que não nos agrade. Este sonho, no entanto, não traz maus e nem bons prenúncios. Trata-se mais de uma mensagem do seu ser. É 1 tipo de alerta para que você pare de se sentir aborrecido com alguns acontecimentos ou algumas pessoas que não merecem. Deixe essas coisas ruins de lado e se preocupe mais com o seu bem-estar.

Tocar: considere se você sabe ou não tocar jazz em seu mundo desperto. Se isso é algo que você realmente não sabe fazer, mas pode fazê-lo com facilidade num sonho, é 1 bom sinal para superar as dificuldades no futuro, além de ter 1 tempo aben-çoado e criativo em seu caminho.

Quando o rock é a música de fundo ou não pôde ser desligado em seu sonho: você deve considerar que os caminhos da sua vida precisam ser mais sérios ou mais focados, dirigindo sua atenção para as finanças e o trabalho. Esses sonhos também são 1 sinal para não levar as coisas tão a sério, mas também para considerar ser menos emotivo em suas relações com os outros.

Sonhar com uma banda de rock: as bandas são conjuntos musicais, completos, incluindo todos os instrumentos básicos e sonhar com banda está relacionado à alegria, satisfação e realização pessoal. Esses sonhos que parecem banais e verdadeiras fantasias, são carregados de significados e sentidos para nossa vida cotidiana. Quando sonhamos com uma banda, existe 1 conjunto d'emoções borbulhando em nós.

Sonhar que está tocando numa banda de rock: significa que a sua alegria e satisfação estão chegando a 1 nível de realização pessoal. É provável que nos últimos dias aconteceram episódios que contribuíram para o seu bem estar emocional. Todos nós temos momentos difíceis na vida e enfrentamos crises, todavia, quando nos vem os momentos bons e positivos conseguimos realizar todo o gozo d'alma. É difícil entendermos algo abstrato como a alegria, mas podemos saber que seu efeito é muito bom e positivo.

Sonhar que assiste uma banda se apresentar: ao sonhar que assiste show de uma banda significa que você está extremamente realizada(o) com alguma coisa que esperou durante muitos anos. Muitas vezes as realizações ocorrem quando menos esperamos. Este sonho com banda tocando pode ser 1 presságio de algo bom no futuro também. Podemos inclusive entender que eles podem tratar de coisas do passado, presente e futuro.E neste sonho pode haver coisas que farão com que você sinta alegria. O importante da vida não é quando as coisas irão dar certo, mas a convicção que irão dar certo.

Sonhar com banda antiga: sonhar com uma banda antiga poderá revelar, sobretudo, sentimentos de nostalgia por algo ou alguém do passado e que relembrar lhe faz bem, dá contentamento. Nós somos movidos por emoções e, talvez, esta seja uma das grandes emoções da vida: relembrar. Sonhar com banda antiga poderá lhe trazer boas recordações e que sempre trazem alegria.

Música popular

Sonhar com música popular simboliza 1 período mais calmo e feliz. Nesse momento a pessoa não está e nem quer ficar preocupado, afinal já passou por isso já não faz muito tempo, por isso aproveite. Quando estamos assim, mais calmos e de bem com o mundo, pensamos e percebemos melhor as coisas que acontecem ao nosso redor. Ela deve tentar perceber tudo o que há de bom acontecendo ao seu redor e em como ele está envolvido nisso. Coisas muito boas acontecem a ela e ela sabe disso, mas às vezes podemos não perceber e deixar que momentos muito bons sejam perdidos.

Música para dançar

Sonhar com música para dançar traz bons presságios. Significa que você, em breve, passará por momentos longos de muita paz e serenidade. E nada melhor do que tranquilidade em nossas vidas, não é? Portanto, se sonhar com música para dançar, se mantenha tranquilo, sua vida passará por uma valiosa fase de muita calmaria e despreocupação. Aproveite também para relaxar...

Dica psicológica: acenda uma vela lilás e bata palmas para Ray Conniff, John Wlliams, Benny Goodman, Glenn Miller, Carmen Cavalaro e George Melachrino com sua orquestra de cordas, que tanto prazer causaram aos nossos pais e avós nos milhões de salões de baile por este mundo afora onde suas músicas ecoavam.

Música clássica

Pode evocar uma maior organização mental, nostalgia e alegria íntima.

Dica psicológica: acenda uma vela laranja e bata palmas para Bach, Bernstein, Brams, Chopin, Rossini, Chopin, Verdi, Guerschwin, Mahler, Strauss, Mozart, Debussy, Ravel, Rimsky Korsakov, Schubert e Tchaikovsky, que durante séculos fizeram e ainda logram nos embriagar com suas vozes através de suas maravilhosas gravações deixadas.

PARQUE DE DIVERSÕES

Montanha russa

Sonhar com montanha russa: a fase infelizmente não é boa, só que em pouco espaço de tempo vai melhorar e você deve continuar acreditando. Esse tipo de situação é estranho e ao mesmo tempo extrema, portanto, esteja ciente desse contexto todo. A vida é feita de altos e baixos, portanto, é algo que vai precisar ser analisado e a calma será a sua maior aliada. Lembre-se disso, porque quando a fase mudar e isso acontece rápido, será necessário valorizar todo o aprendizado.

Montanha russa caindo: a sua fase atual não é boa e os problemas estão cada vez maiores, talvez pareça o fim do mundo e na verdade pode até ser. Só que sonhar com montanha russa caindo mostra que você deve se preparar para 1 mau presságio, ou seja, será uma oportunidade para testar as suas habilidades.

Montanha russa subindo: a hora de modificar a sua rotina chegou, porque continuar com o tédio não será interessante e isso é importante. A realidade por trás disso é que 1 novo tempo chegará e você deve aproveitar essa oportunidade que a vida dá. Para facilitar a sua vida, busque chamar a família e você verá que foi bom, porque trouxe várias novidades. É esse tipo de visão que vai fazer com que a sua vida seja melhor ainda e todos a sua volta vão perceber a diferença.

Sonhar com montanha russa descontrolada: infelizmente você não tem controlado os seus sentimentos da forma correta e o sonho indica que isso está faltando. Esse é o momento mais acertado para passar a ter controle sobre a sua vida e tudo leva tempo. Comece hoje, porque é algo realmente vantajoso e precisa ser feito o mais rápido possível.

Montanha russa parada: a sua vida não tem sido a melhor e o maior responsável por essa situação é você mesmo, portanto, modifique a partir de agora. Essa é uma visão que vai deixar a sua vida mais fácil e isso fará todo o sentido no final. É adequado citar outra questão que vai merecer atenção e diz respeito a você tomar cuidado com os seus sentimentos. É provável que você tenha problemas e será preciso ter muita força para superar as adversidades.

Indo pela 1ª vez na montanha russa: trata-se de 1 ótimo presságio para o seu futuro e pode representar a chegada de uma criança. É provável que seja seu filho ou alguém da sua família e sonhar com montanha russa indo pela 1ª vez, significa isso, ou seja, prepare-se e você verá que foi a melhor decisão para a sua vida.

Montanha russa quebrada: a hora de mudar chegou e não pode ser deixado para depois, porque cada dia perdido é 1 passo a menos rumo ao sucesso. Conquistar os seus objetivos é mais simples quando você tem foco e trabalha duro nisso. A montanha quebrada mostra que você não tem feito tudo da forma correta e é provável que problemas aconteçam. Lembre-se de todos detalhes e busque melhorar cada vez mais, busque fazer isso por você mesmo.

Acidente com montanha russa: é possível que dentro de pouco tempo alguém muito próximo a você perca a paciência com as suas atitudes. Conseguir sonhar com montanha russa tendo 1 acidente é sinal de que você precisa se vigiar. Procure evoluir e caso você tenha errado, busque melhorar e você verá que foi a melhor opção. O significado é bom ou ruim? Com toda a certeza que é positivo, porque mostra que você deve aprender a controlar os seus sentimentos. Esse é o ponto principal, porque trará maturidade e principalmente maiores chances de acertar. Deus fala com as pessoas por sonhos e o melhor é saber interpretá-los da forma correta.

Tiro ao alvo

Sonhar que você está praticando tiro ao alvo indica que você está focado em suas metas. Se você não consegue acertar o alvo, então simboliza chances perdidas ou oportunidades perdidas. Se você acerta no alvo, então o significado do sonho é que você está no caminho certo.

Trem fantasma

Andando nele: você está tomando atitudes muito pessimista para o seu presente e para o seu futuro! Apesar de você ter grandes objetivos, no fundo acredita que não pode conseguir realizar todos eles, por serem grandes demais. Pode até ser que você não concorda com isso, mas no fundo do seu ser você não crê com toda a fé que tem capacidade o suficiente para atingir tudo o que sempre sonhou.

Tiro ao alvo

Sonhar que você está praticando tiro ao alvo: indica que você está focado em suas metas. Se você não consegue acertar o alvo, então simboliza chances perdidas ou oportunidades perdidas. Se você acerta no alvo, então o significado do sonho é que você está no caminho certo.

Pintura

Sonhar ser artista: significa que você tem a criatividade para criar seu próprio universo. Pode representar uma auto-avaliação, uma mudança de vida ou que você precisa tomar cuidado com as pessoas que andam ao seu redor.

Quando você foi 1 pintor de quadros em sonho: deve-se ficar tranquilo e não temer a concorrência, pois, no final, atingirá sua meta.

Ver 1 pintor fazendo 1 quadro: será responsável por 1 coração pulsar mais forte.

Participar de uma vernissage com outros artistas: é sinal de que conseguirá aquilo que deseja, no momento. Seus interesses de reabilitação ou de largar de velhos vícios e manias serão recompensados.

*Dica psicológica: acender uma vela roxa e bater palmas para Rembrandt, Picasso, Leonardo da Vinci, Michelangelo, Monet, Van Gogh, Botticelli, Caravaggio, Velásquez, Portinari, e Renoir que ensinaram a todo mundo até onde a arte pode nos proporcionar admiração e aplausos.

Teatro

Sonhar com teatro sempre está atrelado à ideia de representar o papel dos seus sonhos, com sua capacidade de transformar as situações a seu favor. Você não tem medo de ser o líder do seu próprio caminho, da sua própria história.

Dica psicológica: acender uma vela violeta e bater palmas para Shakespeare – pai do teatro moderno.

Sonhar estar num teatro: mostra que você realmente acredita que os seus desejos se tornarão realidade. Não vai demorar muito para que você saia da posição de 1 expectador para representar o lugar principal da peça que você criou. Quando s'está no controle, tudo fica mais fácil, pois as consequências e resultados dependem somente de nós e não de outras pessoas que não vão transformar em realidade nosso sonho tão esperado.

Sonhar com teatro fechado: ao sonhar com teatro fechado, tenha em mente que você vai ter que lutar contra a má sorte que vem em sua direção em grandes ondas. Saiba que será possível conseguir sair a salvo dessa maré pesada se você acreditar na sua força interior e na sua capacidade. O teatro da vida estará fechado para lhe mostrar somente uma peça dramática, na qual você mesmo será o ator principal. Nem sempre você terá apoio, por isso a importância de desenvolver sua própria auto segurança e confiança.

Sonhar com teatro vazio: traduz novas amizades. O espaço está vazio aguardando por novas chegadas, por novas pessoas que virão para preencher todos os espaços que você reservou especialmente para pessoas amorosas. Não desanime se a sua vida anda vazia de amigos, na verdade, aqueles que estão lhe deixando devem fazê-lo para que os novos possam se aproximar. Quando algo vai, outro vem, acredite nessa lei.

Sonhar com teatro cheio: prenúncio positivo para a vida amorosa. Sonhar com teatro cheio indica que você vai finalmente ter o espaço do seu coração preenchido. Aquele lugar especial que você vem reservando para uma pessoa mágica está a ponto de ser ocupado. Se prepare para viver 1 verdadeiro romance teatral no melhor sentido da expressão. Você vai realizar o desejo de ser amado e de amar alguém muito especial. A vida está para levantar as cortinas dessa maravilhosa peça que será o seu romance.

Sonhar que se apresenta num teatro: ao sonhar que se apresenta num teatro sabemos que você possui uma forte queda por ser 1 ativo ator da vida e não apenas 1 expectador dela. Você sente 1 desejo enorme de ser ativo em tudo que tem a ver com sua pessoa. Quando você exerce suas vontades e coloca em ação seus objetivos, então você caminha rumo ao sucesso. Pessoas que só assistem a vida passar pela janela do trem nunca saberão o quanto é bom estar no comando.

Sonhar que está assistindo a uma peça de teatro: sonhar que está assistindo a uma peça de teatro é como se você estivesse vendo as suas próprias projeções sobre como é viver intensamente tudo aquilo que você considera importante na sua vida. Quanto mais emoção havia na peça, mais intenso você demonstra ser. E representa sua sensibilidade para com a vida, para com os papéis que diariamente você precisa representar em cada ambiente, com grupos de pessoas diferentes. Use sua criatividade para criar a vida que você deseja, depois faça o necessário para tornar esse sonho em realidade.

Sonhar com incêndio num teatro: sonhar com incêndio num teatro simboliza que derrotas estão por vir. Caso você pense que é incapaz de realizar seus sonhos, então essas derrotas realmente virão. Na verdade, esse sonho nada mais é do que uma representação da sua falta de confiança em si mesmo. O teatro simboliza o palco da vida e o incêndio é tudo aquilo que você imagina que pode destruir, arruinar com seus sonhos. As chamas também são os sentimentos autodestruidores que você sente por si mesmo.

TV

Sonhar com televisão: significa que em breve pessoas importantes adentrarão no seu ciclo de amizades e, pode ser, que algumas delas te ajudem na sua vida profissional.

Assistir televisão em sonho: é prenúncio de que fará novos e influentes amigos.

Se, em sonho, você apareceu na televisão: saiba que a pessoa certa notará sua inteligência e, assim, dará uma chance para que você realize seu projeto.

Trabalhar numa emissora de televisão: é aviso para que não deixe a vaidade consumi-la.

MEDOS/FOBIAS

Medo – Este sonho denota sempre que a pessoa está atravessando uma fase ruim em sua vida, sob todos aspectos; procure fortalecer seu caráter e cuide de seu sistema nervoso.

Quando, num sonho, o medo se destaca: é sinal de que você terá muita coragem ao enfrentar obstáculos ferrenhos, se fizer mudanças e reformas internas.

Em geral: a teoria é defendida desde há muito por muitos especialistas internacionais de renome. Os medos não são hereditários, os medos ganham-se. Têm diferentes graus de intensidade e provocam efeitos distintos. Conduzem a pessoa a evitar as situações que receiam, condicionando a sua vida ao medo, quando se trata de fobias ou medos extremos, ou, em contrapartida, a enfrentar a situação ou objeto que se receia.
Ter medo de alguma coisa: alguém cuidará de você.
Vencer seus medos: tudo correrá bem.
Ter medos persistentes: enfrentará falsidade e traição.
Desconhecer o motivo do medo: não acredite numa pessoa em quem confia agora.
Ter grandes medos: você tem uma coragem extraordinária.
Medo de proceder em algum caso: ou continuar uma jornada: demonstra que vai encontrar problemas no seu lar e a sua empresa poderá ter insucessos.
Ver o medo dos outros: demonstra que algum amigo lhe está a dever algum favor, o seu amigo devido às próprias dificuldades que está a atravessar sente-se em dívida consigo.

Medo de abismos

O abismo costuma aparecer nos sonhos, simbolizando os aspectos ainda informes da consciência, mas que contém em si infinitas nuances. São geralmente forças desconhecidas do inconsciente, de 1 potencial que jaz adormecido e que precisa de resgate. Quando essa imagem nos surge em sonhos, pode estar se referindo ao grande medo que sentimos frente a todos os poderes que desconhecemos e que se nos apresentam como incontroláveis uma vez que não os dominamos.

Medo de abusos sexuais

A agrafobia é 1 distúrbio da personalidade, caracterizado pelo medo e aversão ao abuso sexual (estupro). Essa patologia é mais frequente em mulheres que em homens e suas causas podem estar relacionadas à eventos ocorridos na infância. É 1 passo para a eretofobia – que é o caso mais agudo dessa ramificação das fobias, sendo que em último grau, pessoa também pode passar a apresentar indícios de antropofobia – o medo d'estar com quaisquer pessoas. As causas externas para o desenvolvimento desta doença, geralmente estão relacionadas à fase de desenvolvimento e conhecimento dos órgãos sexuais durante a infância, apesar da teoria de que abusos sexuais ocorridos nessa fase, também podem acarretar num trauma localizado e permanente, absorvendo os esforços da perso-nalidade para bloquear quaisquer possibilidades de reincidência do fato.

Medo de afogamento

Quem já tomou 1 caldo sabe como é angustiante a sensação de afogamento. É a perda total de controle da situação num ambiente que não é nosso, afinal, sabemos andar muito bem, nadar é outra coisa. Imagine então, acordar após sonhar com afogamento? Tenso não é! Quando sonhamos com afogamento é comum acordarmos suando, nervosas e assustadas, achando que pode ser 1 mau sinal. E, em alguns, casos é 1 aviso sim e ao qual precisamos prestar mais atenção.

Sonhar que você se afoga: este sonho específico possui diversas interpretações. Cabe a você analisar a sua situação pessoal e ver o que mais s'encaixa em seu momento. Por exemplo, pode indicar vitórias judiciais. Se você tem alguma pendência jurídica, ela pode estar se resolvendo e a seu favor. Outra possibilidade é o medo que você pode estar sentindo de ser dominada(o) por emoções que te deixam aflita(o), como amor, frustração e saudade. Também pode estar relacionado à ansiedade. Mais 1 significado pode ilustrar que você luta diariamente para sobreviver como ser humano, tentando preservar sua personalidade e sua individualidade. Isto é muito comum, principalmente no ambiente de trabalho.

Medo de água: a hidrofobia é o medo doentio de água ou de líquidos; a sua causa pode ser psiquiátrica ou virótica. Nos sonhos, o significado da hidrofobia está relacionado com a posição dos seus inimigos e pela inveja que eles têm do seu sucesso.

Sonhar que sofre de hidrofobia: isso significa que será perseguido pelos seus inimigos e terá a necessidade de mudar o seu negócio.

Sonhar que vê outras pessoas aflitas pela hidrofobia: quer dizer que o seu trabalho será interrompido pela inveja de outros que não suportam o seu sucesso pessoal.

Medo de altura

Em geral: medo de altura nada mais e do que 1 aviso que você precisa se atentar mais à sua vida. Acima de você tem uma vontade que é sempre mais suprema e daqui a algum tempo você verá que essa fase passou logo. Se você sonhou com isso é 1 sinal claro de que você tem deixado com que os problemas tomem conta de você. Na vida real, o medo de altura tem o nome de *acrofobia* e faz com que as pessoas evitem lugares altos. Você tem evitado o novo e ainda não percebeu que vive a mesma coisa e por isso não supera tudo isto.

+ *Cuidados*: procure entender que tudo que é novo irá precisar de 1 tempo maior de adaptação e a inovação é importante. As pessoas que mais se destacam têm sempre uma busca incessante pelas coisas novas. Em dias atuais como estes é sempre essencial que você busque ter experiências que lhe permitam crescer.

Medo de 1 lugar muito alto: é 1 sinal de que a sua consciência pede que você faça uma análise da sua vida. É essencial procurar olhar tudo por 1 panorama mais elevado e assim você tem condições d'entender tudo.

+ *Cuidados*: busque corrigir o que não estiver da forma que você quer e conseguirá estar em evolução. Conseguir crescer pessoalmente deve ser 1 objetivo para a sua vida e todos têm apenas duas opções. Você pode aprender por amor ou pela dor e essa escolha será apenas sua, portanto, opte sempre pela melhor.

Vendo outra pessoa ter medo de altura: alguém muito próximo a você vem tendo sérios problemas e talvez você consiga ajudá-la da melhor maneira. Essas pessoas que estão ao seu redor podem vir a precisar de uma palavra amiga e você tem condições.

+ *Cuidados*: procure sempre que possível auxiliar essas pessoas, porque amanhã você pode ter problemas e será o ajudado. Às vezes 1 amigo (a), parente ou o companheiro (a) precisa apenas de uma conversa e nada mais.

Sonhar com medo de altura num prédio: é 1 sinal claro de que você precisa ter mais paciência. Às vezes 1 chefe só consegue reparar no seu real valor quando outra pessoa sobe de cargo e não corresponde.

Medo de altura num avião: este significado é sem dúvidas o melhor dessa postagem e indica que em pouco tem você irá viajar. O seu par romântico a(o) convidará para fazer uma viagem inesquecível para 1 local especial e será a 2. O seu medo é lhe demonstrar para a outra parte que você tem defeitos, só que ele (a) ama exatamente essas falhas.

+ *Cuidados*: busque dar uma oportunidade para que vocês vivam 1 tempo a sós e verá que foi que foi a melhor escolha. Em dias atuais como estes você vai ver que foi uma decisão bem mais acertada.

Medo de amor não correspondido

Sonhar com medo de não ser correspondida no amor: simboliza rejeição a alguém.

Sonhar que alguém a(o) ama, mas você não demonstra nenhum interesse na relação: indica que você pode gostar desta pessoa, mas tem dúvidas que precisam ser esclarecidas.

Sonhar que gosta de alguém, mas não é correspondido: significa que pode estar s'esquivando de uma relação por receio de não ser correspondida(o). Crie coragem e vá em frente.

Medo de aranha

Em geral: se o sonhador(a) sente medo e repulsa pela aranha no sonho, pode representar certa rebeldia em aceitar o destino, a recusa a admitir que não tem o controle sobre tudo. No entanto, é necessário se adaptar a certas circunstâncias que não podem ser mudadas no momento.

Medo de assalto

Em geral: significa que coisas boas vão surgir na sua vida. Embora pareça ser 1 sonho negativo, é a representação de que muitos de seus problemas serão resolvidos. No entanto, pode representar o medo que você tem de passar por algumas situações.

Medo de ser assaltada (o)

Em geral: significa que coisas boas vão surgir na sua vida. Embora pareça ser 1 sonho negativo, é a representação de que muitos dos seus problemas serão resolvidos. No entanto, pode representar o medo que você tem de passar por algumas situações.

Medo de atravessar certas ruas

Ver ou estar numa rua movimentada: é anúncio de que viverá deliciosa aventura amorosa; *ruas com muitas curvas ou tortas* é sinal de que fará uma maravilhosa viagem; *rua muito longa*, se tiver paciência e continuar lutando, alcançará seu objetivo maior, calma; *rua muito estreita*, pequenas oportunidades, que forem bem aproveitadas, darão enormes lucros; *rua escura* é aviso de que você brilhará por seus esforços, sucesso à vista; *rua deserta*, não se isole, procure a companhia de bons amigos; *rua esburacada* é aviso para que não tente esconder a realidade, enfrente-a. Se mesmo com medo você no sonho, conseguiu voltar à rua de sua infância, o presságio é muito feliz, pois viverá momentos de intensa felicidade ao lado de amigos e parentes.

Medo de atraso

Você corre atrás do trem que está saindo ou chega atrasado para uma reunião importante: este tipo de sonhos são bastante frequentes. De acordo com Michael R. Olsen – psicólogo especialista em sonhos, eles podem simbolizar o medo de perder algo muito importante como, por exemplo, algo relacionado ao seu relacionamento ou à educação de seus filhos. Se, na realidade, você está constantemente ocupado e falta tempo para qualquer coisa, com a ajuda de tal sonho o subconsciente diz que é hora de rever sua agenda e encontrar tempo para as questões realmente importantes.

Medo de ser atropelado

Sonhar com atropelado; tome bastante cuidado com tudo o que fala ou assina, seja no ambiente de trabalho, como no familiar e amoroso Apesar de indicar, primeiramente, que imprevistos ocorrerão em sua vida, o sonho com atropelamento não indica necessariamente que algo trágico vai acontecer. Pode estar muito mais ligado ao caminho que você escolheu, às decisões tomadas mais recentemente, do que com tragédias. Pondere sobre todos acontecimentos mais recentes e refaça sua rota.

Medo de barata

Muitas pessoas se sentem desconfortáveis ou com medo na presença de insetos e bichos como baratas. Baratas são conhecidas por habitar lugares escuros e quentes que tem abundância de alimentos. Muitas vezes, durante a noite ou n'ausência de luzes, elas acidentalmente engatinham sobre a nossa pele. Isso pode evocar medo profundo ou resposta de repulsa. Tal resposta é geralmente evolutiva; nossos ancestrais pré-históricos foram programados para ficar alertas para estas situações quando dormiam em cavernas e em campo aberto. Muitas vezes, o indivíduo *catsaridafóbico* pode ter tido uma experiência negativa ou traumática com baratas no passado. Crianças podem ter sido punidas ou trancadas em armários ou espaços escuros, onde tais criaturas tendem a s'esconder. Essas crianças têm uma maior possibilidade de desenvolver fobia de barata. Adultos que expressam muito medo com ao ver uma barata também podem passar sem saber seu medo às crianças que estão a observá-los.

Medo de bater o carro

Em geral: apesar de parecer algo ruim, nem sempre é o que parece. O significado depende da situação, do momento e da consciência da pessoa que está sonhando. Geralmente indica progresso mas dependendo do caso pode significar medo ou receio de algo.

Medo de uma colisão: sofrerá 1 grave acidente.

Machucar-se em uma colisão: decepção nos negócios.

Medo de sair machucado de uma colisão: fará uma conquista amorosa.
Medo de morrer numa colisão: terá vida longa.

Medo de cachorro

Em geral: existe a hipótese de duvidar de 1 verdadeiro amigo.

Medo de cair

Em geral: demonstra seu receio de que algo d'errado. Você anda muito cauteloso em fazer as coisas, pensa diversas vezes antes de tomar uma decisão. Também mostra que é preciso sim ser responsável em suas decisões, mas também é preciso ousar de vez em quando.

Medo de cair num abismo

Sonhando com uma profundidade enorme, abismo ou precipício: é sempre 1 aviso de futuros perigos. A melhor coisa que você pode fazer depois de 1 desses sonhos é para ficar preparado, vigilante. Mas sempre sereno, à espera de qualquer que seja o sonho estava tentando anunciar. Normalmente esses sonhos revelam-se em não mais de duas semanas.

Sonho d'estar à beira de 1 penhasco ou abismo: é geralmente 1 aviso de que alguns inimigos estão tentando prejudicar o sonhador.

Sonho de cair de 1 penhasco: é 1 anúncio de que algo está sendo negligenciado e que isso pode fazer a sonhador uma vítima fácil de fraude ou de sofrer doenças graves. É 1 aviso de acidentes perigosos, tais como ser atropelado por veículos e ataques de surpresa, como assaltos.

Quando uma mulher sonha em olhando para o fundo de 1 penhasco: isso poderia significar que ela está se preocupando muito com o seu eu interior e seus assuntos, o que poderia realmente ser insignificantes.

Se o sonhador cai no fundo do precipício: pode significar que em breve o sonhador vai sofrer de situações desagradáveis e vai se sentir decepcionado com determinados amigos ou amantes.

Se o sonhador não cai: isso poderia significar que todas as preocupações terão desaparecido e os problemas serão resolvidos, o que irá parecer absurdo no final.

Quando 1 homem sonha estar olhando para o fundo de 1 penhasco: pode significar que ele está pensando em tomar algo que não pertence a ele e isso vai afetá-lo para o resto de sua vida. Este é 1 sonho de aviso....

Medo de cegueira

Se você sonhou que estava cego ou estava ficando cego: deposite sua confiança e dê sua amizade a quem verdadeiramente merece.

Ser ou estar cego de 1 só olho (você ou outra pessoa): sorte no amor e no jogo.

Sonhar com cegueira: na maioria dos casos, traz densas revelações a nosso respeito, em especial no que trata do nosso autoconhecimento, das coisas que conscientemente ou inconscientemente queremos ver em nós ou ao nosso redor. Para algumas pessoas, esse processo de mergulhar dentro de si e se compreender melhor é fácil e até divertido, mas para aquelas que trazem uma bagagem pesada e muitas cicatrizes pode ser 1 sofrimento a mais e perdurar durante anos até que enfim alcancem sua essência.

Medo de cemitério

Em geral: sonhar com medo de cemitério demonstra que você está pensando na morte. Certamente você anda pensando sobre o assunto. O medo de cemitério lhe mostra que está com receio de perder alguém bem próximo a você. Isto é comum, por isso tente não pensar mais nisso. Todos temos pessoas que nos farão muita falta quando partirem, mas faça o contrário, aproveite os momentos juntos e curta a vida.

+ *Cuidados*: não pense em coisas ruins que podem acontecer, pensamentos ruins podem atrair as coisas ruins, por isso pense positivo.

Medo de cobra

Em geral: seja qual for a causa da *herpetofobia*, no início, a fobia pode fazer a pessoa simples-mente evitar jardins, zoológicos, florestas ou pet shops que vendem répteis. Poderia, então, passar a se recusar a sair de casa completamente devido ao medo d'encontrar répteis. O medo pode até dominar o indivíduo completamente, muitas vezes combinando com outras fobias.

A visão de uma cobra ao vivo (mesmo em imagens de livros ou na tela de TV, computador ou celular): pode desencadear 1 ataque de pânico. A pessoa inclusive, pode se recusar a ir em caminhadas em matas, acampar, etc. Pode até mesmo se recusar a assistir a 1 filme como o de *Godzilla* por exemplo. A simples sugestão de uma viagem para o zoológico pode causar choro, ataque de pânico, tremedeira etc.

+ *Cuidados*: existem muitas terapias e modalidades de tratamento que podem ajudar a superar *herpetofobia*. A hipnose é uma opção. Ela funciona através d'avaliação da causa raiz da fobia e também ajuda a eliminar a resposta condicionada da pessoa para seu objeto de medo. Técnicas de hipnose também são usadas para fazer a pessoa se sentir mais relaxada e se tornar aberta a sugestões. O terapeuta, então, usa "comandos" para trazer a mudança desejada no indivíduo. Outras terapias mencionáveis para ajudar a superar o medo de répteis são a psicoterapia, a dessensibilizarão sistemática numa terapia de grupo.

Medo d'elevador

Sonhar que desiste de subir ou descer num elevador: poderá significar medo demasiado de fundo psicológico, mas também poderá significar ansiedade e insegurança no momento.

+ *Cuidados*: acredite mais em você mesmo, mas se no sonho você vê o perigo e desiste cuidado você precisa que alguém com experiência possa ajuda-lo em relação ao seu medo, pode ser muito fácil resolver, mas se continuar com esse sonho seguidamente e no sonho sentir muito medo é preciso procurar analisar melhor o medo com especialista d'area da saúde, mas se você enfrenta o medo no sonho significa mudanças em geral, vitórias sobre dificuldades do momento, as dificuldades serão vencidas por você mesmo você tem equilíbrio suficiente para resolver a situação e seja sempre persistente, e procure ter mais coragem e assim dias melhores virão.

Medo de dirigir

Amaxofobia: é o medo de dirigir 1 veículo ou mesmo estar dentro dele. num veículo normalmente experimentam estados de ansiedade diante de situações geradas pelo tráfego, temem a ocorrência de acidentes e suas consequências, especialmente lesões ou a morte. Quem possui *amaxofobia* pode ter a tendência de "tentar dirigir" estando no banco traseiro. Imagine a seguinte cena: o condutor do veículo dirigindo e uma pessoa ao lado, ou no banco traseiro, falando: cuidado, vai devagar, olha a moto, olha o sinal, vai fechar, presta atenção... Alguns podem simular ações como s'estivessem no comando, como forçar o pé o direito contra o chão, como se pudessem frear o carro dessa forma. Então, conseguiu imaginar? Essa pessoa provavelmente pode ser *amaxofóbico*. É preciso cuidado, pois o sujeito pode ser capaz de tirar a atenção do motorista e até mesmo aumentar as chances de acidente de carro.

Medo de dor

Medo de sentir: nervosismo, estresse e desentendimento amoroso, descanse não dê ouvidos a 3ºˢ.

Ver alguém sentir: evite encontros com o sexo oposto, o dia não é bom.

Medo d'envelhecer

A *gerascofobia* é o medo do envelhecimento. Em muitas ocasiões, provoca o pânico quando a pessoa por exemplo vê que sua pele já não parece boa, podendo ela inclusive entrar no campo da *dermatofobia*. A maioria das pessoas tem medo de algo, seja aranhas, voadores ou palhaços. Tais fobias diferem dos medos, pois podem afetar a qualidade de vida, fazendo com que a pessoa sofra de forma negativa e, muitas vezes, causando a retirada de atividades cotidianas, como trabalho ou compromissos sociais, sendo que a sua condição pode atingir níveis tão severos que o doente se sentirá incapaz de ir às lojas ou se aventurar pela porta da frente por medo de ver uma pessoa idosa. Esses sintomas bem conhecidos provocados por ataques de ansiedade, podem incluir sudorese, tremores, queda da pressão arterial, taquicardia, falta de ar e incapacidade de falar. E *Ageismo* é o preconceito de idade, foram fortemente ligados à *gerontofobia*. Este medo ou ódio irracional dos idosos está associado ao fato de que 1 dia todos os jovens envelhecerão e a velhice estará associada à morte. Essa falta de vontade em aceitar a morte manifesta-se em sentimentos de hostilidade e atos discrimi-natórios em relação aos idosos.

Em geral: o tratamento de fobias, como a *gerontofobia*, geralmente é multifacetado. Dependendo da gravidade do distúrbio, o profissional médico do tratamento recomendará a melhor opção ou opções. Na maioria dos casos, o tratamento incluirá sessões regulares de terapia cognitiva-comportamental e aconselhamento com 1 psicólogo ou psiquiatra.

O que dizem os analistas: alguns analistas admitem que o sonho no qual a pessoa se vê refletido num idoso, muitas vezes indica a preocupação pela passagem dos anos e medo d'envelhecer. Talvez a pessoa esteja passando por uma fase em que não s'esforça e está deixando passar oportunidades valiosas (O trem passa apenas uma vez). Ela se arrepende de não ter dado mais de si mesmo no passado. Deve aproveite agora, se ela ainda pode dar 100% de si mesmo ainda hoje. No entanto, os significados dos sonhos podem ter diferentes interpretações, dependendo do contexto de seu sonho e dos eventos que acontecem em sua vida.

Sonhar com velhice por medo de não cuidar de si mesmo: precisa de ajuda para tomar suas próprias decisões? A pessoa costuma ser indecisa? Ela se vê em certos aspectos dependente de 3as pessoas? É importante saber as opiniões e conselhos dos outros, mas ela deve lembrar-se que é a única que tem o poder final para tomar suas próprias decisões.

Sonhar com envelhecimento porque a pessoa está com medo da solidão: para todas as pessoas surge a angústia, de algum modo; como serão os seus últimos anos de suas vidas. Os seus filhos lhe estenderão a mão? Ela será internada numa casa de repouso? Será que a sua parceira(o) ainda estará viva(o)? A angústia da solidão ou de ser incompreendida é uma das principais preocupações das pessoas idosas ou velhas.

Sonhar com envelhecimento ou idosos pela sabedoria que transmitem: durante o sonho a pessoa viu 1 grupo de anciãos conversando e contando histórias de vida? Os anciãos sabem muito. Se a pessoa puder ouvi-los aprenderá muitas coisas interessantes. *"Aquele que é de natureza calma e feliz, dificilmente vai sentir a pressão da idade: mas para aquele que é de uma disposição oposta, a juventude e velhice são igualmente 1 fardo"* (Platão 427-346 aC).

Sonho com envelhecer ou ser ancião porque o angustia a doença e a própria morte: não há necessidade de ser uma pessoa hipocondríaca para ter este tipo de sonho. Embora a morte faça parte do ciclo natural da vida é normal se preocupar com a doença e morte. A pessoa ainda respira e seu coração bate, certo? Bem desfrute de cada momento que lhe dá vida!

Sonhar com velhos e anciãos por ter grandes conselheiros: talvez a pessoa considere-se afortunada, porque está cercada por pessoas com boas intenções que lhe dão ótimas dicas. Pode ser seu avô ou seu melhor amigo que a compreendem e lhe dão grandes dicas para ajudá-lo a se tornar uma pessoa melhor.

Asilo: receberá dinheiro inesperado.

Estar num asilo: sorte.

Outras pessoas num asilo: encontrará objetos perdidos.

Medo d'escuridão

Em geral: poderá significar uma falha de trabalho que você está tentando fazer mas está indo para o lado errado. Também uma ignorância subconsciente, a morte e o medo de desconhecido.

Medo d'espírito

Ter medo de 1 espírito: preocupações familiares.

Medo d'escorpião

Em geral: sonhar com escorpião pode representar, a nível simbólico, a necessidade de perceber e refletir sobre nossas ações instintivas, ou seja, nossas reações aos fatos que acontecem em nossas vidas.

Medo da escuridão

Em geral: denota sentimentos de insegurança, depressão ou desespero. Também é anúncio de que 1 contratempo poderá atrapalhar seus planos e que você não se sente muito seguro em relação a 1 assunto que está sendo cobrado e que você já sabe qual é. Mas não desista de buscar a luz.

Se no sonho, você estava apalpadelas nas trevas: indica que você tem informações suficientes para tomar uma decisão clara.

> + *Cuidados*: é preciso parar de fugir do assunto e pensar sobre o mesmo e tomar uma posição. È preciso segurança para se resolver algo e para isso é necessário pensar e discutir as possibilidades. Não fuja mais disso, resolva e se sentirá melhor.

Medo de ser estuprada

No Brasil acontece 1 estupro por minuto a cada minuto.

Sonhar com 1 estuprador: acaba sendo mais parecido com 1 pesadelo com 1 sonho, afinal 1 estuprador acaba sendo algo que faz com que as pessoas venham a se preocupar muito em saber o que esse tipo de sonho significa, afinal acaba sendo muito bom saber a forma de desfrutar de tudo que esse sonho pode trazer para a sua vida, pois saber o seu significado acaba ajudando a pessoa a entender muito mais sobre ele e assim ser capaz de saber como lidar com as coisas que ele pode apresentar para a pessoa.

Medo de fantasma

Fantasma: indica o seu estado emocional no momento, como medo, insegurança ou sentimento de culpa. Também investimentos incertos e podem, inclusive, significar notícias ruins ou prejuízos financeiros.

Ver 1 de branco: representa alegria; seus amigos estão sempre prontos a ajudá-lo.

Ver 1 de preto: más tentações.

Ser perseguido por 1 fantasma: fortuna e alegria.

Medo de ficar para titia

O *anuptafobia* é 1 medo exagerado não tendo nenhum parceiro, que faz as pessoas se apegar a 1 relacionamento insatisfatório ou escolher alguém como 1 companheiro e, se eles estão sozinhos, não encontra significado para sua vida. Quer compartilhar sua vida com alguém especial para desfrutar os bons momentos e encontrar conforto e compreender as dificuldades, é algo normal que faz parte da natureza humana. No entanto, se ter parceiro se tornou uma obsessão para você, ou você não é capaz de considerar a separação, mesmo se seu relacionamento atual não satisfazê-lo, pode sofre uma doença conhecida como anuptafobia, 1 medo exagerado tendo nenhum parceiro ou que esta situação se mantenha, pode gerar ansiedade e depressão. O anuptafobia é 1 mais propensos a sofrer com isso. É que, enquanto hoje e graças as mudanças sociais e independência econômica, não preciso de 1 parceiro para desenvolver profissionalmente e socialmente e pode até ser mães sem que formam uma família tradicional, singeleza é ainda melhor vista no caso dos homens e algumas mulheres ainda estão considerando que ficar single é 1 fracasso pessoal. O comportamento das mulheres com *anuptafobia*: responde a 1 padrão de ansiedade e obsessão em torno da ideia de ter 1 parceiro. Quem é mais próximo a essas pessoas é quem vai sofrer mais com esta obsessão, já que qualquer proposta ou experiência de lazer não será satisfatória se não se destina a encontrar 1 parceiro. As pessoas com *anuptafobia* têm 1 grave problema de autoestima, propiciado talvez por rompimentos traumáticos anteriores, vivências de rejeição e/ou abandono por parte de alguma das figuras de vínculo na infância ou na adolescência. Deve--se entender a *anuptafobia* como 1 medo irracional, como seu próprio sufixo indica. Portanto, o comportamento de uma pessoa com *anuptafobia* geralmente é bastante pronunciado e marcante em relação a 1 simples desejo de busca de 1 parceiro. Esta tendência causa mais dor e desconforto do que se pensa numa grande parte da população que acha que estar num relacionamento estável é o único meio de se validar e d'estar no mundo, o que leva a pessoa a realizar uma busca infrutífera contínua do sentido de si mesma. Nos sentirmos pela metade e não inteiros, buscar alguém para ser e não simplesmente para estar mais feliz, é sempre 1 caminho errado.

Medo de fogo

No geral: sonhar com fogo pode ter interpretações diversas, até mesmo antagônicas. Paixão, desejo, iluminação e purificação por 1 lado; raiva, amargura e destruição por outro; e no 1/2 de tudo isso, podendo ser uma coisa ou outra, transformação.

Medo de fracasso

Em geral: atiquifobia é definida como 1 medo persistente, anormal e injustificado do fracasso, cometer erros ou cometer erros.

Embora todas as pessoas tenham, até certo ponto, o medo do fracasso, é preciso lembrar que, por ser uma fobia, estamos falando de 1 medo extremo e irracional. As fobias impedem as pessoas de levar uma vida plena e, nesse aspecto, o medo do fracasso resulta numa fobia particularmente paralisante, já que aqueles que sofrem com isso param de participar de atividades nas quais temem o fracasso. As causas dessa fobia podem ser atribuídas a pais ou irmãos muito exigentes durante a infância, ou a pessoa ter sofrido constrangimento e humilhação como resultado de uma falha menor. Conforme o tempo passa e a pessoa está estruturando sua personalidade, o medo do fracasso é fortalecido.

+ *Cuidados*: se não for tratada, os sintomas podem piorar com o tempo, possivelmente levando à depressão. Os sintomas mais comuns são semelhantes a outros tipos de fobias, como ansiedade mental extrema, dores de cabeça, tensão muscular, ataques de pânico acompanhados de boca seca, sudorese, náusea e respiração acelerada; também é possível que problemas digestivos crônicos se manifestem.

Medo de impotência

Quando o homem sonhou estar impotente com alguém na cama: significa que talvez ele não consiga resolver desafios que enfrenta. Neste tipo de sonho, você poderá estar sendo vítima de sua própria imaginação, já que os sonhos são criados pelo nosso próprio ego.

Se você insistiu, mas mesmo assim sentiu-se impotente: este é 1 sinal de que você passa por algum tipo de insegurança quanto a sua vida sexual. Nesta situação temos o significado de 1 medo de perder o poder. Talvez você poderá estar com medo de que não irá se medir a uma determinada pessoa, ou até mesmo 1 tipo de tarefa na sua vida. Mesmo assim, pode ser 1 prenúncio favorável a 1 novo amor, muita felicidade e harmonia.

Sentiu-se impotente por estar ansioso demais: nesta situação existe 1 sentimento real de ansiedade que em breve poderá interferir na sua vida, por este motivo é importante levar em conta uma série de situações. Este tipo de sonho poderá surgir por 1 medo de inca-pacidade sexual, uma sensação de perda tanto da masculinidade como da feminildade, ou ainda a sensação d'estar fraco, incapaz de s'expressar ou até mesmo uma situação para impressionar outras pessoas com seus sentimentos ou ideias.

Sonhar que se sente impotente diante de 1 inimigo: nesta condição você vem sendo uma vítima de sua própria imaginação, já que os sonhos onde o sonhador é colocado como alguém impotente perante uma situação são devidamente criados através do próprio ego. Você precisa conhecer melhor a sua capacidade física e intelectual e ter 1 pouco mais de confiança de si.

Saber que outra pessoa está impotente: é presságio infeliz, avisa que pessoa da família precisará de cuidados médicos.

Medo de insetos

Vários fatores estão relacionados com a *entomofobia* ou acarofobia; estes podem ser categorizadas como ambientais, Tratando-se de 1 transtorno mental mal documentado e sub-relatado, muitas vezes fica de fora da maioria das categorias científicas e outras fobias. Muitos *entofóbicos* são conhecidos por visitar vários médicos e especialistas diferentes, muitas vezes sem qualquer resolução de sua condição. Por isso, torna-se necessário envolver uma abordagem multidisciplinar para diagnosticar e tratar *acarofobia*.

+ *Cuidados*: uma combinação de terapias, incluindo medicação, dessensibilizarão e psico-terapia são opções benéficas no tratamento da fobia; 1 entomologista também pode ser necessário para ajudar o paciente a dissipar equívocos que podem ser agravantes, possibilitando melhor compreensão do caso, visando o tratamento para perder medo de insetos.

Medo de lobisomem

Caso você esteja sonhando com 1 lobisomem há vários significados que podem ser mostrados, 1º veja se você não está assistindo muito esses filmes e séries sobrenaturais, pois o lobisomem é o símbolo do medo e seu inconsciente pode estar gravando as cenas marcantes, o que acaba resultando nesses sonhos agressivos. Também pode significar raiva reprimida, pense se você não está chateado com alguém e tente se libertar disso, assim você com certeza terá os sonhos com lobisomens deixados de lado. Se o lobisomem atacar alguém com muita violência, você pode estar se tornando uma pessoa sem escrúpulos e violenta, tome cuidado. Agora, se você sonhar que você se tornou 1 lobisomem, pode significar que sua personalidade está prejudicando a você mesmo, portanto tente prestar atenção e vise o seu próprio bem-estar, não deseje mal para os outros e assim você poderá viver bem consigo mesmo. Os lobisomens também podem nos mostrar que a vida não é o que parece muitas vezes você está dando atenção para coisas desnecessárias e precisa assumir o controle da situação novamente, visando coisas boas para você e para o seu futuro. Tente acabar com seus medos e assim os sonhos com lobisomens não serão mais frequentes. A figura de 1 lobisomem nas ficções é símbolo de inimigo, de ameaça animal. E do mal, devorador e 1 criatura feroz que assusta e espreita.

Se 1 bando de lobisomem ameaçadores aparecem em seu sonho: é 1 indício claro de que seus instintos estão trabalhando por baixo de seu nível moral. Deve tratar de vencer a negatividade de suas paixões. Seus tormentos emocionais ameaçam te tirar do sério, se é somente 1 lobisomem que ele combate e vence é 1 anúncio de uma vitória sobre suas paixões e o fim de uma situação turbulenta.

Medo de morrer

Em geral: o sonho apenas mostra que hoje em dia as pessoas se preocupam demais com este fato. Principalmente com o que virá depois que isto acontecer, como ficarão sua família, as pessoas a sua volta e aquelas que dependem de você. Porém, minha leitora(o) não deve se preocupar com isso mais do que o necessário: é preciso sim pensar sobre isso mas não ter medo. As coisas acontecem na hora certa, pode acreditar.

Medo de mulher

Em geral: os homens sofrem desta fobia, que também é conhecida por nomes de *ginefobia* ou *ginecofobia*. Essas pessoas temem as mulheres ou de ter uma relação sexual com elas. Eles podem ter ódio ou má vontade para com suas próprias irmãs ou mães, ou em geral, com todas as mulheres ao seu redor. Alguns *ginofóbicos* tendem até a adiar o casamento por causa de tal medo. Os psiquiatras acreditam que o medo de mulheres (fobia) geralmente ocorre em homens que têm conflitos não resolvidos com as mães. Abandono ou abuso físico infligido por elas que foram rigorosas demais em sua infância podem causar *ginofobia,* que muitas vezes se resolve por conta própria, mas pode persistir até a idade adulta. Tais homens tendem a ver as mulheres como ameaça física ou emocional. Muitas vezes, 1 rapazinho à beira da puberdade pode ter sido abusado sexualmente por uma mulher violenta, levando-o a 1 ciclo de ódio em relação a todas as mulheres pela vida toda. Alguns casos de *fobia de mulheres* podem surgir mais tarde na vida, quando 1 homem adulto é colocado para baixo ou insultado gravemente por uma mulher. Isso pode levar a pensamentos de humilhação e rejeição esmagadores, levando-o a desconfiar de todas as mulheres. Daí podem apresentar os seguintes sintomas:

- Muitos homens mostram má vontade ou desdém para com todas as mulheres ao seu redor. Eles profundamente acreditam que todas as mulheres são "mentirosas e trapaceiras".

- Muitas vezes, o medo das mulheres pode ser canalizado para a mãe ou irmãs. Muitos fóbicos são incapazes de trabalhar com

colegas e patrões do sexo feminino. Eles tendem a desprezá-las ou podem questionar sua autoridade.
- Muitos tendem a sentir pânico ou ataques de ansiedade com o pensamento d'enfrentar uma mulher. Isso inclui sintomas como falta de ar, aumento da frequência cardíaca, sudorese, boca seca, incapacidade de formar palavras/frases, etc. Muitos tendem a evitar encontros sociais com elas e sair de seu caminho para evitá-las.
- Às vezes, desordens psicológicas como a esquizofrenia, a depressão bipolar, etc, também podem causar a *ginofobia*.
- Em alguns casos, o homem pode começar a temer relações sexuais com mulhees, devido à incapacidade de obter ou manter uma ereção, ou caso tenha muita insegurança em relação ao seu desempenho. O que psicólogo pode aconselhar?

1º – fazê-lo saber que a mulher é bem mais frágil que o homem em quase todos os sentidos e não só fisicamente.

2º – que ela muitas vezes diz não quando o homem quer leva-la para 1 motel, pois tem vergonha de que ele veja suas roupas feias que está usando intimamente naquele dia, seus seios caídos, feios, quase inexistentes ou exagerados.

3º – porque ela está menstruada ou tem 1 corrimento também mau cheiroso que ela está tratando.

4º – que tem vergonha em ficar nua expondo uma celulite vergonhosa, uma barriga com pelancas, chupões ou marcas de beliscões que ainda não sumiram.

5º – porque não consegue gozar transando e não quer fracassar mais uma vez, sentindo ódio toda vez que alguém quer leva-la para a cama.

6º – que ela, quando se mostra estéril e não pode ter filho, fica tão desesperada, que gasta todo seu dinheiro em tentar ser mãe, passando a maior vergonha que uma mulher pode sentir junto a toda a sua família, a dele e de todas as suas amigas ou companheiras de trabalho (o pior neste caso, é quando ela prefere adotar 1 cachorrinho em vez de uma criança, para quem compra roupas, comidinhas especiais, brinquedinhos novos, levando-o até para 1 spa de vez em quando).

7º – e quantas fortunas elas gastam em plásticas nem sempre bem sucedidas e fatais?

8º – que é a criatura mais complexada deste mundo, quando não pode deixar de ir à cabelereira toda semana, ir à manicure, ir à academia para não ficar desesperada com o aumento de seu peso, com a flacidez de seus braços aparecendo, a sua obesidade aumentando e quando não tem uma chapinha e 1 secador de cabelos em casa e 1 batom, bem como 1 estojinho de maquiagem na bolsa para disfarçar suas olheiras ou rugas.

9º – Uma de suas maiores manias, é querer manter-se e mostrar-se jovem por toda a vida. Muitas vezes custe o que custar.

10º – Que a maioria das mulheres tem 1 estrimilique nervoso ou desmaia ao ver uma baratinha.

11º – mas levando em conta que os homens *ginofóbicos* que possuem medo de mulher também têm o péssimo habito de pensar negativamente *"Ela vai me dar 1 fora", "Ela contará para suas amigas e todas vão rir", "Não saberei o que fazer e vou ficar sem ação"*, daí, se isto acontecer, pelo menos foi homem o suficiente para arriscar. Comece a dominar seus pensamentos e forçar sua mente a sempre pensar de maneira positiva *"Sou 1 homem interessante e não há motivos para que ela não me queira", "Se ela me rejeitar estará perdendo uma grande oportunidade", "Se levar 1 fora, pelo menos estarei aprendendo e quando tiver uma oportunidade com uma garota ainda melhor do que ela, conseguirei fazer melhor e terei mais chances"*, o que pode acontecer de pior se ele se incutir de coragem e decidir novamente perder seu medo tentando aproximar-se de uma garota que inclusive lhe deu bola? Ouvir mais 1 não? Neste caso o psicólogo pode recomendar que seu consulente leia o livro Como Conquistar as Mulheres Sexualmente de Max Sussol, onde pode ler: *"Em toda cantada o conquistador tem 50% de chance de ouvir 1 sim, como 1 não"* – é como jogar na roleta na cor branca ou vermelha: vai dar 1 dos 2; mas se der 0, que não tem cor, talvez seja sinal dele se aproximar de outro homem e não de uma mulher...

Medo de perda do controle

Isso significa que a sonhadora(o) não está conseguindo controlar algo em sua vida, talvez estejam ocorrendo mudanças drásticas para as quais ela(e) não estava preparada(o) e sente que perdeu o chão sob seus pés.

+ *Cuidados*: ela(e) deve pensar em que área da sua vida (trabalho, relacionamentos, finanças, saúde, etc) se sente triste ou vulnerável neste momento e como solucionar isso.

Medo de ser perseguida

Sonhar que alguém a(o) persegue: significa que a pessoa está com dificuldades para viver com tranquilidade as questões mais simples de sua vida. Tudo para ela tem sido algo difícil de lidar, mesmo que faça parte de sua rotina há muito tempo. Às vezes as coisas que parecem ser tão difíceis de lidar são problemas corriqueiros e talvez a sonhadora(o) não esteja s'esforçando o suficiente para pôr em jogo estas questões.

Dica psicológica: que tal repensar algumas de suas atitudes, observar a maneira como a pessoa lida com os problemas e tentar deixar sua vida mais leve, com menos reclamação?

Medo de ser perseguida por 1 homem: significa que, se a sonhadora(o) for apaixonada(o) por alguém, seu amor está sendo correspondido. Porém, se ela(e) não s' entregar completamente a esta oportunidade, ela(e) pode perder.

Dica psicológica: é preciso aproveitar este momento e não fugir da situação: para que ter medo de seguir seu coração? A pessoa deve entregar-se a esta novidade e fazer de tudo para viver os bons momentos que 1 relacionamento pode lhe proporcionar.

Sonhar que uma mulher o persegue: significa 1 bom momento para criar novas amizades. Este momento é quando a sonhadora(o) vai se dar conta de quem são as pessoas que realmente estarão com ela(e) em todas as situações e acabará se afastando daqueles que não te acrescentam mais.

Dica psicológica: não tem nenhum problema se afastar dessas pessoas, mas vale a pena ir em busca de novas amizades. Neste momento a sonhadora(o) acabará conhecendo pessoas com quem criará laços de cumplicidade muito fortes. O ideal agora é aproveitar o momento para se divertir em companhia dos antigos e novos amigos e estreitar ainda mais as relações com quem estiver aparecendo.

Medo de ser perseguida(o) por 1 carro: tem por significado o medo interior de não conseguir dar conta dos problemas que a(o) rodeiam. A pessoa sente medo de que pessoas ruins estejam te manipulando, impedindo que você realize feitos e organize sua vida.

Dica psicológica: más vibrações podem estar assolando sua vida neste momento, mas você precisa acreditar que consegue se desvencilhar disso. Nada é maior que a consulente e é só ela mesma quem conseguirá resolver os problemas mais cabeludos.

Olhe para quem o persegue: a pessoa que está atrás de você transmite 1 sentimento desagradável, de medo, trazendo uma emoção ruim ou levando você para uma situação péssima como uma dependência de algo ou alguma dívida? Uma pessoa conhecida lhe persegue? Pense no que ou com quem costuma associá-la. Em seu sonho, essa pessoa pode simbolizar outra e não a si mesma ou inclusive uma parte de sua própria personalidade que você ainda não reconhece, como 1 talento ou aspiração ocultos. Há também uma teoria de que os sonhos d' escapar de alguém são apenas ecos que estão embutidos em nossos genes, vindo de ancestrais distantes. Afinal, eles tinham d'enfrentar os ataques de grandes predadores o tempo todo.

Medo de rato

Em geral: este tipo de sonho significa presságios negativos. É o símbolo das sensações de avareza, cobiça, falsidade e falta de higiene. Pode representar a doença e a decepção. Também pode ser 1 alerta de que você precisa ser mais precavido em relação às pessoas. Você, como a grande maioria das pessoas, prova-velmente não fica nem 1 pouco feliz quando encontra 1 rato na rua. Pior ainda quando ele resolve aparecer na sua casa, né? O bicho é tão pequeno quanto malvisto, seja por uma questão de saúde ou por nojo. E, convenhamos: se ele é capaz de assustar até elefante, 1 animal daquele tamanho, seu medo está perdoado.

Medo de rugas

Em geral: o medo é 1 recurso que nossa mente usa para nos alertar que algum perigo está próximo. Entende-se, portanto, que o medo é uma reação normal e natural do ser humano. O problema surge quando esse medo se torna 1 sentimento irracional, sem razão, obsessivo e que nos impede de realizar nossas atividades diárias normais. É então, quando o medo se torna uma fobia, quando a ajuda psicológica é necessária para resolver o problema. Uma fobia sofrida por mais e mais pessoas é a quase desconhecida *ritifobia*, que consiste em ter medo de rugas. Embora possa parecer uma mentira, é 1 distúrbio fóbico cada vez mais comum que vai além do aspecto estético. Por que a pessoa tem medo de rugas? A sociedade em que vivemos, onde a imagem física é tão importante e onde a manutenção da juventude é promovida de forma exagerada, faz com que muitas pessoas percebam o aparecimento das rugas como 1 perigo para a sua vida social e profissional. Todos os dias vemos como figuras públicas passam por tratamentos estéticos contínuos para eliminar as inevitáveis rugas e dar à sua aparência um ar mais jovem. Também estamos conscientes da importância de 1 aspecto jovem quando se trata d'encontrar 1 emprego, apesar da contradição no mundo do trabalho onde a juventude e a experiência exigem de você ao mesmo tempo. Nessa situação, não é estranho que muitas mulheres decidam se submeter a cirurgias estéticas com o objetivo de melhorar seu currículo e adaptar-se às demandas do mercado de trabalho. A pressão a que estamos sujeitos tem uma pele perfeita e jovem, indiferente aos traços deixados pela passagem do tempo é tanto que muitas mulheres são geradas por grande ansiedade o aparecimento de rugas. Mas quando a rejeição da ruga se torna uma verdadeira obsessão para eliminá-las, falamos de uma fobia. E para ser superado, todo distúrbio fóbico requer algum tipo de tratamento sob a supervisão de 1 especialista em saúde mental. As pessoas que sofrem de *ritifobia* sentem grande ansiedade quando têm que s'expor ao estímulo que lhes causa medo. É comum sentir-se verdadeiros ataques de pânico, tontura, náusea, taquicardia, sudorese etc. Em qualquer caso, mesmo se a sonhadora(o) for capaz de detectar esses sintomas em si mesmo, é aconselhável ir a 1 psicólogo ou psiquiatra para avaliar seu caso. De uma série de perguntas, ela poderá ter 1 diagnóstico.

+ *Cuidados*: o médico sabendo que a maioria das mulheres passam grande parte do seu tempo e dinheiro para encontrar o tratamento perfeito para retardar o aparecimento de rugas e as manter jovens por mais tempo, pode dar uma de dermatologista e receitar-lhe: para eliminar as rugas do rosto, pescoço e colo existem opções como os cremes antirrugas e os tratamentos estéticos que alcançam excelentes resultados. Alguns exemplos de tratamentos contra rugas e linhas d'expressão são laser, luz intensa pulsada e radiofrequência que promovem a produção de células que conferem firmeza e sustentação à pele. O tratamento antirrugas pode ser iniciado à partir dos 25 anos, com cremes e cuidados diários e os tratamentos estéticos podem ser iniciados à partir dos 30-35 anos quando nota-se que a pele está mais flácida. Uma avaliação minuciosa pode indicar qual protocolo pode ser usado para manter a firmeza da pele, eliminando completamente as rugas e linhas d'expressão, mas indica-se algumas opções:

Medo de ser enterrado vivo

George Washington, o 1º presidente dos USA, é considerado 1 dos maiores exemplos de *tafofobia*. De acordo com as histórias contadas, George Washington, em seu leito de morte, pediu para que o enterrassem pelo menos 2 dias após ser declarado oficialmente morto, pois temia ser enterrado vivo.

Em geral: hoje em todos os países de 1º mundo é raro acontecer esse tipo de coisa, já que a tecnologia moderna utilizada pelos médicos não permite que 1 corpo saia do necrotério sem ser confirmado seu óbito. Daí o psicólogo deve convencer seu paciente, que ele pode ficar sossegado, que, quando ele for ser enterrado 1 dia, o fechamento de seu caixão só se dará quando o médico expedir 1 atestado de óbito que é o endosso oficial da medicina que o falecido de fato fechou os olhos para sempre, sem o perigo de retor-nar ao nosso mundo. Entendido?

Medo de solidão

Autofobia é 1 medo atípico e persistente de solidão, d'estar sozinho. Pessoas que possuem *autofobia* podem ter ansiedade mesmo que eles percebem que estar so zinho não ameaça o seu bem-estar. É a fobia específica do isolamento; 1 medo mórbido de ser egoísta, ou 1 medo d'estar sozinho ou isolado. Os sofredores não precisam estar fisicamente sozinho, mas apenas para acreditar que eles estão sendo ignorados. O distúrbio geralmente se desenvolve a partir e está associada a outros transtornos de ansiedade. Quando as pessoas com esta fobia são deixadas sozinhos, muitas vezes eles vão experimentar ataques de pânico, o que é uma reação comum em pessoas que sofrem de ansiedade social. Esta doença também pode ser resultado de depressão. Isso geralmente ocorre quando são confrontados com a possibilidade de adentrar num lugar público onde há muitas pessoas ou simplesmente 1 lugar que é desconfortável ou estranho a elas. Outra experiência que os médicos acreditam que leva os indivíduos a desenvolver esta fobia é crianças que estão sendo abandonadas, geralmente por seus pais, quando eles são muito jovens. Esta 1ª causa de trauma de infância que, em seguida, persiste a efetuar-se à medida que crescem. Isso se transforma em *autofobia* porque eles já estão com medo de que todas as pessoas importantes em suas vidas vão sair ou abandoná-los. Portanto, essa fobia específica pode vir de comportamento e experiências que essas pessoas tiveram quando eles foram crescendo. No entanto, o abandono não significa necessariamente ser deixado sozinho fisicamente, isso inclui também ser isolado financeiramente ou emocionalmente.

> + *Cuidados*: como este tipo de sonho é sinal de que a sonhadora(o) terá muita coragem ao enfrentar obstáculos ferrenhos se fizer mudanças e reformas internas, o psicólogo pode recomendar qualquer forma de lazer para cura-la(o) em breve tempo, ou que assuma o papel de voluntária(o) num hospital, creche, ou orfanato.

Medo de sucesso

Embora possa parecer paradoxal o medo do sucesso também pode tornar-se uma fobia. Algumas pessoas com medo de fracasso, sucesso e sucesso podem produzir uma sensação de vertigem desconfortável. Alcançar conquistas implica, em muitos casos, ter que fazer mudanças e sair da nossa zona de conforto. Para evitar ter que enfrentar essa situação, essas pessoas irão boicotar qualquer chance de sucesso evitando situações em que poderiam alcançar conquistas e atribuindo essa evitação ao medo de fracassar.

Medo de tomar banho

Ablutofobia é 1 medo incomum de tomar banho ou lavar-se. Além do básico medo de tomar banho, este distúrbio pode desencadear 1 medo intenso de lavar o cabelo e fazer a limpeza do corpo. Aqueles que tem medo de tomar banho podem sofrer grandes efeitos colaterais da sua fobia. A sociedade não aceita amavelmente aos odores e a sujeira que resultam de uma falta de higiene pessoal. Emprego e relações tendem a sofrer quando alguém tem uma aversão a limpeza de uma forma considerada normal. A fobia de tomar banho pode ser desencadeada de várias maneiras. Por exemplo, uma experiência traumática relacionada com o banho pode provocar a doença e fazer com que o medo exagerado se desenvolva. Queda ou deslizamento na banheira ou chuveiro podem ser uma das razões porque isso acontece. Idosos podem ser mais propensos a este tipo de acidentes e eles podem precisar de assistência, tais como barras de apoio ou de 1 cuidador permanente, a fim de manter a sua integridade física.

+ *Cuidados*: embora a psicoterapia seja 1 componente essencial do tratamento para *ablutofobia*, muitas vezes feito através de terapia cognitivo-comportamental, em que o paciente e o terapeuta se reúnem regularmente e em passos graduais eles enfrentam o medo para que o paciente possa aprender a controlar suas reações a ele, o psiquiatra ao par de que na Europa, na maioria dos países frios, as pessoas só tomam banho uma ou duas vezes por semana, geralmente passando perfume (que lá é muito barato e comprado em litros) e também pela razão das pessoas de lá não suarem como no Brasil e demais países quentes, pode também aconselhar que a(o) consulente passe a utilizar águas de colônia todos os dias ao se levantar, passando uma esponja embebecida nas axilas, partes pudicas, etc. Será 1 bom começo de sua cura, já que os perfumes são caros nesta parte do mundo.

Medo de tragédias

Medo de naufrágio, terremotos, etc: o presságio é de 1 rompimento amoroso, que de início trará muita tristeza, mas, depois você verá que este era o único caminho. Ser vítima de 1 naufrágio, por exemplo, é aviso, alguma doença em família. Este tipo de sonho, quase sempre revela distúrbios e abalos em sua vida sentimental, afetiva e psíquica. O medo de terremoto por exemplo, indica que você deve s'esforçar todos os dias para fazer a sua vida valer a pena.

+ *Cuidados*: o sonhador(a) deve procurar não tomar remédios sem consultar o médico; saúde frágil.

Dica psicológica: acender uma vela preta para as milhões de vítimas fatais dos desastres da natureza já ocorridos no mundo.

Medo de transar

Certas anomalias bio-fisiológicas podem igualmente ser geradoras do medo de fazer sexo, tais como a ejaculação precoce e disfunção erétil, no caso do homem e *dispareunia* (dor genital durante o ato sexual), *vaginismo* (a dor genital impede a penetração) e *anorgasmia* (ausência d'organismo), no caso da mulher. Há também os problemas de comportamento na relação, tais como a dificuldade de falar para o outro do que realmente gosta na cama, a insatisfação com o parceiro ou parceira, os maus-tratos dos parceiros e a falta d'expressão do bem-querer e do afeto os relacionamentos de conveniência, o medo da gravidez, a falta de autoconfiança e/ou da confiança no parceiro ou parceira e até mesmo o estresse decorrente dos papeis assumidos socialmente. Qualquer 1 dos aspectos acima pode se tornar uma informação negativa armazenada em nossa memória mental, capaz de suscitar o medo de fazer sexo. Desde os tempos mais remotos, em todas as culturas, controles são exercidos sobre a sexualidade das pessoas e isto é extremamente individual, dependendo da história de vida de cada 1 de nós. O medo de fazer sexo pode esconder 1 medo maior de se deixar envolver numa relação amorosa, d'entregar-se a uma experiência de realização mais profunda, pois isso poderia denotar a perda de "controle", de uma falsa auto-suficiência e da perda do "poder de si mesmo" n'outro.

> + *Cuidados*: neste caso, é preciso reprogramar a mente para que o medo se dissolva e, assim, a pessoa tenha coragem de arriscar-se a viver além das barreiras, ora ostensivas, ora sutis que surgem em nossa saúde sexual. Uma escuta atenta do nosso coração pode nos impulsionar a viver mais integralmente a nossa sexualidade, permitindo-nos o exercício pleno da liberdade. Dessa forma conseguiremos aliar às nossas experiências do cotidiano a ação de fazer sexo como uma fonte de prazer e de realização emocional no encontro amoroso e da própria estruturação de nossa identidade.

- *Agrafobia*: esta fobia se manifesta nas pessoas que sofreram ou presenciaram abusos sexuais. Ela pode aparecer em qualquer idade e se caracteriza pelo temor de ser vítima de abuso sexual. As mulheres que sofrem dessa fobia não conseguem manter uma intimidade saudável com seus parceiros; qualquer contato sexual parece uma violação.

- *Androfobia*: é o medo dos homens, medo do sexo masculino em geral. Normalmente é o resultado de algum evento traumático numa idade precoce, quando algum homem tenha sido a causa desse trauma. Muitas pessoas podem possuir algum tipo de fobia sexual. São normais e sua paciente não deve desistir de ter uma vida sexual satisfatória e gratificante.

- *Eretofobia*: medo de falar sobre sexo? Sim, existe. Muitas pessoas evitam falar sobre sexo, porque ainda hoje o sexo é considerado 1 tabu. Esta fobia não é só vergonha, mas pânico de abordar estas questões ou estar presente onde se está falando sobre isso.
- *Falofobia*: como o próprio nome sugere, essa fobia é o medo do pênis. Tanto os homens como as mulheres podem ter essa fobia. No caso dos homens, a fobia é ter uma ereção e no caso das mulheres é tocar ou ver o pênis de 1 homem. Dependendo do grau da fobia, ela pode impossibilitar o ato sexual.
- *Genofobia*: é o medo do sexo em geral. Nos momentos em que 1 encontro sexual deveria ser agradável e erótico, as pessoas se bloqueiam. É uma rejeição extrema que poderia até ser chamada de repulsa.
- *Gimnofobia*: este tipo de fobia é muito grave. Desde criança incute na sonhadora a vergonha da nudez e isso é muito difícil de superar. Se além da vergonha da nudez, a mulher tiver algum complexo por não ter 1 corpo perfeito, as coisas se complicam. As mulheres que sofrem de *gimnofobia* idealizam 1 corpo perfeito que só existe na ficção e isso causa 1 bloqueio no momento de intimidade com seu parceiro.
- *Medomalacufobia*: é a fobia à possibilidade de ser incapaz de manter uma ereção. Os homens são muito cobrados em relação a duração e qualidade da ereção. Diante desse estresse, muitos homens preferem não ter qualquer contato sexual, para evitar uma possível perda da ereção.
- *Vaginismo*: o vaginismo é a fobia sexual mais conhecida; é 1 problema inconsciente que dificulta as relações sexuais. Esta fobia pode chegar a 1 grau tão elevado que a mulher nem consegue utilizar absorventes internos! Sonhar com tais dores induz o uso de uma terapia baseada em hipnose, para que aos poucos a mulher possa sim fazer amor sem dores.

Medo de transar a 1ª vez: a 1ª relação sexual pode trazer para algumas mulheres 1 misto de ansiedade, medo e insegurança, dentre outros sentimentos que podem emergir. para amenizar e até mesmo extinguir esse medo, existem diversas maneiras de amenizar esse medo e cada mulher pode encontrar para si uma maneira mais fácil de vencê-lo, portanto pretendo demonstrar as principais maneiras de lidar com o medo de uma forma geral, não focando num medo específico. O psicólogo ou psiquiatra pode sugerir as seguintes dicas:

1) **Conhecimento do ato**: o medo muitas vezes é causado pela falta d'experiência e também pela falta de conhecimento sobre

o tema. É preciso conhecer a fundo o tema, antes de iniciar a sua vida sexual, para amenizar o medo da 1ª relação. Quanto mais conhecimento a sonhadora tiver sobre o tema, maiores serão as chances dela não sentir medo no momento do ato sexual. Esse conhecimento deve ser tanto do ato em si, quanto do próprio corpo e dos órgãos sexuais. Conhecer o seu próprio corpo, os locais onde ela sente mais prazer, ou seja, se autoconhecer também é muito importante para amenizar o medo da 1ª relação sexual, afinal, ao se autoconhecer e conhecer a fundo o tema, ela ficará cada vez mais segura de si.

2) **Não levantar falsas expectativas**: algo que pode dar muito medo no momento da 1ª transa é a expectativa. Geralmente criamos várias expectativas (que muitas vezes não condizem com a verdade) e acabamos gerando ainda mais medo. Essas expectativas podem ser negativas ou positivas. Apenas o fato de criar expectativas já faz com que a mulher crie, consequentemente, algum tipo ela gostaria que fosse, o medo de não agradar e assim por diante. Portanto, ela deve evitar ficar pensando sobre o tema e principalmente evitar ficar criando expectativas quanto a sua 1ª relação. Outra coisa que ela deve evitar é fingir que já é experiente, quando na verdade não é. Isso levanta falsas expectativas para os outros e para o seu parceiro sexual. Falar a verdade ao parceiro é ter uma 1ª experiência sexual muito mais prazerosa.

3) **Conversar sobre o tema com outras amigas**: conversar com as suas amigas mais experientes sobre esse tema pode lhe auxiliar muito para diminuir seus medos e sua tremenda ansiedade. Conversar com elas sobre a 1ª vez delas, como foi, se foi prazerosa ou não, com quem foi e, principalmente, pedir dicas para fazer com que a sua 1ª experiência seja realmente prazerosa, elas com certeza vão ter boas dicas para te dar. E lembrar-se de conhecer o erro dos outros para aprender com eles.

4) **Estar aberta à experiência**: significa entregar-se completamente ao momento e deixar que as coisas aconteçam do jeito que devem acontecer. Somente assim a sonhadora conseguirá tirar proveito da situação e não arrepender-se de sua escolha. Mas para isso, ela precisa ter certeza que quer realmente fazer isso e ter essa experiência sexual com o parceiro escolhido. Evitar transar com qualquer 1 na 1ª vez, principalmente se ele não tiver algum tipo d'estima sobre ela, pois isso pode transformar essa 1ª experiência em algo muito desagradável.

5) **Escolher a pessoa certa**: esta é uma dica muito importante. Escolher a pessoa certa, não necessariamente significa escolher

alguém que a sonhadora ama, ou alguém que irá ter 1 relacionamento sério com ela. Significa na verdade escolher alguém que entenda que é a sua 1ª vez e que esteja disposto a ser paciente e transformar essa experiência em algo prazeroso para a donzela, tomando as devidas precauções para isso ocorrer. Por isso a importância de informar ao seu parceiro sobre a sua falta d'experiência.

6) Outra dica importante é transar apenas com preservativo. Exigir que seu parceiro utilize o preservativo, pois somente assim ambos estarão seguros e prontos para uma relação sexual satisfatória: a 1ª relação sexual pode trazer para algumas mulheres 1 misto de ansiedade, medo e insegurança, dentre outros sentimentos que podem emergir. E é bom ter disponível 1 gel à mão, caso a penetração doer muito.

7) Se mesmo com todas essas dicas, a sonhadora não tiver coragem para "aventurar-se" numa 1ª viagem: o psicólogo pode recomendar-lhe revistas e filmes privês que serão muito úteis paras ela excitar-se, além de sugerir que ela adquira num *sex-shop* 1 vibrador que lhe dará a ideia da sensação maravilhosa que ela vai sentir em dobro, triplo e quadruplo com 1 pênis de verdade.

Medo de tubarão

Se o sonhador, recentemente, teve algum sonho em que surgiu 1 tubarão ameaçando devora-lo, é provável que esteja 1 tanto apreensivo. Este animal é símbolo de grande medo dos seres humanos e, na maioria das vezes, trazem significados de ameaça, prejuízo e perda. Mas ele deve ter calma! Saber que este sonho tem a principal função de alerta-lo e de alguma forma, prepara-lo para o que está por vir. Isto significa que, por mais ameaçadora que possa parecer a realidade, a forma com que o sonhador vai lidar com a situação pode fazer toda diferença.

Medo de viajar

Muitas pessoas tem o sonho de ir viajar sozinhas, em busca d'experiência, aprendizado ou de conhecer novos horizontes, mas o medo não as deixa. Mas o que fazer para abandonar este empecilho e partir para a viajem de seus sonhos? Para se tornar 1 viajante destemido é preciso arriscar e ser o ator principal e não o coadjuvante na sua própria história. Ser corajoso, apesar do medo vai em frente e escrever o roteiro da sua vida. Quando uma pessoa decide fazer algum novo intercâmbio, o medo é natural, já que ela vai para 1 país com uma cultura, 1 idioma e pessoas muito diferentes que ela. Porém, são essas diferenças que devem ser o motivo pelo qual ela deve vencer este desafio. Pensar que essa experiência é única. Quem embarca no intercâmbio cresce, aprende, amadurece e passa a dar mais valor nas pequenas coisas que aconteciam no seu dia a dia. A visão que o viajante começa a ter do mundo é muito além das notícias de jornais e televisão. A convivência com pessoas diferentes é uma maneira de fortificar o respeito e educação pela cultura e escolhas do próximo.

+ *Cuidados*: o 1º passo para começar a se sentir mais confiante é o psicólogo lhe sugerir a escolha de uma agência de turismo que seja estruturada e que auxilie a sonhadora(o) em todas as etapas até a sua chegada ao destino escolhido.

Medo de voar

A sonhadora(o) sofre de ataques de pânico ao voar de avião? Para algumas pessoas, o medo de avião é tão grande, que muitas deixam de realizar o sonho de conhecer novos lugares. A *aerofobia*, também conhecida como *aviofobia*, é o medo de voar em todos os veículos voadores como helicópteros e aviões. O medo pode causar efeitos negativos na carreira e vida pessoal de qualquer pessoa. As manifestações físicas incluem tremores, náuseas, vômitos, aumento da frequência cardíaca, sudorese e desconfortos gastrointestinal como gastrite nervosa. Já alguns dos sintomas psicológicos incluem nervosismo, tontura, desorientação e até pensamentos ruins como achar que vai morrer. Mas existem algumas formas de controlar ou se livrar d'*aerofobia*.

Prepare-se para o voo:

- O temerário(a) deve ir para o aeroporto com roupas confortáveis e caso sofra de ansiedade ou depressão, tomar os medicamentos de costume. Pensar que sua viagem será inesquecível e que viverá grandes momentos. É sempre bom pensar também que o voo será tranquilo e que o seu medo vai ser superado.

- **Distrair-se**: ao se distrair já dentro do avião, o voo com certeza passará mais rápido e você logo estará no seu destino. Ouça músicas, leia 1 livro ou tire uma soneca.

- **Ficar longe das janelas**: para evitar olhar para vista da janela do avião, sentar-se em algum assento no corredor ou mantenha as janelas fechadas. Assim, a pessoa poderá pensar noutras coisas que não seja a possibilidade de algo dar errado durante o voo.

- **Entender o funcionamento do avião**: informar-se sobre o funcionamento de uma aeronave. Assim, a pessoa irá descobrir o quanto ela é segura. Você sabia que caso haja alguma falha no sistema, sempre haverá 1 segundo para substituí-lo? Informações como essas, farão a pessoa se sentir bem mais seguro durante uma viagem.

- **Evitar ingerir bebidas alcoólicas**: ao ingerir bebida alcoólica, a taxa de álcool no sangue pode levar até uma hora para atingir seu efeito n'organismo. O grande agravante ao beber durante 1 voo é que a pressão do ar dentro do avião potencializa os efeitos do álcool, fazendo com que a pessoa fique embriagada mais rápido que o normal.
- **Entender a turbulência**: a turbulência ocorre quando o avião passa por áreas de baixa ou alta pressão. Na maioria das vezes, nada grave ocorre, apenas o "solavanco" que a pessoa provavelmente irá sentir. A turbulência causa lesões apenas quando o passageiro não está usando cinto de segurança ou se a bagagem de mão cai e acaba ferindo algum passageiro.
- **Escolher 1 voo direto**: há algumas coisas que podem ser feitas antes da viagem, como por exemplo a escolha do voo direto. Para que a pessoa passe menos tempo dentro de 1 avião, evitar conexões é uma boa opção quando possível. E ótimos voos de agora em diante.
- **Ser lembrado**: de que todos os políticos, esportistas e principalmente cantores, *pop-stars* e bandas famosas quase todos os dias, a maior parte de suas vidas, viajam de avião, sabendo que suas chances de morrer numa queda de avião são cerca de uma em 11.000.000. É quase impossível, né?

MORTE

O sonho com morte: pode significar que se quer terminar algo definitivamente. Há uma interpretação mais mística para este tipo de sonho. Para quem acredita em desdobramento astral, sonhar com a morte pode indicar 1 encontro com a pessoa morta numa dimensão espiritual, pois, segundo esta interpretação mística, durante o sono, os laços que unem o corpo físico e o espiritual se tornam mais sutis e seu espirito pode se deslocar e vivenciar experiências, inclusive com outros espíritos. Ainda segundo esta crença, digamos que a pessoa que você encontrou estava num hospital, mesmo que diferente dos que conhecemos aqui, é possível que a pessoa falecida ainda esteja num estado de recuperação pós-morte.

Ver uma morte: saúde.

Sonhar com a própria morte: traduz mudanças, transformações, descobertas e desenvolvimento positivo que estão ocorrendo dentro do sonhador ou em sua vida; embora o sonho com a própria morte possa provocar sentimentos de medo e ansiedade não é nenhuma causa para alarme e é considerado frequentemente 1 símbolo positivo. Pode ser sinal de que grandes mudanças estão à frente do sonhador e que ele está passando 1 recomeço e deixando para trás o passado, sendo que essas mudanças serão para melhor. Este sonho também simboliza a morte de velhos hábitos. E morte, pode não significar uma morte física, mas 1 fim de ciclo ou período. Este sonho também ocorre quando o sonhador(a) está muito preocupado com alguém acometido por doença grave ou terminal.

Em geral: pode significar saúde, ou que você é saudável, ou caso esteja doente, que ficará saudável em breve.

O sonho de uma criança morrendo: simboliza uma perda ou alteração desagradável em alguma área de sua vida que tinha potencial; positivamente, uma morte de criança pode refletir 1 problema crescente que finalmente tem sido tratado.

Pai morto: de acordo com Freud, significa que você admira seu pai por algo que ele fez no seu despertar da vida. Este sonho não é 1 aviso da morte iminente do seu pai e você não deve preocupar. Em vez disso, pergunte-se como se sentiu quando ele morreu em seu sonho. Se você se sentiu positivo, isso significa que você tem seus problemas com seu pai que precisam ser tratados. Se você se sentiu negativo durante o sonho, isso pode indicar que algo alegre está esperando por você e seu pai na vida desperta. Se seu pai faleceu na vida de vigília em seu sonho, isso reflete sua dor. Mesmo que tenha sido anos atrás, ele passou você provavelmente ainda sente falta do seu pai e pensa nele. Este é 1 sonho que está lhe dizendo que ele ainda está em seu coração. O que significa sonhar com meu pai falecido? Sonhar com seu pai falecido representa sua consciência. Há algo que você não contou ao seu pai quando ele ainda estava por perto? Você tem uma consciência culpada por algo dito ou feito enquanto ele ainda estava vivo? Ou você simplesmente sente falta dele? As respostas a essas perguntas fornecerão informações. Este sonho também pode representar sua cura interior. Talvez seu pai fosse seu modelo e sua mente subconsciente o mantém vivo em seus pensamentos noturnos. Ver seu pai morrer num sonho, simboliza também sua consciência ou a capacidade de fazer escolhas positivas sendo comprometidas.

Sua mãe morrendo: externa sua intuição ou capacidade de pensar em frente; a mãe morta também pode ser a representação de sentimentos oprimidos pela má sorte. Você não consegue encontrar respostas que você quer, ou você se sente infeliz.

A morte de ambos pais num sonho: é 1 sinal de que ele precisa reconsiderar seriamente o seu caminho de vida atual; mudanças significativas ou fundamentais podem estar em ordem.

Vendo 1 namorado ou namorada morrer num sonho: simboliza 1 aspecto útil ou de proteção da sua personalidade, que foi superada por 1 problema; 1 hábito ou situação que teve seus melhores interesses no coração pode não ser mais viável ou foi comprometida.

O que significa se uma criança sonha com a morte de seus pais? As crianças costumam acordar com os sonhos mais estranhos. Para uma criança sonhar com pais morrendo, este é 1 símbolo de mudança que é seguido por 1 novo começo. Significa 1 momento difícil e 1 sonho não incomum.

Se você é pai e sonha com seu filho doente ou morrendo: isso denota seu medo de perdê-lo e que ele está crescendo. Espero que isso lhe dê clareza necessária, pois esse sonho não é fácil de ter.

O sonho com 1 cônjuge morrer: simboliza 1 aspecto permanente ou seguro de si mesmo que foi comprometido; 1 hábito ou situação sua que mudou para sempre; uma coisa com a qual ele estava acostumado e que pôde ter sido comprometida. Também pode ser a representação de uma perda de algo em sua vida que ele nunca acreditou que iria mudar.

Ver outra pessoa morrer em sonho: pode ser influência de fatos do dia-a-dia que tenham relação com a pessoa morta. Você pode ter presenciado algum fato que o fez lembrar da pessoa, ter visto uma foto ou ainda, ter ouvindo alguém falar ou recordar de quem já faleceu. Para quem acredita em desdobramento astral, sonhar com a morte pode indicar 1 encontro com a pessoa morta numa dimensão espiritual, pois, segundo esta interpretação mística, durante o sono, os laços que unem o corpo físico e o espiritual se tornam mais sutis e seu espírito pode se deslocar e vivenciar experiências, inclusive com outros espíritos.

Ver várias pessoas mortas em sonho: pode ser influência de fatos do dia-a-dia que tenham relação com a pessoa morta. Você pode ter presenciado algum fato que o fez lembrar da pessoa, ter visto uma foto ou ainda, ter ouvindo alguém falar ou recordar de quem já faleceu.

Sonhar com a morte de amigos ou de algum parente: significa prosperidade para a pessoa com quem você sonhou e também que a vida dessa pessoa terá uma melhora no trabalho, podendo ser uma promoção de cargo, uma folga remunerada ou ainda 1 aumento além de ser sinal d'estabilidade familiar.

Sonhar com a morte de 1 já falecido: se você sonhou que alguém que alguém que já é falecido estava morrendo ou que já tinha morrido, isso também é 1 bom presságio. Significa que essa pessoa tem uma forte ligação com você, que torce positivamente pela sua vida e que seu espirito já é livre e está em paz.

Sonhar com muitas pessoas mortas: embora possa ser doloroso para quem está sonhando também traz uma mensagem positiva. Isso significa para você muita felicidade, saúde em abundância e talvez até boas notícias, não somente para você, mas também para as pessoas próximas.

Em geral: significa que se quer muito terminar algo definitivamente e que algo que deverá ser renovado na vida do sonhador(a), para dar lugar a uma evolução psíquica; a morte é símbolo de mudanças radicais.

Agonia

Sonhar que você está em agonia sugere que alguma decisão ou problema persistente de sua vida desperta em seu sonho. Ele continuará a atormentar você até que seja resolvido.

Alma d'outro mundo

Quando as pessoas sonham com uma alma d'outro mundo: geralmente é 1 sinal de auto culpa. Pode ser que a pessoa esteja passando por 1 momento no qual suas próprias crenças estão sendo questionadas. Pode ser considerado 1 aviso também para que a pessoa mude alguma coisa da sua vida.

Autopsia

Se sonhar com sua própria autópsia: significa que está num bom momento para refletir sobre você, sobre o que rodeia seu dia e talvez seja o tempo de mudanças profundas em sua vida.

Sonhar com 1: momentos de infelicidade no campo amoroso.

O cadáver de alguém que não conhece: perdas financeiras.

1 cadáver n'agua: discussões com familiares.

Caixão

Preto: vida longa para o sonhador ou doença de familiar.

Você num: sente medo de morrer.

Ver 1: casar-se-á brevemente.

Vazio: possíveis perdas monetárias, vigie melhor o seu dinheiro.

Com alguém dentro: concretização de desejos.

Aberto: cura para enfermidade que há muito preocupava você e todos seus familiares.

Fechado: pode avisar do falecimento de parente próximo ou amigo querido; ou de 1 acidente que vai envolver os mesmos.

+ *Cuidados*: o psicólogo deve aconselhar que o sonhador(a) nunca ultrapasse as velocidades determinadas numa estrada.

Carro funerário

Sonhar com carro funerário: indica que você está passando a uma fase de renovação. Você precisa dar uma solução definitiva para os assuntos inacabados.

Cemitério

Em geral: por estranho que lhe possa parecer, sonhar com 1 cemitério é bom. É comum, nos sonhos, que as coisas habitualmente positivas tenham 1 significado negativo e vice-versa. Triunfo a todos os níveis. Sonhar com cemitério também representa que "certas coisas" da vida do sonhador(a) já estão "enterradas" e que ele(a) pode, tranquilamente, partir para outra. Indica que sente saudade d'entes queridos que já se foram desta vida.

Se sonhou que foi a 1 cemitério e o tempo estava bom: significa alegria e proteção de quem gosta. Com chuva e no escuro, remete a uma lembrança triste.

Estar num cemitério: prosperidade, mas não para já.

Se sonhou com urnas, caixões, sepulturas ou covas: não tema: não significa morte sua nem de ninguém. Na verdade, o significado principal nem é o de morte, mas antes o d'enterro – o enterro do seu passado indesejado, o virar da página para 1 futuro melhor e mais próspero. Significa ainda boa saúde para as pessoas que o acompanham.

Se o tempo estava bom, com muito sol e calor: significa que está a ser protegido por 1 ente querido há muito partido; se está 1 dia escuro, com chuva ou mau tempo, significa apenas tristeza, que deve ultrapassar.

1 cemitério repleto de gente: não passará por dificuldades financeiras.

Dica psicológica: o psiquiatra pode sugerir que o sonhador(a) vá até 1 cemitério israelita e acenda 6 velas brancas em memória dos 6.000.000 de judeus que morreram queimados vivos nos fornos ou afixados nas câmeras de gás na 2ª guerra mundial pelos nazistas de Hitler.

Coveiro

Sonhar com coveiro: simboliza vida longa.

Se você foi o coveiro: indica boa saúde para você e problemas de saúde para alguém próximo.

Ver 1 coveiro no cemitério ou estar sendo perseguido por 1: indica boa sorte no jogo.

> *Dica psicológica*: acender uma vela de 7 dias em memória das 5.000.000 de crianças abaixo dos 5 anos e dos 3.000.00 de bebês de até 1 ano que morreram em decorrência de guerras em todas as 54 nações do continente africano, ao longo de duas décadas, entre 1995 e 2015.

Cremação

Em geral: sugere 1 retorno ao seu verdadeiro eu. Você deve aceitar a si mesmo e ser verdadeiro com você mesmo.

Quando alguém está sendo cremado: revela a sua necessidade para a melhor qualidade e requinte.

Ser cremado: fracasso nos negócios, se seguir conselhos.

Solicitar cremação ao morrer: recursos abundantes.

1 membro da família sendo cremado(a): receberá 1 legado.

Outras pessoas sendo cremadas: terá saúde de ferro.

Ver restos de pessoa cremado, quando você está sonhando: se destaca como 1 presságio de mudanças e novos começos.

Ter uma interação com as cinzas de 1 corpo cremado: significa renascimento do Eu interior.

Enterro

Em geral: sonhar com enterro pode simbolizar exatamente o contrário, já que não diz aquilo que está realmente sendo demonstrado pelas cenas do subconsciente. Portanto, se sonhar com 1 enterro não se assuste. Isso não significa que alguém vai morrer, pelo contrário, pode simbolizar 1 recomeço, uma novidade ou uma mudança brusca em sua vida. E o sonho pode significar que responsabilidades novas vão surgir na sua vida e só você poderá decidir se vai assumi-las ou não; você pode até receber 1 convite para assumir novos encargos. Se você resolver assumir esses compromissos, a sorte vai estar ao seu lado para conquistar os objetivos traçados. Caso opte por não aceitar as propostas, continuará estagnado e não terá melhoras no setor financeiro. Sonhar com enterro também pode significar que existem pessoas falsas e mal-intencionadas ao seu redor. Fique atento.

Sonhar que está num enterro: este contexto de sonho funciona como 1 alerta para você encarar as emoções e deixar tudo o que te faz mal para trás. Pensar no seu bem-estar emocional é sempre o melhor a ser feito. Tente entender que o passado não deve pesar na sua vida como tem acontecido, porque isso não te faz bem. Este é 1 momento para focar no que realmente importa: o seu presente e seu futuro.

Sonhar com enterro de amigo: pode significar que alguém muito próximo a você está sendo negativo e falso. A falsidade pode estar mais próxima que você imagina, mas não é saudável ficar tentando adivinhar quem pode ser. Sonhar com funeral de 1 amigo é apenas 1 alerta para você continuar sendo quem é e não se importar com o que os outros dizem.

Sonhar com enterro de bebê: indica que você teve ou terá problemas por criar expectativas, portanto, é melhor não as criar mais. Tente entender que se algo não voltou para você é porque nunca te pertenceu de verdade. Então, passe a não se importar. É essencial ter atenção, evitando que problemas mais graves aconteçam.

Sonhar que está sendo enterrado: é uma sensação horrível, mas pode ser 1 presságio em relação ao seu futuro, que indica coisas boas a caminho. Também significa que aquilo que não é tão bom está indo embora e deixando você muito mais próximo de alcançar a felicidade. Procure afastar-se da negatividade, de pessoas que sugam sua energia, pois este contato só vai prejudicá-lo.

Sonhar que está sendo enterrado vivo: deve ser uma experiência traumatizante imaginar que se está a ser enterrado vivo. Ao ter esse sonho significa que fará alguma estupidez que se arrependerá mais tarde. Ao sonhar que está a ser enterrado vivo quer dizer que está a fazer uma grande asneira e, dessa forma, os seus adversários vão-se aproveitar das suas fraquezas. Sentir-se-á pequeno para enfrentar as adversidades; se, por outro lado, sonhar que é salvo da cova, isso significa que a sua luta vai corrigir todas as asneiras ou disparates que tenha feito.

Sonhar com enterro de si mesmo: se você teve este sonho, é 1 bom sinal. Significa que a sorte da sua vida está mais perto que você imagina. Siga a vida normalmente e tente evitar ao máximo contar para as pessoas sobre suas conquistas. É importante valorizar tudo o que você possui e o que vai conquistar, ser grato é uma forma de obter do universo tudo o que há de melhor. Sonhar com seu próprio enterro traduz também a esperança de sair mais forte e bem sucedido de uma operação ou transplante perigoso.

Sonhar com enterro de desconhecido: indica que a forma como você se preocupa com os outros é admirada por todos a sua volta.

Sonhar com enterro de desconhecido também pode significar a chegada de alguém que é ou vai ser muito importante em sua vida. Por exemplo, 1 ex-namorado pode voltar ou você pode conhecer alguém com quem vai ter uma história.

Sonhar com enterro de 1 famoso: significa que você está no caminho certo para alcançar seus objetivos. Apenas siga sua vida da mesma maneira, continue se dedicando, porque você vai colher os resultados facilmente. O tempo de semear já se foi e agora é hora da colheita, você vai conseguir atingir aquilo que sempre quis.

Eutanásia

Sonhar com a eutanásia: sugere que você está pronto para se livrar de certos hábitos e comportamentos antigos. Você quer terminar as coisas em seus próprios termos. O sonho assinala uma transformação e 1 período de auto-descoberta. Se você vê 1 animal sendo sacrificado em seu sonho, então isso aponta para 1 fim de algum comportamento carnal.

Funeral

Se chover durante o funeral: o sonho sugere lágrimas, algo ruim vai acontecer, como uma doença, ou 1 acidente infeliz.

Sonhar com 1 epitáfio: sugere a vinda de más notícias, ou pelo menos aviso de algo muito desagradável.

Sonhar que s'está em pé sozinho à **frente de 1 túmulo lendo 1 epitáfio**: é anuncio da vinda de uma doença.

Sonhar com o seu próprio enterro: porvezes implica quenavida real o sonhador(a) está dando muita auto-satisfação, auto-tolerância, auto-piedade, sem corrigir seus erros e que ao invés ele(a) prefere escondê-los.

Em geral: este tipo de sonho é normalmente 1 aviso de que o sonhador(a) está cometendo erros graves, que eventualmente irão causar-lhe problemas, incluindo questões legais.

Se o sonhador(a) sonha que é levado de seu caixão: significa que ele vai sofrer danos graves, mas que irá recuperar seu prestígio e tranquilidade dentro do tempo.

Sonhar que está testemunhando 1 funeral: anuncia 1 casamento infeliz ou doença.

Sonhar que ele está no funeral de uma pessoa desconhecida: anuncia preocupações.

Se for de uma criança: traduz sérios problemas de vários tipos que vão afetar inclusive toda a família, mas que, felizmente, não envolve a morte.

Se ele sonha que está no funeral de 1 parente todos vestidos de preto: significa viuvez ou pelo menos que o sonhador(a) vai sofrer uma crise nervosa, razão pela qual pode até temer a morte.

Luto

É 1 sonho de mau agouro; indica morte de alguém muito próximo; doenças na família, tristezas com amigos e parentes. Também refere-se à sua incapacidade de abandonar o passado. Você precisa limpar essas antigas experiências e abrir caminho para o novo. Alternativamente, o sonho pode significar o contrário e mostra como você é capaz de deixar o passado e aceitar perda.

+ *Cuidados*: o sonhador(a) deve agir com prudência, em todas as decisões a serem tomadas.

Ver outros ou você vestindo luto: simboliza tristeza, má sorte e infelicidade. Alternativamente, o sonho significa uma influência perturbadora ou algum mal-entendido dentro do seu círculo social.

Ver ou ler 1 obituário em seu sonho: representa o fim de suas antigas atitudes e crenças ultrapassadas. Alternativamente, ler seu próprio obituário significa que você está subestimando suas próprias habilidades.

Pessoas mortas

Em geral: é 1 símbolo de transformação, à qual geralmente se segue 1 renascimento; até certo ponto associa-se com uma relação espiritual, por exemplo: 1 complexo que pesa ainda no inconsciente.

Falar com pessoas mortas: o sonhador(a) logo receberá boas notícias.

Suicídio

Sonhar que você se suicida: representa seu desejo desesperado d'escapar de sua vida desperta. Você pode estar abrigando sentimentos de culpa que você não pode superar e, assim, transformar a agressão em si mesmo. Você precisa começar a abordar problemas de 1 ângulo diferente. Alternativamente, o sonho sugere que você está se despedindo de 1 aspecto de si mesmo e de 1 olá totalmente novo. É simbólico de uma transformação pessoal ou de 1 novo estágio em sua vida.

Ver alguém cometer suicídio em seu sonho: destaca suas preocupações por essa pessoa. Considere quais características e qualidades dessa pessoa você pode estar tentando "matar" e aniquilar em si mesmo. Talvez você espere que você não seja como essa pessoa e esteja tentando se livrar desses traços dentro de si mesmo.

Testamento

Em geral: este sonho assusta a grande maioria das pessoas, não por seu teor, mas por sua imagem de ser o anúncio de uma morte próxima da(o) sonhadora(o), mas na verdade essa interpretação nada tem a ver com o tema. Sonhar com testamento, como se pode imaginar, tem distintos significados e interpretações, mas nenhum deles fala de forma direta sobre uma morte, o que já é 1 grande alívio, não é mesmo? Saiba que esse sonho fala de projetos, de aberturas de portas e até mesmo de saúde, mas antes que algo de ruim possa acontecer, tudo vai depender da forma e de como você aceita as nossas sugestões e como segue os conselhos descritos aqui.

Seu: saúde e vida longa. Se, em sonho, você fez ou leu o seu próprio testamento, é aviso, se der mais atenção ao lazer e não cometer excessos, sua saúde se manterá estável.

Ver ou ler o testamento de outra pessoa: é aviso, aproveite seu carisma para abrir portas e caminhos que o levarão ao sucesso.

Brigar por causa do teor de 1 testamento: é aviso, não perca seu tempo com casos insolúveis.

Sonhar que fez seu próprio testamento: é 1 alerta para você se cuidar mais, ter mais atenção com a sua saúde. Quando esse sonho ocorre, o sonhador não está tomando as devidas pre-cauções necessárias para se ter uma vida balanceada.

Sonhar que se lê 1 testamento: indica que você vem tendo demasiadas preocupações, totalmente infundadas, diga-se de passagem, com relação ao seu parceiro (a). Em 1º lugar dê ouvidos ao que ele(a) te diz, acredite nas suas palavras de inocência. Em 2º lugar, acredite em si mesmo, acredite que é capaz e que o amor que vocês sentem 1 pelo outro é forte e recíproco, não há com o que se preocupar. Aliás, relaxe 1 pouco e pare de pensar nos seus problemas ainda mais quando eles não existem e são só fruto da sua imaginação ou da imaginação de alguém traiçoeiro que quer mais é que você acredite em tantas mentiras. E para finalizar, esteja certo de que vocês estão protegidos e seguros dentro do seu próprio relacionamento, sem interferências externas. A única onda d'energia que está minando e deixando instável o seu relacionamento é a sua tensão e sua desconfiança. Deixe os grilos de lado e vá ser feliz, não invente problemas onde eles não existem.

Sonhar que vê o testamento de outra pessoa: representa o seu tão famoso carisma. Use-o com sabedoria para poder abrir todas aquelas portas e criar caminhos que tem grandes chances de te levar rumo direto ao sucesso, seja ele pessoal ou profissional. Também demonstra que você ganhou a confiança de alguém a ponto de ter acesso livre à sua intimidade e aos seus casos mais sigilosos. Esse sim é 1 bom exemplo de que se você souber usar seu carisma como uma chave vai poder abrir inúmeras portas. Para você, não importa quão difícil seja conquistar alguém, você sempre saberá como fazê-lo quando estiver bem determinado para isso. Não vai haver ninguém no seu caminho que possa impedi-lo de seguir sua trajetória se assim for decidido e decretado por você. Siga em frente de cabeça erguida e com o foco no seu objetivo e então você será 1 vitorioso(a).

Sonhar que briga por causa de 1 testamento: é 1 claro aviso para que você não perca tempo com coisas e casos sem solução. Você deve aprender que até mesmo para ir à luta é preciso saber escolher quais batalhas valem realmente a pena e quais nem devem ser cogitadas. O sonho não fala necessariamente de problemas com testamento, essa figura nada mais é do que uma alegoria para representar problemas que perdurarão por muitos anos. Vemos diariamente casos de família em que as brigas por conta de herança deixada em testamento duraram décadas. Portanto, sonhar que briga por causa de 1 testamento é 1 verdadeiro alerta para que você deixe suas armas de lado em determinados casos onde a energia que você terá que gastar não vale a pena. Não é uma questão de desistir antes de tentar, mas sim de saber escolher suas batalhas.

Túmulo

Em geral: é sinal de vida longa e feliz.

Ver ou visitar 1 túmulo: saiba que boas chances profissionais surgirão, não as desperdice.

Ver 1 túmulo sendo construído: é aviso para que dê mais atenção à saúde, procure 1 médico.

Velório

Sonhar com o seu próprio funeral: simboliza o fim de uma situação ou aspecto de si mesmo. Você pode estar reprimindo alguns de seus sentimentos ou partes de si mesmo. Assim, o sonho pode ser 1 sinal para você reconhecer e reconhecer esses sentimentos. Em vez de confrontar uma situação, você está lidando com isso enterrando-a e tentando esquecê-la. Se você está se aproximando da morte, 1 sonho fúnebre pode se relacionar com seus sentimentos/ansiedades sobre sua própria morte.

Sonhar que você está no funeral de outra pessoa: significa que você está enterrando 1 relacionamento antigo e fechando a tampa do passado.

Sonhar que você está participando de 1 funeral: para 1 pai que ainda vive sugere que você precisa separar-se das restrições e restrições dos pais. A morte simbólica pode lhe dar a coragem necessária para dar o próximo passo em direção à sua independência e autonomia.

Sonhar que você está no funeral de uma pessoa desconhecida: sugere que algo em sua vida precisa descansar ou deixar de lado para que você possa abrir espaço para algo novo. Você precisa investigar mais qual aspecto ou componente de sua vida você precisa deixar ir.

MULHER

Sonhar com mulher: significa que uma pessoa importante em sua vida o ajudará num momento difícil. Dependendo da situação, pode significar que você está se mantendo passivo diante de algo que exige uma atitude séria ou até mesmo refletir exatamente as preocupações e sentimentos que você tenha sobre ela. Sonhar com mulher também pode representar nutrição, tanto própria quanto de seus familiares, ou pode demonstrar que você está se mantendo passivo diante de alguma situação que exige uma atitude séria. Também pode indicar aspectos femininos, sejam seus ou de sua mãe, não importando a que sexo você pertença, uma vez que tanto homem quanto mulher sempre manifesta 1 lado do sexo oposto. Deve-se levar em conta que o sonho com mulher também pode indicar aspectos femininos, sejam seus ou de sua mãe, não importando a que sexo você pertença, uma vez que tanto homem quanto mulher sempre manifesta 1 lado do sexo oposto.

Sonhar com mulheres: ou seja sonhar com diversas mulheres ao mesmo tempo, pode significar que você tem amigas que lhe serão de grande ajuda no futuro. Se essas mulheres são desconhecidas, significa que terá surpresas em sua vida futura.

Sonhar com diversas mulheres ao mesmo tempo: pode significar que você tem amigas que lhe serão de grande ajuda no futuro. Se essas mulheres são desconhecidas, significa que você terá surpresas em sua vida futura.

Se foi uma mulher com olhos castanhos e 1 nariz romano: então você pode estar-se envolvendo numa lisonjeira especulação perigosa no jogo de bolsa.

Sonhar com mulher loira, alternativamente, independente do sonho ser de uma pessoa do sexo masculino ou feminino, pode ter significados diferentes, dependendo do sonho, da mulher com quem se está sonhando e da situação que envolve o sonho. Se você for homem, então você terá apenas 1 relacionamento agradável e adequado às suas possibilidades.

Quando você, mulher, sonha muito com outra mulher: que conhece na vida real, isso só espelha a realidade em que você está vivendo, trazendo ao seu consciente a atração que sente por ela. Assim, essa mulher acaba sendo 1 objeto de desejo.

Dica psicológica: veja isso como uma oportunidade para deixar sua própria feminilidade emergir, tornando-se mais feminina e atraente, já que é isso que o seu subconsciente determina.

Discutir com uma mulher: isso significa que você deve ser mais esperto para ninguém frustrar seus planos.

Se você viu e gostou de uma mulher com olhos castanhos ou de nariz empinado: então você pode s'envolver tranquilamente.

Se você sonhou com uma mulher numa igreja ou noutro templo religioso: o sonho prediz que em breve terá conforto e paz d'espírito.

Se ela estava em casa, num quarto: o sonho é 1 presságio de novos planos, mudanças importantes na vida.

Se você sonhou com uma paquera e ela lhe sorriu: este sonho é alegria de curta duração ou decepção, junto com fofocas e inveja.

Se você sonhou estar comprando joias para uma mulher: você vai ser bem sucedido, sucesso nos negócios, 1 aumento em geral.

Se você viu uma mulher bonita que sonhava com o amor: prenuncia a bondade.

Se você sonhou estar dançando com várias mulheres bonitas: este sonho prenuncia uma mentira e uma fraude que tem em sua vida.

Se você viu as mãos de uma mulher num sonho: é prenuncio de problemas.

Sonhar falar com uma estranha irresistivelmente: prediz mau tempo e sombrio encontro com ela se o marcarem.

Sonhar muito com uma determinada mulher, que conhece na vida real: isso só espelha a realidade em que você está vivendo, trazendo ao seu consciente a atração que sente por ela. Assim, essa mulher acaba sendo 1 objeto de desejo.

Mulher com cinto de castidade: ver você ou outro alguém usando 1 cinto de castidade em seu sonho, significa suas atitudes e sentimentos em relação ao sexo. Alternativamente, o sonho pode ser uma metáfora para indicar que você está sendo excessivamente protetor. Talvez sua maneira de pensar esteja desatualizada.

Amásia

Se você é uma mulher e sonha se amasiar com outra mulher bela: veja isso como uma oportunidade para deixar sua própria feminilidade emergir, tornando-se mais feminina e atraente, já que isso é o que o seu subconsciente determina.

Antipática

Ou causando aversão: quando aparece em sonho, remete aos rumores e mentiras que serão espalhados sobre você em sua vida pessoal e profissional. Pode ser que alguém esteja tentando lhe envenenar quanto à alguém que você ama. Fique de olhos bem abertos e não caia em armadilhas.

Bonita

Se você for homem e sonhar com uma moça bonita: quer dizer que, em breve, você terá a companhia de uma moça que lhe vai proporcionar imensas alegrias. Também pode indicar que você está muito próxima(o) de atingir seus objetivos. Neste caso, você deve se voltar mais para eles para concretizá-los.

Se você for mulher e sonha com outra mulher: pode ser 1 sinal de que precisa deixar aflorar mais a sua feminilidade.

De cabelo bagunçado: isto pode representar diversos aspectos negativos em sua vida, como nervosismo, insegurança. Pode estar tentando lhe lembrar que sua vida também s'encontra bagunçada, como se você não tivesse controle sobre ela. Procure não deixar mais com que as opiniões alheias influenciem tanto no seu pensamento. Mas se o cabelo bagunçado é de outra pessoa e você está arrumando ou penteando ele, isso significa que possivelmente 1 amigo ou outra pessoa próxima deve lhe procurar para pedir alguma opinião ou até mesmo por carinho.

De cabelo branco: está relacionado com ótimas energias que estão chegando até você. Significa que você tem equilíbrio em seus pensamentos e fará boas escolhas em todas as áreas da vida. Sempre com moderação, os resultados do que faz são positivos. Sonhar com cabelos brancos também é sinal de paz, tanto d'espírito quanto de alma e d'extrema positividade. Os cabelos grisalhos ou brancos atuam como símbolos de sabedoria, bem como 1 sinal de que você está se tornando alguém mais equilibrado, aprendendo a firmar suas opiniões com mais propriedade. Além dessa interpretação, sonhar com cabelos brancos indica que você terá uma vida longa e que muitas experiências positivas o aguardam.

De cabelos cacheados: ou estava fazendo algo para enrola-los (e esse não é o padrão dos seus fios), significa que uma mudança radical está prestes a acontecer em sua vida. Lembrando que neste caso a mudança não diz respeito exclusivamente a você, mas sim ao mundo à sua volta. Fique atento às mudanças que possam ocorrer dentro de seu círculo social.

De cabelos coloridos: quando aparecem em sonho, simbolizam a jovialidade e a alegria de viver que estão preenchendo a sua alma.

De cabelos compridos: simboliza a força e o poder que você tem em mãos. Saiba controlar sua força e alcance o sucesso sem pisar nos outros.

De cabelos curtos: simbolizam a falta d'energia e sensação de impotência. Acredite mais em você e procure relaxar. Os cabelos curtos podem remeter ainda ao fracasso na vida amorosa, mas ao sucesso na profissional.

De cabelo extravagante: quando o sonho inclui pintar ou cortar o cabelo de uma forma extravagante, como cores chamativas ou cortes pouco convencionais, está representando o seu senso de humor. Quando usado de forma agradável, essa sua habilidade ousada deve ajudá-la a se livrar de determinada situação incômoda.

De cabelos loiros: tem 1 significado totalmente diferente, indicando que poderá ter brigas com seus entes queridos, seja com familiares ou amigos mais próximos, principalmente em situações ligadas ao status social que você mantém. Também significa uma redução do seu status social por causa de intrigas de pessoas ligadas a você.

De cabelos negros: simboliza o sucesso no amor e na virilidade, sua felicidade amorosa está para chegar.

De cabelos platinados: pode representar nutrição, tanto própria quanto de seus familiares, ou pode demonstrar que você está se mantendo passivo diante de alguma situação que exige uma atitude séria. E também pode indicar aspectos femininos, sejam seus ou de sua mãe, não importando a que sexo você pertença, uma vez que tanto homem quanto mulher sempre manifesta 1 lado do sexo oposto.

De cabelos soltos: ou esvoaçantes, é 1 sinônimo para liberdade. Isso pode significar tanto que você se sente livre quanto que precisa mais disso em sua vida – e que possivelmente se sente preso a algo ou alguém.

Conhecida

Caso você sonhe com uma mulher conhecida: a atitude tomada no sonho pode refletir exatamente as preocupações e sentimentos que tenha sobre ela.

Dançando

Em geral: é 1 sonho até que sensual e, dependendo de quem sonha, até 1/2 sem sentido. Caso tenha visto em seus sonhos uma mulher dançando, saiba que esse tipo de sonho indica que será abandonada. Caso queira evitar essa possibilidade, nada melhor do que avaliar a maneira que lida com seu relacionamento, agora, caso haja da melhor maneira possível, é sinal de que ele não a quer mais e, neste caso, melhor deixar partir do que ficar empatando seu caminho para novas possibilidades que podem ser ainda melhores.

Famosa

Sonhar que ficou famosa: parece algo bom, mas a interpretação é mais pessimista. Ela indica que você vai sofrer grandes prejuízos logo. Eles podem ser tanto financeiros quanto espirituais ou emocionais. Proteja-se da inveja e de investimentos arriscados por 1 tempo.

Feia

Em geral: é 1 mau sinal, pois indica 1 caminho de conflitos, dessacordos e preocupações em excesso. No entanto, s'estiver preparado para enfrentar os desafios, isso pode ser revertido com mais facilidade.

Sonhar com uma mulher de pernas tortas: vai encontrar uma personagem rabugenta ou obstáculos adicionais ou confusões.

Grávida

Sonhar estar grávida: a realização de planos ambiciosos após encontrar e resolver certos problemas.

Sonhar com gravidez e sentir dores: perigo de vida.

Sonhar com mulher grávida mostra que você está tendo uma conexão muito próxima com uma mulher, o que pode indicar casamento, se você for homem, ou uma grande amizade, se for uma mulher.

Sonhar com amiga grávida: simboliza algo novo que está a desenvolver em sua vida. Também pode ser a representação de mais de uma coisa a ser feita. Uma nova maneira de pensar, novas ideias, novas metas, projetos ou uma nova situação de vida. Preparações, escolhas ou consequências estão conduzindo para uma situação de vida nova. Negativamente, a gravidez pode refletir 1 novo problema que se desenvolve ou um problema que criar mais problemas.

Se você estava tentando engravidar num sonho: simboliza seu desejo ou sábio para algo em sua vida para acontecer. Talvez você tenha algumas novas ideias ou projetos em mente que você está disposto a cumprir. O sonho também pode indicar a infantilidade em sua personalidade. Talvez haja alguns problemas da sua infância que devem ser resolvidos. Ou você é a pessoa que leva as coisas muito a sério, portanto, o sonho sugere que relaxe 1 pouco. Há também a possibilidade de que, em sua vida de vigília que deseja ter filhos, portanto, se vê tendo 1 parto. Alternativamente, o sonho pode indicar seu medo de se tornar uma mãe, ou o fato do nascimento.

Uma mulher que fica gravida de gêmeos: tende a ficar com uma barrigona enorme e é bem comum ela se preocupar muito quando se trata disso tudo, afinal a gravidez de gêmeos tende a ser muito mais cuidadosa do que uma gravidez normal, pois são duas crianças que acabam desfrutando dos nutrientes que ela ingere durante o seu dia, nutrientes que devem ser consumidos de maneira correta para que assim eles venham ser distribuídos da forma correta para que dessa forma ambos os bebês consigam nascer de maneira saudável e quando se trata de 1 sonho assim o seu significado pode ser bem amplo. O significado deste sonho mostra que diversas coisas boas podem ocorrer na em sua vida, mostra também que deve se preocupar em buscar realizar as coisas com extrema precaução para que dessa forma elas consigam sair conforme o planejado desde o início até o final, sempre seguindo o procedimento correto, pois nada pode dar errado. Para uma mulher a gravidez é sinônimo de felicidade.

Se na noite passada você sonhou que alguma mulher da sua família estava grávida: isso muitas vezes que dizer que você tem bons sentimentos e muito consideração em relação a essa pessoa. Isso mostra que muito em breve essa pessoa irá progredir e ter muito sucesso na vida, o que é 1 desejo seu para a vida dessa pessoa tão queria por você. Muitas vezes esse sonho significa também que você é uma pessoa que transmite muita paz e coisas boas para outras pessoas e que sua amizade faz muita diferença na vida de muitos que a consideram uma grande amiga.

Se sonhou que sua namorada estava grávida: isso quer dizer que em breve você terá algumas boas surpresas em relação a sua vida financeira. Esse sonho significa que sua vida irá progredir e melhorar. Se nesse momento de sua vida você está passando por algum tipo de dificuldade financeira, não desanime! Continue em sua batalha do dia a dia, pois quanto menos você esperar a sua vida irá mudar drasticamente para melhor.

Mulher adulta sonhar com gravidez: externa o medo de ficar grávida. Também uma briga com o marido.

Mulher adulta já com filhos se ver grávida novamente: orgulho e alegria, ou uma vida de casada infeliz.

Mulher virgem sonhar com gravidez: vergonha e desgraça.

Estar grávida mas doente: a saúde em breve melhorará.

Mulher casada estar grávida: infelicidade no casamento.

Mulher solteira estar grávida: problemas e mágoa por causa d'escândalo..

Viúva sonhar que está grávida: breve se casará.

Mulher grávida continuar a sonhar com gravidez: significa que a vinda será boa e que que o bebê vai nascer saudável.

Adolescente sonhar com gravidez: é 1 lembrete de que ela virou mulher e é hora de realizar de sair do colo da mamãe. Também pode significar decepção e que demorará muito para se casar. Também significa festa, diversão, dança, casamentos e às vezes o medo da mãe; felicidade no amor.

Homem sonhar com gravidez de alguém: é falta de amadurecimento.

Homem sonhar que a esposa está grávida: ela dará à luz 1 menino.

Homem sonhar ele mesmo concebendo: significa que o relacionamento com o belo sexo vai tornar-se mais complicado com alguns problemas. Também externa que ele gostaria de ter 1 filho com o seu parceiro.

Mulher adulta já com filhos se ver grávida novamente: orgulho e alegria, ou uma vida de casada infeliz.

Estar grávida mas doente: a saúde em breve melhorará.

Mulher casada estar grávida: infelicidade no casamento.

Mulher solteira estar grávida: problemas e mágoa por causa d'escândalo..

Uma viúva sonhando que está grávida: breve se casará.

Outras mulheres grávidas: o sonho não pressagia nada de bom.

Viúvo sonhando com mulher grávida: terá muito dinheiro.

Rapaz sonhar que engravidará a namorada: remorso.

O sonhador ver uma mulher grávida: problemas.

Se a sonhadora foi uma jovem grávida que ao mesmo tempo, não tinha nenhuma real intenção d'engravidar: o sonho pode indicar a sua estada no estágio primário de transição para uma nova fase de auto-exame.

Se você é 1 homem espada, mas não têm a intenção d'engravidar ninguém: esse sonho pode ser 1 acompan-hamento harmonioso para o seu ciclo mensal.

Um homem que se vê num sonho entre mulheres grávidas: muitas vezes, numa situação onde a sua masculinidade ou participar da reprodução da população está em questão. Outros tipos de sonhos que envolvem gravidez, podem estar relacionados com a infidelidade conjugal, a morte de 1 parceiro, problemas crônicos de saúde, perda de gravidez devido a 1 acidente ou aborto, defeitos congênitos na criança.

Mulher grávida num sonho dormindo: prevê parto bem sucedido e rápida recuperação.

Em geral: gravidez muitas vezes simboliza o seu desejo de ter filhos. Mas muitas vezes, a gravidez representa suas esperanças não cumpridas, sonhos e desejos de natureza sexual. Qualquer pessoa pode tornar-se grávida no sonho pois não se limita a qualquer sexo ou idade barreiras. De 1 modo geral, a gravidez é 1 símbolo de criatividade, maturidade, ou a riqueza, no entanto, há muitas situações que requerem maior interpretação.

Dica psicológica: se a sonhadora for rica – o psicólogo pode sugerir que seria bom para ela passar por uma entidade de mãe solteira de sua cidade e indagar quais os remédios que eles mais distribuem e em seguida providenciar alguns a cada trimestre.

Sonhar com homem grávido: sonhar com companheiro grávido pode indicar o vínculo que o último tem com a sua "criança interior". A gravidez é também 1 símbolo de responsabilidade – para uma mulher é quase uma coisa natural para enfrentar uma situação como esta, mas para 1 homem seria muito mais difícil. Pode também significar ele tem 1 forte senso de responsabilidade. As interpretações mais comuns estão associadas com a da figura pai. Este homem, obviamente, tem 1 forte desejo de começar uma família e é preocupante imaginar como é grande o seu desejo.

Um homem se ver grávido num sonho: em breve pode esperar riqueza, muito lucro e o nascimento iminente de 1 novo projeto de arte.

Se você quis ser mãe no sonho: esse sonho pode indicar simplesmente tal desejo, especialmente s' estiver grávida no sonho.

Se outra mulher da sua família estava grávida: indica que você gosta muito dessa pessoa e que, no futuro, ela terá muito sucesso.

Caso foi uma amiga que estava gestante: demonstra que você está no caminho certo e que logo colherá os frutos que tanto almeja.

Sonhar com desconhecida grávida: demonstra sua vontade em ser mãe, mas que não está focando nisso nesse momento.

Jovem

É 1 excelente sinal, pois indica que você fará as pazes com aqueles familiares que havia discutido. No trabalho, podem surgir novas oportunidades de negócios. Agora, se você é uma pessoa idosa e sonha que ainda é jovem, pode apontar para boas notícias que estão por vir.

Magra

Sonhar com uma moça magra e pálida: isso é significado que terá a companhia de uma pessoa que não tem jeito para fazer muita coisa e que lhe poderá causar sensações de desconforto.

Mal-humorada

Em geral: prediz que você tem que estar trabalhando duro, diligente e hábil; você vai então ter boa sorte.

Mocinha

Sonhar com uma mocinha bonita: quer dizer que, em breve, você terá a companhia de uma moça que lhe vai proporcionar imensas alegrias.

Sonhar com uma moça magra e pálida: isso é significado que terá a companhia de uma pessoa que não tem jeito para fazer muita coisa e que lhe poderá causar sensações de desconforto.

Quando 1 homem sonha que é moça: significa que ele terá 1 espírito fraco e vai-se tornar 1 ator ou uma pessoa fingida acerca da sua vida.

Morena

Em geral: mostra que você irá receber a ajuda de uma amiga fiel, que irá lhe socorrer em algum problema do seu cotidiano. Trata-se de uma pessoa em que você pode confiar, mesmo que não seja especificamente morena.

Ver uma morena com olhos azuis e 1 nariz arrebitado: externa que você numa luta verbal ou de verdade terá a maioria definitiva para ganhar a luta.

Sonhar com mulher morena e bonita: significa que uma pessoa importante em sua vida o ajudará num momento difícil. Dependendo da situação, pode significar que você está se mantendo passivo diante de algo que exige uma atitude séria ou até mesmo refletir exatamente as preocupações e sentimentos que você tenha sobre ela.

Em geral: mulher morena prenuncia intriga.

Mulher morta

Sonhar com uma mulher morta: intriga a gente, ainda mais quando estranhamente tinha uma mulher morta no seu sonho e ponto final. Saiba que este tipo de sonho indica que, provavelmente, será amado por uma mulher de verdade. Para muitos homens, eis 1 grande sonho que pode finalmente se tornar realidade. Aproveite mas não esqueça de fazê-la ao menos sentir-se bem consigo mesma.

Mulata

Sonhar com mulher mulata: tem 1 significado totalmente diferente, indicando que poderá ter brigas com seus entes queridos, seja com familiares ou amigos mais próximos, principalmente em situações ligadas ao status social que você mantém.

Sonhar com mulata se você é mulher: quer dizer que pretende superar o seu grau de sensualidade que vê numa mulata.

Se você é homem: almeja levar essa mulher para a cama.

Negra

Prediz uma gravidez feliz e normal.

Nua

Este tipo de acontecimento num sonho é sinal de insegurança e vulnerabilidade. Transmite a sensação de que a moça está exposta a alguém que pode ter revelado 1 segredo seu ou que foi descoberta alguma das suas fragilidades. No momento pode estar sofrendo alguma pressão, por isso o pesadelo de ficar nua diante de várias pessoas representa toda a sensação de que se sente insegura e receosa.

Homem sonhar com mulher nua: indica que essa mulher é uma pessoa distante que desperta a atenção de alguma maneira do sonhador(a) e que lhe interessa conhecer melhor. Se for homem, expressa mais seu lado sensual e o desejo sexual.

Sonho com uma mulher seminua sexy: serve de aviso que uma pessoa traiçoeira com a intenção de manchar a sua reputação poderá comprometer seriamente o seu caso e complicar suas relações no seio da família, onde já existem mais do que problemas suficientes.

Pílula

Dar a alguém ou ingerir pílulas anticoncepcionais em sonho: é indício de novas e grandes responsabilidades.

Ruiva

Se ela foi ruiva: então este sonho anuncia-lhe problemas e ansiedades adicionais.

Simpática

O sonho em que uma mulher simpática está agradando à você: é 1 sinal de que você finalmente alcançará aquele objetivo que completará a sua felicidade. Abra os braços para as oportunidades e não deixe nada passar.

Tagarela

Sonhar com tagarelas: é sinal de muitas querelas e insatisfação; e isso indica que você vai falar coisas que não deve e isso vai conduzir ao seu próprio arrependimento.

Velhinha

Sonhar com velha: representa alegrias, sorte e realização de objetivos. Pode ser 1 sinal de que muita coisa boa vai acontecer na sua vida nos próximos dias.

Sonhar com uma velha nervosa: representa que você não está recebendo o tratamento adequado para o seu estado de saúde. Caso não tome providências quanto à isso, em breve precisará mais do que nunca da ajuda das pessoas que te rodeiam.

Já se no sonho a velha estava rindo: significa que uma pessoa muito próxima a você está fingindo estar bem para não preocupar as pessoas que ama, quando na verdade está sofrendo bastante, seja por uma doença ou até mesmo por conta de problemas emocionais. Essa é a hora de conversar com ela e tentar ajudá-la a sair dessa situação.

Se a velha era sua avó: pode ser 1 sinal de que em breve você vai receber uma quantia muito grande em dinheiro, provavelmente frutos de alguma herança de família.

Se a velha é sua vó e ela na realidade ainda está viva: é 1 sinal de que muito em breve você vai receber ajuda para solucionar os seus problemas financeiros.

Ainda se a velha é sua vó que já morreu e você está conversando com ela: significa que boas notícias estão por vir em sua vida, seja no âmbito profissional ou pessoal. Prepare-se!

Virgem

A mulher sonhar que é virgem (sem ser): receberá a resposta que há muito espera.

Sonhar que perdeu ou está na iminência de perder a virgindade: é sinal de que está se preocupando demais com os outros e se esquecendo de si mesmo.

Se a mulher sonhou que voltava a ser virgem: saberá de excelentes novidades no campo profissional.

Homem sonhar que é virgem: não deixe a insegurança atrapalhar sua vida, confie mais em você mesmo.

Se em sonho a mulher sente desejo de perder a virgindade: Prepare-se para viver momentos de fartura e sucesso.

Sonhar que ele perdeu (ou está na iminência) ***de perder a virgindade***: necessidade de tomar decisões importantes em relação a sua vida, não espere mais.

Sonho em que o homem sente desejo de perder a virgindade: cuidado com rivalidades, no campo profissional ou afetivo.

Para homens e mulheres: sonhar que perder a virgindade éi uma experiência agradável; logo 1 grande de louco amor aparecerá em seu caminho ou se já encontrou o seu amor, viverão momentos felizes durante uma viagem; porém, se foi desagradável (por qualquer motivo) procure ficar alerta, pessoas maliciosas, invejosas poderão cruzar o seu caminho.

*Lembrete da Bíblia: "Mulheres que não forem mais virgens no dia do casamento devem ser apedrejadas" As escrituras bíblicas não são particularmente favoráveis às mulheres. Esta que citamos, vem de *Deuteronômio* e é particularmente perturbadora, pois envolve uma sentença de morte para mulheres que supôstamente perderam a virgindade antes do casamento: *"Mas, se a acusação for verdadeira, tendo-se verificado não ser virgem a jovem, ela será levada até a entrada da casa do pai e os homens da cidade a apedrejarão até à morte, por haver cometido uma infâmia em Israel, prostituindo-se na casa paterna. Assim eliminarás o mal de teu meio"* (Deuteronômio 22: 20–21). Daí a pergunta: se as pessoas obedecessem ao seu Deus "magnânimo e misericordioso" e levassem hoje ao pé

da letra o que ele impôs peremptoriamente há mais de 2.000 anos atrás, onde se iria encontrar tantas pedras nas modernas cidades de hoje, nas quais inclusive, já s'ensina como se fazem os bebês para a maioria de nossos imberbes estudantes de nossas escolas primárias, sem deixar de mencionar que para evita-los deve-se sempre usar camisinha?

PROBLEMAS DE MULHER

Aborto

Este sonho pode ter 1 significado bem inesperado e 1 significado bem diferenciado, sendo 1 erro quando as pessoas acabam relacionando-o com a gravidez, o que é natural, pois o aborto apenas acontece quando a mulher está grávida e por conta disso que muitas mulheres quando sonham com o aborto acreditam que isso pode acontecer com elas. Aquelas que mais sonham com isso são mulheres que desejam engravidar ou que já estão grávidas e por conta disso muitas acabam se preocupando muito com esse sonho, contudo ele não representa nada relacionado a gravidez, dela, pois quando ela sonha com aborto isso pode significar que diversas coisas que ela s'esforçou para que ocorram podem não acontecer e por conta disso ela pode acabar se decepcionando muito por causa disso, o que leva a se preocupar em tentar corrigir esses diversos erros que ela cometeu.

Aborto ilegal

Esse tipo de sonho pode se tornar 1 problema extremamente grave para a mulher, o que a leva acordar assustada durante a noite, ao sonhar que está abortando ilegalmente Isso acontece pois quando se trata de sonhar com aborto ilegal, ele tenta passar a mensagem que ela não está tomando nenhum rumo, ou seja, ela está sem se decidir o que quer, o que acaba fazendo com que ela venha a perder muito tempo, o que é muito ruim para a sua vida.

Sonhar com o aborto de outra pessoa: este sonho pode acontecer muito com outras mulheres, ou seja, sem que sejam mulheres grávidas ou que desejam engravidar, por causa disso que ele se torna 1 sonho que se torna mais importante ainda saber o significado, pois ele é capaz de fazer com que muitas pessoas consigam tê-lo, por causa disso saber o que ele pode representar pode ser algo bom a se fazer, isso tudo, pois a mensagem que ele pode enviar ajuda a pessoa a conseguir tomar decisões mais corretas em certas situações que se tornam difíceis de se lidar.

Sonhar que está perdendo o bebê: sendo 1 dos mais comuns quando se trata de mulheres que estão gravidas, este sonho pode assustas muitas fazendo com que acordem com muito medo; contudo este sonho não representa nada relacionado a saúde do seu bebê e muito menos a sua, pelo menos não diretamente e por conta disso que descobrir o seu significado pode ser muito bom para a sonhadora, sendo que uma das coisas que este sonho mostra, é que existem muitas dúvidas que devem ser resolvidas.

Aborto espontâneo

Sonhar que você tem 1 aborto espontâneo: sugere que alguma ideia ou plano não saiu como esperado. O sonho também pode servir como 1 aviso contra o seu curso contínuo de ação. Você precisa alterar o seu caminho ou arriscar perder algo significativo e valor para você. Alternativamente, o sonho indica que você foi prejudicado de alguma forma. Mas se você está grávida, os sonhos de aborto são comuns no 2º trimestre da gravidez.

Corrimento vaginal

O sonho de ver 1 corrimento verde escuro saindo de sua vagina, simboliza alguma forma d'egoísmo, refletindo o fato de se preocupar muito com seu próprio prazer ou ganhos pessoais, ansiando uma vida ou 1 padrão onde não haja nenhuma preocupação com outras pessoas próximas ou com seu próprio bem-estar. Verde escuro aponta para ciúme, ganância, materialismo, traição e que você não quer compartilhar com outras pessoas. Também pode apontar para 1 poderoso medo de perder, ou pensamentos suicidas, ou pode refletir o crescimento que você sente d'estar enveredando numa direção errada, num progresso lento, sentindo-se impedida d'encontrar uma saída saudável.

Falta de orgasmo

A *anorgasmia* (que é o seu nome certo), *pode ser definida como*: uma inibição recorrente ou persistente d'orgasmo, manifestada por sua ausência ou retardo após uma fase d'excitação sexual adequada em termos de foco, intensidade e duração. Não se considera, porém, essa inibição como *anorgasmia* se a pessoa é capaz de atingir o orgasmo através de masturbação. É a disfunção sexual mais comum junto com a falta de desejo. Pode ter fatores biológicos correlacionados, assim como fatores psicológicos, como apresentar sentimentos de culpa em relação atividade sexual, deficiência feminina em assumir o papel erótico, medo d'engravidar, traumas relacionados ao sexo, como por ter sofrido algum abuso sexual, ter tido relações dolorosas. A anorgasmia entre os homens é menos frequente.

Frieza sexual

Se no seu sonho você estava sendo fria na cama com alguém: alerta que você deve tomar decisões importantes. Em boa parte dos casos, o motivo pode ser ter sofrido estupro ainda criança ou adolescente; *ver e ouvir outras vítimas d'estupro gritando de dor;* uma criação religiosa cheia de advertências e ameaças de pavor por parte materna se ela se perdesse ou ousasse pensar andar de pernas para fora, exibir decotes exagerados, ou até mesmo apenas "brincar" com uma relação apenas superficial nas coxas; ou pode ser 1 lamentável reflexo de problemas de relacionamento com o pai ainda menina, que não pode com a sua ausência paterna dar-lhe mais defesa e segurança com a sua ausência da figura paterna durante sua infância, exercendo forte influência negativa ao ponto dela não poder pensar num amor mais adulto, nem de poder suplantar uma barreira psicológica mais tarde, por melhor que o macho que a levasse para a cama, se mostrasse por mais amoroso ou espada.

+ *Cuidados*: antidepressivos recentemente lançados, ganharam mais uma indicação: combater o disfunção sexual das mulheres. Acaba de chegar ao mercado o *Wellbutrin*, recomendado a mulheres que têm o problema. Segundo 1 estudo do *Hospital das Clínicas,* da *Universidade de S. Paulo*, cerca de 50% das brasileiras sofrem com alguma dificuldade na cama. O princípio ativo do medicamento, a *buproprio-na*, promove o aumento da dopami-na e da noradrenalina, neuro--transmissores responsáveis pelas sensações de prazer.

Dica psicológica: uma lavagem cerebral numa clínica de parapsicologia também pode resolver o caso.

Histeria

Ser histérica(o): terá uma mente vigorosa.

Filhos histéricos: não se deixe ser dominado.

Parentes histéricos: seja firme para obter êxito.

Ser portadora desta doença: você terá 1 bom motivo para procurar 1 médico, caso contrário, o mal-estar persistente pode terminar com 1 tratamento num hospital.

Se você sonha você estar sendo levada a 1 estado de histeria e não pode controlar suas emoções: há uma boa razão para ver 1 médico, psicólogo, pois seu caso pode resultar num tratamento hospitalar.

Ver outra pessoa tendo 1 ataque: significa que você mostra compaixão com estranhos e ajuda-os na necessidade.

Ver alguém que você conhece, se tornar histérica num sonho: na realidade, num futuro próximo vai incomodar aqueles que o rodeiam; suas experiências vai parecer insignificante e as emoções – exagerada.

Sonhar se tornar histérica em locais não muito adequados, como numa loja, num escritório ou num lugar público: significa que a doença irá ultrapassá-la, de repente.

NERD

Ver ou sonhar que você é 1 nerd: indica sentimentos de inferioridade.

PASSADO

Sonhar com lembranças do passado: significa que o sonhador(a) está comparando uma situação que vive atualmente com outra vivida no passado. Pode ser também 1 alerta para que ele(a) viva sua vida atual e dedique-se a construir seu futuro.

> *Dica psicológica*: o psiquiatra pode sugerir que o sonhador(a) vá até 1 cemitério e acenda uma vela em memória de todos as centenas de cristãos degolados como "infiéis" pelos jihadista muçalmanos em nome de Maomé e Alah.

PEIDAR

Se você estava sonhando e no sonho você viu que você está peidando: pode indicar que você está sendo passivo e agressivo. Você precisa expressar seus sentimentos de forma mais direta.

PERSEGUIÇÃO

Em geral: traduz o medo d'enfrentar algo em nossa vida, ou algo que estamos escondendo e não conseguimos dizer. Por exemplo, pessoas que desejam exigir algum direito de seus superiores no trabalho ou que queiram dizer algo a seus parceiros e não conseguem.

PIERCING

Se você sonhou que estava colocando 1 piercing escondido e num lugar muito escondido: é sinal de que você é muito insegura ou tem medo das críticas das pessoas. Talvez você esteja se preocupando demais com o que as pessoas irão falar de você, aliás, se você estiver não sendo aceita num grupo, sua reação inconsciente pode lhe apimentar os nervos e até torna-la ainda mais insegura. Portanto, nesse caso, pode ser que você tenha de se desamarrar dessas algemas ou dessa "comunidade" para que ela a aceite do jeito que você é.

Se você colocou o piercing e é menor de idade: indica que você está sendo inconsequente e dramático em relação à sua vida, você quer chamar atenção e não sabe como fazer isso, por isso age dessa forma, desrespeitando ou até decepcionando as pessoas em sua volta.

+ *Cuidados*: pare e preste atenção: o que realmente você quer? Se você sonhou que estava colocando o *piercing*, mas se arrependeu logo em seguida: é sinal de que você não sabe como solucionar os problemas, agindo impulsivamente sobre 1 assunto que necessitaria de mais tempo. Se você sonhou que colocou o *piercing* e teve aceitação dos outros: pode ser que indique o quanto eles lhe respeitam e gostam de você, apoiando e querendo o seu bem.

Sonhar com piercing no umbigo: indica que, infelizmente, uma pessoa próxima de você está a ponto de ir embora, de partir desta para melhor. O umbigo é símbolo dos laços que unem uma pessoa à sua família.

+ *Cuidados*: aproveite os momentos com seus parentes e entes queridos, não perca tempo para não lamentar mais tarde, utilize os dias que restam a favor de vocês. Construa novas lembranças e aproveite para estreitar ainda mais os laços de amor e fraternais que os unem.

Em geral: adolescente usar *piercing* é a pretensão de se mostrar "diferente" às suas colegas. Sendo mulher: é mostrar-se extravagante e querer ser mais admirada ou distinguida por esta razão. Geralmente são mulheres que não tem muito que fazer e que só pensam em bonecar-se para causar inveja às amigas ou colegas de trabalho. Sendo homem: é ter cocô na cabeça mesmo e querer mostrar que é o tal, o "gostosão", o "admirável", o "estupendo" – como certos jogadores de futebol famosos – explica a psicologia.

RELIGIÃO

Acreditar numa religião: desavenças em família.
Outras pessoas religiosas: problemas com imóveis.
Ser uma pessoa religiosa: ilusória felicidade.

ROUPAS ÍNTIMAS

Sonhar com roupas íntimas: está relacionado aos medos que revelam nossos segredos mais íntimos e nosso desejo de privacidade. Inicialmente, a roupa íntima foi projetada para proteger a área genital d'esfregar com o resto das roupas e, por sua vez, para evitar que ela se sujasse com certas secreções, como urina, fezes ou sangue. No entanto, ao longo dos anos, a roupa interior tornou-se 1 símbolo do erotismo e da sexualidade e não só feminina, mas também à masculina. Assim, sonhar com roupas íntimas representa, em muitas ocasiões, nosso desejo por privacidade, embora também tenda a se referir a certos segredos que tememos ser descobertos. E este tipo de sonho também pode envolver o desejo sexual, quer sejamos homens ou mulheres.

Sonhar com a roupa interior masculina: refere-se à confiança que sentimos por essa pessoa.

Às vezes, sonhar com alguém conhecido em roupas íntimas: pode simplesmente representar o desejo sexual por essa pessoa e não trazer consigo nenhum outro significado oculto. Nessas ocasiões, sonhar com roupas íntimas anuncia que não queremos ver ou aceitar a realidade como ela é.

Velha: necessidade de satisfação de desejos reprimidos. Nova: sucesso junto ao sexo oposto. Sonhar com alguém conhecido em roupas íntimas às vezes pode simplesmente representar o desejo sexual por essa pessoa e não trazer consigo nenhum outro significado oculto. Nessas ocasiões, sonhar com roupas íntimas anuncia que não queremos ver ou aceitar a realidade como ela é.

Por outro lado, sonhar que não nos arrependemos de ser visto na calcinha: ressalta que somos pessoas autênticas que não têm ideia do que vão dizer. A espontaneidade nos caracteriza e muitas vezes agimos sem pensar nas consequências.

Sonhar que estamos sem roupa interior: *isso significa que nos sentimos vulneráveis diante dos outros.* Não somos egoístas e preferimos não nos destacar da multidão, por isso *nos sentimos desconfortáveis na multidão* e tentamos evitá-los a qualquer custo. Esse sonho está diretamente associado ao sonho de estar nu em público.

Sonhar que vemos pessoas de cueca: aponta o *nível de confiança em relação a essas pessoas*. Percebemos que a relação de amizade ou amizade é recíproca, por isso *acreditamos que conhecemos a outra pessoa completamente*, até melhor do que nós. Também pode indicar o *medo de ser rejeitado e não se adaptar* à sociedade. Talvez nossas ideias ou pensamentos não sejam compatíveis com os dos outros e, portanto, temos medo d'expressá-las livremente.

Sonhar com roupas íntimas sujas: implica podermos não ser claros sobre o que queremos na vida e isso nos traz conflitos ou disputas com nossos parentes. Também costuma sugerir que *estamos procurando nosso próprio caminho, já que não nos sentimos confortáveis com nossa sexualidade.*

+ *Cuidados*: não ter medo do preconceito e tentar encontrar a sua própria felicidade. Em suma, sonho com vestuário íntimo representa incerteza e medo que alguns segredos ou algumas facetas de nossa personalidade vêm à luz, embora também possa sugerir alguma mentira que nós descobrimos por que nos sentimos impotentes e não sei como a agir em face desta delicada situação.

Calcinha

Em geral: desejo reprimido junto ao sexo oposto; frustrações sexuais; falta de atividades libidinosas.

+ *Cuidados*: o psicólogo deve aconselhar para que o sonhador(a) dê mais movimento à sua vida amorosa, mesmo tendo inclinações homossexuais.

Camisola

Sonhar que você está vestindo uma camisola: sugere que você está reconhecendo e expressando aspectos de si mesmo sobre os quais você estava anteriormente desconfortável.

Cinta-liga

Em geral: desejos secretos.

Lingerie

Sonhar que você está tirando a sua lingerie antes de ir para a cama com alguém: representa sua identidade sexual, imagem corporal e sua auto-estima. Você pode finalmente estar reconhecendo e reconhecendo 1 aspecto de si mesmo que não foi expresso anteriormente.

Negligê

Ver ou usar 1 negligé em seu sonho: indica sua sugestividade. Talvez você sinta que as pessoas podem ver através de quem você é e suas intenções. Você tem 1 segredo que você tem medo será revelado? O símbolo também pode ser 1 trocadilho com sua negligência de alguma situação.

Sutiã

Homem sonhando com sutiã: intenso desejo sexual, com sinal de dependência psicológica.

Mulher sonhando com sutiã: recato 1 pouco excessivo nos momentos íntimos; solte seus impulsos.

Fazer ou tirar a roupa durante 1 sonho: não está ligado ao desejo de se livrar das roupas e querer fazer performances sexuais para alguém. Ao invés disso, o sonho reflete uma vontade de se liberar de algumas amarras e inibições, geralmente com 1 parceiro no relacionamento, mas podendo se aplicar a algumas outras situações da vida.

SANGUE

O sangue geralmente: significa vida nos devaneios. Portanto sonhar com sangue também pode ser interpretado como uma mudança, que pode ser para o bem ou para o mal. O importante é sempre interpretar tudo o que acontece como 1 aprendizado e forma de crescimento.

Sonhar que você está sangrando, mas você não está sentindo dor e você não pode identificar onde o sangue vem: sugere que você longo para quebrar livre de qualquer situação chata que o impede de alcançar o que você tem tentado chegar muito tempo.

Quando o sangue é abundante: então isso significa que a coisa que você almeja para está muito perto, por exemplo, sucedendo nos assuntos de ter sido manipulação.

Sonhando com roupas manchadas de sangue: anunciam a presença de inimigos que tentam impedir que você ter sucesso nos assuntos ou negócios que você está gerenciando, portanto, você deve ter cuidado com os seus novos amigos e manter 1 olho sobre os antigos.

Sonhando que você tem sangue em suas mãos: anuncia uma maré de azar se você não for cuidadoso com você mesmo ou as coisas que você está segurando.

Sonhar com uma ferida que dói e sangra: pode significar que você vai receber más notícias de vários tipos, incluindo alguns negócios que são complicadas e difíceis de controlar. Também pode significar doenças, seja o seu próprio ou de familiares.

Sonhando que outra pessoa está sangrando: pode significar que o sonhador(a) tem a intenção de prejudicar alguém, mesmo que seja apenas psicológica ou moral.

Sonhando que o sangue sai de uma ferida ou mordida: indica que a sua saúde não está boa e que então deve ter cuidado.

Sonhando ter dedos sujos, feridos ou sangrando: sugere que muitas coisas que vão fazer você sofrer estão se aproximando.

Sonhando que você está decapitando alguém e ele começa a pingar sangue em você: significa que você deve cuidar do seu comportamento para evitar punições.

Sonhando com 1 machado que tem uma mancha que parece sangue, mas você não tem certeza: é 1 sinal fatal, isso indica que você está em perigo iminente de cair num problemas como resultado de seu comportamento irascível.

Sonho de sangue resultante de uma ferida ou mordida noutra pessoa (ou o próprio sonhador): indica que a sua saúde não está boa por isso tome cuidado.

Sonho com sangue na mão: significa que você apresenta algum sentimento de culpa muito forte referente a alguma situação em que você esteve. Caso isto for real tente solucionar o que lhe incomoda o mais rápido possível. Uma boa saída é pedir desculpas à quem você feriu, não apenas fisicamente mas também sentimentalmente.

Se ao ver todo sangue espalhado pelo chão, olhar para os lados e não enxergar nenhuma vítima ou pessoa ferida: é 1 sinal de que o sangue ali derramado é todo seu, mas não precisa ficar com medo, pois você não será ferido. Ao ter este tipo de sonho é 1 indicativo de que você não está ligando muito para o seu trabalho e a sua vida e que desta forma não está s'esforçando o suficiente para conseguir o que deseja. Então s'esforce ao máximo para conseguir alcançar suas metas, não importa o quão difícil elas sejam, pois no final, todo o seu esforço valerá muito a pena.

Sonhar com sangue estancado: não é necessário que se preocupe, mas muito pelo contrário, fique muito contente, pois ele é 1 sinal de que muito em breve você irá conseguir vencer todos os obstáculos que tanto o incomodam.

Caso no sonho você não tenha estancado o sangue sozinho e conheça a pessoa: é muito importante que se aproxime mais dela, pois diferente de outras pessoas, ela realmente se importa com você. Ele(a) passará a ser muito importante para você e sempre que estiver precisando de ajuda ela irá te ajudar a vencer tudo isso com muita paz e tranquilidade.

Absorvente

Em geral: o sangramento também é o sonho de muito comum para as mulheres, por causa do período de menstruação que elas tem todos os meses. O sangue é a força vital e constitui de acordo com a opinião dos antigos, o sustento da vida. Este sonho geralmente sempre anuncia mudanças importantes e positivas na vida. Mas uma das situações mais desagradáveis que pode existir é sonhar com absorvente, pois não é nada positivo. Já que normalmente quando acontece a sensação nunca é positiva e por isso mesmo é preciso ter muita atenção.

Sonhar com absorvente: a ligação principal é com os sentimentos e vai indicar que você pode estar sentindo coisas boas ou ruins. Por isso mesmo, que chegou a hora mais acertada para ter atenção e conseguir todos os seus objetivos.

Absorvente sujo de menstruação: você está sentindo coisas que ainda não são nada positivos, porém a realidade é que dentro de pouco tempo tudo vai se ajeitar. O grande problema é que as vezes algumas pessoas não têm tido a atenção que é necessária. Essa atitude delas acaba fazendo-lhe mal, porque não trazem à tona a realidade que está dentro de você. Por isso mesmo, que o ponto mais interessante para o caso é parar de ter expectativa sobre os outros.

Vários absorventes: indica que você tem muitos sentimentos guardados e infelizmente essa somatização não é positiva. Chegou o momento de mudar a sua visão e o principal é colocar para fora, porém, mantendo sempre a atenção. Assim sendo, Existe a necessidade de mudar a forma como você tem encarado a vida que você, portanto, tenha muito cuidado. A mudança pede passagem e é primordial ter a capacidade de não seguir fazendo o que não está dando certo. Se você quiser ter outro resultado é preciso ter atitudes diferenciadas.

Sonhar com absorvente no lixo: o preságio é altamente positivo e chegou a hora de você aprender a lutar por aquilo que deseja. Em resumo, é preciso ter estratégia e procurar por alternativas que venham a fazer muita diferença para o seu caso. Certamente você é ansioso (a) e por isso é que as coisas não estão funcionando da forma como você deseja. É essas questões que vão trazer a tona aspectos que merecem atenção e é algo bem positivo para você mesmo.

Sonhar com absorvente e papel higiênicos com sangue: vai indicar diretamente que vai existir uma grande mudança dentro de pouco tempo. Em tese, este sonho nessas condições indica que você deve ter o máximo de atenção no processo. Lembre-se que a realidade por trás desse fato é muito simples e você deve estar aberto ao novo. Já que pode ser 1 novo amor ou mesmo 1 sentimento que chegará e mudará a sua vida para sempre.

Absorventes intactos: você é alguém muito duro (a) e talvez por isso acabe não sentindo tantas emoções, pelo menos não por fora. Entretanto, internamente você consegue sentir e é algo positivo, portanto, você deve ter atenção nesse ponto. O tempo é 1 aliado e trará a aspectos que devem ser trabalhados por você mesmo.

Absorventes que não seguram a menstruação: o prenúncio não é nada positivo e pode indicar a necessidade de prestar atenção em questões que são bem efetivas. Existe a chance de os sentimentos ultrapassarem o limite e você pode ser alguém impulsivo. Para superar essa adversidade é necessário ter atenção e principalmente não ter a pressa, pois é perigosa. Se você tiver a capacidade de corrigir os erros, a chance de tudo funciona vai acabar sendo melhor ainda.

Resumo: sonhar com absorvente é altamente positivo e você tem a possibilidade de conseguir todos aqueles objetivos traçados no começo. Lembre-se que o sonho em si é altamente positivo e traz a tona alternativas que são bem eficientes. Antes de tomar uma decisão, lembre-se que mesmo aquilo que é ruim, vai ter uma função bem efetiva. É essas questões que fazem com que tudo fique melhor ainda, sendo uma van-tagem para não escolher algo que seja errado.

Doando sangue

Sonhar que você doa sangue: é 1 sinal de que você está disposto a fornecer ajuda e apoio à uma pessoa necessitada. Doar sangue é algo que tem 1 bonito significado, assim como acontece na vida real. Caso seja você a doar o sangue, o devaneio pode ser interpretado que você é uma pessoa boa e está sempre pronto para ajudar aos outros.

Contudo, se você recebeu a doação de sangue: significa que você passará por problemas e irá precisar de ajuda. No entanto, irá aparecer alguém que irá auxiliar você na superação dos males que estão por vir.

Hemorragia

Sonhar que você está com hemorragia: sugere perda de vitalidade, perda de fé em si mesmo e falta de autoconfiança.

Menstruação

Em geral: sonhar incomodada pelo sua menstruação que durante alguns dias lhe causa incômodo e não a permite transar com seu gato, pode significar que seu instinto maternal está crescendo dentro de si. Isso mostra que no seu inconsciente você deseja ser mãe e logo seu desejo começará a ser exteriorizado. Se você já for mãe, a vontade d'engravidar novamente irá surgir e tomar conta de seus pensamentos muito em breve.

Caso você seja do sexo masculino e sonhou que a sua parceira ou esposa menstruou: isso demonstra seu profundo desejo de se tornar pai, mesmo que inconscientemente. Mesmo que você não tenha tido o desejo de ser pai até o momento, muito em breve essa vontade começará a crescer em você.

Se você sonhou com roupa manchada com sangue de menstruação: pode significar a libertação de segredos do passado que 1 dia lhe causaram prejuízos. Pode também representar as graves consequências a pessoas próximas ou a si mesmo. Manchar a roupa é 1 sinal de que seu subconsciente quer colocar para fora seus sentimentos e emoções guardados no fundo da sua alma. Agora eles podem, finalmente, encontrar uma forma de liberar suas decepções e sofrimentos do passado. Ter este tipo de sonho é libertador. Isso mostra que angústias do passado deixarão de fazer sentido e você será livre de tudo o que o atormenta. Sonhar com roupas manchadas por menstruação representa que chegou a hora de se redimir e de se curar das marcas do seu passado.

Sonhar com outra pessoa menstruando: costuma ser 1 aviso para que você fique alerta a intrigas, fofocas e amizades falsas. Tome cuidado, porque você poderá tomar uma apunhalada nas costas de alguém que você considera como amigo ou poderá ter seu tapete puxado por alguém que está todos os dias perto de você. Fique alerta ao comportamento alheio e se resguarde nos próximos tempos.

+ *Cuidados*: evite falar da sua vida ou contar segredos íntimos para qualquer uma. Este tipo de sonho com alguém que não é você menstruando mostra 1 sinal de alerta onde tudo o que você falar poderá ser usado contra você no futuro e que pessoas de confiança poderão te trair.

Se você tiver 1 sonho em que não consegue menstruar: isso é 1 sinal de seu sub-consciente que você deseja limpar a sua mente de situações que estão te deixando com a consciência pesada.

Homem menstruar? Parece 1 tanto quanto incomum ser homem e sonhar com menstruação, mas isso é mais comum do que você possa imaginar. Geralmente esse tipo de sonho vem para sinalizar uma reconciliação amorosa ou até mesmo uma maior estabilidade em seu relacionamento afetivo. Se você não estiver em nenhum relacionamento, este é 1 ótimo momento para conhecer alguém e começar 1 namoro. Se você estiver num namoro, há grandes chances de seu relacionamento prosperar e se tornar 1 casamento. Se a relação estiver em crise, agora é o momento de acertar as desavenças com sua parceira e propor melhorias entre vocês 2. Aproveite esse momento benéfico e curta muito as próximas semanas com a sua parceira.

Ao sonhar que você está sangrando em algum lugar do corpo: provavelmente você acordou assustado com medo de se machucar ou sofrer algum acidente. Respire fundo, não se assuste e entenda melhor o que seu subconsciente está tentando te dizer por meio do seu sonho com sangramento em algum lugar do corpo. Sonhar com sangue geralmente significa que acontecerão imprevistos e você terá dificuldades para conquistar seus objetivos de vida. O sangue simboliza a luta e o grande esforço para que você consiga efetivamente conquistar seus maiores desejos e planos. Também pode simbolizar a negligência que você tem em alguns aspectos da sua vida, ou seja, você está focando seus esforços para alguns assuntos e está negligenciando outros (pode ser que você esteja colocando todos os seus esforços em seu trabalho e esquecendo de cuidar da sua saúde, por exemplo). Sonhar com sangramento em seu corpo é sinal de que esse momento deve ser usado para uma grande reflexão. Reflita sobre quais são os seus maiores sonhos e que tipo de esforço você precisa fazer para alcançá-los. Pense também se você está deixando de lado algum aspecto da sua vida e procure dar importância nessa perspectiva daqui para frente. Lembre-se: o sucesso está na harmonia e equilíbrio, portanto, tente equilibrar a sua vida e todas as concepções presentes nela.

Nariz sangrando

Se era o seu nariz que estava sangrando durante o sonho: isto tem 1 significado bem definido no mundo dos sonhos. Significa simplesmente que em breve você irá sofrer 1 pequeno desgosto amoroso. Caso esteja num relacionamento, é provável que a pessoa com quem você está desiluda você. S'estiver solteiro/a, é provável que encontre alguém, mas que essa pessoa não corresponda às suas expectativas. O sangue, nesse sonho, representa a dor, o sofrimento e o desgosto mental e emocional. O que é certo é que esse desgosto amoroso está a caminho, esteja você num relacionamento ou não.

Se você viu alguém sangrando durante o sonho e não reconheceu essa pessoa: isso está relacionado com a sua vida profissional. Simboliza que você está perdendo valiosas oportunidades que estão aparecendo à sua frente. Você pode não estar percebendo, mas é muito provável que essas oportunidades estejam aparecendo mesmo à sua frente, mas você simplesmente não as consegue ou não quer ver. A mensagem a tirar deste sonho é que é preciso agir e aproveitar as oportunidades que vão aparecer. Pode ser 1 aumento salarial, 1 novo emprego ou uma subida de cargo na empresa atual. Você precisa agir para isso acontecer, porque algo tão simples como isso pode mudar a sua vida profissional em apenas alguns minutos.

Sangrando pelo nariz: é algo que afeta praticamente todos os pais. Será que este sonho significa que o seu filho ou filha está doente? Na verdade, não. Não está relacionado com a doença, sequer com o seu próprio filho. Simboliza simplesmente que é preciso começar a dar mais valor à sua família e ao que ela faz por você. Provavelmente você anda sendo mimado/a por parte dos seus familiares, então não sabe dar o devido valor a isso. O que recomendamos é que tente dar em troca aquilo que recebe por parte daqueles que gostam e que se preocupam com você.

Sangue de animal

Se você viu o sangue de 1 animal ou viu 1 animal machucado com sangue e cuidou dele: fique feliz, pois o significado é positivo. Esse devaneio pode ser interpretado como 1 sinal de boa sorte, não só para você mas também para todos que estão a sua volta. Uma boa saúde ou a cura de alguma enfermidade também estão por vir, aproveite.

Se o próprio sonhador é aquele que recebe o sangue: é sempre 1 prenúncio de questões importantes que irão consumir os recursos que você tem, rapidamente. No entanto, a gravidade da situação pode ser aliviada através da intervenção de uma pessoa influente e dedicado.

Sonhar que vomita sangue: é 1 fato que não parece ser muito bom e é bem desconfortável, porém nos sonhos é 1 sinal muito bom. Este é 1 ótimo sinal de fartura, podendo também significar que irá colher bons frutos ao decorrer de sua vida. Esses frutos podem acabar vindo até mesmo de lugares onde você menos espera e que de certa forma irá mudar por completo todo o rumo de sua vida. Mas o mais importante é que não faça mal uso dele, saiba exatamente as melhores formas de fazer o seu uso.

Sonhar com boca, nariz, ou olhos sangrando: ao contrário do exemplo anterior, este sem dúvidas não é algo muito bom, tanto no sonho, nem mesmo na vida real. Pois qualquer 1 desses tipos de sangramentos citados tem o mesmo significado e é bom ficar sabendo que não são 1 bom sinal, mas é muito importante que se controle e não entre em desespero.

Sonho com outras áreas sangrando: vai se preparando, pois ele tem muitos sentidos, que podem ser o fim de relacionamento, demissão de seu trabalho ou até mesmo graves problemas de saúde.

+ *Cuidados*: é muito importante que passe a prestar atenção em como vai indo o seu relacionamento e sua saúde e, caso não esteja indo muito bem o mais aconselhável é que procure 1 especialista.

Sonhar que está bebendo sangue: significa que você é uma pessoa muito interesseira e quer controlar tudo e todos a sua volta. Você odeia quando não está no controle da situação, pois está sempre em busca do poder.

No entanto, se no eventual sonho você tiver visto uma outra pessoa bebendo sangue: fique longe do mesmo, pois ela é uma pessoa que provavelmente pelejara fazê-lo de marionete, tentando controlar todos os seus movimentos.

Se você sonhou com 1 sanguessuga: significa que existe alguma coisa na sua vida que está chupando toda sua energia e ideias, deixando-a(o) esgotada(o) sem que você ao menos perceba. Mas, ele pode ter 1 lado positivo, pois muitas vezes são usados para curar alguma enfermidades de sua vida, isso pode significar que coisas ruins de sua vida desaparecerão.

Sonhar com sangue n'agua: ao contrário que muitas pessoas pensam, é 1 sinal de que uma pessoa muito querida por você está prestes a ser curada de alguma enfermidade. Então aproveite e faça uma visita à essa pessoa, pois a mesmo está precisando muito do seu carinho e atenção.

Sonhar com menstruação: apesar de ser algo 1 pouco desagradável, este é 1 sonho que pode se dizer que é muito bom de ser sonhado, pois ele pode nos trazer significados muito bons. E 1 deles é o fato de que você irá passar por grandes mudanças, que irão mudar por completo a sua vida, mas é claro que irá mudar para melhor. Ao ter este sonho pode ter a certeza de que 1 ciclo bom acabou determinar e irá se iniciar 1 novo e ainda melhor. Isso quer dizer que está na hora de dizer adeus para as ocasiões atuais e comecem a se preparar para as novas experiências que estão por vir ao sonhar com sangue de menstruação, pois com certeza elas serão muito boas para que possa se sentir.

Sonhar com sangue: simboliza vitalidade, carinho e frustração, mas também significa que não será fácil conquistar seus propósitos e metas. É 1 sinal de que será necessário muito esforço para chegar lá, além de ser 1 alerta para que não se desgaste com o que é desnecessário.

Se você viu a palavra sangue em algum lugar escrito num sonho: então tal sonho mostra as coisas em sua vida que vão ficar para sempre e nada vai ficar diferente.

Se você esteve sangrando em seu sonho: então isso indica a frustração de sua mente. Talvez você esteja se sentindo muito cansado. O sonho também pode indicar o encontro dessagra-dável com aqueles que o rodeiam.

Quando se vê sangue no chão: é anúncio de que precisará trabalhar muito para alcançar seus objetivos.

Uma transfusão de sangue: é prenúncio de soluções para problemas que pareciam insolúveis.

Se o sonhador(a) perde sangue ou vê suas mãos sujas de sangue: significa que ele tomou a atitude certa, não vale a pena sofrer por algo ou por quem não merece.

Se ele vê o sangue ser estancado: é sinal de que o sofrimento pelo qual ele(a) está passando logo cessará.

S'estava a beber o sangue num sonho: indica a força e a enorme vontade de viver.

Sonho de ver as palavras escritas com o sangue: denota o esforço que você colocar para determinada questão.

Transfusão de sangue

Sonhar com uma transfusão de sangue: este sonho é sempre considerado como 1 mau presságio, pois ele indica a você que em seu caminho para o sucesso irão aparecer muitos obstáculos, que para você serão impossíveis, fazendo até mesmo com que chegue a desistir de tentar.

Em geral: uma grande e sincera amizade vai surgir no 1/2 de 1 pequeno desentendimento. Garotas devem andar de olhos abertos para se prevenir de tipos inconvenientes e não perder bons partidos.

Vampiro bebendo sangue

Sonhar que 1 drácula bebe sangue: é algo relacionado a vontade de poder e ambição. Esse devaneio pode significar que você está tomando medidas extremas ao tentar conseguir o que deseja. O ideal é prestar atenção a essas atitudes e saber dosar a ambição com 1 pouco de humildade, pois há riscos das pessoas se afastarem de você por conta do aspecto controlador. No entanto, se você viu outra pessoa bebendo sangue se afaste dela. Essa pessoa é alguém controlar e poderá usar você como 1 fantoche para conseguir os objetivos que tem para a vida dela.

Vomitando sangue

Em geral: este sonho pode causar medo e mal-estar na maioria das pessoas mas, ao contrário do que se pode pensar, é 1 bom sinal. Isso significa que você irá passar por 1 período de prosperidade financeira. Caso esteja passando por problemas nesse setor fique atento e aproveite as oportunidades que virão. Porque o dinheiro vai surgir, podendo ser por 1 aumento, novo emprego ou até o recebimento de uma herança inesperada.

SAÚDE

A saúde é fundamental na vida de qualquer ser humano, pois, sem ela ficamos fadados ao sofrimento e incertezas da própria capacidade de viver! Sonhar com saúde significa em termos mais universais que você tem problemas e estes estão tirando a sua paz e, serve como alerta para que você se acalme. Vamos desenhar outras situações onde ficará completamente claro e elucidado este sonho com saúde, pois, depende e muito de como este se configura na mente de quem está sonhando. Cada 1 consegue expor seus sentimentos de aflição e angústias quando está realmente doente, mas este sonho com saúde revela que você tem problemas a serem solucionados. Em qualquer circunstância é 1 sonho que denota elevada preocupação com seu corpo, tanto na parte estética como no que se refere à saúde; ele deve ser aconselhado a fazer dietas e exercícios físicos.

Sonhar que possui muita saúde: se em seu sonho você demonstra ter muita saúde é porque em breve alguns de seus problemas mais preocupantes irão se resolver. Este sonho com muita saúde é 1 conforto ao aflito, a quem precisa de esperança para sobreviver diante de alguma situação adversa. Quando achamos que tudo dará errado sempre virá alguma coisa nova e nos arremata repentinamente para acreditar na força das coisas boas que poderão acontecer. Tenha mais confiança em si e veja neste sonho com saúde uma oportunidade de reflexão e de acreditar mais.

Sonhar perdendo a saúde: quando sonhar que perde a saúde de alguma maneira pode significar problema vindo em sua direção. Eles nunca acabam apenas se renovam diante de nós e de nossas caminhadas. Quando você deita e diz a si mesmo: "estou em paz" amanhece com 1 problema batendo em sua porta e dizendo: "estou aqui". Infelizmente estes ciclos são necessários em nossas vidas e nos tornam mais fortes, mais preparados e vamos caminhando. Sonhar perdendo a saúde irá denotar estes problemas que virão, mas você poderá ser capaz de revertê-los e transformar o que é ruim em vitórias favoráveis a você.

Sonhar com doença tirando a saúde: ao sonhar com determinada doença lhe tirando a saúde é sinal de que você é uma pessoa extremamente cuidadosa com seus problemas e busca gerenciá-los corretamente. Quando não conseguimos fazer com que nossos problemas sejam vencidos acabamos frustrando as expectativas que criamos em nós mesmos. Nesta busca por sermos mais fortes aprendemos, então, a gerenciar o que nos aflige para depois derrotá-lo.

Sonhar alguém lhe desejando saúde: se você sonha com uma pessoa lhe desejando saúde é sinônimo que essa pessoa quer o seu bem. Caso você sonhe que alguém estranho lhe deseja saúde é porque haverá pessoas boas cruzando o seu caminho em breve. Todos que cruzam nossos caminhos e nos fazem pessoas melhores são acompanhadas de seres de luzes e boas energias.

Acupuntura

Sonhar que você está recebendo acupuntura sugere que você está precisando de cura. Você pode precisar desviar suas energias para diferentes atividades. Alternativamente, o sonho pode ser uma metáfora para 1 problema ou questão que você precisa identificar.

Ambulância

Ambulância parada: o subconsciente do sonhador(a) está dando 1 toque de atenção para tomar suas decisões com cautela. Antes de dar cada passo, ele deve analisar bem a situação, não agir sem pensar e guiar-se pela razão, em vez pelo instinto.

Ambulância passando: em geral, se uma ambulância aparecer sem aviso prévio no sonho, isso pode ser 1 alerta interno que indica que algo ruim pode acontecer. Não podemos saber exatamente o que vai acontecer. O melhor conselho que o médico pode dar é monitorar seus passos e medir suas ações em todos os momentos. Também significa que não é o melhor momento da sua vida para fazer coisas loucas e se aventurar no mundo.

+ *Cuidados*: ele deve tentar agir com inteligência e ser o mais pacífico possível até essa maré ruim passar.

Sonhar com morte n'ambulância: é sinal de 1 evento traumático e doloroso, no entanto, não é aconselhável se preocupar com antecedência, deve-se deixar as coisas fluir naturalmente e não se preocupar com o seu entorno, tendo fé e acreditar que tudo dará certo.

Sonhar com maca de ambulância: este sonho significa preocupações com desconforto, doença: isso significa que ele vai se recuperar após uma longa doença.

Sonhar com muitas ambulâncias: geralmente é 1 aviso de ameaça, perigo ou doença.

Quando a ambulância nunca chega ao hospital: é 1 aviso que ele continua mudando os planos e adiando a execução do certo; é hora de se concentrar em seguir o curso. *Sonhar com polícia e ambulância*: se a polícia também esteve envolvida, está associado ao seu arrependimento para alguma ação que ele não realizou muito bem; também representa sua preocupação com o bem-estar.

Sonhar com sirene de ambulância: ouvir a sirene d'ambulância enquanto se sonha, é uma advertência de problemas ou perigos ao seu redor. É melhor ter cuidado, pode ser o aviso de 1 futuro acidente.

+ *Cuidados*: É hora de abrir os olhos e começar a analisar certos pormenores irregulares de sua saúde.

S'estiver dentro de uma ambulância como paramédico, transferindo alguém ferido: indica transformações ou mudanças positivas em sua vida.

Sonhar que está dirigindo uma ambulância: isso significa que o sonhador(a) é generoso(a), que a filantropia o move e que ele(a) é 1 daqueles que ajudam os mais necessitados.

Uma ambulância cheia: realização de todos os desejos.

Uma ambulância vazia: perda de uma amizade.

Chamar ambulância para 1 parente: terá problemas financeiros.

Chamar uma ambulância para si próprio: logo se restabelecerá de uma doença.

Amputações

Se você sonha que suas mãos ou pernas são amputados: isso significa que você, embora tenha habilidades, não se abre a novos desafios. Este sonho pode também dizer-lhe que haverá algo que você vai perder por 1 tempo, sendo que você não terá capacidade para evitar tal perda, sendo que você tem que ser forte e não ficar deprimido. Este sonho também pode ser o significado de algo que você ainda não admitiu e agora é a hora de você encarar essas coisas e lidar com elas. Quando você sonha que seus braços são amputados isso significa que você está perdendo sua promoção e estimulação. Quando você vê concretamente suas pernas sendo amputadas isso significa que você não tem ideia do que fazer com a sua vida e em que direção você deve seguir em frente.

Quando você sonha perder 1 de seus próprios membros: isso significa que você está com medo de perder algo que é importante para si e você está preocupado com algo que não sabe o quer é.

Medo de perda: os sonhos com amputação de 1 ou mais membros, pode ser sinal de medo ou risco para o sonhador de perder uma parte de si mesmo..

Sonhar com alguém amputado: externa 1 sentimento de perda sentimental; o sonhador(a) deve estar vivendo 1 momento emocional bem delicado. O importante é o psiquiatra fortalecê-lo e fazer com que esses momentos sejam 1 pouco menos dolorosos e longos. O sonhador(a) não deve prolongar seus momentos de tristeza, mas sim tentar se distrair e fazer coisas de que gosta, para assim superar esses momentos da melhor maneira possível.

Um braço amputado: significa separação ou divórcio na sua vida. A insatisfação mútua e o clima de instabilidade surgirão entre marido e mulher; é 1 sonho sinistro que o alerta para as mentiras, os enganos e a fraude que lhe podem surgir tanto na sua vida particular como profissional.

Os 2 braços amputados: psicologicamente significa que falta motivação na vida do sonhador; ele deve procurar objetivos mais sólidos o que deve ser o mais rápido possível.

Pernas amputadas: indicam que há algo que restringe o sonhador em sua vida – as possibilidades perdidas de desenvolver ou ele perdeu seu pilar mental ou espiritual.

Sonhar que tem uma perna amputada: indica que você tem medo de perder o controle da vida. Você luta incessantemente contra a falta de coragem ou a incapacidade de se levantar por si só. Já pensou se você está seguindo demais pelos caminhos do coração, carregando dúvidas sobre suas escolhas e deixando de lado o raciocínio frio, calculado e lógico como alternativa para a solução desse temor? Pense nisso. A perda de uma perna também indica restrição de movimento, por exemplo, desejo não realizado de viajar.

Se sua perna foi removida de uma maneira que causou muito sofrimento: então algo será removido de sua vida. Este sonho tem alguns aspectos positivos, se a amputação representa a remoção de uma mão, também pode significar que algo será removido em sua vida.

Mãos e dedos amputados: este tipo de sonho frequentemente aparece no sonho após a morte ou a separação de 1 parceiro ou amante. Aqueles que perdem os dedos e, em seguida, uma parte do senso de toque é perdido, isso significa que você tem falta de sensibilidade para adquirir conhecimento através dos sentidos.

Sonhar com 1 animal como 1 cachorro ou gato que tenha uma amputação: significa que alguém próximo a encontrará alguma perda menor. Este sonho também pode significar que você está negligenciando alguma parte de sua vida. Psicologicamente, qualquer amputação significa uma perda de algum tipo. Muitas vezes, os sonhos mostram por seu simbolismo o que não é certo ou bom. E 1 sonho de amputação sugere que precisamos agir para corrigir uma situação.

Braços amputados: se no sonho tiver seus braços amputados, sugere que lhe falta.

Castração do pênis: para o homem, o sonho de castração certamente está relacionado com perda de poder e desempenho. A amputação do pênis, adverte sobre perdas ameaçadoras e iminentes. É também uma incisão dolorosa na sua vida habitual, tem que pensar sobre isso. Sonhos sobre a castração podem ser extremamente assustadores e podem revelar nossos mais profundos medos e desejos. Sonhos sobre a castração podem estar relacionados a algum tipo de trauma sexual, mas é mais provável às questões relacionadas à intimidade e podem estar relacionadas a problemas com sexo e intimidade com outra pessoa, ou podem estar associados com o amor e as questões emocionais. De qualquer maneira, é importante olhar para as especificidades do sonho, a fim de decidir o que seu sonho está tentando lhe dizer. A intimidade sexual é uma das coisas mais pessoais, por isso pode ser doloroso e assustador quando isso é arrancado, mesmo que momentaneamente num sonho. Para os homens, a castração significa 1 rompimento de masculinidade. Enquanto castração podia distanciar 1 casal sexualmente, pode aproximá-los emocionalmente, pois pode permitir que o homem a entrar em contato com seu lado feminino.

Se você foi castrado em seu sonho: você pode, por vezes, ter se sentindo culpado por sua atração física por outras mulheres. Só você pode ser o juiz disso, porque você é a única pessoa que sabe o nível em que você se concentra o físico sobre o emocional. Se você está namorando, e você se percebe atraído sonhar velha representa alegrias, sorte e realização de objetivos. Pode ser 1 sinal de que muita coisa boa vai acontecer na sua vida nos próximos dias.

Se você assistiu a castração de 1 parceiro em seu sonho: então você está se sentindo ignorada (o) e negligenciada (o), por vezes, seja sexualmente ou emocionalmente. Isso não significa que seu parceiro é abusivo ou que você está atraída (o) por homens abusivos. Significa simplesmente que o seu parceiro às vezes coloca suas necessidades sobre a sua. Também pode signi-ficar que o seu parceiro não se conecta com você muito bem.

Se você assistiu a castração de 1 estranho (ou qualquer outra pessoa que você ou seu parceiro): você provavelmente está se sentindo conteúdo na sua saúde sexual e emocional atual. Você reconhece relacionamentos ruins com as pessoas ao seu redor, mas você se recusa a se tornar uma parte delas.

Se você viu 1 animal castrado em seu sonho: então você está se sentindo uma censura de seus próprios instintos animais. Embora você deve ter certeza de ter 1 equilíbrio saudável entre o sexo e as emoções num relacionamento, bem-estar sexual ainda deve ser dada atenção. Você provavelmente está se sentindo reprimido e desesperado.

Em geral: os sonhos com amputação de 1 ou mais membros, pode ser sinal de medo ou risco para o sonhador de perder uma parte de si mesmo. Quando alguém perde uma parte do corpo por amputação num sonho, esse sonho deixa uma forte sensação de perda. A capacidade perdida, poder, propriedade ou capacidade – algo que é valioso para o sonhador. Daí os psicanalistas interpretam que a remoção de membros geralmente representa a ansiedade. Sonhar com cirurgia com certeza não é o tipo de sonho que gostaríamos de ter, mas ao contrário do que você pensa, na maioria das vezes é 1 bom sinal, afinal, se estamos sendo operados é porque temos uma esperança, é algo benéfico que irá nos ajudar.

Anestesia

Se você sonhou com uma anestesia: é 1 sinal de que você não está lidando com os problemas que você tem, mas em vez de colocá-los de lado. Este sonho pode também dizer-lhe que há algo em sua vida que você está tentando escapar e com medo de assumir a responsabilidade por isso.

+ *Cuidados*: certifique-se de ter a obrigação de algo que tem que ser feito, sem tentar evitá-lo. Você deve crescer e entender que os problemas não resolver, se você não colocar qualquer esforço nele.

Anestesista

Sonhar com ele: simboliza que você está tentando suprimir suas emoções. Pode haver algum tipo de situação em sua vida que você está tentando evitar com muita ênfase. Você está se recusando a assumir alguma responsabilidade gerada por suas ações.

Antibiótico

Sonhar que se toma medicamentos deste tipo com frequência: pode indicar mania de perseguição.

*Dica psicológica: acender uma vela verde e bater palmas para Sabin, Fleming e a Pfizer.

Cardiologista

Sonhar com 1 cardiologista: revela 1 mal-estar sentimental.

Cirurgia

Sonhar que você executa uma cirurgia: riqueza duradoura.

Ver alguém conhecido passando por uma cirurgia: casamento em breve.

Pessoa desconhecida que morre numa cirurgia: infortúnio com 1 parente.

Se você sonha estar se operando: esse sonho prediz a necessidade de mudanças ou total recuperação. Existem certas coisas em sua vida que precisam ser removidas. Por outro lado, o sonho indica o carinho outras pessoas têm de você. Talvez você esteja muito dependente pessoa que deixar outras pessoas a tomar as decisões em vez de você. Considere se você não está tendo a cirurgia em sua vida de vigília, pois traria o medo ou impaciência que está ocorrendo.

Se já se operou: sinal de que terá sucesso nos seus planos.

Cirurgia com bons resultados: terá alegria duradoura.

Uma cirurgia vai ser realizada em você: 1 mistério será solucionado.

Sonhar com cirurgia de outra pessoa: se sonhou que alguém ia passar por uma cirurgia, isso indica que uma pessoa muito próxima a você pode ter 1 problema muito sério e que necessitará de sua ajuda para que consiga se livrar dele, ou seja, corrigir ele.

+ *Cuidados*: para isso, você necessita de sacrificar o seu tempo e não deve poupar esforços para o fazer.

Sonhar que vai fazer uma cirurgia: se sonhou que você iria passar por uma cirurgia, isso indica que você deve enfrentar 1 grande problema e por conta disso deve se dedicar e s'esforçar para que consiga se livrar disso. Lembre-se que a vida não é fácil para ninguém e que muitas vezes pode acontecer de você ter que desistir de algo para dar espaço para melhorias. Os sonhos com cirurgias também indicam que algo ruim será retirado de sua vida, 1 problema deve ser corrigido.

+ *Cuidados*: se concentre na mudança e trabalhe firme para ela que tudo dará certo.

Sonhar com centro cirúrgico: se você está passando por uma fase difícil da sua vida é muito comum esse tipo de sonho, o seu subconsciente está tentando lhe indicar uma solução concreta que está bem na sua frente, mas você não consegue ver. Provavelmente essa situação está lhe causando grande preocupação e até mesmo desespero, é normal não conseguirmos encontrar a melhor forma de resolver isso.

+ *Cuidados*: procure conversar e desabafar com alguém que você confia.

Sonhar com cirurgia aberta: é 1 claro aviso de que o sonhador deve estar ciente que precisará fazer sacrifícios para melhorar o seu estilo de vida, tais ações podem ser realizadas o quanto antes. Talvez esteja totalmente feliz e realizado com sua vida, então o melhor conselho é mudar, fazer tudo diferente e da melhor forma possível.

Sonhar com cirurgia espiritual: conota reformas espirituais, emocionais, mentais e outras. Quem sonha com isso, curará a alma, eliminará traumas do passado, terá 1 profundo encontro com o mundo espiritual, se sentirá mais leve, mais feliz e muito realizado.

Sonhar com cirurgia no coração: se a cirurgia é cardíaca, é uma indicação que existem situações sentimentais e afetivas a serem melhoradas e resolvidas. Pode indicar problemas no relacionamento, avalie muito bem sua vida amorosa e descubra onde está o erro.

Sonhar com cirurgia na barriga: provavelmente você está sendo visto por outras pessoas como 1 irresponsável, tudo isso é por conta de 1 comportamento negativo que você teve recentemente. Muitas pessoas andam falando mal de você. Não se preocupe, são apenas pessoas invejosas que gostariam de ser como você é. O mesmo significa sonhar com cirurgia no útero, estomago, ou outro órgão dessa região.

Sonhar com cirurgia na cabeça: provavelmente o subcon-sciente está lhe enviando uma mensagem para que você seja mais consciente de suas atitudes, tome decisões sábias, reflita a cada passo que for dar. O momento pede muita cautela.

Sonhar com cirurgia na coluna: uma cirurgia na coluna ou nas costas, remete ao excesso de trabalho, você está se sentindo sobrecarregado? Acha que está s'esforçando e trabalhando demais? Se você respondeu sim, então esse é o motivo do seu sonho.

+ *Cuidados*: não faça nada mais do que aguenta, coloque o seu esforço somente onde vale a pena.

Sonhar com cirurgia na perna ou no joelho: sua alma anuncia que todas as dificuldades emocionais com as quais você já enfrentou serão curadas, você não sofrerá mais por amor, terá total domínio afetivo, esse sonho não tem nada a ver com cirurgia e é 1 bom presságio.

Sonhar com cirurgia n'olho: quem tem esse sonho tem grandes dificuldades d'enxergar coisas que estão bem a sua frente, prefere fechar os olhos para não ver certas coisas, prefere aceitar o que acontece e se acomodar do que fazer algo para tentar resolver, essa é uma característica muito negativa.

+ *Cuidados*: quem tem esse sonho deve enfrentar seus problemas de frente, com firmeza e seriedade, não fechar os olhos para certas situações e não se calar diante de alguma coisa que vê.

Sonhar com cirurgia no pé ou na mão: é 1 sinal de que o sonhador tem 1 grande potencial criativo, mas não usa isso a seu favor. Você tem grandes chances de crescer na vida e se tornar uma pessoa de sucesso, basta usar seus dons da melhor forma possível.

Se você é 1 homem e sonha com o incesto com sua filha: significa o seu medo sobre 1 relacionamento na vida real.

Se o incesto no sonho ocorre entre irmãos: é uma referência ao seu desejo secreto de melhorar o relacionamento com pessoas com as quais você teve dificuldades.

Cirurgia plástica

Uma cirurgia plástica é o sonho de muitos homens e mulheres quando têm algo que incomoda no corpo; é 1 presságio de que o sonhador realizará grandes sonhos em breve. Haverá momentos muito felizes ao lado da família e amigos.

Sonhar que você está fazendo uma cirurgia plástica: externa que você está re construindo sua auto-estima e tentando melhorar a sua auto-imagem.

Se uma doença em sonhos exigiu uma cirurgia plástica: significa que há que mudar algo na personalidade do sonhador ou na sua ética. Psicologicamente será preciso consertar algo errado para obter resultados melhores.

Em geral: uma cirurgia plástica é uma operação feita para corrigir 1 problema. Quando uma cirurgia aparece no sonho, isso pode identificar que existe em sua vida algum tipo de problema que precisa ser corrigido. Em muitos casos, esse sonho representa que a pessoa que sonha já está ciente desses problemas, tem o desejo de o corrigir, mas sente medo e receio de buscar isso pelas consequências que pode vir a ter. O fato de aparecer uma cirurgia no sonho identifica que para corrigir 1 problema será preciso algum tipo de sacrifício.

+ *Cuidados*: o médico deve sugerir ao paciente acender 3 velas vermelhas: uma para Henry Dunant, outra para Clarissa Harlowe e a 3ª para Clara Burton que foram os fundadores da *Cruz Vermelha* que já salvou tanta gente no mundo.

Lobotomia

Ver ou fazer uma lobotomia: indica que você está tentando chegar ao seu sub-consciente e acessar seus *insights* ou você está tentando suprimi-lo e apagá-lo de sua consciência.

+ *Cuidados*: alternativamente, o sonho significa que você está sob tremendo estresse mental.

Cirurgião

Em geral: você sofrerá pressão de concorrentes comerciais.

Chamar 1 cirurgião para visita-lo em casa: doença de amigo.

Ir ao consultório de 1 cirurgião: terá uma vida longa.

1 cirurgião que recebe a visita de muitos clientes: grandes lucros virão.

Ser 1 cirurgião: alegria e ganho. Sonhar que você está realizando uma cirurgia em alguém: é 1 sinal otimista para a sua vida. Por mais que fazer uma cirurgia seja 1 fator que não agrada a todos. Sonhar com isso é 1 alerta de que realizará os seus objetivos. Sonhar que você está sendo operado por 1 médico: não é algo positivo em relação ao seu emocional. Tudo indica que é preciso buscar soluções para os sentimentos negativos que o afligem e cortar da sua vida tudo o que não te faz bem.

Consulta médica

Em geral: o sonho mostra que você deve se dedicar a si mesmo. A consulta médica deixa bem claro que você deve se cuidar e isso não está apenas relacionado a falta de saúde, pelo contrário você deve se cuidar e fazer coisas que gosta para assim não ficar doente, deixar que coisas boas e prazerosas aconteçam no dia a dia. E não só quando algo muito grande acontece, viver de forma mais leve e com pequenos prazeres faz com que tudo seja mais leve e feliz todos os dias.

+ *Cuidados*: não deixe isso de lado, muitas vezes você pode achar isso uma bobagem e por isso a consulta médica aparece em seu sonho, cuidar de si de todas as formas é importante e faz parte de 1 todo.

Curativo

Sonhar com curativo: simboliza que viverá algo intenso e delicado.

Um curativo utilizado em ferimentos: mostra que você passará por algo forte, mas certamente terá o auxílio de alguém que no sonho aparece; como o curativo. Na maioria das vezes não é possível caminhar sozinho e você deve aceitar isso melhor e de forma mais leve.

Dentista

Vê-lo: preocupações de provável doença em andamento. Preocupações que podem assombrar a sua vida.

Estar num dentista: tenha cuidado com as novas amizades.

Fazendo tratamento com ele: conseguirá escapar de problemas.

+ *Cuidados*: seria bom recomendar que o sonhador(a) fizesse 1 checape urgente.

Um dentista tratando de sua boca: o sonhador(a) conseguirá resolver os seus problemas da melhor forma.

Diálise

A diálise é usada para remover qualquer resíduo do sangue. O paciente é normalmente ligado à uma máquina, muitas vezes diariamente para ajudar a manter os rins limpos.

Seu aparecimento num sonho: raramente aparece sob uma luz positiva e é frequentemente 1 símbolo de preconceito. O sonhador(a) deve considerar que ele(a) está negando alguma parte de si mesmo; e ele(a) tem, que aceitar essa parte que pode ser o melhor remédio.

Ver outras pessoas na máquina de diálise: está associado a situações complicadas ou difíceis, ou a emoções com as quais a pessoa preferiria não lidar na vida de vigília. A única maneira de remover o problema é lidar com isso devagar e com cuidado. Deve tentar superar sua relutância em lidar com uma situação e deixar que seu desejo acabe. A situação será muito mais fácil e menos dolorosa se ela proceder com consciência.

DNA

Sonhar sobre DNA tem significado ambíguo. Sonhar com DNA, representa sua natureza científica. Como alternativa, sugere para calcular tudo muito pedante. Para ser a tal pessoa é uma enorme vantagem. Se você não tem habilidades científicas e você não é pedante, então você precisa ter essas qualidades.

Doutor

Quando alguém sonha em ver, conversar ou visitar alguém com o título de doutor: sempre prenúncio de sucesso fabuloso.

Endoscopia

Sonhar que está sendo realizado esse ou outros exames em você, pode indicar: medo de arriscar e perder uma excelente oportunidade, não se sentir a altura da posição que ocupa, seja ela profissional ou familiar.

Mas se no sonho, você ver outra pessoa fazendo endoscopia ou qualquer outro exame: significa que decepções n'area financeira estão por vir num futuro bem próximo.

Enfermeira/o

Sonhar que você é 1 enfermeiro(a): é aviso que a pessoa dê mais atenção à sua saúde.

E se for mesmo: é uma indicação que pessoas se sentem bem ao estar perto de você e que você transmite uma energia muito positiva à essas pessoas, assim como você tem 1 papel na vida delas, podendo ser tanto 1 amigo próximo como 1 familiar.

Se você viu ou falou com 1 enfermeiro(a): espere novidades em família, aguarde 1 novo herdeiro.

Quando em sonho precisou desse profissional: é hora de tentar melhorar as relações com a chefia.

Se você, em sonho, era 1 estudante d'enfermagem: aperfeiçoe a sua maneira de agir e, assim, projetará 1 belo futuro.

Esterilizar

Sonhar que você está esterilizando algo: sugere que você precisa de uma limpeza profunda, seja espiritual ou emocionalmente.

Estetoscópio

Visto em sonho é presságio positivo, inclusive obter uma realização fora do comum. Para ser amado e não se sentir isolado ou excluído de 1 grupo social eventualmente.

Se você sonhou que fez uso de 1 estetoscópio: é sinônimo de que o momento é propício para a construção de uma nova concepção de mundo. Nós somos capazes de desenvolver mais de nós mesmos que qualquer outra pessoa. Não existe possibilidade alguma de passarmos para alguém a responsabilidade de moldar nosso espírito e nos moldar. Só evoluímos quando usamos nosso "estetoscópio" d'alma para sabermos onde está doente e precisando de mudança. Sonhar que utiliza 1 estetoscópio reflete a mudança que está por vir. Aproveite a oportunidade para eliminar as toxinas d'alma e rejuvenescer por dentro.

Sonhar com estetoscópio quebrado: contrariando a lógica ver 1 estetoscópio quebrado em sonho irá revelar que você tem s'escutado e mudado bastante. Já não permeia a sua necessidade esta mudança. Quando aprendemos a ser feliz a partir de nossas mudanças bem sucedidas o "estetoscópio" vai ficando de lado. As coisas que nos faziam mal já não são mais capazes de adoecer nosso íntimo e, deste modo, vamos construindo relações de paz e tranquilidade com o cosmo. O estado de inquietude surge dos conflitos da existência. Sonhar com estetoscópio quebrado o projeta a entender 1 novo descortinar.

Sonhar com médico usando estetoscópio: no sonho em que vemos 1 médico usar estetoscópio significa que as pessoas mais próximas de nós têm notado nossas mudanças. Sonhar com médico usando estetoscópio revê que você esta em 1/2 a 1 processo de mudança e amadurecimento. Para conseguirmos essas mudanças e amadurecimento precisamos simplesmente perseguir nossos sonhos.

EXAMES

Biópsia

Na vida real, uma biópsia é uma pequena extração de certos tecidos do corpo para detectar possíveis doenças.

Por que sonhar com uma biópsia? Há muitos motivos para isso. Talvez se você estiver aguardando os resultados deste teste, você tem muitos motivos para isso. No entanto, mesmo as pessoas que desfrutam de 1 estado de saúde extraordinário são surpreendidas ao sonhar com biópsias. No entanto, na maioria das ocasiões, são os sonhos em que nenhum tipo d'explicação sobre sua origem é encontrada, o que é mais Na verdade, diferentes analistas dizem que talvez você esteja passando por uma crise emocional, se você teve esse sonho. Talvez você se sinta cansado a qualquer hora ou tenha grandes dificuldades para ser feliz. No entanto, de uma perspectiva mais positiva, sonhar com uma biópsia também indica que você precisa enfrentar uma realidade que você não quer ver. Logicamente, não precisa estar relacionado à existência de uma possível doença. Muito ao contrário. Você deve extrapolar a interpretação anterior de acordo com as circunstâncias que as pessoas estão passando. No entanto, sempre enfatizamos que os significados dos sonhos não precisam ser tomados literalmente. É óbvio que, nos detalhes de seu sonho, há as chaves necessárias para obter interpretações mais precisas.

Clínicos

Em geral: sonhar com eles significa que você é uma pessoa que está buscando a se sentir melhor ante aos problemas e nesses momentos de adversidade. Assim, a partir deste momento é importante pensar bem sobre a forma de agir para que possa se tornar uma pessoa melhor. Trate de descobrir o porquê de você ter tanto temor de que algo lhe aconteça e isso será de grande ajuda para poder se sentir melhor.

Médico

Sonhar com 1: sugere que você faça 1 ultrassom de uma manifestação misteriosa, cujo prognóstico poderá proporcionar-lhe uma boa saúde e uma longa vida.

Próstata

Sonhar que você está fazendo 1 exame de próstata refere-se a alguma tarefa desagradável, mas necessária que você precisa passar em sua vida. Alternativamente, 1 exame de próstata indica que você está nervoso com alguma coisa. Uma interpretação mais direta deste temeroso sonho, pode indicar que você está nervoso sobre 1 exame de próstata que você tem que fazer de fato proximamente.

Sangue

Sonhar com exame de sangue: em alguns casos, reflete certas preocupações, ansiedades e dúvidas. Noutras situações, é o medo que outros possam prejudicá-lo emocionalmente. Você está em uma fase particularmente vulnerável?

Urina

Sonhar com 1 exame de urina: tal como na vida real, o teste de urina não é doloroso, oniricamente é mais positivo do que as interpretações de casos anteriores. No entanto, você deve tentar eliminar algumas preocupações que impedem de levar uma vida equilibrada. Por outro lado, alguns analistas dizem que o sonho com 1 exame de sangue indica medo de perder a sua energia ou força para atingir seus objetivos, enquanto outros afirmam que o sonho com urina indica que você quer deixar de certas cargas negativas (os maus pensamentos, inveja, inseguranças).

Sonhar com exame ou análise clínica de câncer: você pensa que está a ponto de morrer ou pode significar que está encerrando 1 ciclo bastante doloroso e que te deixou muitos rancores por outras pessoas. Você tem que buscar uma maneira de seguir adiante apesar de tantos problemas depois de tudo isso.

Sonhar com exames ou análises clínicas de AIDS ou HIV: você pensa coisas não pode ser tomadas de ânimo leve e é o melhor que você faça uma grande mudança para encontrar uma resposta para os problemas que você tem em sua vida. O melhor é que você pode encontrar respostas para suas dúvidas e inseguranças que está sofrendo.

Germes

Ter 1 sonho sobre germes representa medos pequenos e irracionais que você está sentindo em sua vida desperta. Você pode estar com falta d'energia e motivação. Concentre-se em seu propósito e objetivos na vida.

Ginecologista

Mulher visitar 1 ginecologista sonhos: indica problemas reais com a saúde, bem-estar pessoal. E, ao contrário, o sonho de visitar 1 ginecologista, também pode ser alarme imotivado sobre o relacionamento com seu amado.

Se você sonhou procurar 1 ginecologista alarmada com a sua condição: então, na realidade, 1 belo envolvimento sexual está à sua espera.

Se o ginecologista permaneceu calmo: não há nada para ameaçar sua saúde futura.

Se a mulher estava doente: vai recupera-la em seguida.

No seu sonho, o ginecologista não quis pegar dinheiro: diz que o tratamento que você tem pela frente, vai proporcionar-lhe uma boa saúde cheia de bem-estar todos os dias.

Se em seu sonho o homem foi ao ginecologista: traduz suas preocupações sobre ser amado ou não. Além disso, este sonho pode dar-lhe o desejo de ter filhos.

Para o sonho de uma adolescente ir a 1 ginecologista: significa que na realidade o seu relacionamento conturbado com seu amante será em vão.

Ver-se no sonho numa cadeira ginecológica: eventos desagradáveis em sua vida.

Se a pessoa era levada até a unidade hospitalar: o sonho prediz prejuízos advindos de tarefas sobrecarregadas, que deveriam ser realizadas em grupo, mas que insiste em fazer sozinha. O orgulho deve ser deixado de lado o quanto antes.

Visitar alguém que esteja sob atendimento desse especialista: pode representar a chegada de muitas notícias e todas serão de bom cunho, repletas boas informações que não tinham antes qualquer esperança. Serão dias e momentos surpreendes.

Em geral: consultar-se com 1 ginecologista, é prenúncio eminente de muitas melhorias para ambas as pessoas, sejam elas homens ou mulheres. Todos os âmbitos de sua vida receberão benefícios em pouco tempo, isso em diferentes aspectos, portanto é tempo de comemoração.

Histeria

Sonhar com histeria: significa que tem uma mente ativa e não dar atenção ao que os outros dizem.

Histerectomia

Em geral: é 1 procedimento médico em que o útero é removido. Sonhar de ser submetida a uma histerectomia é simbólico de perder a sua capacidade reprodutiva feminina, que pode ter significados mais profundos para você, como perder a alma de mulher ou de perder o contato com seu espírito de carinho. É claro que uma histerec-tomia médica real na verdade não leva uma mulher a perder a sua alma ou a sua capacidade de nutrir, mas como 1 símbolo pode representar isso. Alternativamente, sonhar com uma histerectomia pode ser uma mensagem do seu corpo que você tem 1 problema médico que a sua mente consciente desconhece. Você deve observar-se com cuidado para todos os sintomas e obter 1 checape em breve.

Hospital

Em geral: diversos entusiastas acreditam que ao sonhar com hospital pode indicar a nós, os nossos temores para diversos conflitos que surgem em nossa vida através de uma representação em seu subconsciente, porém devemos ter em mente que essa é apenas uma das diversas representações que esse sonho pode ter, por isso ela não é válida para todos os casos.

Sonhar com hospital: todos sabemos que hospitais são locais que as pessoas vão para receber auxilio a algum problema que está importunando suas vidas e levando exatamente esse fator em conta, caso você sonhar com 1 hospital por seu exterior, pode indicar que em breve você sofrerá com algum problema em sua saúde.

Se você teve 1 sonho no qual visitou alguém que estava hospitalizado, fosse 1 amigo, uma pessoa próxima ou até mesmo 1 familiar: pode significar que você almeja com que a saúde dessa pessoa se revitalize, isso mostra que você provavelmente tem compaixão por essa pessoa. Assim como também pode significar que essa pessoa que você viu em seus sonhos está precisando muito de auxilio e que você terá de dar seu máximo para fazer com que essa pessoa se sinta melhor e retorne aos trilhos! Assim como pode demonstrar que a sua relação com essa pessoa precisa ser revigorada.

Você estava internado num hospital: é 1 sinal e que você deve ficar atento com suas condições e é até mesmo aconselhado a fazer exames de rotina para ver se está tudo certo.

Estar num: o sonhador deve cuidar mais de sua saúde e não devendo fumar nem beber muito.

Sonhar que está sendo curado num hospital: e você possui algum problema que vem atormentando a sua saúde, você pode ficar feliz com esse presságio, pois ele significa que em breve você encontrará 1 fim para esse seu problema de saúde e não está muito longe de você encontra-lo! E esse sonho representa toda a sua luta contra todos esses problemas e que você está progredindo cada vez mais com sua luta e é 1 sinal de seu subconsciente para que você continue firme e seja uma pessoa resistente nessa luta, pois assim você irá consegui embate-la.

Mas caso você não esteja sendo atormentado por nenhum tipo de problema e s'encontre em total vigor e saúde: pode representar que você busca com que alguém próximo seja curado e provavelmente seja aquele seu tio ou até mesmo primo que esteja com problemas, por isso você deve estar de olho ao redor de seus familiares.

Se você s'encontrava numa maca em seus sonhos: é uma indicação que você está sob muita pressão e tensão em seu dia a dia e é uma recomendação de sua própria cabeça para que você tome 1 tempo para relaxar e descansar sua mente, ou até mesmo que você esteja muito sobrecarregado, por isso é uma indicação de que você deve tomar 1 tempo para respirar.

Sonhar com hospital em que você trabalha: significa que você terá 1 grande aumento financeiro em sua vida.

Implante

Sonhar com implante indica algo novo e que pode ser forçado a você. Assim como o implante que é na maioria das vezes algo necessário, mas nada fácil de ser aceito, pelo contrário, o sonhador(a) pode se ver diante de algo que não queira fazer, mas que na verdade será necessário pela força da situação e, quando isso acontece a melhor coisa é seguir a maré e tentar se adaptar da melhor maneira possível.

Injeção

Em geral: sonhar com injeção representa uma necessidade d'estar perto de todas as pessoas que você ama. As redes sociais aproximaram as pessoas que estão longe e afastou aquelas que estavam mais próximas de você. O principal é aproveitar as chances e fazer com cada momento seja valorizado por todos.

Dando injeção em alguém: este sonho tem 2 significados que são totalmente diferentes, portanto, é importante ter cuidado. Sonhar que você aplica a injeção em alguém pode representar saúde ou doença. Procure prestar atenção no que aconteceu com a outra parte, portanto, fique de olho nas reações dela ou dele.

Se a pessoa gritou ou fez careta: é 1 sinal de que a saúde e a resistência das pessoas ao seu redor podem não estar bom. Busque conversar com eles e em caso de algum problema lembre-se de leva-los até o médico. Em hipótese nenhuma apavore as pessoas ou faça com que elas fiquem com medo do que pode acontecer.

Tomando injeção: a fuga da realidade tem feito com que você tenha sérios problemas em lidar com os acontecimentos passados. Não é necessário querer acabar com isso de uma vez, porque tudo tem 1 tempo e não é preciso ter pressa. Se as coisas ficarem ruins é muito importante trabalhar o autocontrole e conhecer mais de si mesmo.

Sonhar com injeção sendo aplicada em você: é sinal de que é preciso cuidar também 1 pouco da sua saúde.

+ *Cuidados*: procure optar por consultas médicas periódicas, ou seja, pelo menos 1 vez por ano ou duas dependendo do caso. Busque também praticar 1 esporte, porque o principal é conseguir fazer atividade física todo dia.

Outra pessoa tomando injeção: esse sonho indica que você conseguirá em pouco tempo ter saúde e também muita prosperidade. Também é uma indicação muito clara de que você está no caminho certo. Busque manter-se da forma em que você está para que seja possível atingir todos os seus objetivos.

+ *Cuidados*: acima de todas as coisas é essencial não se acomodar e o principal é buscar crescimento em todos os campos. Não é preciso muito para descobrir que você está no caminho certo, ou seja, basta seguir na mesma direção. O principal é aprender que as fases mudam e você deve se manter fiel a sua essência.

Injeção sendo aplicada nos pais: esse sonho tem 3 significados que são totalmente diferentes, porque vai depender do contexto do sonho e do que aconteceu. Este sonho indica saúde e possibilidade de doença, porém não será nada fora do normal. Antes de ficar preocupado é importante ter muito cuidado e evitar se desesperar com isso. Sonhar com injeção sendo aplicada no pai indica uma situação de risco de pequena doença para ele. Já se for na sua mãe é sinal de que ela terá muita saúde e poderá ficar viva por muito tempo. De 1 jeito ou de outro é essencial tomar o máximo de cuidado possível e valorizar os momentos que você tem com eles.

Sonhar repetidamente com injeção: é sinal de que algum problema de saúde pode estar próximo de você ou dos seus familiares. Não é preciso se desesperar e tampouco sair procurando alguém que possa estar precisando. O mais importante é prestar atenção e caso seja preciso, leve essa pessoa até o hospital da melhor forma. A chance maior é de ser algum parente, porém essa informação só será confirmada em um curto espaço de tempo. Este sonho é uma indicação de que a saúde de alguém pode estar precisando de você. Em caso de alguma necessidade lembre-se também de orar, porque a oração tem sempre poder.

Laboratório clínico

Visto em sonho: é prenúncio de gastos extra, acautele-se.

Entrar num laboratório: é aviso para que não se afaste de seus objetivos, você será 1 vencedor.

Estar trabalhando num laboratório: saiba que receberá notícias de 1 parente que está distante.

Laxante

Tomar laxante em sonho: é aviso de que 1 checape vai fazer o sonhador(a) desempenhar uma tarefa difícil que (a) vai conseguir realizá-la a contento.

Se você deu laxante à outra pessoa: o presságio também será positivo, pois trará alegrias em vez de tristezas esperadas.

Lipoaspiração

Sonhar que faz ou fez uma lipoaspiração: representa sua preocupação com sua forma física e aparência. Alternativamente, isso sugere que você está tomando medidas drásticas para se livrar de todas as responsabilidades e coisas que estão pesando para baixo. O sonho também pode se referir à sua ansiedade sobre uma lipoaspiração real que você está tendo.

Luvas

Ver ou sonhar que você está usando luvas: sugere que você está lidando com as coisas de uma maneira infantil.

Mascara de médico/enfermeira

Ao sonhar com seu uso: significa que você deverá atravessar problemas temporários graças a má interpretação da sua conduta por conta de seus entes queridos. Isto deverá significar que você precisa combater a inveja e a falsidade das pessoas que estão à sua volta. Também, pode ser 1 indício de que alguém será infiel à você ou mesmo irá violar a sua confiança.

Sonhar que alguém tira uma máscara: poderá significar que esta pessoa poderá perder toda a admiração e os dons de todos os que o respeitavam anteriormente, por isso tenha 1 grande cuidado.

Massagem

Em geral: o sonhador(a) precisa avaliar melhor algumas situações da sua vida. Não deixe o rancor te consumir, tente digerir esses sentimentos negativos que não te fazem bem. Mesmo assim, indica que você levará uma vida agradável.

Fazer massagem no sonho: o sonhador(a) receberá notícias auspiciosas e pode alegrar-se.

+ *Cuidados*: com pessoa traiçoeira

Fazer massagem em local público: seus esforços serão recompensados.

Massagem numa mulher: logo receberá dinheiro inesperado.

Fazer massagem num homem: terá dificuldades a enfrentar.

Fazer massagem num doente. alguém será bondoso com você.

Ser massageado para perder peso: faça planos para a velhice.

Ser massageado com perfume: você confia demais nos parentes.

Mastecomia

Indica sua falta de sensibilidade: você está se sentindo desconectado daqueles ao seu redor. De uma perspectiva positiva, esse sonho significa sua independência e autonomia. Se você foi diagnosticado com câncer de mama, então este sonho representa medo e preocupação. Você sente que está perdendo sua feminilidade.

Médico

Sonhar com 1 médico: é 1 presságio bom, pois é sinal de que o sonhador(a) terá uma vida próspera, longa e muito feliz. Geralmente, este sonho significa coisas boas, carga positiva na sua vida. Pode até indicar que alguém está precisando da sua atenção e cuidado e ele(a) não percebeu. Também pode significar que você precisa tratar algo que esteja afligindo o seu emocional, por isso tente encontrar o que a(o) está incomodando, para realizar uma cura espiritual. É provável também que seja uma pista sobre a sua saúde, logo procurar 1 médico é a solução viável.

Sonhar que está vendo 1 médico: este tipo de sonho traz consigo 1 certo fardo, pois significa que ele está passando por problemas, situações difíceis no seu dia a dia e não sabe como resolvêlas, ou está tentando evitá-las. O médico então deve ajudá-lo a enfrentar a dificuldade, pois logo tudo passará!

Sonhar estar conversando com médico: 1 ótimo presságio para quem tem este sonho. Sonhar que está conversando com 1 médico indica que logo, logo, a pessoa adquirirá muitos bens materiais e fortuna. Além disso, ele(a) ganhará uma promoção pelo seu trabalho duro.

Sonhar em estar doente e consulta 1 médico: indica que você espera finalmente encontrar a solução para seus problemas.

Sonhar com vários médicos: sugere que você está fazendo muito por si e por sua saúde.

Médico vestido de branco: se você sonhou que viu 1 médico isso significa a necessidade de resolver algum problema consigo mesmo. Na verdade, pode ser mais de 1 problema que s'espalha nos diferentes setores de sua vida. Esses problemas precisam ser urgentemente resolvidos e você tem receio de toda a situação e não tem ideia de como resolvê-los.

Sonhar que você é o médico(a): alguém próximo a ele(a) pode estar precisando de mais atenção, cuidado e carinho.

+ *Cuidados*: dar mais atenção ao seu círculo de amigos e parentes.

Sonhar discutir com 1 médico: é 1 testemunho de sua personalidade forte. Você é uma pessoa que defende seus interesses, crenças e posições com força.

Sonhar com médicos se reunindo: 1 ótimo presságio para sua vida pessoa! Se ele(a) sonha com médicos reunidos, de preferência muitos, isso indica que sua vida será longa e próspera.

Ver vários médicos juntos cuidando de seu caso: significa que todas as áreas da sua saúde estão ótimas.

+ *Cuidados*: ele(a) deve continuar se cuidando, alimentando-se bem e praticando atividades físicas para ter uma vida longa.

Sonhar que está telefonando para 1 médico: este tipo de sonho indica que mudanças estão chegando na sua vida; contudo, não precisa ter medo. As mudanças acontecem com todos e precisamos saber como lidar com cada uma delas. A sua rotina diária irá mudar e vai precisar se adaptar devagar; deve ter calma!

Solicitar a presença de 1 médico em sonho: é prenúncio de saúde em dia.

Sonhar que alguém chama 1 médico para você: quando se sonha que outra pessoa está chamando 1 médico para você, o significado é que essa mesma pessoa lhe quer muito bem.

Se, em sonho, você era o médico: saiba que precisa dar atenção à sua saúde.

Ver ou falar com 1 médico: prepare-se, você receberá uma notícia desagradável.

Quando, em sonho, se vê muitos médicos reunidos: é anúncio d'enfermidade em família.

Sonhar que está se casando com 1 médico(a): outro ótimo presságio! Significa que ele(a) terá 1 casamento longo e feliz.

Sonhar com médico operando uma pessoa: ao ver 1 médico operando alguém no seu sonho, a interpretação é de que tudo sairá bem na sua vida, principalmente, se a cirurgia for bem sucedida. Seus planos irão dar certo e todos os obstáculos serão ultrapassados!

Sonhar com médico operando você: este sonho pode denotar problemas de saúde relativos ao sonhador(a).

Em geral: vida longa e feliz. Seria bom também evitar viagens e procurar fazer uma dieta com pouco sal e sem gorduras.

Dica psicológica: acender uma vela e aplaudir os médicos e suas enfermeiras abnegadas, metidas n'Africa para cuidar de doentes atacados pelo ebola ou AIDS.

Sonhar que é 1 médico: é uma alerta de que talvez alguém que faça parte do seu cotidiano precise da sua ajuda. Passar a observar as pessoas que fazem parte da sua vida é 1 meio importante, para que você ajude e dê apoio a quem precisa.

Sonhar com 1 conhecido vestido de médico: sonhar com 1 conhecido vestido de médico, significa que essa pessoa se importa com a sua saúde e deseja cuidar de você. Também pode ser 1 aviso de que nos momentos difíceis é essa pessoa do sonho que você deve procurar e também valorizar.

Sonhar que está marcando consulta com 1 médico: significa que coisas novas estão em seu caminho, mas que precisará de uma adaptação. Essa adaptação poderá ser dificultosa, talvez o sonho seja 1 alerta para que você tenha uma postura positiva e enfrente todas as mudanças com harmonia.

Sonhar que 1 médico está te visitando ou visitando alguém próximo a você: é 1 sinal de riqueza e prosperidade para a sua vida ou para a pessoa conhecida do sonho. Por isso é importante focar nos objetivos e realizações.

Sonhar que 1 médico está visitando-a(o) ou visitando alguém próximo a você: é 1 sinal de riqueza e prosperidade para a sua vida ou para a pessoa conhecida do sonho. Por isso é importante focar nos objetivos e realizações pessoais.

Sonhar que você está realizando uma cirurgia em alguém: é 1 sinal otimista para a sua vida. Por mais que fazer uma cirurgia seja 1 fator que não agrada a todos. Sonhar com isso é 1 alerta de que realizará os seus objetivos.

Sonhar que você está sendo operado por 1 médico: não é algo positivo em relação ao seu emocional. Tudo indica que é preciso buscar soluções para os sentimentos negativos que lhe afligem e cortar da sua vida tudo o que não lhe faz bem.

Sonhar que está casando com 1 médico: é 1 indício de que alguém que faz parte da sua rotina está lhe enganando de alguma forma, também pode ser que você esteja s'enganando por alguma situação. Logo, prestar atenção nos detalhes do dia a dia é essencial para evitar que pessoas e situações o enganem.

Sonhar que algum membro da sua família está indo ao médico em seu nome: significa que você terá muita saúde, proporcionada por uma vida longa e feliz. Por isso procure sempre manter cuidados com a sua saúde, para que não seja apenas 1 sonho, mas algo real.

Micróbios

Em sonhos, é sinal de que o sonhador(a) terá suas energias renovadas e surgirão novos interesses em sua vida. Pode significar também que ele(a) pode estar tendo problemas relacionados à autoestima ou à falta de confiança.

Dica psicológica: acender uma vela azul royal e bater palmas para Pasteur que os descobriu.

Obstetra

Em geral: sonhar com obstetra mostra que coisas novas estão para acontecer. Possivelmente algo que o sonhador(a) já busca a muito tempo e vem trabalhando para isso. O momento de conseguir seu objetivo está próximo e ele deve começar a perceber isso logo logo. Por isso deve ficar atento a pequenos atos que podem prolongar ou não a chegada desse seu objetivo.

Oftamologista

Ver 1: é o mesmo que conhecer as necessidades de buscar subsídios em pessoas que possuem mais experiência e podem ajudar na nossa visão do mundo. E significa que você já está passando por 1 processo de desenvolvimento pessoal. Este sonho é uma revelação de nós mesmos nos avaliando diante de situações em que tomamos algumas atitudes.

Conversar com 1: significa que existe uma necessidade de ouvir as pessoas que possuem mais experiência. Muitas vezes somos capazes de achar que possuímos uma auto-suficiência e não precisamos de ninguém e acabamos nos prendendo dentro de uma ilusão que não nos deixa ver as muitas coisas erradas que cometemos. Este sonho também fala de mantermos firme a capacidade de flexibilidade e nos moldar dentro do que for útil para o nosso próprio crescimento.

Procurar 1: significa que você tem se preocupado, de forma mais intensa, com suas atitudes e com as coisas que pode vir a cometer por não poder visualizar bem normalmente. Também mostra 1 estado d'espírito, uma situação de mudanças em sua formação emocional. Esta transformação é imprescindí-vel se quisermos conquistar 1 futuro promissor.

Sonhar ser operado por 1: é sinônimo de que seu estado de cegueira da vida é mais grave que se possa imaginar. Este sonho é uma manifestação da mente pela procura de uma referência, uma certeza de algo que seja 1 mapa para chegar aos seus objetivos.

Operação

Ver cirurgia.

Ortodontista

Ver 1 ortodontista em seu sonho: representa suas preocupações sobre sua aparência. Alternativamente, o sonho indica seu poder de diminuição. Você está perdendo sua autoridade ou eficácia em alguma área de sua vida desperta.

Oxigênio

Sonhar com oxigênio: simboliza renovação e energia criativa. Você está se sentindo rejuvenescido e reenergizado.

Sonhar que você não tem oxigênio suficiente: sugere que você está se sentindo sufocado por uma situação em sua vida.

Máscara de oxigênio

Ver ou usar uma máscara de oxigênio em seu sonho sugere que você está se sentindo impotente, sufocado ou sufocado em sua vida desperta. Você é incapaz d'expressar seus sentimentos.

Parteira

Representa o seu papel no nascimento de algum novo projeto. Você está desempenhando 1 papel importante neste projeto.

+ *Cuidados*: a sonhadora poderá fazer a descoberta de 1 segredo se fizer 1 checape.

Parto

Em geral: significa, de forma geral, que você deve ficar atento ao seu temperamento. Representa, também, que o seu caráter está envolvido com aspectos positivos, como a solidariedade, a confiança e a criatividade. Geralmente os sonhos com partos e nascimentos, têm relação com 3 pontos essenciais: sua personalidade, questões de cooperação, atitude e surgimento de novas ideias. E este tipo de sonho é indício de que algo deve mudar em seu temperamento ou indica que você receberá algum tipo de apoio.

Sonhar com o próprio parto: este tipo de sonho, onde você se vê como elemento principal e não assistente, está ligado ao campo das ideias. Sonhar com parto é o indício de que seus planos terão êxito e seus projetos serão finalizados.

Sonhar que ajuda no parto de alguém: é 1 dos poucos indícios relacionados com nascimento. Ele sinaliza que 1 bebê está a caminho em sua família. Também indica que algo importante está para acontecer em sua vida, fator que acarretará em mudanças. Considere alterações mais subjetivas, como mudanças de hábitos que até então não eram benéficos para você. Conte com o apoio de 1 amigo(a) próximo.

Sonhar com parto prematuro, aquele que ocorre antes da hora: é uma advertência. Indica que você tem exposto demais a sua vida pessoal e isso não é benéfico para a sua imagem. Tente ser mais comedido que tudo dará certo.

Sonhar com parto normal: de uma forma geral, indica que em breve você passará por 1 período de transformações definitivas em sua vida, 1 aviso para que você se prepare para mudanças. Não é nada drástico ou radical, são mudanças que acontecem naturalmente, cedo ou tarde para qualquer pessoa. Você está entrando num período de transição.

Assisti-lo: boa notícia em questão de recuperação de saúde. Dar à luz: esperança de cura para breve.

Parto feliz: fim de sofrimento físico. *Infeliz*: aborrecimentos devido exageros na comida ou no sexo.

Em geral: É 1 bom presságio sonhar com parto, pois denota sempre êxito, sucesso, realizações em todos os campos. Se a pessoa que sonha estiver grávida: indica que tudo correrá bem.

Pediatra

Sonhar com 1 médico em pediatria: indica a existência de 1 problema que remonta à sua infância. Alternativamente, também sugere que você tem medo de que suas esperanças por seus filhos não se tornem realidade.

Psicólogo

Em geral: muitos analistas concordam em dizer que os sonhos com psicólogo revelam que temos algumas inquietações internas que não somos capazes de falar ou discuti-las com ninguém. Buscamos pessoas que realmente possam nos escutar e de fato considerem o que dissemos e possam nos ajudar com conselhos. Para outros intérpretes de sonhos, sonhar 1 psicólogo indica desejo de descobrir a verdade sobre 1 assunto que temos dúvidas. Normalmente, os psicólogos são pessoas que ajudam a descobrir a verdade sobre nós mesmos e nossa personalidade, permitindo o fluxo de memórias enterradas no fundo da nossa mente. Finalmente, os especialistas em sonhos asseguram que sonhar com 1 psicólogo diz-lhe para resolver ceras disputas, conflitos familiares ou discussões antigas que ainda continuam por resolver e que nos faz sentir desconfortáveis e nervosos. O psicólogo normalmente presta apoio e aconselhamento em situações familiares difíceis e, portanto, a analogia.

Sonhar com consulta a 1 psicólogo: mostra que precisamos ter mais intimidade para nos entender com alguém e estabelecer 1 vínculo de confiança para partilhar as suas preocupações. Sonhar com 1 psicólogo pode ser uma razão para isso. Em alguns casos, quem já teve a sensação de que sua vida estava arruinada e passou a ver a luz no fim do túnel, é mais suscetíveis a sonhar com 1 psicólogo, uma vez que certamente veem essas pessoas como seus salvadores, dando valor ao seu trabalho.

Sonhar com uma psicóloga: mostra que estamos mais propensos a contar nossos problemas para as mulheres, porque sabemos que a sua capacidade de ouvir e dar conselhos é melhor do que 1 homem. Os homens muitas vezes se sentem melhor para contar suas fraquezas para uma mulher do que para uma pessoa do mesmo sexo.

Psiquiatra

Em geral: este sonho é uma mensagem forte para começar a avançar em sua vida. Se você vir 1 psiquiatra em seu sonho, a fim de resolver os seus sentimentos, isso significa que você precisa dividir tarefas na vida de vigília em partes gerenciáveis, se você quiser permanecer com sua mente sã. Se formar como psiquiatra no seu sonho é uma imagem ligada ao seu eu interior que quer compreender a si mesmo.

Ver 1 psiquiatra em seu sonho: sugere que você receberá em breve o apoio e conselhos que você precisa para seguir em frente em sua vida.

Se você estiver visitando 1 psiquiatra num sonho: você provavelmente tem algumas emoções incontroláveis no que diz respeito à sua vida privada e você está perto de alguém importante para você.

Se você estiver visitando 1 psiquiatra num sonho: você provavelmente tem algumas emoções incontroláveis no que diz respeito à sua vida privada e você está perto de alguém importante para você.

O sonho de ser 1 psiquiatra: significa que você precisa para evitar a formação de hábitos. É importante que você procure para formar hábitos que são úteis e desejáveis? O hábito pode ser definido como mais ou menos tendência a agir tempo após o tempo da mesma maneira. Assim definida, você vê que a força do hábito s'estende por todo o universo. É 1 hábito para a Terra a girar sobre seu eixo a cada 24 horas e para cercar o sol uma vez por ano.

Um psiquiatra em seu sonho: é o símbolo de sua necessidade de receber orientação espiritual e ajuda para a sua vida de vigília.

Se em seu sonho você está tomando uma sessão com 1 psiquiatra: isso significa que em breve você vai voltar sua atenção de seu mundo externo e ações, para o mundo interior e meditação. Em geral, 1 psiquiatra representa seus conflitos internos.

Radiografia/raio x

Sonhar que você está fazendo uma radiografia: indica que você pode estar expondo sua intimidade em demasia. Alguns assuntos de foro íntimo devem ser preservados e não deveriam ser expostos para pessoas que podem, no futuro, usar estas informações de maneira errada. Por outro lado, sonhar com radiografia pode representar sua busca por mais detalhes e informações sobre algum assunto que está lhe causando aborrecimento. Você apenas gostaria d'entender porque as coisas s'encaminharam de forma distorcida, sendo que este sonho pode até indicar traição.

Reabilitação

Se você está no centro de reabilitação: significa que você finalmentes se livrou de todas as negatividades em sua vida. Talvez você está pronto para começar as coisas de novo, porque você se tornou totalmente nova pessoa.

Rejeição

Sonhar que seu organismo está rejeitando algo: indica que existem sentimentos ou situações que você quer se livrar. Alternativamente, você pode estar se recusando a aceitar uma situação que está a ser imposto e forçado em cima de você.

Remédios

Em geral: os remédios são fundamentais para que possamos ter uma longevidade, haja vista, que sem eles não nos curaríamos e não demoraríamos muito e morreríamos. Talvez, na infância não passaríamos do 1º ano de vida! Logo o conceito de remédio está diretamente relacionado com vida e saúde e que num contexto poderemos entender o que significa este sonho com remédio! Podemos logo em 1ª situação entender que sonhar com remédio está diretamente relacionado com vitalidade e cuidados com a saúde literalmente. Passamos nossa vida enfrentando as doenças, milhares de viroses, fungos e bactérias mortais e para sobrevivermos a isso precisamos nos manter sempre cuidadosos quanto a isso.

Sonhar com vários medicamentos: quando sonhar com uma infinidade de remédios não significa que você esteja ou vá ficar doente, mas é justamente o contrário disso. Este sonho quer dizer que você tem uma capacidade muito grande de recuperar-se de doenças e que está com uma saúde de touro, mas que deve continuar se cuidando. Caso tenha problemas de saúde ao sonhar com medicamentos saiba que você pode dar a volta por cima e vencer esta doença que lhe aflige. Outro fator interessante neste contexto é que você poderá muito viver bem e conviver com problemas de saúde sem perder a vida.

Sonhar tomando remédio: este sonho em que você se ver tomando remédio significa que existe uma possibilidade muito grande de você ter grandes resultados em determinados tratamentos que está fazendo. Busque manter-se sempre se cuidando e fazendo a administração correta dos seus remédios que faz uso. Outra interpretação que cabe neste contexto é para quem não toma remédio algum, nem calmante, mas sonhou tomando remédio, este sonho significa que você terá uma vida longa e que conseguirá fazer da longevidade uma aliada.

Sonhar que compra remédios: quanto a este sonho em que você compra remédios é bom que se tenha 1 pouco mais de cuidado, pois, ele indica que você pode estar fazendo algo que simplesmente lhe projeta para auto destruição. Nós muitas vezes perdemos a saúde por conta de 1 vício, por querermos trabalhar demais, entre outros. São inúmeras as coisas que podemos fazer e que nos leva a perder a saúde facilmente.

Vê-los: problemas de saúde próximos, porém passageiros, sem danos.

Comprá-los: cura e pronto restabelecimento da saúde.

Ver alguém ingerindo algum remédio: os problemas do sonhador(a) se afastarão, permitindo-lhe viver 1 período de paz e tranquilidade.

No seu sonho: significa sabedoria do seu inconsciente. O terapeuta pode aparecer para ajudá-lo.

Dar remédio a outra pessoa: é 1 aviso que é hora de cuidar.

Terapeuta

Ver 1 terapeuta a lidar com seus problemas, coisas que você não está vendo ou questões que você está se recusando a confrontar. Alternativamente, o sonho sugere que você não tem uma saída para expressar seus sentimentos. Você não tem ninguém com quem conversar e a sessão de terapia dos sonhos pode ser uma maneira de proporcionar alívio.

Termômetro

Em geral: no sonho é prenúncio de mudança excepcional na vida do sonhador(a). Qualquer tipo de termômetro figurando em sonho é prenúncio de mudança excepcional em sua vida. São muitos os tipos de sonho com termômetro e eles podem ir da questão de saúde aos problemas com comportamento e temperamentos, seus ou de outras pessoas que convivem com você. Portanto, antes de tirar conclusões precipitadas sobre o significado de sonhar com termômetro, conheça abaixo os principais tipos desse sonho e suas interpretações de acordo com os estudos dos nossos especialistas.

Usar 1 termômetro em sonho: logo a família receberá uma notícia muito agradável.

Sonhar que vê 1 termômetro: mostra que alguns dos acontecimentos atuais na sua vida vão proporcionar a mudança que você tanto deseja. Ainda que você tenha algumas dúvidas, o caminho está começando a se desenhar a seu favor. É importante que você não desanime e nem desista ou os avanços de hoje poderão retroceder e não trazer os resultados esperados.

Sonhar que usa 1 termômetro: significa que todas as suas questões serão resolvidas e sanadas de forma simples e clara. Ainda que você tenha 1 humor instável, o que provavelmente é 1 dos motivos que cria entraves nas suas questões, tudo vai melhorar. Sonhar que usa 1 termômetro também fala sobre as possíveis mudanças que estão para ocorrer nas mais variadas áreas da sua vida se e somente se você permitir, pois como mencionamos acima, o seu humor e personalidade instáveis são 1 dos pontos que precisam ser domados para que tudo flua conforme as previsões.

Quebrar ou ver 1 termômetro quebrado: é presságio a saúde precisa de cuidados.Também demonstra que uma pessoa próxima de você tem se sentido muito irritada com algo que você fez ou disse. Talvez não tenha sido a sua intenção e é aí que temos a segunda parte do significado de sonhar com termômetro quebrado, está na hora de você começar a aprender a lidar com os ânimos e personalidades das pessoas.

Sonhar com mercúrio caindo de 1 termômetro: significa que suas histórias e envolvimentos amorosos não são fortes o suficiente para ter uma continuidade. Seus casos são frágeis e não tem a profundidade necessária para s'estabelecer.

Sonhar com mercúrio caindo de 1 termômetro: revela o fim dos seus casos de amor, mas não se chateie e nem se revolte com a sua condição, o que está sendo preparado para você no futuro vai sim ser profundo, firme e duradouro como você sempre sonhou e desejou, apenas tenha calma e paciência.

Sonhar com indicador do termômetro aumentando: ao sonhar com indicador do termômetro aumentando vemos que dentro de 1 prazo médio vamos nos deparar com temas e situações nos negócios que vão nos deixar insatisfeitos e irritadiços. A temperatura vai subir no seu ambiente de trabalho, especialmente se você for dono de uma empresa. Algumas discordâncias e desavenças também poderão acontecer como consequência do que falamos acima. Procure manter a calma e a paciência, de nada vai adiantar s'exaltar, pelo contrário, você poderá tornar as coisas ainda mais complicadas.

Sonhar com o termômetro do médico: indica que você possui 1 senso de precaução além do comum e é uma pessoa bastante cautelosa com relação a tudo que você pratica, inclusive nos discursos e mensagens que passa. Assim como 1 médico que precisa ser cuidadoso no trato com os pacientes, você age de forma precavida para não causar danos ou assustar as pessoas que estão à sua volta. Continue assim, parabéns!

Sonhar com termômetro no quarto: significa que você costuma ser muito cuidadoso perante as tomadas de decisões. Você não tem o hábito de ser impulsivo e prefere sempre manter o mesmo ritmo e temperatura a fim de não correr riscos à toa. O quarto do sonho é você mesmo, a sua intimidade, o seu resguardo, sua reposição de energia e onde você reflete justamente sobre as atitudes que deve ou não tomar e a forma como deve agir. Você parece ser uma pessoa extremamente conservadora e cautelosa.

Ultrassom

Sonhar com 1 ultrassom: é 1 símbolo de ver o funcionamento interno de uma questão. Pode indicar que você tem uma intuição de que há mais matéria que o olho pode enxergar. Encontrar a solução para um problema pode exigir de você entender a causa raiz do problema, especialmente incluindo fatores ocultos. Preste atenção nas coisas que você vê no ultrassom, o que elas simbolizam. A parte d'anatomia que é vista no ultrassom também é simbólica. O abdômen indica que a raiz dos problemas vive no subconsciente e os instintos.

Sonhar com fazer 1 ultrassom para ver o feto do seu bebê: indica 1 desejo de prever os efeitos de uma grande mudança de vida.

Vírus

Ter ou ver 1 vírus num sonho: geralmente está associado da pessoa ter 1 impacto na saúde e ser tempo para olhar sua nutrição e alimentação.

+ *Cuidados*: o médico deve lembrar de que existem 39 tri de micróbios em nosso corpo e que a limpeza e higiêne são essenciais para o seu resguardo e defesa.

SENTIMENTOS

Abandono

Sonhar estar abandonando algo ou alguém: prevê uma enorme vontade de mudança na sua vida. Se pelo contrário é você que em algum momento foi abandonado/a por alguém, pode dizer-se que isso prediz prosperidade e 1 bom desenvolvimento em seus projetos e anseios.

Se no sonho você se viu completamente abandonado para sempre: isso pode representar 1 grande sentido de você ser incapaz ou indigno de s'encaixar na sociedade. Neste tipo de sonho, você pode não estar sozinho num sentido físico, mas a falta de conexão com as pessoas ao seu redor. Problemas de autoestima, experiências tabu, ou sua capacidade de receber o amor devem ser áreas de investigação.

Sonhar com o abandono de 1 vício: isso pode trazer-lhe reconciliações que esperava que se realizassem.

Quando alguém sonha em ser abandonada: isso significa que ele(a) tem que esquecer seu passado e se concentrar em seu futuro. A interpretação do seu sonho mostra que ele(a) tem medo de ser desperdiçado(a), deixado sozinho(a). Ele(a) não deve ter medo de pessoas negligenciando seus sentimentos. Também pode significar de que ele(a) está sofrendo de recente perda ou medo de perder alguém que ama.

Medo de abandono: pode significar que ele(a) já está melhorando pelo que já sofreu antes e está se recuperando. Este sonho também pode ser reminiscências de sofrimentos quando ainda foi criança.

Quando alguém se abandona à outras pessoas em seu sonho: pode significar que ele(a) está chocado com as decisões que tomou no início da sua vida. A principal coisa que ele(a) precisa fazer é se mover para a frente em sua vida e não se arrepender de algo que fez ou não fez.

Dica psicológica: levar 1 monte de livros infantis ilustrados para 1 orfanato vai fazer bem à sua consciência.

Sonhar abandonar 1 trabalho ou 1 relacionamento: pode ser interpretado como 1 sinal negativo.

Se nos seus sonhos abandonou uma tarefa já começada: isso pode indicar 1 desfecho menos agradável para projetos que tenha em curso na sua vida pessoal como profissional.

Ao sonhar com abandonar o seu emprego: isso prevê uma ótima mudança neste mesmo setor da sua vida.

De maneira geral: sonhar em abandono, também pode revelar que seu sentimento de vida não tem sentido ou propósito.Tal sonho pode ocorrer depois de passar por separação ou divórcio, ou até mesmo a morte de 1 ente querido, principalmente 1 pai, mãe ou cônjuge.

Aborrecimentos

Ser aborrecido por alguém: terá boa sorte em todos os planos.
Aborrecer outras pessoas: obterá bons ganhos.
Aborrecer uma pessoa casada: evite os rivais.
Aborrecer os filhos: perigo, causado por 1 segredo.

Abraço

Em geral: 1 abraço é utilizado, dependendo da cultura local, como forma de demonstração de afeto de uma pessoa para com outra. Nos sonhos, o significado dos abraços está intimamente ligado ao estado d'espírito de uma pessoa, pois ela pode estar desolada e receber 1 abraço de consolação, mas também está relacionado com a honra de uma mulher.

Abraçando uma pessoa amada: significa que neste relacionamento pode não haver a reciprocidade.

Sonhar que está abraçando seus pais: significa que você possui uma grande ligação familiar com as pessoas, onde as pessoas dentro deste relacionamento familiar possuem uma grande preocupação com a felicidade e o bem estar de cada 1.

Sonhar abraçar alguém com sentimento de paixão: e você teve esse sonho pode significar que você está prestes a ter uma grande mudança na sua vida emocional, pessoal ou até mesmo profissional, fazendo desta forma com que você possa estar passando por alguma mudança que pode ser tanto boa quanto pode ser ruim.

Sonhar que está abraçando alguém que você não gosta: se você teve esse sonho pode significar que uma situação financeira instável pode estar perto, fazendo desta forma com que o motivo seja por causa de 1 medo de ter uma grande mudança profissional em sua vida; portanto tome cuidado com algumas pessoas que não agregam a positividade nas pessoas.

Sonhar com 1 abraço desconfortável: se você teve esse sonho pode significar que você pode ter alguns problemas pela frente, é também conhecido como 1 sinal de precaução, para que assim as pessoas possam tomar cuidado nas suas próximas decisões ou até mesmo em suas vidas.

Sonhar que está abraçando pessoas que já morreram: se você teve esse sonho é preciso tomar alguns cuidados, pois se você está abraçando alguém que já se foi, isso traz o significado de uma vida longa para eles; mas você precisa tomar certos cuidados com a sua própria vida.

Sonhar com 1 abraço entre amigos: se você teve esse sonho pode significar que dentro do círculo de amigos que você possui haverá alguma briga e é preciso ser cauteloso em momentos como este; portanto, isso pode trazer também algumas brigas que envolvam atritos entre seus familiares.

Sonhar que está abraçando algum desconhecido(a): pode trazer a mensagem de novidades nada boas, principalmente trazidas por alguém de sexo oposto.

Sonhar ser abraçado(a) por 1 conhecido: quer dizer que poderá ficar desapontado(a) em casos amorosos e nos negócios.

Uma mulher sonhar estar abraçando 1 homem: isso significa que ela vai aceitar os avanços de 1 homem que possui 1 caráter duvidoso.

Uma mulher casada abraçar outro homem e não o seu marido: isso indica que ela vai manchar a sua honra e aceitar o convite de ir para 1 motel com esse outro.

Sonhar com abraços e beijos: este sonho pode significar 1 sinal de não só de paixão mas como muito carinho e amor que as pessoas no sonho acabam tendo uma sobre a outra, fazendo desta forma com que este seja 1 sinal muito bom e 1 ótimo sonho.

Abstinência

Sonhar com abstinência de bebidas, drogas, fumo ou qualquer outra dependência em que está: é 1 sinal de que você está muito confiante e sincero em sua própria pele. Sonhar em ser abstinentes também pode significar que você está 1 pouco pessoa arrogante. O que você tem a fazer é ter certeza de que você não avançar rápido demais. A interpretação do símbolo da abstinência no sonho está dizendo para você descobrir o que você quer de sua vida, o que você faz o caminho certo e o que você faz de forma errada. Certifique-se, você sabe o que você está procurando.

Adultério

Sonhos de infidelidade: muitas vezes ocorrem como resposta a 1 sentimento de insegurança, devido à mudança na aparência ou a frequência e a natureza das relações sexuais durante a gravidez. Sonhar com adultério não contribui para o bem estar de uma relação.

Sonhar que está cometendo 1 adultério: quer dizer que vai praticar alguma ação ilegal, não necessariamente no campo amoroso.

Sonhar com adultério: pode significar que irá falhar na relação com o seu parceiro, deixando o seu temperamento e orgulho dominá-lo à mínima provocação e isso fará com que existam desavenças.

Se uma mulher sonha cometer adultério com amigo do marido: ela será discriminada pelo seu marido ficando em perigo de abandono.

Quando uma mulher jovem sonha com adultério: pode significar 1 desejo carnal por realizá-lo, no qual ela encontra grandes aventuras para seu próprio prazer.

Presenciar 1: afronta que receberá.

Praticá-lo: paixão violenta.

Em geral: prazeres de curta duração.

Afago

Sonhar que você está afagando alguém: indica sua necessidade de contato físico e/ou emocional. Não negligencie o significado óbvio deste sonho, que sugere o desejo do seu coração por essa pessoa em particular. Considere também o simbolismo da pessoa com quem você está afagando e determine como você precisa reconhecer, aceitar e unificar essas qualidades em si mesmo.

Afeto

Quando você sonha demonstrar o seu afeto por alguém: representa o quão feliz e dedicado você está num relacionamento que você está no momento. Este sonho também poderia ser 1 aviso de seu comportamento com aqueles que você ama. Certifique-se de mostrar o quanto você aprecia o seu relacionamento, o quanto você os ama, o quanto dedicado a eles que você é.

Afeição: problemas para os que estão perto de você.

Ter afeto: dignidade e distinção.

Não ter afeto: terá vida longa.

Afeto entre duas pessoas que você ama: herança.

Ter o afeto das crianças: receberá dinheiro inesperado.

Aflição

Filhos aflitos: advertência sobre dificuldades.

Esposa ou marido em aflição: sofrerá pesares.

Outros em aflição: terá grandes ganhos em dinheiro.

Pessoas em aflição: adver tência sobre dificuldade.

Você tendo uma aflição: representa de má futuro. Pode ser 1 sinal de desgraça e má sorte.

Demonstrar aflição num sonho, representa mau futuro. Poderá ser 1 sinal de desgraça e má sorte.

Se você sonhou outras pessoas serem atingidas, isso significa que você só será bem-sucedida(o), se a sua sorte não falhar. Infelizmente, este sonho é 1 mau sinal e sugere ser cauteloso(a) e cuidadoso(a).

Agonia

Sonhar com o sentimento de agonia: não é 1 bom sonho.

Sentir agonia num sonho: pode ser interpretado como 1 sinal de que está precisando mudar de vida urgentemente. Também traduz boa saúde e longevidade.

Ver mulher agonizando: gravidez ou nascimento próximo.

Sonhar que sente agonia num sonho: é sinal de 1 mau presságio para a realidade. Mais vale prevenir do que remediar!

Sonhar que s'encontra em agonia: significa preocupações e prazeres intermitentes.

Sonhar que está em agonia depois de ter perdido dinheiro ou uma propriedade: demonstra que os distúrbios e os medos imaginários o vão torturar na sua vida, quer nos casos amorosos ou na doença de algum ente querido.

Ver mulher agonizando: indica gravidez ou nascimento próximo.

Ver a agonia de outra pessoa: indica que 1 parente pensa em você.

Ver mulher sentir agonia: gravidez ou nascimento próximo.

Outra pessoa sentir agonia: 1 parente pensa em você.

Agressão

Pode indicar disputa por afeto.

Se você é quem está agredindo verbalmente uma pessoa desconhecida: ganhará 1 processo ou terá a vingança que deseja.

Agredir moralmente 1 amigo: pode ter perdas financeiras.

Agredir de ambas as formas seus familiares: novidades comerciais.

Alegria

Sempre a alegria serve como 1 sentimento de felicidade que acaba por invadir a alma de qualquer pessoa, principalmente quando as coisas acontecem de forma correta e desejada. No caso dos sonhos, o significado das alegrias é envolvido da mesma forma como a realidade, uma felicidade imensa tanto para o sonhador como para quem estiver o acompanhando por exemplo.

Se você estiver por exemplo rindo no sonho: sem que tenha 1 alvo ou 1 motivo mais preciso, isto poderá significar boa saúde, prosperidade e, principalmente, vitória sobre adversários e possíveis obstáculos que pode encontrar no seu caminho. Muito provavelmente você irá conquistar muita coisa que considerada difícil e almejava bastante, entre estas felicidades podemos citar uma entrevista d'emprego, promoção de trabalho ou ainda situações similares.

Sonhar com alegria numa festa: este é 1 tipo de sonho que poderá refletir exclusivamente uma situação de ansiedade relacionada a eventos especiais que se aproximam, mas é importante que se leia nas entrelinhas para interpretar o que poderá ser uma mensagem do inconsciente revelando uma espécie de ansiedade e até mesmo medo de se relacionar com outras pessoas.

Sonhar que está alegre num acontecimento: numa situação determinada, se você sonhou com a sua família num ambiente alegre e feliz, temos a confirmação de satisfação em família e nos negócios. Se você tiver sentido alegria com a desgraça alheia, ou mesmo com o resultado de muita vingança, procure se preparar pois em breve você irá prestar contas por seus momentos de indiscrição.

Alegre e feliz: em termos gerais, uma pessoa sonhar que está feliz ou alegre, pode indicar bons momentos presentes ou futuros, sendo que suas emoções ou estados emocionais sempre desfrutarão desses momentos.

Cantando: cantar num sonho é 1 bom presságio, pois simboliza a felicidade, sorte e sucesso. O sonho mostra que você fazer as outras pessoas felizes, enquanto entretendo-os com o seu bom humor e energia.

Se alguém cantou no seu sonho: então isso também significa que você sente que você vive em uma harmonia, atmosfera pacífica e feliz, onde todos estão compartilhando a alegria com os outros. Alternativamente, o sonho pode prever cerca de sentimentos desagradáveis, como tristeza, mas apenas nos casos em que a está cantando ou ouve alguém cantando músicas muito tristes.

Se você sonha com o canto: então esse sonho indica a sabedoria e os aspectos espirituais mais elevados que você descobriu só agora. O sonho sugere que você continue na mesma pista, uma vez que irá dar-lhe muita alegria e felicidade.

Alucinações

Para se ter uma alucinação é símbolo ambíguo dos sonhos. Sonhando com ele pode simbolizar uma imagem do seu subconsciente. Eles também podem representar contido estado instintivo natural da mente e sentimentos que você não quer enfrentar. Seu sonho pode estar lhe dizendo para ser mais alerta e s'expressar de forma mais clara. Alternativamente, refere-se ao autoengano. O que você está tentando esconder?

Ter uma alucinação em seu sonho: simboliza uma imagem de seu inconsciente e pode significar emoções reprimidas e sentimentos que o sonhador(a) não quer enfrentar. Seu sonho pode estar dizendo para estar atento aos detalhes e ele s'expressar claramente. Também pode ser 1 recado de seu inconsciente para o peso que representa esconder algo importante. O sonhador deve discutir o eventual problema com as pessoas que o amam e que são importantes para ele.

Amargura

Gosto amargo que você experimenta num sonho: diz sobre o seu desejo subconsciente para os prazeres proibidos essa experiência para si mesmo que você não é capaz de aturar.

Gosto amargo na boca devido certas especiarias: significa que você terá consequências muito chatas devido seu compor-tamento imprudente.

Tomar 1 remédio amargo num sonho: a realidade é que você vai ficar 1 longo tempo exposto(a) à doença crônica.

Amor

É o mais belo dos sentimentos, aquele que é desejado e ansiado por todos os homens e mulheres e símbolo máximo da felicidade. No entanto, muitas vezes é também o amor que causa grande sofrimento, tristeza e dor.

Quando uma mulher sonha com namoros: quer dizer que a ilusão de ser pedida em casamento não vai acontecer e em vez disso ficará com a sensação de desilusão e desapontamento. O anseio em ser pedida em casamento transformar-se-á em descrença e desilusão.

Quando 1 homem sonha que estar namorando alguém: isso significa que 1 possível relacionamento com uma pessoa que não conhece bem, pode revelar-se 1 fracasso. Por outro lado, se 1 homem está a sonhar que está namorando com alguém que não a sua companheira, isso significa que ele não é uma pessoa digna de confiança.

Quando uma mulher em sonho vê alguém desmanchando o namoro: não é 1 bom sinal. Ela sempre estará esperando por propostas de casamento que não serão feitos, desapontando-a.

Se 1 homem teve 1 sonho no qual se importava com alguém: isto significa que irá à uma festa cheia de atraentes garotas.

Amar alguém num sonho: significa prazer e alegria, nalguns casos mesmo vaidade – tudo depende do contexto. Esta alegria é frequentemente contagiante, espalhando-se sobre os outros.

Comemorar 1 amor numa união: significa que irá atingir a felicidade. Esta união pode assumir diversas formas, desde 1 simples beijo ou abraço, indo até acontecimentos mais formalizados, como o casamento ou sexo.

O fim do amor, de uma relação: 1 desgosto amoroso ou uma traição são acontecimentos que, quando presentes num sonho, adivinham maus tempos para a sua vida sentimental, mas não significam necessariamente o fim de uma relação. Mas deverá esperar momentos menos bons.

Sonhar com amor e estar apaixonado: sugere uma forte admiração que você está sentindo em sua vida e ela se manifesta em seus sonhos. É 1 sinal de que você está tendo e felicidade e satisfação em sua vida real. Quando você se depara com 1 sonho desses, é 1 sinal de que você está tendo uma alegria no seu coração que você não pode conter que você tende a trazê-la em seus sonhos. Reflete 1 amor de si mesmo ou é 1 lembrete de se amar 1º. Pode ser que você esteja aprendendo a amar e a aceitar 1 novo Eu. Indica também que você aceitou certas qualidades e defeitos daquele que ama no sonho e que as incorpora à sua própria personalidade. Você pode estar com isso, porque precisa expressar mais abertamente seu amor por alguém próximo sonhando, como por exemplo 1 amigo especial.

Se sentir amor por 1 qualquer objeto: denota satisfação com seus ambientes atuais.

Se sonhou que o amor dos outros o enche de sensações felizes: assuntos bem-sucedidos lhe darão contentamento na vida real.

Se você achar que seu amor falha ou não é recíproco: você se desanimará com algumas questões conflitantes que surgem em sua mente sobre se é melhor mudar seu modo de vida.

Se 1 marido ou esposa sonhar que seu companheiro é amoroso, prediz uma grande felicidade no ambiente em casa.

Sonhar com o amor dos pais: prediz a retidão no caráter e 1 progresso contínuo em direção à maior sabedoria.

O amor pelos animais: indica o contentamento com o que você possui, embora nem note isso.

Se no sonho você estava apaixonado sexualmente por 1 animal: é 1 sinal de que você está propenso(a) por 1 relacionamento sério. Pode ser 1 reflexo de como você está se sentindo sobre alguém na vida ou pode refletir uma nova realização de como você se sente sobre alguém.

No sonho estava fazendo amor: pode representar apenas 1 simples desejo de realização. E apenas fantasia para compensar o que está faltando em sua vida. O sonho pode estar a dizer-lhe que necessita de s'expressar mais abertamente. Alternativamente, representa as suas percepções acerca da sua sexualidade no contexto das normas sociais. Pode estar a perguntar-se acerca dos seus sentimentos, acerca de fazer amor, casamento.

Se você está sonhando que se apaixona por pessoas: repare se não dá erradamente demasiada importância a certas coisas que não deve.

Beijo

Uma das formas mais utilizadas para se demonstrar amor e carinho, sem dúvida, é o beijo. Por meio desse gesto, podemos demonstrar a outras pessoas 1 pouco do que sentimos por elas. Por isso, independente se trata da vida real ou de sonhar com beijo, não há dúvidas de que há bastante sentimento.

Em geral: o simples sonho com beijo é, como esperado, 1 sonho ligado à sua vida emocional, ao amor e a paixão. Afinal, o beijo é, acima de tudo, uma grande expressão do que está sentindo. Quando sonhar com beijo, entenda como uma mensagem de que, mesmo não transparecendo no fundo de seu íntimo, existe uma grande vontade de se relacionar com as pessoas e extraviar certos sentimentos. Repense se está mesmo expondo o que sente da maneira correta a quem nutre algum carinho.

Sonhar com beijo: pode revelar muitas coisas sobre sua situação atual, bem como mostrar bons conselhos sobre seu futuro; mas tudo isso vai depender de alguns pontos chaves – no caso de detalhes presentes em seu sonho.

Beijos durante a sua noite de sono: saiba que a interpretação é de que você possui uma necessidade sentimental, especialmente de ser amado ou compreendido. Mas entenda que nem sempre o beijo está ligado com a questão do relacionamento, ou seja, também pode representar muito carinho entre duas pessoas como, por exemplo, amigos.

Sonhar que você vê crianças se beijando: denota reuniões felizes em famílias e de trabalho satisfatório.

Sonhar que você beija sua mãe: você vai ser muito bem sucedido em suas empresas e ser honrado e amado por seus amigos.

Beijar 1 irmão ou irmã: denota muito prazer e bom em sua associação.

Beijar sua namorada no escuro: denota perigos e compromissos imorais.

Beijá-la na luz: significa boas intenções.

Sonhar com duas pessoas se beijando: simboliza que a sonhadora provavelmente está s'envolvendo ou já s'envolveu com alguém; possivelmente uma das pessoas que aparecem no sonho. É importante dizer que nesse caso se trata de 1 beijo mais apaixonado, onde as bocas se tocam e demostram real desejo e intimidade. Se ela(e) está envolvido com alguém, talvez seja hora de refletir e reavaliar esse relacionamento para decidir s'está mesmo valendo a pena.

Beijo no rosto: este é 1 beijo muito mais terno e carinhoso que o beijo na boca que todos imaginam. Sonhar com beijo no rosto pode ser interpretado como 1 forte sinal de fidelidade, tanto de sua parte como da outra pessoa.

Beijar o parceiro amoroso na boca normalmente: indica uma sensação de segurança, d'estar amparado e protegido contra as intemperes do mundo. Também indica que está seguro em seu caminho profissional e segue rumo ao sucesso. Ganhos financeiros e progresso profissional também são grandes possibilidades futuras.

Beijo na boca de uma pessoa desconhecida: sobre o mesmo tema, no caso das interpretações amorosas podemos refinar 1 pouco o sonho e procurar perceber se a pessoa beijada no sonho nos é desconhecida. Se esse for o caso, então o observador provavelmente possui 1 grande desejo de se relacionar mais intimamente com alguém. No entanto, diz também que não é preciso sair correndo atrás de 1 relacionamento. Este sonho é igualmente uma advertência de que você precisa ter calma e escolher muito bem com quem irá partilhar seus sentimentos.

Beijar a mão de alguém: este é 1 sonho de duas vias, podendo ser você a beijar a mão de alguém ou alguém a beijar a sua. Seja como for, esse sonho é 1 bom presságio para sua vida; ele mostra que alguém importante em sua vida está para chegar. O beijo na mão é acima de tudo 1 sinal de respeito e essa pessoa que está para cruzar seu caminho pode ter 1 papel fundamental em algum projeto que esteja desenvolvendo ou 1 sonho de vida.

Beijo na testa: tal como acontece com o beijo do sonho anterior, o beijo na testa é 1 grande sinal tanto de respeito como de carinho e proteção; 1 símbolo de proteção e zelo, como uma mãe que cuida de seu filho. Esse sonho em geral tem relação com os amigos e lhe diz que existem amigos fieis e sinceros à sua volta, basta saber identificar quais são e valoriza-los.

Beijo apaixonado: ele mostra que você precisa encontrar 1 apoio sólido nessa pessoa. É provável que esteja s'envolvendo com ela em algum nível emocional e mesmo que não seja em nenhum aspecto amoroso, ela ainda irá lhe prestar algum apoio.

Beijo roubado: é algo que certamente nos faz lembrar de uma decisão impulsiva e movida por desejos reprimidos – é basicamente sobre isso que esse sonho pretende te falar. Sonhar que rouba o beijo de alguém mostra que existem muitas emoções reprimidas dentro de si. Guardar esses sentimentos pode não ser a melhor decisão e o sonho está sugerindo que se liberte e deixe as emoções fluírem. Pode não ser a tarefa mais fácil do mundo, mas é preciso que encontre uma forma de resolver esses conflitos internos que formam uma barreira para suas emoções. Ter medo de realizar algum desejo apenas o deixa mais distante e você, mais infeliz. Beijo forçado é sempre algo ruim e bem desconfortável no mínimo, seja nos sonho 1 bom sinal, já que mostra que alguém muito próximo a você não está agindo com boas intenções, ou ao menos não está sendo sincero. Reveja com muito cuidado todas as suas relações, pois alguém pode estar prestes a te trair.

Beijo de língua: este sonho sugere que você precisa expressar emoções de uma maneira mais honesta e que talvez você precise mostrar mais paixão ou ser mais aberto com sua sexualidade.

Ver outros dando beijos de língua: indica que você está envolvido em algum assunto de relacionamento.

Carta de amor

Receber uma: simboliza 1 novo amor que floresce em sua vida. Alternativamente, o sonho pode significar que você está procurando alguma garantia ou reforço sobre 1 novo relacionamento. Você está se sentindo inseguro.

Casamento

Ver 1 casamento: a tristeza provocada por você em amigos.

Um altar num sonho: é aviso contra o cometimento de 1 erro.

Ver 1 casamento sem flores: tristeza até a velhice.

Ver 1 casamento sem tapete: denota prazer em tudo.

Se era você se casando no sonho: você terá notícias desagradáveis de fora.

Se você foi 1 convidado a 1 casamento: você vai sentir muito prazer.

Se os convidados do casamento estavam em roupas coloridas: o casal será feliz.

Se eles se vestiam em tons escuros ou pretos: haverá luto e tristeza na vida do sonhador.

Ver roupas de casamento: significa que você vai participar de obras agradáveis e conhecer novos amigos.

As roupas estavam sujas ou em desordem: prediz que você vai perder estreitas relações com uma pessoa muito admirada.

Mulher sonhar que seu anel de casamento era brilhante e reluzente: anuncia que ela será protegida de doenças e de infidelidade.

Se seu anel foi perdido ou quebrado: muita tristeza vai entrar em sua vida através da morte e inimizade.

Ver uma aliança na mão de alguém: denota que você vai realizar seus desejos não tão animado e ter prazeres ilícitos.

Assistir a 1 casamento em seu sonho: você rapidamente vai descobrir que corre perigo em chegar perto de 1 fato que lhe irá causar amargura e atraso.

Uma jovem sonhar com 1 casamento secreto: é decididamente desfavorável à personagem. Importa sua queda provável.

Se ela contrata 1 casamento sem padre: significa que ela vai subir na estimativa de todos que fazem parte de seu mundo.

Sonhar com 1 padre no altar: denota brigas e estados insatisfatórios em seu negócio e em casa.

Uma mulher casada sonhar com seu dia do casamento: avisa a ela para fortalecer sua força e sentimentos contra a decepção e tristeza.

Sonhar se casando: denota brigas e contendas que irão precipitar-lhe problemas e perdas.

Casar com 1 estranho, ou uma pessoa que não pode ver: significa que você precisa encontrar a harmonia e a união com os aspectos de sua personalidade, que você acha difícil de aceitar e que talvez você deva s'esforçar em explorar e aprender mais.

Se você sonha de se casar com a ex-namorada(o) ou ex-esposa(o): pode significar que você descobriu que estava errado com essa relação e não quer cometer os mesmos erros. No entanto, também pode indicar que ainda gosta de alguns aspectos do caráter de seu(sua) ex e que procura em suas relações românticas atuais.

Sonhar com 1 casamento cancelado, adiado, interrompido, não comemorado; sem noivo no altar; casamento arranjado; casamento repentino, talvez até mesmo sem testemunhas e convidados, em segredo; sem 1 traje de acordo, sem o vestido de noiva, mas em jeans, pijama, ou num vestido que não gosta; estar atrasado para o casamento por vários percalços; o noivo não encontra suas calças; você se casa sem sapatos ou com furos em seus sapatos; você perde os anéis; noiva estar sem buquê; se casar no cemitério, casar fora da igreja, etc, etc.: todos esses sonhos são geralmente 1 sintoma de algum estresse; se você for realmente organizar seu casamento, não se preocupe, é normal ter esses tipos de sonhos; isto é devido à tensão das preparações, caso contrário, se você não está planejando casamento, isso pode indicar que em sua vida há algum problema a ser resolvido, 1 conflito que não faz você se sentir bem, furtando a sua serenidade.

Você deve se casar à força com uma pessoa não amada; você se sente infeliz e sente angústia; vai para o altar de má vontade; no final você diz não e foge; se você sonha em ser forçada(o) a casar: isso provavelmente indica que em sua vida você se sente forçada(o) a dar passos muito grandes além da sua possibilidades: talvez você não se sinta pronta(o) para certas responsabilidades, ou há alguém que a(o) obrigue a fazer coisas que não quer fazer.

Se você sonha que seu vestido de casamento é branco: isso expressa o que é a sua pureza interior e é a novidade que está acontecendo com você.

Se o seu vestido de casamento é preto, ou você usa vestido branco com sapatos pretos: isso indica que você não se sente à vontade, você não está feliz com a situação que está ocorrendo.

Se você sonha em se casar num terno vermelho, laranja, rosa, amarelo: veja o significado das cores no item *Cores* para entender o que isso pode significar.

Se você sonha que 1 amigo, parente, ou mesmo estranhos se casando: tenha cuidado como você avança para o rito: tudo corre bem? Inesperados acontecem? E também como você se sente? Feliz? Preocupada(o)? Triste?

Sonhar que você está nos laços de 1 casamento indesejável: denota que você vai ser, infelizmente, implicado num assunto desagradável.

Para uma mulher jovem sonhar que ela está insatisfeita com casamento anuncia que suas 2as inclinações vão convencê-la a fazer aventuras escandalosas.

Mulher jovem insatisfeita com casamento: anuncia que suas inclinações vão encaminha-la em aventuras escandalosas.

Mulher casada sonhar com seu dia do casamento: avisa a ela para fortalecer sua força e sentimentos contra a decepção e tristeza.

Se o casamento não está indo bem, ou se você tem sentimentos negativos: provavelmente há algo que não está indo bem em sua vida.

Se tudo corre bem e você está feliz da vida: então está se aproximando de uma nova fase de sua vida; haverá mudanças.

Ver 1 bolo de casamento: prazer numa sociedade ou num negócio.

Uma jovem sonhar com seu bolo de casamento: azar.

Fazendo o bolo de casamento: não é tão bom presságio, tanto vê-lo ou comê-lo.

Sonhar com bolos ou biscoitos doces: externa o ganho para o trabalhador e uma boa oportunidade para o empreendedor. Os namorados vão prosperar. Bolo significa prazer tanto na sociedade num negócio.

Quando a mulher no sonho se casa com 1 homem velho e decrépito, dê rosto enrugado ou de cabelos brancos: denota que ela terá uma grande quantidade de problemas e doenças à frente.

Se na cerimônia você se apresenta vestindo preto e seu noivo olha para você de uma forma de censura: você poderá ser conduzida ao desespero pela frieza e falta de simpatia de certo amigo.

Adultério: sonhar com adultério significa que você precisa ser mais carinhoso com as suas amizades, pois elas precisam de você. Não se culpe por tudo, saiba quem você é e tenha certeza de seu caráter.

Se você cometeu adultério, em sonho: não ponha em dúvida a sua própria honestidade, deixe a culpa de lado.

Se sofreu com o adultério: dê mais atenção aos amigos.

Presenciar 1 adultério: receberá críticas de pessoas amigas.

Sonhar que está traindo ou cometendo adultério: uma forte paixão poderá surgir em sua vida.

Lembrete: há uma passagem em *Levítico* onde Deus basicamente diz: "*Se alguém cometer adultério com a esposa de outro homem e contaminar a mulher do próximo, seja morto, tanto o adúltero quanto a adúltera*"(Levítico 20:10). Daí a pergunta: quantas mulheres e quantos homens casados desobedecem hoje esse ditame da *Bíblia* e continuam vivos? Mas se fossem mesmo castigados mesmo com a morte, por acaso haveria tantas vagas nos cemitérios?

Dica psicológica: acender uma vela azul natier e bater palmas para Mendelson – que escreveu a famosa *Marcha Nupcial*.

Casamento gay

Sonhar que ama oficialmente 1 homossexual: é presságio de uma vida muito feliz, repleta de prosperidade e amor verdadeiro.

Caso já esteja com alguém do mesmo sexo: é hora de intensificar os laços que os une, mas s'estiver à procura de 1 novo amor, tenha certeza de que este sonho anuncia a chegada de alguém muito especial e com sentimentos verdadeiros para com você.

Dica psicológica: todos os gays precisam e merecem também receber amor e carinho, não importa o tipo de casal em que a sonhadora(o) s'encaixa; se é existe amor é o que vale. Abra o seu coração e seja feliz, confie na sabedoria do seu sonho e na mensagem clara que lhe foi concedida pelos céus.

Sonhar com beijo homossexual: sinal para controlar seus impulsos e paixões sexuais.

Dica psicológica: todos os gays também têm desejos e fantasias, mas é preciso saber a hora e o momento certo de demonstrá-las, talvez o seu parceiro(a) ainda não esteja preparado para algumas aventuras, tenha paciência e respeite o sentimento alheio. Tudo tem sua hora, basta saber enfrentar esta caminhada juntos e mantendo sempre os sentimentos puros e sinceros.

Em geral: sonho com 1 casamento gay ou lésbico, representa o desejo que ele seja reconhecido por todos e, mais metafórica-mente, a realização da necessidade mais sentimental do que física do gay que o sonha.

Ciúmes

Sonhar que você está com ciúmes de outra pessoa, significa que esses sentimentos podem transitar de sua vida de vigília. Este sonho pode revelar sentimentos sub-conscientes de que o ciúme em relação a essa pessoa em particular. Como alternativa, ele representa a sua vulnerabilidade e seu medo de intimidade. Você precisa trabalhar em amor-próprio e reconhecendo a sua auto-estima, levando em conta que ciúmes são emoções negativas que, se você não souber se controlar, podem causar sérias dificuldades no casal ou com amizades.

Em geral: sonhar com o ciúme refere-se a medos e insegu-ranças que não podemos ou não devemos externar.

Sonhar que somos ciumentos de 1 irmão: é muito comum, não só em crianças, mas também em adultos.

Sonhar que estamos com ciúmes da nossa namorada(o): reflete insegurança e medo de perdê-la.

Ser possessivo com as pessoas que amamos: deixa de ser romântico e se torna 1 transtorno para todos os envolvidos, gerando apenas dores de cabeça, desconforto, discussões e angústia.

Sonhar que estamos com ciúmes do nosso namorado(a): reflete insegurança e medo de perdê-la Isso indica que há *pessoas ao nosso redor que pretendem quebrar nossa paz*, gerando situações de conflito, que podem levar a quebras de amor. Ele é possível que alguns membros da nossa família, especialmente as leis, em desacordo com a relação que temos, ser capaz de fazer qualquer coisa só para separar de seus filhos. Não se deixe levar pelas coisas que os outros nos dizem, caso contrário, perderemos nossa própria identidade e seremos alvos fáceis daqueles com más intenções.

Ver nossos amigos ou colegas com ciúmes: anuncia que em breve teremos que intervir numa briga, onde não seremos protagonistas, mas seremos obrigados a atuar como mediadores. É importante não virar para qualquer lado, porque isso traria mais problemas do que soluções. Se queremos impedir que os entes queridos lutem, devemos ser objetivos em nosso modo de pensar e principalmente nos comentários que fazemos. Lembre-se que o peixe pela boca morre.

Sonhar que estamos com ciúmes do sucesso dos outros: nos diz que nos importamos mais com as experiências dos outros do que com as nossas. Às vezes é necessário para comparar com as pessoas a aprender com eles e melhorar a nós mesmos, ainda que não deixe o ciúme nuvem nossa visãostamos apenas ciente das pessoas ao nosso redor e quão bem eles estão fazendo na vida, nunca mais fazer progresso e crescer como pessoas, por isso a angústia, desespero e frustração são emoções que prevalecem em nosso dia a dia.

Sonhar que estamos com ciúmes de alguém da nossa família: isso sugere que nos sentimos culpados por não atender às expectativas que eles depositaram em nós. Nossa vida per-tence somente a nós. Enquanto não prejudicarmos os outros, não precisamos andar por aí explicando o que fazemos ou o que deixamos de fazer. As decisões que tomamos devem ser nossas e não estar subordinadas ao que elas dirão ou o que esperam de nós, dadas nossas habilidades ou habilidades. Somos livres para escolher como viver a nossa vida, assumindo as consequências de nossas ações.

Em termos gerais: sonhar que somos ciumentos, como sonhar com a infidelidade, não se refere necessariamente a suspeitas sobre nossos entes queridos, mas sugere que devemos fortalecer nossa estima, bem como os laços com essas pessoas.

Companheiro

Em geral: conte com melhoria geral em sua vida, se o principal elemento de seu sonho era 1 companheirismo agradável.

Ver seu companheiro morto em sonho: deve estar alerta, acontecimentos inesperados trarão muita angústia.

Encontrar 1 companheiro há muito tempo ausente: é certeza de lucros inesperados e alegrias em família.

Divórcio

Sonhar que você está se divorciando: indica que você precisa diferenciar entre as coisas em sua vida e priorizá-las. Talvez você precise se separar de alguma questão ou de algum aspecto seu. Alternativamente, o sonho sugere que você tem medo de separação ou medo de ficar sozinho. Você pode estar insatisfeito com o seu relacionamento atual. Os sonhos de divórcio podem refletir eventos da vida real e o estresse que isso traz. Você pode estar se perguntando se você cometeu 1 erro em alguma situação ou decisão. Na maioria das vezes, o sonho que envolve divórcio significa uma mudança radical na vida do sonhador. Sonhos de divórcio sugerem uma fase de transição. É hora de mudar seus velhos hábitos.

Se você é solteira e sonha com divórcio: indica que dentro de pouco tempo você encontrará a pessoa amada; este sonho significa, também, que você deve se manter atenta, pois está sujeito a prejuízos ou perdas de bens.

Se você é casado mas 1 divórcio aparece no sonho: faça uma análise e verifique o que está indo mal em seu relacionamento e busque resolver os problemas pendentes. Além disso, o sonho também representa o fim de 1 ciclo e 1 novo início na carreira profissional, num local onde as pessoas saberão reconhecer o seu verdadeiro valor.

O sonho em que você aparece recebendo o divórcio: indica que você precisa aprender a diferenciar entre as coisas que ocorrem em sua vida e priorizá-las. De forma alternativa, este sonho pode significar que você tem medo de separar-se ou medo de ficar sozinho. Analise 1 pouco a sua vida e as suas atitudes, pois talvez você precise romper com algum problema ou algum aspecto de sua personalidade. Além disso, o sonho pode indicar que você não está satisfeito com o seu relacionamento atual. Os sonhos que envolvem divórcio podem refletir eventos da vida real, da vida cotidiana e o estresse que ela traz. Pode ser que você esteja se indagando sobre algum erro que possa ter cometido em alguma situação ocorrida, ou ainda, o sonho com divórcio sugere uma fase de transição ou é 1 sinal de que é chegada a hora de mudar os seus velhos hábitos.

Se você sonha que os seus pais estão divorciados ou em processo de divórcio: mas isso não está acontecendo na realidade, este sonho pode simbolizar os conflitos existentes dentro de você mesmo. Você está lutando delicadamente com ambos os pais, sem decepcionar nenhum dos 2.

Se você é solteiro e sonha com divórcio: indica que dentro de pouco tempo você encontrará a pessoa amada; este sonho significa também, que você deve se manter atento, pois está sujeito a prejuízos ou perdas de bens.

Ex

Sonhar com 1 ex-parceiro(a): é 1 sonho extremamente comum. Pode ser associado a uma possível bagagem emocional na vida em vigília. A mensagem principal é que você pode ser melhor para resolver os problemas que você mantém dentro dessa relação e seguir em frente. Se você está passando por momentos difíceis na vida, então é comum sonhar com 1 relacionamento com 1 ex-parceiro seu(a). E pode sugerir que você tenha dúvidas sobre seu relacionamento atual no estado de vigília. Inclusive indicar que você está pronto agora para a mudança de liderança que você teme os possíveis desafios que possam surgir em seu caminho.

Sonhar com ex-amante: significa que questões do passado ainda não estão completamente resolvidas para você. O que lhe faz pensar dessa forma? Tente desvendar internamente quais questões ainda o incomodam e procure descobrir o que você pode fazer a respeito para solucioná-las sozinho. O passado fica no passado, sempre, não cutuque no que está quieto.

Sonhar com ex-namorada: agora, quando as pessoa sonham com uma ex-namorada, é sinal de que existe uma insatisfação geral com o relacionamento atual.

Sonhar com o ex-marido: se no sonho você apenas o vê, mas não troca nenhuma palavra ou não há muitas interações, isso pode significar que você deve prestar bastante atenção acerca de como vem tratando seus familiares, amigos ou colegas de trabalho. Esse é 1 grande sinal de que você vem sendo 1 tanto intolerante com alguém do seu convívio, o que pode trazer consequências futuras bem desagradáveis para você.

Sonhar com ex-marido brigando: se no sonho você passava por alguma espécie de desentendimento com o seu ex-marido, isso pode ser 1 sinal claro de que você precisa ter mais atenção sobre como direcionar sua vida amorosa atualmente. Nesse caso, o sonho seria 1 grande aviso para que você não venha cometer erros parecidos com o que talvez tenha cometido no seu último relacionamento. Na vida, muitas vezes tendemos a cair num ciclo vicioso e acabamos repetindo padrões de comportamento negativos. Analise e reflita se esse não é o seu caso.

Sonhar com ex-marido sendo romântico: sonhar que vocês estão juntos novamente, em situação feliz, amorosa e romântica pode ser 1 significado de que você está precisando conhecer pessoas novas e iniciar 1 novo relacionamento. É sinal de que precisa deixá-lo para trás vivendo novas experiências.

Sonhar com ex-marido conversando: significa que ele anda pensando em você e que há grande possibilidade de vocês se verem nos próximos dias. Quando construímos qualquer tipo de vínculo emocional com alguém, ainda que o relacionamento tenha acabado, mantemos por 1 bom tempo uma espécie de conexão energética com aquela pessoa. Nesses casos, encontros imprevistos podem acabar acontecendo, o que não significa que vocês deverão reatar ou terem uma recaída.

Sonhar com ex-marido triste e chorando: essa interpretação só será realmente válida se você tem certeza absoluta de que em você não há mais o desejo de retornar ao relacionamento que tinha com ele. Se você possui essa certeza e teve sensações de tristeza durante 1 sonho com ex-marido, é 1 grande sinal de que você pode ter surpresas desagradáveis em sua vida financeira. Esteja bem atenta às transações que fará por enquanto. Se possível, evite fazer acordos e contratos que envolvam dinheiro.

Flerte

Sonhar que você está flertando ou que alguém está flertando com você representa sua necessidade de intimidade e afeição. Você pode estar prestes a entrar num sério compromisso ou relacionamento no futuro próximo.

Infidelidade

Esta passagem vem de *Levítico* e basicamente diz que se alguém cometer adultério com a esposa de outro homem, ambos serão mortos: "*Se alguém cometer adultério com a esposa de outro homem e contaminar a mulher do próximo, seja morto, tanto o adúltero quanto a adúltera*" (Levítico20:10).

Lua de mel

Sonhar com lua-de-mel: a lua de mel em seu sonho é 1 símbolo de uma relação em florescimento. Você pode ter acabado de conhecer alguém, ou você pode ter estado com ele por muitos anos, mas o seu sonho de uma lua de mel indica suas esperanças para o relacionamento e sua expectativa de felicidade com essa pessoa. Também pode aplicar-se a qualquer coisa nova e emocionante em sua vida, como 1 novo emprego, uma casa nova, ou uma mudança para uma nova cidade. No entanto, é preciso lembrar o subtexto do sonho com lua de mel: este é o período de felicidade quando você não vê quaisquer falhas na outra pessoa ou situação. Após a lua de mel acabar você vai começar a descobrir que a outra pessoa não é perfeita, afinal.

Se no sonho a noiva sentiu-se indiferente na cama com seu marido: é anuncio de uma série de circunstâncias desagradáveis que podem estragar a sua vida em alguns dias, ou para seus entes queridos.

Namorada

Sonhar que tem namorada carinhosa e bonita: indica que irá conquistar uma moça maravilhosa da qual se irá orgulhar.

Se sonhar com uma namorada com outro tipo de aspecto: prediz que s'encontrará descontente na sua atual escolha.

Sonhar com a namorada: geralmente significa que as pessoas estão realmente preocupadas com o seu par e também demonstra uma grande quantidade de carinho que está diretamente relacionada a esta pessoa.

Quando 1 homem sonha estar namorando alguém: isso significa que 1 possível relacionamento com uma pessoa que não conhece bem, pode revelar-se 1 fracasso. Por outro lado, se 1 homem está a sonhar que está namorando com alguém que não a sua companheira, isso significa que ele não é uma pessoa digna de con fiança.

Sonhar com a namorada morta: já quando as pessoas sonham com a sua namorada morta, o que realmente pode ser 1 sonho completamente desagradável, é sinal que o relaciona-mento entre os 2 pode estar morto, ou muito prejudicado. Sendo assim, pode ser interessante olhar com mais atenção para o relacionamento como 1 todo.

Sonhar com namorada de amigo: já quando as pessoas sonham com a namorada de 1 amigo, é sinal que existe 1 sentimento de inveja para com a outra pessoa. Mas nem sempre a pessoa está sentindo inveja do amigo por causa da namorada, pode ser outro fator.

Sonhar com ex-namorada: agora, quando as pessoa sonham com uma ex-namorada, é sinal de que existe uma insatisfação geral com o relacionamento atual.

Se 1 homem sonha encontrar uma namorada: significa que irá à uma festa cheia de atraentes garotas.

Quando 1 homem sonha estar namorando alguém: isso significa que 1 possível relacionamento com uma pessoa que não conhece bem, pode revelar-se 1 fracasso. Por outro lado, se 1 homem está a sonhar que está namorando com alguém que não a sua companheira, isso significa que ele não é uma pessoa digna de confiança.

Namorado

Quando uma mulher sonha com namoros: quer dizer que a ilusão de ser pedida em casamento não vai acontecer e em vez disso ficará com a sensação de desilusão e desapontamento. O anseio em ser pedida em casamento transformar-se-á em descrença e desilusão.

Se você é casada ou tem namorado fixo e sonha com 1 ex: isso pode sugerir que você precisa de ajuda para aliviar sua carga na vida. Pode revelar também que sua ex-namorada(o) ainda está pensando em você. Isso às vezes é comumente transferido durante o estado de sonho. Se você tiver problemas não resolvidos com este ex-namorado, pode sugerir que você precisa deixar qualquer barreira que possa estar impedindo você de "*seguir em frente*" na vida.

Ser estuprada por 1 ex-namorado em seu sonho: significa que você ainda mantém emoções em torno do controle desse relacionamento.

Quando uma mulher sonha com novos namoros: quer dizer que a ilusão de ser pedida em casamento não vai acontecer e em vez disso ficará com a sensação de desilusão e desapontamento. O anseio em ser pedida em casamento transformar-se-á em descrença e desilusão.

Quando uma mulher em sonho vê seu namorado desmanchar o romance: não é 1 bom sinal. Ela sempre estará esperando por propostas de casamento que não serão feitos, desapontando-a.

Sonhar com a namorada de amigo: já quando as pessoas sonham com a namorada de 1 amigo, é sinal que existe 1 sentimento de inveja para com a outra pessoa. Mas nem sempre a pessoa está sentindo inveja do amigo por causa da namorada, pode ser outro fator.

Sonhar que você está namorando duas pessoas ao mesmo tempo: significa paixão em seu próprio relacionamento pessoal. Este sonho não significa necessariamente que você quer se desviar do seu outro significativo. Pode também indicar alguma ansiedade em alguma mudança importante no relacionamento.

Ser estuprada por 1 ex-namorado: significa que você ainda mantém emoções em torno do controle desse relacionamento.

Noivado

Sonhar com noivado: poderá sofrer decepções no seu tratamento d'emagrecimento e saúde, ou com sua fisioterapia ou outros coadjuvantes.

Esteve presente num noivado: em seguida, você mesma vai se casar em breve.

Noiva

Você ficando noiva: fim rápido para 1 caso de amor.

Você sonhou dar ou receber anéis de noivado: isso pode ser considerado como uma chamada para não apressar as coisas.

Noiva casando: o sonho promete 1 desenvolvimento harmonioso, decente e muito forte amizade.

Não s'esforçou para ir até o altar: você corre o risco de 1 sobressalto e virar amante.

Se uma adolescente se vê como noiva no sonho: anuncia que uma herança irá agradá-la muito, mas só se ela alegremente, no mesmo sonho, também colocou o vestido de noiva.

Uma mulher adulta se ver como noiva: ela almeja roupas novas e presentes caros.

Para uma mulher casada: significa que por causa dos problemas de seu marido em perigo, existe a ameaça dela se tornar uma viúva.

Uma viúva ou divorciada ter tal sonho: lágrimas à frente.

Se você sonha que beijou a noiva: significa que você fazer as pazes com sua amada.

Beijar a noiva num sonho: promete reconciliação das partes em conflito.

Se o beijo na noiva foi de outro: prediz-lhe muitos amigos e prazeres.

Se foi ela quem beijou você no sonho: é promessa de boa saúde. É possível que sua namorada herdará algo inesperado.

Sonhar que a noiva beijada tinha lágrimas de felicidade nos olhos: terá 1 dia feliz amanhã.

Se você no sonho parabenizou a noiva e a beijou na bochecha: o sonho prediz que na vida real 1 velho inimigo seu vai querer, finalmente, fazer uma trégua. Também prediz que por muitos anos você pode esquecer de doenças; a sua saúde não o decepcionará.

Beijar a noiva e ver que ela está cansada ou doente: é que você não está compartilhando sua felicidade com os seus amigos.

Se no sonho a noiva tornou-se indiferente ao seu noivo: anuncia uma série de circunstâncias desagradáveis que podem estragar a sua nova vida.

Se você no sonho mostrou-se pouco atenuada(o) em suas aspirações matrimoniais: mostra que a sua chance de se tornar 1 parceiro legítimo na vida, aumentou significativamente.

Se você mãe, no sonho viu que a sua filha virou noiva: isso significa que você tende, inconscientemente a se comparar com ela e que o resultado não está a seu favor. Você vai ficar triste, sentindo-se mais velha, que perdeu sua aparência e parte de seu caráter. Inclusive que gostaria d'estar no lugar dela para desfrutar do sexo forte que lhe foi tão aprazível nos velhos tempos.

Se você pai, viu sua filha de noiva: significa que ele vai desfrutar em breve grande prazer e satisfação. Talvez ele vai s'encontrar com a pessoa com quem ela não via há muito tempo e que secretamente sempre sonhava encontrar.

1 homem ver sua esposa na figura de uma noiva engalanada: confessa que ele está começando a duvidar de seu poder masculino, pensando serio o que poderá acontecer se ele começar a falhar na cama.

Casada ver-se como noiva de outra mulher: diz que em breve terá mudança em seu relacionamento, com chance dela fazer as pazes com sua amante depois de uma longa discussão e birra.

Se o vestido causou-lhe desconforto: ela vai sofrer decepções em suas afeições.

Se no sonho a noiva que estava infeliz com o noivo: isso significa que os 1ºˢ dias de sua vida com seu marido vão ser ofuscados pelos problemas.

Se uma jovem se vê como noiva num sonho: é anuncio de uma herança que irá agradá-la excessivamente. Mas só se ela alegremente colocar 1 vestido de noiva.

Adolescente sonhar em se tornar noiva: a perspectiva de casamento, não é deprimente, mas sim decepção em suas afeições.

Vestido de noiva com flores: anunciam expectativas enganados e sonhos não realizados.

Se uma garota sonha que ela é a noiva e que teve muito prazer em colocar 1 vestido de noiva: o sonho anuncia sua aposentadoria através de 1 casamento vantajoso.

Se o vestido causou-lhe desconforto: ela vai sofrer decepções em suas afeições.

1 homem ver sua esposa na figura de uma noiva engalanada: confessa que ele está começando a duvidar ainda seu poder masculino, pensando seriamente o que poderá acontecer se ele começar a falhar na cama.

Em geral: 1 novo começo. Em sua vida, grandes mudanças estão previstas para o melhor.

Noivo

Sonhar com futuro noivo: simboliza seu desejo d'encontrar alguém que possa retribuir seu afeto e carinho.

Sonhar com o noivo de outra pessoa: significa que inconscientemente você gostaria de estar com uma pessoa diferente de seu par atual, necessariamente não é o noivo de outra pessoa que você conhece, mas alguém que não é ser atual relacionamento.

Sonhar com ex-noivo: significa que tem boas recordações de seu antigo relacionamento.

Sonhar que está rompendo com seu noivo: significa que você ainda tem arestas para aparar em seu relacionamento. Pequenos detalhes não resolvidos, acumulados com outros tantos pequenos detalhes, podem resultar em grande problema. O dialogo franco com a pessoa amada tornará seu noivado mais sólido.

Anseio

Anseio: você deve corrigir seu modo de viver.

Sentir anseio forte: ser indiferente quando você deveria ser bondoso.

Anseio causado por pesar e vexame: as preocupações se dissiparão.

Parentes que sentem anseio: disputas de família.

Ansiedade

Em geral: 1 sonho que envolva 1 estado de ansiedade constitui como 1 bom prenúncio para a sua vida. No entanto também deve ter em atenção que a ansiedade a mais também lhe pode ser prejudicial.

Sonhar ansioso: é 1 bom presságio, demonstra que, depois de fases ameaçadoras e momentos conturbados, o sucesso nos negócios e o rejuvenescimento da mente será alcançado.

Sonhar que está ansioso em relação a algum momento amoroso: indica que podem ocorrer combinações desastrosas entre os negócios e o estado afetivo pessoal.

Sonhar que sente muito ansioso: é 1 reflexo do que o sonhador(a) pode estar sentindo 1 enorme vazio no seu interior. Mas também pode querer dizer que continua a reter pensamentos, emoções não expressas, ressentimento e/ou hostilidade, provocando assim os seus sonhos de ansiedade.

Ansiedade e ataques de pânico ao acordar de 1 sonho: podem ocorrer como 1 único episódio, mas o sonho pode implicar que a pessoa precisa distinguir quais desafios ele enfrenta na vida diária.

+ *Cuidados*: o psicólogo pode sugerir que o sonhador (a) vá até uma igreja e acenda uma vela para Walt Disney que fez e ainda faz muito feliz a tantas milhões de crianças.

Arrependimento

Arrepender-se: uma vida feliz e muito lucro. Prediz também que você vai ficar decepcionado com quem você confiava e que se tornou-se chato e insuportável.

Mostrar sentir qualquer pena: significa que a sua casa deve ter 1 filho, mas se você já tem, então junte algum animais (cão, gato, hamster, etc).

Sentir-se arrependido pela perda de uma propriedade num sonho: prenuncia muita tensão mental e luta com suas próprias falhas de certos amigos.

Sonhar com o arrependimento sincero de alguém: é sinal para você preparar-se mentalmente para 1 longo período de tempo envolvendo finanças, devido falta de apoio de certa pessoa que falhou.

Sonho de arrependimento por causa de uma certa doença: reflete problemas de saúde causados por sua própria negligência.

Se você sonha arrepender-se depois de ter cometer 1 mesmo engano: revela você ter cometido erros no passado e ser forçado a mudar d'estilo de vida por causa de circunstâncias adversas.

Sonhar, você se arrepender de seus pecados: terá que dar explicações à sua esposa ou esposo.

Arrepio

Estar muito assustado e arrepiado em seu sonho: grande êxito.

Ficar assim por causa de crianças: prosperará, graças à sua perseverança.

Assustar e arrepiar outras pessoas: dentro de pouco tempo ocorrerá uma transformação na sua vida.

Ficar assustado e arrepiado em seu sono: descobrirá 1 segredo e confirmação de que foi verdade no que você ouvir. Alternativamente, pode simbolizar o medo e uma atitude gelada sua.

Bloqueios

Sonhando sentir bloqueios: é explicado como o sonho de simbolismo importante para o sonhador. Este sonho significa que a sua incapacidade de obter o que deseja ou sendo mantido fora. Talvez 1 aspecto de si mesmo está trancado por dentro e precisa ser expressão. Sonhando que 1 bloqueio é acidentalmente fechado em torno de seu pulso, sugere que você está debatendo sobre a possibilidade de ser mais abertos sobre seus sentimentos ou mantê-los para si mesmo. Você sente que você está assumindo 1 risco importante em deixar os seus sentimentos conhecidos.

Calma

Se você sentiu a calma num sonho, então tal sonho mostra a tranquilidade e felicidade em sua vida. Você é a pessoa que é capaz d'encontrar a satisfação em todos os aspectos de sua vida. Se alguém estava tentando fazer você acalmar, então esse sonho sugere que você o faça, especialmente quando você se sentir irritado e frustrado.

Calor

Sentir calor no rosto: os amigos estão falando a seu respeito.

Sentir em todo o corpo: significa que o sonhador está enredado em alguma questão emocional, na qual ele não tem certeza de como sair.

Sofrer com o calor: você não tem motivos para preocupar-se.

Estar em lugar muito quente: uma pessoa amiga trai você.

Estar com muito calor: a felicidade está assegurada.

+ *Cuidados*: também pode predizer doença próxima.

Cansaço

Estar cansado: receberá uma grande quantia.

Marido que está cansado: pobreza.

Esposa que está cansada: herança.

Filhos que estão cansados: 1 mistério logo será solucionado.

Empregados que estão cansados: você se importa mais com a diversão do que com o trabalho. Pessoas amigas que estão cansadas; brigas na família.

Carinho

Feito por mulher jovem: prazer seguido de mágoa.

De modo geral: indica excesso de carência afetiva.

Choro/lágrimas

Existem uma multiplicidade de tipos de choro. O tipo do choro é muito relevante para compreender plenamente o que significa este sonho. Sendo assim, os motivos que podem gerar 1 sonho geralmente são: desconforto, angústias, depressão, desespero, tristeza, fome, sorte, saudades, dificuldades de todos os gêneros, sofrimentos, desilusões e desenganos de todas as espécies; além disso, também existem choros causados pelo extrema felicidade e alegria.

Quando o sonhador chora em seu sonho: esse sonho mostra os sentimentos desfavoráveis para alguém que esteja sofrendo. Talvez o sonho equilibra o estado de sua mente, onde você se sente estressado e frustrado em sua vida de vigília e que talvez se sinta incapazes d'expressar suas emoções. Também pode significar que a sua mente inconsciente lhe dá liberação e deixando você se livrar dessas emoções. Em nossa vida de vigília, estamos dispostos a reprimir e ignorar nossas emoções.

Ver outra outra pessoa chorando num sonho: então esse sonho pode refletir seus próprios sentimentos.

Se você inclusive acordou chorando: tal sonho indica sentimentos muito rígidos que estavam escondidos e que agora você está libertando. O sonho também pode indicar o medo de perder alguém que você ama. Se ninguém te ajudou num sonho, enquanto você estava chorando, então ele mostra como impotente e incapaz você está sentindo. O sonho sobre o choro sugere que você confirme a si mesmo e acreditar em si mesmo, uma vez que é ok para chorar de vez em quando.

Em geral: chorar significa que seus desejos serão realizados em breve.

Crianças chorando: aposte em jogos lotéricos.

Amigos chorando: receberá 1 belo presente.

Chorar sozinha(o): grandes prazeres.

Chorar com a família: alegria e risos.

Chorar com pesar: desfrutará prazeres.

Filhos chorando: felicidade e boa sorte.

Pessoas amigas chorando: receberá 1 presente inesperado.

Outras pessoas chorando: receberá más notícias, mas sem importância.

Membros da família chorando: receberá boas notícias.

O que significa acordar chorando depois de ver sua mãe ou seu pai doente num sonho? Experimentar a morte é traumático o suficiente e pode explicar os sentimentos desagradáveis, mesmo em nossos sonhos. No entanto, se você acordar chorando depois de ver alguém doente, como, por exemplo, 1 dos seus pais, significa que você esteve sob muito estresse e ansiedade recentemente. Pode implicar que você tenha experimentado algo traumático e precise de tempo para superar alguma mágoa e dor.

+ *Cuidados*: tire o tempo que precisar para se curar por dentro. Caso contrário, sonhos desagradáveis podem continuar.

Ouvir alguém chorando: traduz uma grande alegria, que irá levá-lo(a) aos parentes, entes queridos, ou apenas aos bons amigos(as). Quanto mais alto o som de soluços de alguém, maiores serão as suas emoções de vigília.

Se você chorou no sonho de alegria: significa realização e sucesso em casos de amor, paz e tranquilidade na vida familiar.

Se você chorou num sonho e acordou com lágrimas de verdade no rosto: significa uma briga com alguém que você ama sendo você uma adolescente.

O que significa acordar chorando depois de ver minha mãe ou meu pai doente num sonho? Experimentar a morte é traumático o suficiente e pode explicar os sentimentos dessa-gradáveis, mesmo em nossos sonhos. No entanto, se você acordar chorando depois de ver alguém doente, como, por exemplo, 1 dos seus pais, significa que você esteve sob muito estresse e ansiedade recentemente. Pode implicar que você tenha experimentado algo traumático e precise de tempo para superar alguma mágoa e dor.

+ *Cuidados*: tire o tempo que precisar para se curar por dentro. Caso contrário, sonhos desagradáveis podem continuar.

Choro de tristeza: é 1 impulso que ao mesmo tempo em que limpa a alma, ela piora o sentimento em relação à alguma aflição. Sendo assim, sonhar com choro de tristeza, seja seu, de 1 conhecido(a) ou desconhecida(o), isso simboliza aflições e assuntos mal resolvidos na vida de vigília. Além disso, a ausência de algo mais significativo na vida, também pode desencadear este sonho. Nesse caso, o alvo d'aflição ou tristeza é exatamente que você vê em sonho. Portanto, considere resolver todos os seu conflitos e pendências para viver tranquilamente.

Choro por morte: há duas situações que podem formar este sonho. A 1ª, acontece quando você realmente está passando por alguma perda ou vivenciou a morte de 1 ente querido na vida de vigília. Nesse caso, sonhar com choro por morte é uma expressão de sua alma sobre uma morte recente e real. Por outro lado, este sonho indica que você está passando por momentos difíceis d'enfrentar e superar. Nesse caso o sonho pode envolver uma diversidades de aspectos. Por exemplo: término de 1 relacionamento, 1 novo emprego, mudança de domicílio ou qualquer transição muito carregada emocionalmente.

Choro carregado de desespero: é desencadeado por sentimentos de extrema aflição e angústia. Este impulso de chorar compulsivamente também pode ser despertado quando existe uma fraqueza energética d'espírito (sensação ruim) que faz com que alguém acredite estar sem saída. Como resultado, este sonho é formado por estímulos negativos e, consequentemente, infundados e desnecessários. Pois o que se desempenha em sua mente é muito pior que a realidade. Nesse caso, o sonho pode ser reflexo de algum tipo de perturbação, transtorno, traumas, descontrole e até, desânimo na vida de vigília. Sendo assim, o choro desesperado no sonho se manifesta quando você perde as forças e as esperanças na vida acordada. Porém, não existe motivo para mais desespero. Todos passam por momentos de extrema fragilidade que podem acabar desencadeando uma imensidade de conflitos internos e bloqueios. O importante é você entender que essa oscilação pode ocorrer em momentos de sensibilidade e, assim, você deixar de nutrir e fortalecer tais sintomas com excessos de pensamentos que só podem agravar a situação.

Sonhar com lágrimas: as lágrimas do ponto de vistas espiritual são consideradas as palavras d'alma. Muitas vezes as lágrimas se manifestam quando a expressão de sentimentos d'alma não cabe em palavras. Assim, através do choro e das lágrimas a alma consegue demonstrar incontáveis sentimentos e emoções. Sendo assim, o significado de sonhar com lágrimas exige reflexão. Este é 1 sonho muito específico sobre alguma necessidade d'expressar seus sentimentos na vida de vigília. Talvez na vida de vigília você tenha dificuldades em criar laços ou relacionamentos mais íntimos. A consequência em não expressar os sentimento gera 1 conflito, que pode gerar 1 bloqueio e, como resultado, uma vida sem significado e superficial. Além disso, o resultado deste bloqueio pode ser ainda mais grave, pois a interiorização dos sentimentos podem, também, se manifestar em formas de doenças.

> + *Cuidados*: portanto, é importante dedicar-se a cuidar mais de si mesmo. Faça exercícios físicos, pilates, meditação, Reiki, etc. Isso o ajudará a integrar mente e corpo, o que facilitará desfazer os bloqueios que o impedem de viver plenamente.

Ver 1 amigo querido chorar: é algo que nos afeta poderosamente. Porém, nem sempre o vemos chorando e este sonho bode estar abrindo os olhos para ajudar alguém próximo. Oferecer ajuda, por mais que seja 1 amigo, pode exigir certa habilidade de sua parte. Porém, faça uma sondagem e simplesmente de atenção e faça perguntas que o motivem a comentar ou lhe dizer o que está sentindo. Assim, você poderá ajudá-lo a desfazer qualquer mágoa, ressentimento ou dificul-ade que esteja vivendo.

Choro de criança: o choro é o meio de comunicação mais eficaz das crianças. Eles choram quando sentem a necessidade de algo. Os pais e familiares devem ter percepção para compreender o choro de uma criança e, assim, orientá-la da melhor maneira possível.

> + *Cuidados*: se você tem 1 filho(a) e teve este sonho, considere observar as atitudes que vem tomando em relação aos seus filhos. Veja se você está dando exemplos e educando da maneira adequada. Talvez seu filho(a) ou a criança que está próxima de si esteja com dificuldades e precisando desabafar sobre algo que lhe incomoda. Portanto, procure dedicar-se mais na aproximação e na criação de laços de confianças com as crianças que o rodeiam e que são de sua responsabilidade.

Choro de uma mãe: é poderoso e sempre simboliza algo sobre nós mesmos. Porém, o motivo do choro é de extrema importância para interpretar este sonho. Se o choro for de felicidade e contentamento, isso indica que o modo como vem conduzindo sua vida está alinhado com suas intenções. Por outro lado, se o choro é de desespero ou algum sentimento de tristeza, isso revela que você está se intoxicando com pessoas ou lugares nocivos.

Lágrimas no sonho: é presságio de alegrias em família, felicidade e paz.

Ciúmes

Sonhar que você está com ciúmes de outra pessoa, significa que esses sentimentos podem transitar de sua vida de vigília. Este sonho pode revelar sentimentos subconscientes de que o ciúme em relação a essa pessoa em particular. Como alternativa, ele representa a sua vulnerabilidade e seu medo de intimidade. Você precisa trabalhar em amor-próprio e reconhecendo a sua autoestima, levando em conta que ciúmes são emoções negativas que, se você não souber se controlar, podem causar sérias dificuldades no casal ou com amizades.

Em geral: sonhar com o ciúme refere-se a medos e inseguranças que não podemos ou não devemos externar.

Sonhar que somos ciumentos de 1 irmão: é muito comum, não só em crianças, mas também em adultos.

Sonhar que estamos com ciúmes da nossa namorada(o): reflete insegurança e medo de perdê-la.

Ser possessivo com as pessoas que amamos: deixa de ser romântico e se torna 1 transtorno para todos os envolvidos, gerando apenas dores de cabeça, desconforto, discussões e angústia.

Sonhar que estamos com ciúmes do nosso namorado(a): reflete insegurança e medo de perdê-la Isso indica que há pessoas ao nosso redor que pretendem quebrar nossa paz, gerando situações de conflito, que podem levar a quebras de amor. Ele é possível que alguns membros da nossa família, especialmente as leis, em desacordo com a relação que temos, ser capaz de fazer qualquer coisa só para separar de seus filhos. Não se deixe levar pelas coisas que os outros nos dizem, caso contrário, perderemos nossa própria identidade e seremos alvos fáceis daqueles com más intenções.

Ver nossos amigos ou colegas com ciúmes: anuncia que em breve *teremos que intervir numa briga,* onde não seremos protagonistas, mas seremos obrigados a atuar como mediadores. É importante não virar para qualquer lado, porque isso traria mais problemas do que soluções. Se queremos impedir que os entes queridos lutem, devemos ser objetivos em nosso modo de pensar e principalmente nos comentários que fazemos. Lembre-se que o peixe pela boca morre.

Sonhar que estamos com ciúmes do sucesso dos outros: nos diz que nos importamos mais com as experiências dos outros do que com as nossas. Às vezes é necessário para comparar com as pessoas a aprender com eles e melhorar a nós mesmos, ainda que não deixe o ciúme nuvem nossa visão. S'estamos apenas ciente das pessoas ao nosso redor e quão bem eles estão fazendo na vida, nunca mais fazer progresso e crescer como pessoas, por isso a angústia, desespero e frustração são emoções que prevalecem em nosso dia a dia.

Sonhar que estamos com ciúmes de alguém da nossa família – isso sugere que nos sentimos culpados por não atender às expectativas que eles depositaram em nós. Nossa vida pertence somente a nós. Enquanto não prejudicarmos os outros, não precisamos andar por aí explicando o que fazemos ou o que deixamos de fazer. As decisões que tomamos devem ser nossas e não estar subordinadas ao que elas dirão ou o que esperam de nós, dadas nossas habilidades ou habilidades. Somos livres para escolher como viver a nossa vida, assumindo as consequências de nossas ações.

Em termos gerais: sonhar que somos ciumentos, como sonhar com a infidelidade, não se refere necessariamente a suspeitas sobre nossos entes queridos, mas sugere que devemos fortalecer nossa estima, bem como os laços com essas pessoas.

Cócegas

Se você está sendo agradado por alguém num sonho: ele simboliza a falta de positividade, alegria e felicidade em sua vida. Provavelmente, você é a pessoa muito difícil.

Conflitos sentimentais

Ter 1 conflito: participará de situações perigosas.

Ter 1 conflito legal: logo será enganado.

Perder 1 conflito: ganhos inesperados.

Vencer 1 conflito: terá lucro com especulações.

Consciência

A consciência é uma qualidade da nossa mente. O homem age e conduz a sua ação por aquilo que a sua consciência o permite. Nos sonhos, a consciência pode ser 1 fardo pesado de carregar, mas também pode estar muito leve e tranquila.

Ao sonhar que a sua consciência o censura por ter enganado alguém: isso quer dizer que receará em efetuar ações erradas em relação aos outros.

> + *Cuidados*: É necessário estar alerta para que não fique com a consciência pesada pelo mal que possa vir a fazer.

Se, por outro lado, sonhar que tem a consciência tranquila: isso significa que vai conseguir atingir os seus objetivos de uma forma notória e terá o reconhecimento de todos por tal.

Constrangimento

Se no sonho você se viu envergonhado: significa fraquezas ocultas, medos e falta de autoconfiança. Este sonho também sugere de inseguranças sobre sua sexualidade.

Coragem

Mostrando ter coragem num sonho: indica de fato coragem, força e resistência. Considere a frase comum *"você tem muita coragem"*.

Covardia

Se você ou alguém que é 1 covarde num sonho, em seguida, ele mostra como você está negligenciando de quem você é. Talvez você não se deixe de continuar a aumentar.

Crueldade

Se você foi cruel com alguém num sonho: ele mostra as emoções de raiva que você guarda no seu inconsciente. Talvez as emoções negativas têm-se mantidas escondidas em você por muito tempo, mas não é o momento de deixá-las sair, mesmo que isso só acontece em seus sonhos. A mente inconsciente muitas vezes não é mais capaz de lidar com a negatividade.

Se alguém tem sido cruel com você num sonho: então isso significa que você deve ser mais autoconfiante e levantar-se por si mesmo.

Culpa

Se alguém culpou você num sonho: indica uma fase da sua vida em que você sente ser incapaz de lidar com o ambiente.

Sonho no qual você culpa alguém por algo que ele fez: mostra que você está tentando se livrar dos deveres que são dadas a você. Por outro lado, tal sonho indica o seu receio por determinada pessoa.

Se você se sente culpado num sonho: então ele poderia refletir a culpa real que você está sentindo em sua vida de vigília, mas o sofrimento é encaminhado para seus sonhos. O sonho também pode indicar suas habilidades e inabilidades de fazer certas coisas. Talvez você não confie em si mesmo e no que você é capaz de fazer.

Decepção

Se no sonho você sentir decepção: então isso indica experiências em sua vida na qual você está ficando continuamente desapontado. Esses sonhos muitas vezes refletem decepções reprimidas acumulados ao longo de 1 período de tempo. Este tipo de sonho serve como uma válvula d'escape emocional que pode proporcionar paz de espírito.

Delírio

Estar delirando: perigo causado por 1 segredo.

Outras pessoas delirando: uma pessoa amiga procura ajudá-lo em segredo.

Parentes que deliram: precisa controlar suas paixões.

Filhos que deliram: dinheiro chegando.

Depressão

Se você está se sentindo deprimido enquanto você está sonhando: esse símbolo de seu sonho refere-se à sua incapacidade de fazer conexões em sua vida real.

Desesepero

Você estar em desespero num sonho: significa que você vai ter muitas dificuldades e experiência cruéis em seu trabalho.

Ver outros em desespero num sonho: denota que algum amigo ou parente vai estar em grande aflição por estar numa situação infeliz.

Desolação

Estar desolado: notícia do casamento de pessoa amiga, que se realizará logo.

Sofrer desolação: outra pessoa irá beneficiar-se de seus atos.

Outras pessoas sofrendo desolação: há uma amizade leal por perto.

Desprezo

O desprezo é 1 sentimento e uma forma d'estar que as pessoas adotam quando sentem repulsa por algo ou alguém.

Ao sonhar que está a ser desprezado por algum tribunal ou por algum grupo: demonstra que cometerá alguma indiscrição social ou econômica que o colocará em descrédito na sociedade.

Ao sonhar que outras pessoas olham para si com admiração, sem qualquer ponta de desprezo: significa que triunfará na sua vida pessoal e profissional e obterá o respeito de todos.

Emoção

Se você estiver emocionado contente num sonho: significa que, na realidade, querendo realizar seu plano, você está esperando por algum homem. Ele, literalmente, a deixara por baixo no último momento, sendo que você vai ter quase nenhuma oportunidade de corrigir a situação. Devido a isso, seu relacionamento vai provocar uma rachadura profunda. Se você quiser manter com ele apenas uma amizade, muito bonito, mas você não será capaz de sintonizar a falha moral dele e nem mais contar com seu amigo.

As emoções que você observa nas pessoas ao seu redor: é 1 reflexo do seu próprio estado emocional.

Se você o tempo todo na rua só vê rostos tristes: então você está experimentando uma tristeza interior (mesmo que não admita).

Se as pessoas ao seu redor estão constantemente irritadas: é uma raiva da qual você não consegue se livrar, porém, você pode se sentir equilibrado(a) e calmo(a).

Por outro lado, se você vê as pessoas calmas e você se sente feliz e seguro(a): seu estado emocional não é completamente estável, embora seu coração esteja feliz e satisfeito com a vida.

Esgotamento

Sentir-se esgotado: cuidado com a forma como lida com os negócios. Também desejo de partilhar momentos agradáveis com os amigos.

Estremecer

Você estremecer: a felicidade trazida pela alegria no lar.

Outros estremecendo: haverá 1 casamento.

Estremecer e tremer muito: realizará altas ambições.

Parentes estremecendo: a decepção é certa.

Excitação

Estar excitado e feliz: o êxito virá mais tarde.

Estar excitado, mas de forma desagradável: realização vitoriosa dos planos.

Ser excitado por outras pessoas: pobreza.

Outras pessoas que o excitam levando-o à raiva: passará fome.

Fadiga

Progressos a nível profissional e financeiro.

Estar fatigado: obterá êxito no campo amoroso.

1 amigo(a) fatigado(a): 1 familiar precisa da sua ajuda.

Fanatismo

Há fanáticos religiosos, políticos, fanáticos da ciência e fãs ardorosos de equipes esportivas ou estrelas do *show business*. Sonho com pessoas fanáticas, via de regra, não leva a nada de bom; traduzem sérias dificuldades na vida.

Se você viu 1 fanático religioso agressivo: relacionado por exemplo, com as cabeças que os fanáticos muçulmanos decapitam dos que se negam a trocar a Bíblia pelo *Alcorão*, signifia que a sua alma vive com 1 enorme desejo de se dedicar à religião, embora nenhum tipo de religião o atraia. Você é liberal, tolerante com pessoas de outros pontos de vista e sabe que inclusive certas igrejas que vendem canetas, vassouras, sabone-tes, absorventes, preservativos, óleos e outras bugigangas bentas o impedem você decidir.

Sonhar que você é 1 fanático por 1 clube, ***partido ou banda de rock***: isso significa que você é 1 admirador fervoroso da tese de que o fim justifica os meios. Vivemos num tempo doente, mas mesmo isso não é motivo para mostrar agressividade excessiva e determinação. Devido a isso as pessoas vão se afastar de você, pois com tal reputação, será difícil você agradar. Seja mais delicado e tenha mais tato e juízo quando manifestar suas preferências, que você vai descobrir que, gastando menos esforço físico e mental, vai ter muito mais sucesso com seus familiares, amigos, inclusive amantes.

Fome

Estar com fome: fofocas maledicentes.

Filhos com fome: aguarde acontecimento importante e muito benéfico.

Outras pessoas com fome: fracasso dos inimigos.

Inimigos com fome: será enganado por amigos.

*Dica psicológica: compre 2 kg de pães de queijo e leve-os quentinhos a 1 orfanato.

Frio

Sentir frio: terá conforto e amizade.

Se você num sonho sentiu seus membros dormentes pelo frio: é sinal d'enriquecimento, talvez pela obtenção de considerável fortuna, transformando-o(a) em herdeiro(a) de repente.

Se você no sonho sentiu suas orelhas ou nariz congelarem: prediz doença, perda ou diminuição da força física e mental.

Se isso aconteceu num deserto, sem uma única pessoa ou propriedade vizinha: você tem 1 problema, ao qual deve dar atenção especial.

Se uma mulher tem 1 sonho no qual ela sente frio: significa que suas tentativas de atrair a atenção de seu favorito vão ser em vão Também é possível que o sonho prometa doença ou acidente.

Nariz congelado: cuidado com seu comportamento.

Fúria

Encher-se de fúria: bons tempos estão chegando.

Outra pessoa enfurecida: negócios mal sucedidos.

Parentes que s'enfurecem: infelicidade na família.

Enfurecer-se com amigos: brigas.

Enfurecer-se com o namorado: frivolidade.

A esposa enfurecida: 1 futuro melhor a aguarda.

Marido enfurecido: volúvel no amor.

Namorado enfurecido: brigas de curta duração.

Uma pessoa furiosa: haverá compatibilidade.

Outras pessoas enfurecidas: honrarias de curta duração.

Sentir-se extremamente furioso: as pessoas falam a seu respeito.

Uma mulher furiosa: ciúme por causa da pessoa amada.

Homem furioso: fracasso nos negócios.

Filhos furiosos: os vizinhos não gostam deles.

Duas pessoas que você ama furiosas: alegria e felicidade prolongada.

Um animal furioso: 1 amigo defende seu nome.

Muitos animais furiosos numa jaula: bons tempos estão chegando.

Hipocrisia

O sonho com hipócritas se relaciona com mentiras, falsidade ou engano. Nós todos sabemos na vida real o que é 1 hipócrita.

Se você sonha que uma pessoa é falsa: isso representa suas suspeitas sobre essa pessoa, relacionamento ou situação específica na vida real.

Se você é o hipócrita em seu sonho: significa que você s'esconde sob uma falsa personalidade por medo de ser rejeitado, ou seja, você finge ser alguém que não é ou destaca seus pontos fortes e tenta esconder suas falhas, tudo para tentar agradar os outros.

O sonho com 1 amigo ou membro da família que é 1 hipócrita ou falso: adverte que não se deve confiar muito sobre essa pessoa, porque ele vai tentar engana-lo ou mentir.

Horror

Sentir horror de alguém ou de alguma coisa: é certeza de maior tranquilidade na vida, principalmente no seu setor afetivo.

Ver pessoas horrorizadas com alguém ou alguma coisa: é sinal de vitória sobre possíveis doenças.

Humor

Estar de bom humor: saúde em perigo, principalmente se alguém convencer o sonhador(a) a tomar certas comidas, bebidas, remédios ou tratamentos não acompanhados por médico.

> *Dica psicológica*: acender uma vela dourada e bater palmas para os Irmãos Marx, Gordo e Magro, Jerry Lewis e Charlie Chaplin que devido a alegria e os risos que despertaram no cinema, merecem ser aplaudidos por mais 1.000 anos.

Impaciência

Sonhar com impaciência: mostra que o sonhador(a) deve ficar mais atento aos seus sentimentos. Uma pessoa que esteja muito nervosa não percebe que este sentimento pode lhe fazer muito mal, a corroer por dentro e lhe trazer consequências.

Estar muito impaciente: alcançará as metas devagar, mas com segurança.

Sentir impaciência com crianças: receberá uma carta contendo dinheiro.

Estar impaciente com os amigos: fofocas.

Estar impaciente com problemas comerciais: felicidade.

Outras pessoas impacientes: receberá castigo de Deus.

Infelicidade

É uma forma que o inconsciente tem para avisá-lo de que adversidades no plano emocional estão por surgir.

+ *Cuidados*: com pessoas do sexo oposto.

Infidelidade

Indica falta de segurança ou dificuldades na vida afetiva do sonhador(a), ou que ele dispõe de sentimentos reprimidos e pode ser 1 alerta para rever os conceitos da relação. Às vezes é anúncio de que desfrutará de sentimentos puros e sinceros.

Ingratidão

Pessoas que são ingratas: você está com a consciência pesada.

Família que se mostra ingrata: precisa contar com seu próprio bom senso.

Parentes ingratos: será visitado por alguém que lhe pedirá 1 favor.

Filhos que se mostram ingratos: você ficará na miséria.

Ser ingrato com outras pessoas: vencerá uma perseguição.

Inveja

Inveja é 1 reflexo dos verdadeiros sentimentos de ciúme. O reflexo do desejo de vingar-se do parceiro. O reflexo da baixa autoestima.

Sonhar que temos inveja de nosso cônjuge ou de nosso parceiro(a): significa que estamos enfrentando alguns problemas financeiros que podem afetar nosso relacionamento. O dinheiro geralmente se torna uma razão comum para disputas entre casais, portanto, nessas circunstâncias difíceis, é onde o amor e o respeito mútuo são realmente demonstrados.

Sonhar que outras pessoas estão com inveja de nós: é indicativo que o nosso desempenho no trabalho nos esportes ou desperta ciúmes nas pessoas do nosso círculo. Obter os resultados que esperávamos depois de tanto esforço, regozijamo-nos e nós são orgulhosos, ainda nos humilhar e evitar gritar aos 4 ventos quão felizes nós somos, porque todos nós vai conseguir vai ganhar inimigos que invejam a nossa vida. O ressentimento é 1 dos sentimentos que mostra o pior lado das pessoas. Vamos evitar passar por esses momentos desconfor-táveis que só nos prejudicarão.

Irritação

Se você sentiu-se muito irritado num sonho: você esperar problemas. Após este sonho não deve ser muito cedo para subir. Este sonho também significa que você tem inimigos que estão contra você.

Aborrecimento, irritação vivida no sonho: parece mostrar-se rapidamente em pequenas dificuldades do dia seguinte.

Se você sonha que você inadvertidamente causou a irritação de alguém: isso significa que está à espera de mal-entendidos com os quais você terá que lidar adequadamente.

Se você sonhou que que está se irritando atormentado pela vergonha e raiva: você está cercado por inimigos. Seja cuidadoso!

Se você se sentir como num sonho que você está muito irritado, quase explodindo: você pode esperar problemas. Este sonho também significa que você tem inimigos que agem contra você. Aborrecimentos vividos no sonho parece mostrar-se rapidamente em pequenas dificuldades do dia seguinte.

Se você sonhou que inadvertidamente causou a irritação de alguém: então, você pode esperar por desentendimentos com o quais você terá que lidar adequadamente.

Se você incomodou alguém em seu sono e você foi mandado a fechar a boca: na realidade, terá que lidar com 1 povo mal-humorado e falante.

Luxúria

Uma rival roubará a afeição de seu namorado.

Ódio

Ser odiado sem motivos: terá muitos amigos leais.

Odiar os outros: cuidado para não agir injustamente de modo inconsciente.

Odiar inimigos: vencerá uma ação judicial.

Ser odiado pelos amigos: terá amizades novas e boas.

Odiar alguns dos parentes: felicidade no lar.

Sentir ódio por alguém num sonho: significa que sonhador(a) não deve agir injustamente.

Dica psicológica: sugerir que o sonhador(a) leve 1 celular de presente para uma criança hospitalizada com câncer.

Orgulho

Ter orgulho de si próprio: você ignora as outras pessoas.

Orgulho que lhe é pernicioso: as pessoas estão falando mal de você.

O orgulho que não lhe permite humilhar-se: receberárá notícias tristes.

Outras pessoas com orgulho: perseguição.

Ser orgulhoso: uma decepção é certa.

Ter orgulho da família: uma amizade falsa está por perto.
Sentir orgulho do trabalho: você se acha 1 sabichão.
Sentir orgulho de ter 1 bom negócio: fracasso dos inimigos.

Paixão

Sonhar que está apaixonada(o): é 1 presságio favorável para a paquera ou conquista amorosa. Se for 1 homem, quer dizer que a sua felicidade será intensa, mas passageira.

Pânico

Se você estava em pânico em seu sonho: mostra a confusão e controle de sua vida perdida. Talvez você não sabe como agir em determinada situação, portanto, você se sente frustrado.

Ver outra pessoa em pânico: pode significar que esta pessoa está precisando de sua ajuda. Muitas vezes até mesmo alguém muito próximo de quem é o personagem do seu sonho. Este é 1 sonho mais que especial para despertar em nós o espírito de solidariedade e companheirismo.

Paz

Se você sonhar com a paz e tranquilidade, então isso mostra o estado estável de sua mente e tranquilidade dentro de seus pensamentos. O sonho também pode significar que há algumas coisas que estão prestes a começar e a paz que você teve em sua vida foi apenas por 1 curto período de tempo. Talvez você deve se preparar para algumas mudanças importantes que farão com que grande parte da ruptura em sua vida de vigília.

Pena/piedade

Mostrar qualquer pena: significa que a sua casa deve ter 1 filho, mas, se você já tem, então coloque mais 1 cãozinho, gatinho, passarinho, peixinho, etc.

Uma garota sentir pena num sonho por alguém que tenta insistentemente leva-la para a cama: denota que ela não vai ter sucesso com o sexo forte. Seu comportamento vai afastar até mesmo os homens que pretendem se casar com ela.

Auto-piedade: 1 reflexo da falta de vontade de melhorar a sua vida.

Perseguição

Sonhar que alguém está seguindo ou perseguindo você: significa que você está se recusando a aceitar a influência dos outros.

Talvez alguém está tentando ajudá-lo ou fazer alguma influência em suas decisões, mas se recusa a aceitar isso.

Se você está sonha alguém estar atrás de você: diz que você em sua vida real recusa em aceitar uma ideia nova. Talvez você esteja se recusando a reconhecer 1 determinado ponto de vista.

Se você sonha que está sendo perseguida(o) todos os dias: então esse sonho indica uma determinada situação que você está negligenciando. Talvez você esteja com medo de algo.

Sonhar que você é **quem está atrás de alguém**: simboliza a rejeição do seu poder e capacidade de persuadir as pessoas certas. Se você seguir ou perseguir alguma coisa, então este sonho pode ser interpretado que uma ideia não é aceita por alguém, porque essa pessoa tem incapacidade de aceitar o seu poder e influência. Isso significa que você precisa reavaliar seus pontos fortes e se concentrar. Você deve tentar colocar mais esforços para mudar a sua própria mente ou alguém mente. Alternativamente, se não houver qualquer chance de alcançar o que você está tentando, em seguida, fazer outra coisa, o que será mais vantajoso.

Se você estava perseguindo alguém todos os dias: prediz que há certas coisas que você está tentando chegar o mais rapidamente possível. Talvez você é uma pessoa muito impaciente que quer que as coisas aconteçam rápido.

Se você sonha em ser perseguido por 1 animal: então esse sonho prenuncia que você está tentando evitar os instintos animalescos que estão dentro de você.

Pesadelo

Sonhar que está tendo 1 pesadelo: indica que o sonhador(a) deve libertar-se de seus medos e preconceitos para ser feliz. Também denota o fracasso nos negócios, decepções, ou declínio na saúde. Você pode ter sido indulgente nas coisas e precisa cortar em tais atividades.

> + *Cuidados*: deve permitir que seu corpo e sua mente descansem mais para você se livrar dos pesadelos. Ter pesadelos também pode ser 1 aviso de que a enxaqueca está chegando. Um estudo feito com 37 pacientes revela que terríveis dores de cabeça podem atacar à noite e, muitas vezes, elas são precedidas por sonhos ruins que, geralmente, envolvem temas como raiva e agressão. Há também a teoria de que a enxaqueca pode causar alterações no cérebro. Pesadelos também podem estar relacionados a problemas no coração, explica 1 estudo, com mais de 6.000 pessoas, publicado no *Jornal de Medicina* da Holanda. A pesquisa descobriu que quem sofre de batimentos cardíacos irregulares aumenta 3 vezes o risco

de ter pesadelos, enquanto que quem sofre de dores no peito corre 7 vezes mais risco de ter sonhos ruins. Uma das explicações para o fato é que as pessoas com problemas cardíacos são mais propensas a apresentar problemas respiratórios, o que reduz os níveis de oxigênio no cérebro

Preguiça

Em geral: falha ou fracasso nos negócios, planos não realizados.). Necessidade de rever as motivações.

Você sentiu-se preguiçoso: 1 casamento infeliz; o surgimento de maus hábitos e maus hábitos.

Uma moça ver-se preguiçosa num sonho: não vai ter sucesso com o sexo forte. Seu comportamento afastará até mesmo os homens que pretendem se casar com ela.

Preocupação

Se você no sonho viu-se preocupada(o) com algo ou alguém, indica que você está sentindo muita ansiedade, tristeza ou desconforto em alguma situação de sua vida de vigília.

+ *Cuidados*: a preocupação que você tem em seu sonho pode ser algo que você precisa prestar atenção e reconhecer.

Raiva

Em geral: num sonho significa a agressão que você tem a si mesmo. Talvez haja algum estímulo que faz com que grande parte da frustração em seus sonhos.

+ *Cuidados*: certifique-se de lidar com a raiva, porque ela poderá levá-la(o) para vários conflitos na sua vida de vigília.

Remorso

Em geral: simboliza arrependimento por algo que não fez. Embora você possa sentir remorso na vida real por alguma ação ou atitude tomada no sonho normalmente ocorre quando você deixou de fazer alguma coisa por falta de iniciativa ou por temer as implicações.

Rir

Em geral: é revelação que a sua saúde se torna cada vez melhor.

Dica psicológica: o médico neste caso, pode aconselhar o seu paciente comprar uns 30 pacotes de pipoca no supermercado e leva-los para dar de presente à uma diretora de uma escola primária do bairro, para que ela as mande esquentar e distribuir entre seus alunos no día de aniversário de 1 de seus alunos.

Saudade

Viu alguém sente saudades num sonho: é sinal de que alguém que partiu, poderá voltar; aguarde e confie.

Você é quem sentiu saudade: é 1 sonho que denota, na maioria das vezes, carência afetiva; ansiedade exacerbada; insatisfação na vida afetiva do seu sonhador; vontade de se sentir mais amado.

> + *Cuidados*: o sonhador deve ser aconselhado a investir mais nele mesmo.

Sedução

Em geral: este sonho pode indicar seus sentimentos sexuais e desejos insatisfeitos. Também pode expressar a sua vontade de amar alguém do mesmo sexo.

Separação

Em geral: significa que o casal não deve se acomodar e sim se preparar para adentrar num novo nível da relação. Não significa que o casal irá se separar, mas representa a necessidade de coisas novas antes que seja tarde demais. A conversa com o parceiro é necessária. Qualquer referência à separação em sonho, sempre sentido contrário, sinal d'entendimento e afirmação de relações. Sonhar com separação de casal também mostra que algo está querendo ser realizado na sua vida e no seu relacionamento, ou seja, você está carecendo de novidades, o que não tem relação direta com uma possível reparação, mas sim que é preciso fazer algo para melhorar seu atual relacionamento antes que seja tarde.

> + *Cuidados*: tudo varia de casal para casal, mas tente conversar com seu amor para fazerem algo a respeito e tentarem mudar a forma como vocês se relacionam lembrando de não deixar com que caia na rotina. Ao baixar a guarda você abre a porta d'entrada do coração do seu parceiro(a) para que outras pessoas que estão à espreita adentrem e se acomodem no lugar aconchegante que ainda hoje traz o seu nome gravado no peito.

Sonhar com separação no namoro: alerta para que pense duas vezes antes de agir e veja se realmente este namoro está sendo satisfatório para você, isso porque o fundo emocional da relação está provocando insatisfações que submergem à superfície, sendo transmitido em forma de sonho. Pense se é isso mesmo que você quer, talvez esteja apenas fazendo mal para os 2, abra o jogo, dívida essa responsabilidade numa conversa franca e pacífica. O diálogo é sempre o melhor caminho para as pessoas manterem as boas relações.

Sonhar com separação no casamento: vemos aqui 1 genuíno afloramento de 1 amor já existente. Você precisa dar mais valor ao seu parceiro(a), dê mais atenção e carinho a fim de que o seu sonho não se torne realidade. Caso você não esteja envolvido em nenhum nível de relacionamento amoroso, este sonho diz que uma pessoa muito especial pode estar na sua frente esperando com que você a note.

+ *Cuidados*: repare ao seu entorno e tente captar a mensagem do amor que paira no ar, ela é perceptível.

Sonhar com separação de outras pessoas: quando acontece de alguém sonhar com separação de outras pessoas identificamos como sendo 1 alerta para que tome mais cuidado com a maneira como você se relaciona com o seu amor.

+ *Cuidados*: atente-se para as suas atitudes em relação a ele (a) a fim d'evitar acontecimentos que possam vir a enfraquecer a união entre vocês.

Sonhar com separação dos pais: significa que você carrega 1 medo acima do comum caso isso venha realmente a se concretizar. Saiba que é normal as pessoas temerem este acontecimento, mas que também é normal os relacionamentos se desfazerem sem que o amor que eles sentem por você se acabe. Este sonho também indica que você percebe que existe uma intriga familiar sendo tecida e, por esta mesma razão, teme que a discórdia entre parentes acabe com consequências tristes e árduas na vida de todos.

Sonhar com separação de amigos: indica que você deverá passar por alguma despedida, como o distanciamento de uma pessoa querida ocasionada por uma mudança. Esta pessoa poderá ser 1 amigo(a) ou parente próximo com quem você tem uma relação amistosa e afetiva muito profunda. A perda de alguém importante na sua vida também não está descartada, pode ser que uma decepção gere este distanciamento, entre outras razões. O aviso foi dado através do sonho, cabe agora a você se preparar para a chegada do momento dessa despedida.

Sonhar com separação de familiar: advertência! Significa que talvez você possa estar dando mais atenção à vida alheia do que à sua própria vida ao seu próprio relacionamento amoroso. Neste momento enquanto você olha a grama verde dos vizinhos as coisas começam a sair dos trilhos, volte a sua atenção a que e a quem realmente importa.

Sonhar com separação de bens: não significa que isso está para acontecer, mas sim, que é 1 aviso para que você dê mais atenção ao seu relacionamento, como no item acima. Procure evitar atitudes que venham a desgastar a harmonia e a convivência entre vocês, como as cobranças excessivas, os ataques de ciúmes desproporcionais e as brigas por motivos banais ou até mesmo sem motivo.

> *+ Cuidados*: é preciso se policiar contra condutas nocivas ao bem-estar do casal, procure nutrir o amor de vocês com bons hábitos e muito amor. Veja que a alegria está nas pequenas coisas do dia a dia, é isso que garante a longevidade da relação e que fortalece os laços que os unem, sendo uma arma legítima no combate de supostas ameaças externas

Solidão

Em geral: solidão simboliza a transição para 1 novo estado ou fase. Deixando nossos velhos hábitos, estereótipos, atitudes e no nosso mundo interior em seu lugar, provocando 1 vazio que por sua vez provoca 1 sentimento de solidão.

Ver-se sozinho(a): significa que, na realidade, você vai ficar chocado(a) com a indiferença e negligência de seus amigos. Talvez daqui 1 mês, você vai sair com 1 amigo(a) próximo(a) e chorará pela sua perda.

Se você sonhou que estava olhando para as pessoas e não reconheceu ninguém conhecido em sua vida real: você vai participar d'eventos interessantes, que começarão em 10 dias após seu sonho. Se no final desse sonho, você realmente encontrar pessoas desse sonho, então sua solidão terá fim e ainda ter a oportunidade d'encontrar uma pessoa extraordinária.

Permanecer num sonho sozinho(a) e abandonado(a): este sonho mostra que você nunca estará sozinho. Mesmo se você não tem família, amigos não faltarão.

Pessoas casadas ficando sozinhas no sonho: seu casamento não será harmonioso, desespero e frustração pode tornar-se companheiros constantes.

Ver-se sozinho(a) mesmo tendo uma família com muita gente: significa que a casa não está bem.

Você encontrou-se num feriado sozinho(a): você está prestando muita atenção à sua própria pessoa.

Chorar num sonho por ter ficado sozinho(a): terá uma noite alegre e agradável e poderá conversa com bons amigos.

Agudo senso de solidão vivida por você num sonho: é símbolo, facilmente passível de tratamento.

Filho pedindo a você a passar algum tempo a sós com ele: você deve analisar todos os envolvidos e analisar as dificuldades para encontrar uma saída honrosa.

Alguém se queixou a você em sua solidão: na realidade, este homem precisa entrar numa você pode ajudá-lo. É possível que numa conversa com você, ele aborde alguns temas delicados, até mesmo íntimos, será uma grande surpresa para você quando isso acontece. A principal coisa que você precisa fazer – é ter delicadeza e paciência.

Um sonho em que você se viu num confinamento solitário: diz que sua unidade familiar terá harmonia, mas não forte.

Ver-se solitária num sonho: prediz tornar-se uma mãe solteira e tornar-se alvo de 1 tratamento injusto de pessoas próximas a você.

Se você sonhou sentir-se solitário: você deve pensar sobre a sua situação. Talvez você deveria reconsiderar a sua atitude perante a vida.

Se você sonhou comer sozinho: cedo vai encontrar-se numa situação desagradável, dando motivo de ser tripudiar.

Sonho em que você vive num velho castelo na solidão, prediz doença mental grave.

Se você sonha que fugindo de todos, você sozinha você foi para uma única viagem por mar: prevê uma série de mudanças que vão desde o pior para o mais feliz.

Em geral: externa a necessidade de amar a si mesmo o suficiente para não s'entregar à solidão do sofrimento. A necessidade d'estar sozinho, para compreender a si mesmo e d'estar em paz consigo mesmo.

Dica psicológica: escreva num bilhete: *"Para você meu grande amor, esteja onde estiver, saiba que não esqueci de você!"*. Enrole-o, coloque-o numa garrafa, vá até uma praia e jogue-a o mais longe possível. Quem 1 dia a encontrar e abrir, com toda a certeza vai sentir-se feliz; mesmo que não tenha nenhum nome assinado.

Susto

Assustar-se num sonho: muitas vezes, o sonho com susto indica que o seu sono não anda muito bem e que não está conseguindo se desligar da realidade. Também prevê vitórias.

Assustar alguém: viagem inesperada.

Traição

Ao sonhar com traição: não quer dizer exatamente que você será traído ou que irá trair. É apenas uma forma que seu subconsciente encontrou de dizer a si que sente uma certa insegurança e medo, nem sempre o mesmo significado, pois tudo vai do contexto de seu sonho. Também de adverti-lo(a) que alguém que está, ocultamente buscar encontrar 1 meio de conseguir prejudicar sua vida amorosa e também no trabalho.

Traição em casamento: o risco de incêndio, fogo.

Traição do marido ou da esposa: pode ficar tranquilo, isso não quer dizer que sua esposa irá trai-lo e nem que o esteja traindo; ele apenas indica que você sofre de uma séria dependência emocional com relação à pessoa. E obviamente esta sua dependência está diretamente ligada a esta pessoa que vive consigo no seu dia a dia. Isso pode ser muito prejudicial ao casal, pois situações assim podem com certeza trazer problemas conjugais para ambas partes, além de muitos outros problemas relacionado ao outro lado.

Traição do namorada ou namorada: este tipo de sonho não é nem bom nem ruim, ele apenas é uma forma de tentar avisa-lo(a) que toda esta sua dependência pode acabar se tornando 1 problema muito grande dentro de seu relacionamento e isso sim pode acabar levando ao término dessa relação.

+ *Cuidados*: comece a fazer uma melhor seleção de seus amigos e se afaste daqueles que só tem interesses.

Sonhar com traição de amiga(o): as vezes não tem nada a ver com a pessoa amiga que você sonhou na noite passada, mas sim 1 presságio de que algo está prestes a acontecer em sua vida e tanto pode ser coisa boa quanto ruim. Porém fique preparada(o) para qualquer acontecimento para não se surpreender com a notícia, então fique atenta(o) a tudo e a todos ao seu redor.

Quando você sonhou que perdoou a traição de alguém: mantenha-se atenta(o), pois isso muitas vezes significa que você está muito confusa(o) em suas atitudes. Então pense bem antes de fazer algo ou tomar alguma atitudes, para não se arrepender das atitudes precipitadas.

Se sonhar que está tentando cometer uma traição e persiste nela: então prepare-se, pois vem decepções a você para breve. Mas, não fique preocupada(o). Como 1 sonho é somente 1 alerta a você, então já vai preparando sua mente, pois quando o acontecimento vier a tona você já estará preparado para eventual decepção. Lembrando que geralmente nos decepcionamos com as pessoas quando somente esperamos demais delas e que na verdade não é tudo aquilo que imaginamos.

Sonhar que perdoamos a traição de 1 amigo(a): é 1 sinal para que você tenha mais cautela em suas decisões, ou seja, algumas atitudes ou decisões que está tomando podem estar erradas, por conta d'estar tomando decisões precipitadas.

Um sonho em que você lutou com a tentação de não trair sua esposa(o): é considerado bom; mas se você não pôde resistir, ao contrário, sempre quando olhar para ela vai se arrepender e muito de seu sonho atrevido.

O homem trair a esposa com uma prostituta: significa que os outros vão rir de seu comportamento.

Em geral: sonho que promete uma grande felicidade na vida familiar. Para uma mulher jovem – este é 1 prenúncio de boa sorte e felicidade.

Traição num casamento: o perigo de incêndio, fogo.

Se você sonhou que estava quase pronto para cometer adultério, mas no último minuto resistiu a essa tentação: significa que a sua vida futura será virtuosa e que desta forma você pode esperar a felicidade e a prosperidade, sendo que os seus planos e iniciativas se materialização e serão bem sucedidos.

Cometer traição: você será acusada(o) de atividades ilegais.

Para as mulheres – você não consegue manter o amor pelo seu marido, deixando sua tendo uma vontade louca para sair.

Disposta a seduzir 1 rapaz: risco de divórcio e solidão devido seu comportamento descuidado.

Seduzindo 1 jovem num sonho: ele(a) deve estar preparado(a) para 1 divórcio precoce causado pelo seu comportamento frívolo.

Sucumbir à tentação: 1 mau presságio.

Mudar seu amado: você vai enganar 1 ente querido, mas lembre-se que nem toda a mentira pode ser escondida.

Arrepender-se de uma traição: você não está satisfeita(o) com o seu atual estado de coisas e começar a tentar todos os possíveis e impossíveis para mudá-lo.

Trair para vingar-se: felicidade na vida familiar.

Trair sendo uma jovem mulher: a felicidade, boa sorte nas relações com os entes queridos, mas não vai lhe trazer nenhuma satisfação.

Se a mulher traiu o marido com o melhor amigo dele: então ela deve esperar indiferença por parte do marido.

Tristeza

Em geral: há vários motivos para se sentir triste. As falhas na vida, rupturas, perdas nos negócios, argumentos com o parceiro, estresse familiar e estresse no trabalho são alguns dos fatores comuns responsáveis pela tristeza. Mas os estudos dizem que a maioria dos sonhos de tristeza realmente significam que coisas boas estão chegando.

Sonhar com tristeza: representa 1 sinal de que está a passar por uma fase extremamente complicada e difícil na sua vida. E para ultrapassar essa barreira é necessário que use toda a sua garra, persistência e firmeza a fim de resolver todos esses problemas que o afetam.

Se os seus familiares o deixam triste no seu sonho: poderá pressagiar uma traição em algum dos seus relacionamentos próximos ou uma infelicidade amorosa.

Ver alguém triste em seu sonho: retrata que a pessoa não está feliz com você. Tente descobrir os motivos que causam dor e evite fazer essas coisas. Porquê sonhar com tristeza.

Vaidade

Em geral: qualquer referência à vaidade, em sonho, prenuncia desencontros e desentendimentos com colegas de trabalho.

Vergonha

Passar vergonha no sonho: boa sorte n'area comercial.

Tinha vergonha de alguém: a sonhadora(o) tem muita sorte com colegas ou parceiros com quem você vai conseguir muito. Também pode ser 1 sonho que externa descontentamento.

Usando burka: sonhar que você está usando uma burka no sonho, sugere que está se sentindo sexualmente reprimido. Você sente que não é capaz de s'expressar plenamente e ser quem você é.

Ver outra mulher usando uma burca: indica que algo está sendo mantido longe de você. Você está no escuro sobre alguma questão ou assunto.

Em geral: vergonha é 1 sonho auspicioso: a pessoa tem tudo para ganhar honra e glória.

Zanga

Existem muitas formas de você interpretar 1 sonho com zanga ou zangado, porém, nenhum chega ser tão real e verdadeiro quanto à linha de significados que informa ser este sonho uma maneira de sabermos que estamos próximos de 1 grande problema. Todas as vezes que sonhar que está zangado significa que muito em breve virão problemas a serem vencidos e aniquilados por você. Este é 1 sonho que ajuda bastante identificarmos alguns fatos que se assemelham ao longe para nos arrebatar da paz e sossego.

Ficamos muito zangados num sonho: é sinônimo de forte pressão psicológica, desgaste com alguma situação ou pessoa e que precisará de muito controle de suas atitudes. Nem sempre queremos nos zangar, mas quando isso ocorre vem carregado de sentimentos negativos.

Ficamos muito zangados com alguém que amamos muito: é sinônimo de medo e insegurança, pois, podemos gostar muito de alguém e ter 1 medo mórbido de sermos machucados por esta pessoa ou esta vir a nos machucar de alguma maneira. Este sonho revela o quanto podemos estar em estado de descontrole emocional e incerteza quanto ao futuro.

Ficamos muito zangados conosco mesmo: significa que existem coisas pendentes a serem resolvidas em sua vida e que agora está causando-lhe uma crise de ambiguidade muito grande. Às vezes queremos estar bem e noutras simplesmente estamos muito mal e envolvidos com a dor, estresse e incerteza.

Sonhar que ficamos zangados por ter perdido alguma coisa significa que você não aceita o fato de ainda não ter resolvido todos os seus problemas e situações que se arrastam por muito tempo em sua vida. Geralmente este algo perdido que nos leva a zanga no sonho é sinônimo de imperfeição nas escolhas da vida. Escolher fazer o certo é a melhor coisa que podemos decidir em nossas vidas, haja vista, que disso dependerá nossa felicidade, mas como saber o que é certo? Isso somente o nosso coração poderá revelar. Precisamos estar prontos a nos conhecer cada vez mais e deixar fluir nosso intuito.

SEXO

A significativa contribuição de Sigmund Freud nessa área e os estudos científicos revelam diferenças significativas na forma como homens e mulheres sonham sobre sexo. A proporção? Segundo relatos, o sexo é o assunto de pelo menos 12% dos sonhos dos homens e 4% das mulheres. Tais estatísticas são geralmente consistentes com os nossos impulsos sexuais numa realidade onde os homens muito mais do que as mulheres estão preocupadas com esta questão. Esta tabela mostra que as mulheres em sonhos com coloração sexual frequentemente separam-se do que está acontecendo, enquanto os homens se veem como participantes. Isto pode ter implicações para a compreensão de por que os homens – especialmente os adolescentes – mais generalizadamente atingem o orgasmo durante o sono do que as mulheres. Ele também lança luz sobre os conflitos vividos por muitas mulheres e os tabus associados ao comportamento d'adolescente face ao seus seios e pelos nascentes. Quanto ao libido, Freud fez uma grande contribuição para a sua compreensão.

A interpretação dos sonhos sexuais: sonhos sexuais não são apenas sonhos sobre sexo. Muitas vezes, eles são sobre como nós percebemos certas pessoas e como tais pessoas nos veem e analisam. Alguns desses sonhos são apenas uma romântica concepção em nossas mentes: 1 rapaz e uma moça se conhecem e se apreciam mutuamente. Normalmente, o cenário é 1 ambiente agradável, familiar e atraente em geral. Além da sensação de que, talvez, a este respeito, os acontecimentos da noite estão se movendo muito rápido, então não há violação de 1 tabu. Muitas vezes o sonhador apenas agiu sob a influência da atração por uma pessoa em particular. Na teoria de Freud, esta é uma explicação suficiente.

Amante

Se você no sonho teve como amante uma mulher casada: isso pode ser considerado 1 reflexo do seu desejo insatisfeito.

E se você no sonho dormiu com uma moça solteira: então você vai em breve reunir-se com o homem que vai desempenhar 1 papel importante de sua vida.

Se você sonhou com 1 amigo era seu amante: é 1 eufemismo que expressa o seu relacionamento.

Você em sonho transou com 1 amante que na vida real você não gosta: significa uma pessoa que acredita que ter direito sobre você, será uma fonte de problemas.

Ter transado com 1 amante que era 1 completo estranho: isso significa que você vai ser infeliz em quase tudo em sua vida e que todos os seus achegados também terão a perder.

Você teve muitos amantes: o sonho sugere que você precisa dedicar mais tempo à sua vida pessoal em detrimento do tempo gasto em estudo e carreira.

Ver-se amante num sonho: é 1 sonho que diz à mulher que ela tem algum sonho acalentado que continua esperando ser cumprido.

Ser amigo de sua amante: discórdia na vida familiar.

Uma mulher sonhar que é uma concubina ou puta: diz que ela vai sofrer humilhação por causa de seu comportamento inadequado.

Se o marido de alguém tinha uma amante na cama: revela que ele realmente tem algum segredo importante. Talvez sobre sua própria esposa.

Sonhar com 1(uma) amante que você acaba de conhecer ou ter falado: anuncia uma vida conjugal feliz.

Em geral: teve uma amante ou 1 amante: bom! Grande deleite!

Se você sonhou que teve 1 amante, mas isso não é verdade na vida real: você deve pensar seriamente sobre se tudo está bem na sua relação com seu cônjuge. Por trás do bem-estar, muitas vezes pode haver obscurecidas reticências, mal-entendidos e, como consequência, a alienação. Para as mulheres casadas sonho no qual ela secretamente s'encontra com 1 homem, significa que ela sente a falta de demanda como a pessoa. Talvez casando-se e dedicando-se à sua família, ela tenha desistido de passatempos e atividades que lhe permitem realizar-se.

Um sonho em que você experimentar o prazer da intimidade com seu amante: avisa que você pode ir longe demais e trazer problemas para sua família. Você precisa decidir o que é mais importante para você.

Se você sonhou que brigou com seu amante: na realidade, há 1 novo fã, que você logo vai preferir e apresentar.

Se o seu amante num sonho demonstrou uma inesgotável potência masculina: mostra que na realidade, a sua insaciabilidade sexual e insatisfação resultará na irritabilidade extrema e descontentamento com tudo e todos, do que qualquer 1 que vai sofrer todos os seus arredores como trabalho e em casa, para não mencionar o marido.

Sonhando ver ou ter 1 amante: é 1 símbolo ambíguo. Sonhando com ele(a) pode simbolizar aceitação, autoestima e reconhecimento de seu verdadeiro valor interior. Também pode indicar a integração de características masculinas e femininas em si mesmo. Você está se sentindo completa(o) em todo.

Sonhando com 1 velho amante ou 1 ex: significa questões inacabadas, não resolvidas, relacionadas à essa relação específica. O seu relacionamento atual pode ser despertando algumas dessa.

Se a pessoa é uma representante do belo sexo e sonhou ter 1 amante estranho(a): isto simboliza o seu descontentamento emocional. No entanto, não jogue fora seus sentimentos referente aos outros.

Se você tem 1 amante de verdade e sonha com ele(a): isto é 1 lembrete de que há alguns problemas não resolvidos associados.

Se 1 homem sonha com sua amante e a a luz do ambiente é fraca: é previsão de 1 casamento longo e feliz.

Se você sonhou que pulgas atrapalharam a sua transa: é 1 sinal da impermanência dos sentimentos que alguém expressa para você.

Uma jovem mulher ver seu amante executado por enforcamento: que significa que ela vai se casar com 1 inescrupuloso e covarde fracote.

Sonhar com 1 amante pálido e abatido: prenuncia 1 acidente que acontecerá com eles na véspera de seu noivado.

Sonho em que você vê o seu amante na roupa de 1 prisioneiro listrado: significa que você vai ter uma decepção ao se certificar de que suas intenções dele em relação a você são egoístas pouco ligando à forma de como tomar posse em seu coração inocente.

Teve como amante no sonho, 1 animal, como 1 chimpanzé: expressa a sua falha em todos os lugares e em tudo.

Se você sonha mostrar seu amante a 1 grupo de amigos da sociedade: anuncia ser implicada depois num incidente escandaloso e ser ridicularizada.

Sua amante o traiu no sonho: anuncia choque de interesses incompatíveis, causando-lhe depois perdas significativas.

Viu-se com 1 amante numa cama num quarto de dormir ricamente decorado, no estilo europeu d'eras passadas: significa que, na realidade, você s'expõe demais nas costas de seu marido.

Sonhar que você não gosta do seu amante: prediz que alguém que reivindica seus direitos sobre você, pode colocar problemas.

Se você sonhar que tem 1 amante, mas isso não é verdade: você deve pensar seriamente sobre se tudo está bem em seu relacionamento com seu esposo. Por trás do bem-estar, muitas vezes obscurecida pela falta de acordo, a falta de compreensão e, como consequência, a alienação.

Para as mulheres casadas sonho no qual ela secretamente s'encontra com 1 homem: significa que ela sente a falta de uma pessoa permanente para compartilhar sua vida. Talvez casando-se e dedicar-se à sua família, ela desista de passatempos e atividades que lhe permitem realizar-se.

Um sonho em que você experimentar o prazer da intimidade com seu amante: é advertência que você pode ir longe demais e trazer problemas para sua família. Você precisa decidir o que é importante para você.

Se uma mulher sonha que ela não gosta de seu amante, e depois na vida real, esse homem poderia lhe dar problemas. Mas se fosse 1 sonho, ela vê em sua cama 1 estranho, seu descontentamento causará preocupação para todos os parentes.

Você está num bordel: mostra a falta de satisfação e o sentimento de irritação em sua vida sexual. Para ver bordel em seu sonho, também pode significar descontentamento emocional em seu relacionamento. Talvez sonhando com uma casa onde os homens podem visitar prostitutas, pode alertá-lo para analisar seus desejos físicos e impulsos.

Sonhar que você estava fazendo sexo: pode mostrar a real falta de sexo em sua vida. Talvez você tenha parceiro(a) que não dá atenção suficiente para você, especialmente a sexual. O sexo é também o símbolo da fertilidade, nova vida e novas oportunidades.

Sonhar transar com uma boneca: o sonho em que aparecem bonecas eróticas, representa insatisfação, entretanto, não necessariamente insatisfação sexual. A necessidade de realização pode estar em qualquer esfera da vida e ninguém melhor que você mesmo para identificá-la. Uma vez que tenha feito isso, corra trás da solução, não se contente com uma vida pela metade.

Manter relação com alguém que a sua consciência desaprova: o sonhador tem fantasias e impulsos sexuais muito fortes que devem ser controlados.

Com cônjuge ou pessoa amada: o sonhador (a) deve moderar seus pensamentos e imaginação;

Sonhar que faz sexo com uma pessoa conhecida: claro que, se for uma pessoa conhecida (seja uma celebridade ou alguém do seu dia a dia), serão as características mais marcantes desse alguém que o sonhador terá oportunidades de vivenciar.

Sonhar que faz sexo com alguém que detesta: caso você considere tal pessoa como alguém que detesta, analise bem quais as atitudes dela que não lhe agradam – é esse mesmo comportamento a que você deverá atentar-se para não reproduzir em seus contatos diários.

Que sente dor fazendo sexo: é importante você reconhecer esse lado desagradável d'outro em seu jeito de ser, a fim de fazer os devidos ajustes na sua forma de se comportar. Por exemplo, se for alguém muito autoritário ou fanático, observe-se. Você tem agido de maneira a se impor sobre os outros ou agir como se fosse o dono da verdade? Busque, sim, ser mais assertivo e bancar suas opiniões, mas sem arrogância ou teimosia.

Outras situações envolvendo sonho com sexo: por mais que a cena possa ser chocante quando analisada por nossos conceitos morais, quando há pedofilia no sonho, por exemplo, simbolicamente sugere união à sua criança interior. Observe, ainda, se não está agindo de 1 modo imaturo. No sonho, s' existe zoofilia, pode haver uma conexão maior com seu lado instintivo, que te faz seguir profunda mente seus instintos nas circunstâncias diárias em que está envolvido. Um exemplo é saber rapidamente – sem racionalizar muito – se uma situação é favorável, se uma pessoa é confiável ou se uma relação é satisfatória. Claro que poderá estar mais impulsivo e precisará analisar se está agindo precipitadamente por não refletir muito sobre os desafios e oportunidades que está vivendo. Seja intuitivo e não imprudente.

Sentir muito prazer fazendo sexo: pode lembrar que o prazer sexual passa inevitavelmente pela expressão dos 5 sentidos, de modo que sonhar com sexo – em termos simbólicos – pode representar uma mensagem a respeito do modo como estamos lidando com o nosso corpo.

Sonhar que pertence a outro sexo: terá satisfação com pessoa do sexo oposto. Em qualquer circunstância: denota sempre medo de perda de libido; insatisfação sexual e afetiva; desejos reprimidos. O sonhador deve procurar se soltar mais e confie em você.

Se você no sonho estava transando com 1 animal: aguarde fracassos sem fim.

Anticoncepcional

Sonhar que comprava anticoncepcionais: indica que poderá assumir novas responsabilidades brevemente.

Compra-los para outra pessoa: significa preocupação com assuntos de pessoa próxima.

Esquecer de tomar a pílula: simboliza que compromissos esquecidos ou negligenciados podem resultar em problemas.

Bissexual

Se o sonhador se vê ela mesma como bissexual quando na vida real não é, a principal explicação para esse sonho prediz sobre suas repressões sexuais. Às vezes temos medo d'expressar as nossas necessidades apenas porque tentamos evitar a rejeição. Não é possível que toda a sua necessidade irá corresponder a alguém também, mas você deve tentar encontrar o compromisso de resolver essas diferenças. Alternativamente, o sonho também pode representar perplexidade. Tente olhar mais profundo em sua alma e descobrir quem é você.

Se você não é, mas sonha ser bissexual: então o sonho pode simbolizar pensamentos sexuais reprimidos ou desejos. Sua atividade subconsciente pode estar tentando compensar a limitação de sua expressão sexual. Por outro lado, não pode haver outra explicação, a bissexualidade pode se comunicar como sinal de confusão geral na orientação sexual.

Camisinha

Ver 1 preservativo lacrado em sua embalagem no seu sonho: representa pontos de vista unilaterais que não permitem opiniões divergentes.

Sonhar que você ou seu parceiro estão usando preservativo: sugere que você se sente protegido emocionalmente. Elevado sinal de consciência social.

Castidade

Descrição: não estar pronto em situações de responsabilidade.

Cinto de castidade

Significado do sonho: atitude super protetora.

Estupro

Sonhar que somos violados(as): isso significa que não estamos atualmente possuindo nossas ações ou pensamentos. O desejo intrínseco de querer pertencer a 1 grupo nos leva a fazer qualquer coisa sem pensar nas consequências que nossas ações trarão. Muitas vezes pecamos por vivermos tão cheios até o presente, que negligenciamos nossos laços emocionais e não pensamos no futuro. Se quisermos formar relacionamentos sólidos que durem ao longo do tempo, precisamos colocar nossos pés no chão e não deixar que os maus juntos nos consumam.

Sonhar que alguém tenta nos estuprar, mas ele não consegue: significa que nos fortalecemos e que somos capazes de realizar o que quer que nos proponhamos a fazer. Amor e perseverança são os caminhos que nos guiarão para a felicidade.

Sonhar estar estuprando alguém: representa egoísmo e desinteresse em tudo o que não nos envolve diretamente. Talvez tenhamos passado por situações muito difíceis que criaram uma couraça impenetrável em nós, de modo que a empatia não é exatamente uma qualidade que nos caracteriza. Em contraste, a interpretação do sonho está associada ao poder e desejo de dominar os outros ao nosso capricho. Com o passar do tempo ganharemos muitos inimigos, por isso será aconselhável mudar a atitude e lembrar que nem todas as pessoas são iguais, dar uma 2ª chance não é sinônimo de fraqueza.

Sonhar que nos acusam de 1 estupro: alude ao medo de que uma situação venha à luz e nos castigue por esse fato. Muitas vezes agimos sem pensar nos sentimentos das pessoas ao nosso redor; Isso pode causar problemas para nos socializarmos, por isso muitas vezes perguntamos por que as pessoas estão se afastando de nós. É necessário que reflitamos sobre nossas atitudes ou reações a certos comportamentos ou opiniões dos outros. Colocar-nos na posição de "donos da verdade" só causa discórdia, ódio e intolerância.

Sonhar que matamos 1 estuprador: isso significa que somos facilmente levados pelas nossas emoções. Precisamos aprender a controlar os nervos e a raiva, assim poderemos avançar e cumprir todas as metas que estabelecemos.

Sonhar que nossa filha ou filho é estuprada: refere-se ao amor incondicional que sentimos por ele ou ela. No entanto, ser pais super-protetores não resolve problemas ou evita que eventos infelizes aconteçam. Embora devamos criar com amor, doçura e muitas vezes com uma mão forte, não devemos esquecer que as crianças não nos pertencem e que elas também têm o direito de decidir que tipo de vida levar, porque sabem melhor que ninguém, o que as torna realmente felizes. O papel do pai é aconselhar e orientar seus filhos da melhor maneira, mas não se sentir culpado se eles tomarem decisões erradas, eles devem tomar conta de suas próprias escolhas de vida. Em suma, sonhar com o estupro está intimamente ligado à dependência e aos laços, principalmente com os que nos impomos a nós mesmos. Uma vez que nos impomos nós mesmos. Uma vez que atingimos 1 certo nível de independência, recuperaremos a auto-estima perdida e nos sentiremos satisfeitos.

Sonhar com 1 abuso sexual: é muito comum entre as mulheres e é uma experiência altamente estressante e prejudicial. Sonhar com o estupro, como sonhar com sequestros, encoraja-nos a tomar nossas próprias decisões, que não precisam ser baseadas na opinião dos outros. Também indica que queremos nos impordiante de cada uma de suas decisões na vida.

Nos livros de sonhos mais antigos: estupros recebiam o seguinte significado: se você for uma jovem mulher, provávelmente encontrará alguns problemas "menores" em sua vida amorosa. E, se os violadores forem presos, então este é 1 presságio positivo.

Excitação

Se você, em sonho, se sentiu excitado é certeza de que algo muito bom quebrará a sua rotina. Excitar alguém em sonho é sinal de que conseguirá realizar os seus mais secretos desejos.

Fazer amor

Adolescente com 1 homem adulto: uma decepção no amor.

Com uma mulher: augúrio ruim, significa tristeza.

Com mulheres: este sonho anuncia coisas boas.

Com seu pai: 1 destino horroroso.

Com seu irmão: indica boa ajuda para parentes.

Com pessoa familiar: talvez você pode contrair uma doença sexualmente transmissível. Para evitar isso, ungir seus órgãos genitais antes com óleo de milho e durma nu.

Com uma bela mulher: grande sucesso.

Com sua esposa: discórdia conjugal.

Com uma mulher casada: a realização de desejos, mas associada a 1 certo risco.

Com 1 amigo: sempre é sucesso, inclusive num negócio realizado em segredo.

Com 1 estranho: 1 sucesso em casos que não escondem.

Com uma prostituta: a felicidade é destruída doença.

Com a irmã: uma duplicação de forças.

Com uma filha solteira: seu casamento.

Com 1 homem e uma mulher ao mesmo tempo: prenuncia a morte de seu parceiro na cópula se ele mora perto, ou o seu retorno se ele mora distante.

Mulher com outra mulher: 1 mistério referente a pessoa que você ama.

Com 1 animal caseiro: a riqueza, os benefícios das qualidades que simbolizam o animal.

Com 1 cadáver: a aquisição de valiosos ativos.

Com alguém que você ama: em breve você vai ter uma noite romântica.

Gay

Transar com alguém do mesmo sexo: especialmente no seu ambiente de trabalho, pode significar que você está explorando e integrando os atributos ou o comportamento d'outro(a).

Sonhar com 1 (uma) gay: significa que irá recuperar dinheiro perdido. Será preciso controlar os seus impulsos e evitar desentendimentos.

Sonhar que você é gay: representa uma união com aspectos de si mesmo. É 1 símbolo do amor-próprio, auto-aceitação e compaixão.

Se você sonha que é gay, mas não é em sua vida real: denota amor-próprio e auto-aceitação. É tornar-se confortável com a sua sexualidade e feminilidade mesmo tendo nascido homem.

Se, em seu sonho, você não está confortável com a sua homossexualidade: então ele sugere alguns medos, angústias sobre sua masculinidade (se você é do sexo masculino) e feminilidade (se você for mulher). Você pode estar passando por alguma insegurança em suas relações com o sexo oposto.

Sonhando que o cara que você gosta na vida real é gay: representa as suas ansiedades e medos que ele não vai gostar de você de volta. Se ele for gay, então seria mais fácil demitir seus sentimentos por ele. E seria mais fácil para você dizer que você não tem chance com ele. Numa nota lateral, é comum que os futuros pais a ter sonhos d'encontros homossexuais. Se você for homossexual em sua vida de vigília, o sonho é simplesmente 1 reflexo de seu próprio eu.

Se você sonha que é gay (mas você não é em sua vida real) **ou sai com 1 grupo de pessoas gays**: é simbolo de amor-próprio e auto-aceitação. É tornar-se confortável com a sua sexualidade e feminilidade.

Se em seu sonho você odeia a ideia de homossexualidade: então representa seus medos e rejeição de partes da sua própria feminilidade e sexualidade.

Se você é gay na vida real: então o sonho é simplesmente 1 reflexo do seu próprio eu.

Se você sonha que seu namorado(a) ou marido(esposa) na vida real é gay: você pode estar se sentindo rejeitada(o) por ele na vida real, seja porque ela(e) está fisicamente fria(o) ou você sente que ela(e) está mantendo algumas das suas emoções em segredo de você. Sua mente subconsciente pode estar dizendo que ele(a)e está mantendo 1 segredo de você de alguma forma. Ou, você poderia apenas estar se sentindo insegura(o) sobre a força e a natureza da relação. Comunicação é a chave para descobrir o que realmente está acontecendo.

A pessoa com as quais você tem relações sexuais ou outras pessoas no seu sonho são todos homossexuais: na vida de vigília isso pode ser assustador para você – mas é 1 bom sonho.

Se sonhamos com 1 relacionamento homossexual quando nos sentimos profundamente heterossexuais: isso não significa necessariamente que temos tendências ocultas que reprimimos. Esses sonhos são 1 convite para amar mais nossa própria natureza, ter mais consideração por nosso próprio sexo e nossos companheiros.

1 sonho de relacionamentos homossexuais: é 1 sonho de amor por si mesmo, reconciliação, amor e aceitação da própria natureza, homem ou mulher. Esses sonhos são positivos.

No entanto, se você sonha que é gay e o sonho lhe causa 1 grande desconforto: o sonho que para você é mais 1 pesadelo, pode indicar dificuldade ou inibição psicológica ou emocional que você pode ter. É possível 1 sonho gay significar que você está inseguro em suas relações com o sexo oposto e mais confortável em torno de pessoas do mesmo sexo. Se você for uma garota hétero e sonhar com o cara que você gosta é gay:

+ *Cuidados*: então é provável que o sonho está apontando para os seus temores de que ele não vai gostar, de que você não seja correspondida. O sonho a(o) está preparando para uma rejeição.

Homofobia

Sonhar com homofobia mostra que o sonhador(a) talvez esteja excluindo algo de sua vida. É 1 aviso que não há como viver remoendo algo, ou não aceitando algo pela vida toda vivendo em sociedade. Isto, esclarecido, trará novos olhares sobre as coisas, permitindo também novas vivências e mais aceitação. A vida esta em constante mudança e o sonhador(a) deve sim se adaptar e aceitar tudo isso. O psicólogo deve saber que a homofobia inclui atitudes negativas e sentimentos dirigidos à homossexualidade ou às pessoas que se definem ou que são vistas como lésbicas, gays, bissexuais, ou transgêneros (LGBT). Isto é definido como desprezo, preconceito, repulsa, raiva ou aversão, que pode ser baseado em medo irracional. Muitas vezes a crenças religiosas que geram manifestação e comportamento hostil contra as pessoas (como discriminação e violência) geralmente mostram homofobia. Assim sendo, o sonhador(a) ou rejeita a religião discriminatória ou sai do armário e assume.

+ *Cuidados*: o psiquiatra poderá recomendar ao sonhador(a) se tratar numa clínica de parapsicologia, onde uma lavagem cerebral poderá sanar o problema.

Homossexual

Sonhar com homossexualismo: significa que o sonhador(a) está ligado a desejos reprimidos e bloqueados (não tem relação nenhuma com sua opção sexual).

Ter contato com 1 (uma): é sinal para controlar seus impulsos e suas paixões sexuais.

Amar 1 homossexual em sonho: é presságio muito feliz, prosperidade e amor verdadeiro.

Conversar ou ter contato com 1 (ou uma): o sonhador(a): você deve controlar seus impulsos e paixões sexuais, ou sair definitivamente do armário.

Sonhar que se é homossexual: mostra que a pessoa pode até recuperar dinheiro perdido.

Ter contato com 1: é sinal que ele(a) deve controlar seus impulsos e suas paixões sexuais.

Homossexualidade oculta: quando o ego é incapaz de perceber sua masculinidade, ele está olhando para ela no mundo exterior. Homossexual passivo mentalmente disfarçado de mulher para esconder a falta de masculinidade nas relações heterossexuais. Escolhendo e preferindo o aspecto feminino, homossexual inclinada, assim, para suprimir características masculinas em si mesmo que mais tarde pode se manifestar num complexo de inferioridade. Durante a formação da homossexualidade detectada frustração expresso que é superado enviesada no comportamento, tais como agressão. A causa da homossexualidade pode ser dominante, mãe submissa e pai mandão. No entanto, não mais homossexual do que heterossexual, está na necessidade de comunicação com 1 homem para o cultivo de se *anima* ou feminino em si. Em geral, ninguém passava por 1 período de homossexualidade na adolescência. Portanto sonhos homossexual pode indicar regressão do mêsmo período. Além disso, no sentido mais amplo da homossexualidade deve ser classificado como masculino/feminino amizade, 1 menor grau de confiança no sexo oposto.

Hermafrodita

Ter os órgãos genitais masculino e feminino: sentirá tristeza.

Outros que são hermafroditas: será culpado por atos impensados.

Incesto

De acordo com o famoso psicólogo dos sonhos, Carl Jung, o incesto nos sonhos não é negativo. O fato da pessoa ter sonhado com o incesto não deve chocá-la. É tudo sobre a sua própria psique e como ela está lidando com os relacionamentos de sua família no momento. Ter 1 sonho de práticas incestuosas significa algo completamente diferente. Nos sonhos, isso pode indicar que você está tentando s'expressar a todo custo. Nas famílias, às vezes não nos é dada a liberdade que desejamos; 1 sonho desta natureza pode resultar depois de ter 1 argumento ou problema com 1 membro da família na vida real. Além disso, o seu sonho também representa a sua relação entre o masculino e o feminino.

Lésbica

Supressão da heterossexualidade: se uma mulher no sonho faz o papel de homem ou expressa traços de masculinidade, significa vitória sobre uma rival.

Sonhar ser lésbica: simboliza dúvida sobre 1 sentimento antigo. Se você já manteve 1 relacionamento com esta pessoa, não tente reavivar, pode não dar certo mais uma vez. *Também significa que você se afasta dos amigos.*

Mulher sonhar com uma lésbica: sinal de má ambientação ou relacionamento.

Se você é homem e sonha com uma lésbica: deve mandar flores para ela.

Ver lésbicas se beijando: 1 teste sério, no qual você vai passar com louvor.

Adolescente sonhar em ser lésbica: você sofre de solidão e falta de atenção dos homens, mas vai regularizar a situação se essa for de fato a sua opção.

Sua filha ser lésbica: a falta de tempo para se dedicar com as crianças, realmente podem aborrecê-la.

Se 1 homem teve 1 sonho que sua namorada era lésbica: então, na realidade, você é muito desconfiado e propenso a ciúme. Talvez ele deveria reconsiderar a sua atitude perante a vida, caso contrário, ele pode perder sua amada. Afinal de contas, mudança e liberdade de ação – coisas diferentes.

Uma jovem mulher se vendo lésbica num sonho: diz que ela não está muito confiante em si mesma.

Se 1 homem teve 1 sonho no qual sua namorada era lésbica: então, na realidade, é muito desconfiado e propenso a ciúme. Talvez ele deveria reconsiderar a sua atitude, caso contrário, ele pode perder sua amada.

Ver lésbicas: é 1 sinal desfavorável: vai ter que ouvir afrontas imerecidas.

Se você é mulher e sonha que manteve 1 relacionamento lésbico: demonstra seu carinho por esta pessoa.

Se você não é uma lésbica em sua vida real, mas sonha ser uma: então é 1 bom sinal do sonho. Significa a união de sua personalidade, revelando auto-aceitação e amor-próprio. Você aceita a si mesma.

Se, no seu sonho você abominam a noção de lesbianismo: então ele indica seus medos de orientação sexual e a rejeição das partes de sua própria sexualidade. Se você é homossexual mesmo em sua vida de vigília, então, o sonho é simplesmente 1 reflexo de sua própria orientação sexual e o verdadeiro eu.

Conversar com uma lésbica: receberá propostas de negócios imediatamente.

Ser lésbica – você se afasta dos amigos;

Luxúria

Em sonho: é aviso para que fique atento a 1 rival ou ele o derrotará. Se, em sonho, você condenava a luxúria, é aviso para que você não critique os outros, ninguém é perfeito.

Masoquismo

No sonho: sugere sua necessidade d'experimentar e sentir as coisas num nível extremo. Alternativamente, o sonho indica que você está se sacrificando. Você sente que tem que sofrer por seus erros do passado.

Masturbação

Sonhar que você está se masturbando: representa seus inconfessáveis e não expressas sexuais necessidades/desejos. O sonho também pode indicar que você precisa levar em conta que sentimentos emocionais não necessariamente sexuais.

Ver outra pessoa se masturbando em seus sonhos: denota suas ansiedades e preocupações sobre suas inibições. Ela também pode ser 1 reflexo de que algo em sua vida de vigília não está tão satisfatório quanto poderia ser. Tenha em mente que este sonho pode não representar necessariamente inibições ou satisfações sexuais, mas pode ser análogo a alguma situação ou relacionamento.

Motel

Em geral: sinal de relacionamento inconstante e com pouca duração. Se você sonhar que está num motel, alguém irá se declarar a você. Mas, se tiver alguém com você nesse sonho, é sinal de que não está satisfeita com seu desempenho na cama.

Nudez

Sonhar que está nu(a): reflete psicologicamente a sua vulnerabilidade e sentimentos de vergonha. Pode estar a esconder algo e tem medo que os outros descubram.

Ver-se nu e sentir vergonha: significa que se é socialmente inadaptado.

Se, pelo contrário, sente-se à vontade: esse sonho corresponde a 1 desejo de liberdade.

Em geral: esses sonhos dão provas de 1 desejo de obter maior vitalidade e melhor equilíbrio social.

> *Dica psicológica*: no dia de Natal, junte todas as roupas e sapatos que usa pouco ou não usa mais e as leve para uma favela.

Orgasmo

Em geral: é sempre sinal de sexualidade reprimida; ou de que algo não anda bem no seu relacionamento afetivo. E é possível inclusive ter 1 orgasmo sonhando. Enquanto está sonhando, o sonhador pode não só ter sensações de prazer como as que sentimos na vida real como também pode ter 1 orgasmo tão forte quanto qualquer outro. Sabe-se que as sensações provocadas durante 1 sonho lúcido (aquele em que temos con-sciência de que estamos sonhando) podem ser tão intensas quanto as experiências do mundo real.

Orgia

Ver uma orgia em seu sonho: significa desejos reprimidos de sua própria sexualidade e paixão. Talvez você seja muito conservador em sua vida sexual e precise experimentar. Também pode significar que há algum tipo de confusão em como e onde você distribui suas energias. Você pode estar indo em muitas direções e, como resultado, s'espalha muito fino.

Semen

O derramamento do sêmen pode ser interpretado como 1 processo de conscientização e compreensão de algo importante e geração de novas ideias. É importante prestar atenção para onde o sonhador derrama o esperma. Impossibilidade d'ejacular sêmen, externa as dificuldades na obtenção de ideias fecundas e novos.

Sexo anal

Se você sonha em ter 1 sexo anal, é 1 sinal de apresentação. Pode haver algo que você é tímido para falar ou fazer. O principal significado deste sonho é que você deve ser mais corajosa(o) e mais confiante com você mesmo.

Sexo oral

Sonhar que você está dando ou recebendo sexo oral, significa a sua vontade de dar ou receber prazer/alegria. É simbólico de sua energia criativa e reafirma que você está indo na direção certa na vida. O sonho também pode ser 1 trocadilho com a falar sobre sexo. Você pode precisar para se comunicar com o seu companheiro sobre suas necessidades e desejos sexuais. Talvez você esteja agindo fora seus desejos sexuais. Sonhar que você está fazendo sexo oral em si mesmo, representa sua necessidade de autogratificação.

Homens sonhando com sodomia: revela que é impossível entender seu negócio, uma ausência de orientações, preocupações e problemas que não podem ser resolvidos. Além disso, este sonho representa o desejo do sonhador de ter tempo para concluir várias tarefas ao mesmo tempo. Para as mulheres o sonho de sodomia pode significar falha em cumprir suas funções sociais (esposa, mãe) e a tendência para se divertir muito.

Tesão

Se você, em sonho, se sentiu excitado é certeza de que algo muito bom quebrará a sua rotina. Excitar alguém em sonho é sinal de que conseguirá realizar os seus mais secretos desejos.

Transexual

Mudar de sexo: mudança de sexo é contra a lei da natureza, que não quer que as pessoas mudem seu sexo em sua vida. Caso contrário, o caos pode acontecer na genética e no espaço. Mudança de sexo significa uma mudança de ritmo: a mulher começa a viver num estado d'excesso e o homem numa provável carência. Pode ser muito problemático.

Se você sonhou ser você mesmo o transexual: pode significar algo que tenha a ver com seus sentimentos sobre os papéis de gênero (masculino e feminino), especificamente em sua vida. Também pode ter a ver com seus sentimentos sobre o comportamento passivo/agressivo; 1 sonho como este pode ser uma dica para que você olhe para estas questões em sua vida e considere lidar com elas. já que vai demorar muito tempo o tormento de sua consciência.

Mas se na vida real, você pensando mesmo em fazer uma cirurgia de mudança de sexo: o seu sonho pode traduzir a maneira com a qual você está lidando com a sua ansiedade ou medo sobre a cirurgia em si. Você também pode estar cogitando uma ansiedade sobre as consequências da sua cirurgia que vai transformar completamente a sua vida e acabar fisicamente com a sua vida atual.

Se você no sonho viu 1 outro transexual: então você pode estar tendo alguns problemas com os lados masculino e feminino de sua própria personalidade. Você tem alguns problemas não resolvidos com os quais ainda não lidou?

Sonhar com pessoas com traços transgêneros como homens com seios ou mulheres com barbas: pode representar como você está explorando e integrando sensibilidade e assertividade. O aspecto masculino está associado com agressividade e assertividade, enquanto as características femininas podem representar sensibilidade e introspecção.

Lembrete 1: Roberta Close ex Luiz Roberto, teve problemas de aceitação na família no início, quanto a sua personalidade, condutas e trejeitos serem femininos, mas Roberta seguiu em frente, não se importando com que diziam e a sua carreira logo evoluiu, estrondosamente, mesmo sendo homem usando saia e salto alto. Cortou o pinto, tornou-se modelo, passou a trabalhar como atriz, logo atuando em vários filmes, numa novela e além de ter-se tornado a maior musa de Carnaval carioca, também foi convidada para ser apresentadora e jurada na TV. Quando pousou nua para a capa da *Playboy* (que bateria todos os recordes de venda), tanto sucesso fez, que a mídia logo em seguida divulgou repetidamente a sua história em quase todos os jornais e revistas do mundo, inclusive num jornal dos USA, que publicou uma manchete afirmando "*A modelo mais bonita do mundo é homem!*". Depois, como numa história de fada, 1 milionário suíço se apaixonou pela Roberta, levou-a para a Suíça, onde vivem felizes até hoje. Em 7/12/2018 Roberta completou 54 anos e voltou à cena pousando de maiô, deixou a todos de boca aberta pela sua imorredoura graça e beleza.

Lembrete 2: o que disse a Igreja-católica sobre esse caso? Disse que conforme as regras mais específicas da *Bíblia*, alguns de seus textos têm alguns padrões bastante duros sobre quem era ou não admitido para entrar-se numa igreja. E para os homens, parece que os órgãos genitais eram uma necessidade imprescindível se eles pretendiam fazê-lo: "*Um eunuco, cujos testículos são quebrados ou cortados, ou tem o pênis cortado, não entrará na igreja do Senhor*" (Deuteronômio 23: 1). Porém, no 3º século, 1 tal de Orígenes que era padre da Igreja-católica, filósofo, teólogo e bom escritor por sinal, por questão de consciência, resolveu castrar-se, pois resolvera tomar ao pé da letra duas passagens bíblicas, para se mutilar, se fazendo 1 eunuco ("*Portanto, se a tua mão ou o teu pé t'escandalizar, corta-o e atira-o para longe de ti; melhor te é entrar na vida coxo, ou aleijado, do que, tendo duas mãos ou 2 pés, seres lançado no fogo eterno., se o teu olho t'escandalizar, arranca-o e atira-o para longe de ti; melhor te é entrar na vida com 1 só olho, do que, tendo 2 olhos, seres lançado no fogo do inferno*" Mateus 18). E paradoxalmente, a Igreja mais tarde aplaudiria o seu gesto de se capar e o nomearia inclusive 1 de seus santos! N'Asia, por sua vez, todos os harens tinham seus *eunucos*, pois sendo homens, eles tinham que se capar antes para não oferecerem perigo às cortezãs de seus paxás. No século 18, os *castratis* tornaram-se moda. Como tinham voz de meza--soprano, eram castrados para cantarem melhor (1 deles sustentava uma nota por mais de 1 minuto!). Para quem não sabe, há até hoje na Rússia uma seita bastante numerosa, os *skoptzi*, para a qual a extirpação, completa ou não, dos órgãos genitais é 1 ato de fé. E, curiosamente os eunucos não s'extinguiram com o passar dos séculos. Nos dias atuais há cerca de 50.000 eunucos que vivem na Índia, os *hijras* (expressão para dizer "nem homem, nem mulher"). Vestem-se como mulheres e usam nomes de mulheres. Pela tradição hindu são vistos como símbolo de sorte aos recém-nascidos e aos recém-casados. Muitos ganham a vida aparecendo nos casamentos, sendo pagos por isso. Se amaldiçoarem os noivos ou os recém-nascidos, trarão má sorte aos mesmos.

SONHOS

Sonhar que está sonhando: significa que o sonhador está excessivamente preocupada(o) e com medo de uma situação ou circunstância que ele está passando. Sonhar que está sonhando também serve como uma camada de proteção contra o que ele está sentindo. Pode significar também que o sonhador(a) age muito desligado(a) das coisas, sendo que a sua consciência não se conforma. Convém aconselha-lo a procurar identificar e aliviar o que esteja sendo motivo do "estresse" em sua vida no momento.

+ *Cuidados*: – É 1 sonho de modo geral, indica que você deverá ter mais cuidado com sua saúde mental e física.

Sonhar mais vezes do que o normal: possíveis causas: corpo muito quente ou muito frio durante a noite, dores crônicas, alteração dos hormônios ou uso de antidepressivos. Pela mesma razão, a alteração dos hormônios podem levar as mulheres a sonhar mais. Segundo o especialista em sono, muitas delas relatam ter mais sonhos durante o período menstrual. Isso pode acontecer, pois algumas, nessa época, se sentem muito desconfortáveis e inchadas, o que as leva a acordar mais vezes durante a noite.

Sonhos de má qualidade: o especialista Oscroft acrescenta que o sono de má qualidade também faz a pessoa ter uma noite cheia de sonhos. Dormir de 4 a 6 horas por noite priva o cérebro da quantidade habitual de sonhos durante o descanso. Além disso, o uso de antidepressivos também diminui a quantidade de sono REM (movimento rápido dos olhos) – fase do sono na qual ocor-rem os sonhos mais vívidos.

Sonhos chineses

Já nas tradições chinesas, historiadores e poetas acreditavam que a parte superior d' alma deixava o corpo durante os sonhos, ficando livre para s'encontrar com entes queridos, distantes ou mortos e com outros entes sagrados. Além disso, acreditava-se, também, que os desejos experimentados num estado desperto podiam produzir sonhos e que a indigestão podia causar sonhos estranhos. Dessa forma, os chineses viam os sonhos como forma de comunicação com seres externos e deuses, assim como contato com demônios e espíritos interiores, em que a mente e o corpo estavam intimamente ligados, sendo considerados presságios não sendo de natureza psicológica ou fisiológica.

Sonhos ciganos

Sonhar com ciganos: pode significar que você é o tipo de pessoa que muda de opinião com frequência. Assim, o desejo para melhorar essa habilidade e tornar-se mais decidida se torna claro com este sonho. Porém, você precisará se esforçar bem mais se quiser passar a ser mais precisa. Agora, outra mensagem é que você precisa olhar para o futuro e começar a planejar e traçar alguns objetivos. É necessário também avaliar em quais áreas você precisa desenvolver tanto mental como espiritualmente e correr atrás desse crescimento.

Sonhar com mulheres ciganas: é sinal de fortuna e de consolidação de relacionamentos. Se você deseja se casar, o período que se aproxima é muito positivo para o seu desejo.

Sonhar com ciganos conversando: é sinal de que você pode estar s'envolvendo em negociações 1 pouco arriscadas e que é necessário dar mais atenção a sua intuição. Ela lhe mostrará o caminho certo a seguir!

Sonhar que uma cigana lê a sua mão: é sinal de felicidade e prosperidade no casamento. Se você ainda não é casado ou casada, é sinal de que 1 matrimônio se aproxima!

Sonhar que está fascinada por ciganos: pode ser uma indicação de que você quer liderar seu estilo de vida, que precisa de atitude para tomar novas decisões e seguir novos caminhos. As coisas parecem estar enroscadas, mas surgirão previsões antes nunca imaginadas. Assim, quando sonhar com ciganos nessa situação é preciso ter "pé no chão" para não tomar nenhuma decisão precipitadamente.

Sonhar que está desconfiando de ciganos: remete a 1 anseio de mais estabilidade e segurança em sua vida. Como as coisas andam muito turbulentas e sem medida, você precisa s'estabelecer sem forçar situações ou correr riscos. E deste modo, sonhar com ciganos nessa situação exige que você chegue até a precisar abrir mão de amizades e situações rotineiras.

Sonhar que conheceu ciganos: você está investigando profundamente sobre si, se focar totalmente em seus objetivos e sonhos. Muitas vezes a distração toma muito o seu tempo, mas significa que está buscando priorizar o seu "eu" e desvendando aspectos desconhecidos de sua personalidade.

Sonhar com cigana lendo cartas: suas histórias ocultas podem ser reveladas ao longo do tempo e, portanto, podem representar a sua sombra – a parte não descoberta de você mesmo. Alternativamente, o sonho pode estar sugerindo que você olhe para o futuro, qual será a sua situação nos próximos anos, se você continuará como está e se terá as mesmas coisas ou não, representando a sua evolução nesta vida.

Sonhar com ciganos em caravanas: associa-se a profecia, um sonho que dá pistas sobre eventos futuros e inesperados. Como os ciganos estão ligados à boa sorte, o destino ainda pode sorrir e atitudes para você e oferecer as realizações que você esperou durante anos e já tinha esquecido que poderiam tornar-se realidade.

Sonhar conversar com ciganos: baseia-se em avisos d'en-gano, decepção e prolemas em, sua vida profissional. As previsões dos ciganos podem ajudar você a obter conselho ao entrar em numa situação embaraçosa, o que estimula pensar melhor sobre s'envolver ou não com uma amizade ou 1 amor.

Sonhar com ciganos ouvindo música: refere-se ao desejo de ter 1 romance novo e diferente de tudo que viveu, de acordo com livros e filmes antigos. É o desejo de reacender a chama do amor que, por muitas vezes, manteve-se apagada e sem esperança. A música reflete novas estrofes daquilo que parecia estar adormecido.

Sonhar que está visitando 1 campo de ciganos: você receberá uma oferta importante e a sua reputação poderá trazer uma desvantagem na hora do acontecimento. É 1 aviso para manter-se em dia com as contas que possam "ferir" a sua imagem. Também pode ser sinal de que terá uma oferta muito importante. Ela pode ser tanto no setor amoroso como social de sua vida. Procure tomar decisões que não sejam apenas de cunho financeiro, este sonho pode ser 1 alerta para que dê mais atenção ao coração do que a razão.

Sonhos com curas milagrosas

Em geral: dependendo do contexto, da situação do sonho ou o momento que o sonhador(a) vive, sonhar com uma clara milagrosa pode indicar uma confusão de ideias, dúvidas quanto o caminho ou decisão a seguir. Também sugere infortúnios inesperados ou ainda que a pessoa vai passar por uma experiência marcante que mudará sua visão do mundo. Por outro lado, pode significar a cura de alguma doença em breve.

+ *Cuidados*: o psicanalista pode sugerir ao paciente bater palmas antes de dormir e acender 3 velas: uma para Henry Dunant, outra para Clarissa Harlowe e a 3ª para Clara Burton que foram os fundadores da Cruz Vermelha que já salvaram tanta gente no mundo.

Lembrete: será que algum de meus leitores saberia nos dizer por quê Sto. Antônio de Pádua é chamado também de Sto. Antônio de Lisboa? Não? Pois vou anexar 1 lembrete curioso que acredito vão gostar: uma noite Sto. Antônio sonhou que seu pai em Lisboa, estava prestes a ser executado como assassino de seu vizinho. Ele então rezou para poder interferir e tentar salvar o pai junto ao juiz que o havia condenado. No dia seguinte veio 1 anjo, que o tomou pelo braço e levou-o voando pelos ares até a capital portuguesa. Frente ao juiz, Sto. Antônio de Pádua perguntou ao meritíssimo, a razão daquela sentença. *"Ele assassinou o vizinho dele!" "Poderia me dar a vênia em invocar uma testemunha? Que testemunha?" "O próprio assassina-do". "Como?!: " "Indo até o cemitério onde ele foi enterrado".* O juiz surpreendeu-se mas pensando com seus botões, logo acedeu, pois afinal tratava-se de 1 pedido de Sto. Antônio – que naquele tempo já se distinguia como teólogo, místico, asceta e sobretudo como notável orador e grande taumaturgo. António era também tido como 1 dos intelectuais mais notáveis de Portugal do período pré-universitário. Tinha grande cultura, documentada pela coletânea de sermões escritos que deixaria, onde ficaria evidente que estava familiarizado tanto com a literatura religiosa como com diversos aspectos das ciências "profanas" de grande saber, tornando-se uma das mai respeitadas figuras da Igreja-católica, mais tarde o 1º doutor da Igreja franciscana e que se tornaria inclusive padroeiro da cidade de Lisboa como também o padroeiro secundário de Portugal, além igualmente da cidade italiana de Pádua. Assim, todos foram para o santo campo em questão e quando todos lá chegaram Sto. Antônio olhando o local que lhe fora indicado, esticou sua mão para o monte de terra e com voz firme ordenou: *"Hei você que foi assassinado, saia daí e venha responder-nos uma pergunta urgente!"* Imediatamente a terra se revolveu e o assassinado, todo sujo e assustado, tirando a terra dos olhos, apareceu. "Diga senhor infelicitado – exclamou Sto.Antônio indagando – *foi este senhor aqui* – indicando seu pai que tinha vindo junto – *quem tirou a sua vida*? O morto olhou para o pai dele e imediatamente contestou: *"Não, não, não! Este senhor era meu vizinho da esquerda e eu gostava muito dele! Não foi ele o meu assassino; quem me matou foi meu vizinho da direita!..."* "Ah bom! respirou aliviado

Antônio *Pode voltar ao seu sono eterno...*" O assassinado então deitou-se novamente e começou a se cobrir com a terra revolta no que logo seria ajudado pelos outros prestimosos. O juiz então liberou o pai, o mesmo anjo desceu, pegou novamente Sto.Antônio pelo braço e outra vez carregou-o pelo ar de volta à Pádua na Itália. Daí a pergunta aos meus prezados leitores: deve-se e pode-se confiar em milagres religiosos?

Sonhos egípcios

No Egito, por volta de 1350 aC, foi escrito o papiro *Chester Beatty*, que pode ser uma cópia de 1 escrito de 2000 aC, sendo considerado o mais antigo livro dos sonhos já existente. Daí, no Egito, as pessoas, aparentemente, preocupavam-se menos com a demonologia do que muitos outros povos e concentravam-se em relatos sobre sonhos com deuses, que apareciam pedindo a execução de algo piedoso, fazendo previsões ou revelações e respondendo às perguntas ou pedidos feitos pelos sonhadores antes de dormir. Naqueles tempos, acreditava-se que o deus Bes – o favorito entre os vários deuses dos sonhos egípcios, protegia os sonhadores contra demônios da noite e fazia com que tivessem sonhos bons e agradáveis. Além dessas tradições, acreditava-se que alguns sonhos eram avisos do mundo espiritual. Mas, não se acreditava que a alma podia deixar o corpo para viajar enquanto a pessoa dormia, conforme, os australianos, os africanos, os hindus, os asiáticos e os mesopotâmios.

Sonhos gregos

Os gregos, dentre todos os povos antigos, foram os que mais falaram a respeito dos sonhos. Esses acreditavam que os sonhos eram mensagens de deuses, que previam o futuro, representavam meios para curar doenças e tornavam possível falar com mortos testemunhar eventos, que ocorriam a grandes distâncias. Com abordagem científica, nas obras *Odisséia* e *Ilíada*, os sonhos eram mensagens diretas, transmitidas por 1 deus na forma de fantasma ou de uma divindade, que fica acima da cabeça do sonhador. Com isso, o uso dos sonhos, como instrumento literário, continuou a ser popular em toda a história antiga da literatura grega, abrindo ainda mais as portas para os povos seguintes.. Com abordagem científica, nas obras Odisséia e *Ilíada*, os sonhos eram mensagens diretas, transmitidas por 1 deus na forma de fantasma ou de uma divindade, que ficava acima da cabeça do sonhador. Com isso, o uso dos sonhos, como instrumento literário, continuou a ser popular em toda a história antiga da literatura grega, abrindo ainda mais as portas para os povos seguintes.

Sonhos eróticos

Em geral: a maioria dos sonhos eróticos apresenta aspectos da sexualidade do sonhador que necessitam de uma melhor percepção e orientação do *ego vígil*. Eles são comuns e, às vezes, deixam o sonhador com uma sensação de culpa, principalmente quando causam bem estar. Há, porém, situações oníricas tão reais que provocam no sonhador sensações semelhantes a uma relação sexual, o que tende a aumentar sua libido nesse campo. Foi verificada correlação entre a atividade sexual anterior ao sono e o tipo de sonho, porém sem qualquer preponderância a outras atividades normais. Os desejos sexuais desempenham 1 papel relevante n'atividade onírica tanto quanto os outros desejos do sonhador. A fome, a ansiedade, a sede, a necessidade de descanso, o desejo de poder, etc, desempenham idêntica influência nos processos oníricos, salvo quando o sonhador lhes atribui uma particular importância específica em sua vida.

+ *Cuidados*: o sonhador(a) deve sempre contar seu sonho erótico ao seu psicólogo ou psiquiatra. Só eles vão poder ajuda-lo.

Sonhos homoeróticos

É muito comum, mais do que se imagina, os sonhos apresentarem situações claras de homoerotismo sem que o sonhador, conscientemente declare ou tenha tido qualquer comportamento que as justifique. Muitas vezes as cenas se processam com persona-gens familiares, parentes consan-guíneos, do sonhador e, às vezes, com o próprio terapeuta do mesmo sexo, sem que a transferência tenha essa conotação consciente. Os sonhos que apresentam imagens homoeróticas, em que o sonhador s'encontra em atitude mais íntima com uma pessoa o mesmo sexo ou na prática de 1 ato sexual ou algo que se lhe assemelhe, poderá estar significando:

- uma necessidade de uma identidade maior com aquele personagem;
- uma excessiva identidade com aquele personagem;
- a percepção de uma tendência homossexual;
- 1 deslocamento do arquétipo ânima/ânimus.

No casos de homossexuais, crê-se haver uma forte semelhança das figuras oníricas e dos enredos dos sonhos, com a ligação consistente que têm com a mãe. É comum o homossexual ter uma ligação muito forte com sua mãe, cuja representação ocorre nos sonhos homoeróticos.

Sonhos hindus

Na Índia, os sonhos sempre despertaram muitos interesses. Para os hindus, os sonhos eram causados por doenças, por alimentos consumidos à noite, pelos desejos do estado desperto e pelas percepções que anteviam acontecimentos futuros. E no *Atharva Veda* – 1 texto sagrado do Hinduísmo, são representadas longas listas de sonhos positivos e negativos com imagens contendo agressividade, poder, violência, sangue e amputações, que eram consideradas bons presságios; enquanto imagens de perda de cabelos, unhas e dentes eram maus presságios.

Sonhos dos índios xavantes

A sua visão de mundo – e consequente estrutura social – é totalmente fundamentada nos sonhos. Nenhuma decisão importante, tomada pelos anciãos de uma tribo xavante, deixa de levar em consideração as mensagens, conselhos e informações recebidas, por eles, durante o sono. Há inclusive toda uma preparação, toda uma disciplina e 1 ritual a serem seguidos para atingir o objetivo almejado. Para os *A'wê Uptabi*, o povo verdadeiro – é assim que os xavantes se autodenominam – a vida é feita da mesma matéria dos sonhos e, portanto, temos muito o que aprender com eles. Mas como isso afinal funciona na prática? Por exemplo: a *Funai* vai até os xavantes e os convoca para uma reunião em Brasília, onde se discutirá a demarcação de uma reserva. Os anciãos, pois, se reunem em assembléia no *warã* (centro d'aldeia onde acontecem todas as reuniões e cerimônias) e discorrem sobre todos os aspectos importantes da questão. À noite, retiram-se para dormir e, durante o sonho, conversam com os *Sarewa* (seus ancestrais já falecidos), com os *wazuriwa* (vigilantes, mensageiros) e, se possível, com os 2 seres que consideram ser os criadores de seu povo. É possível que 1 desses interlocutores noturnos leve o sonhador até Brasília, onde ocorrerá uma 1ª entrevista com os representantes da *Funai*. Caso não se convençam das boas intenções do governo, ficarão apenas nesse 1º contato onírico, recusando-se, portanto, a s'encontrar de fato com o governo.

Sonhos precognitivos

Sonhos precognitivos são também similares ao desejo de realização, mas muitas vezes podem ter origem no medo. Cientificamente, não têm poder premonitório, mas demonstram 1 alerta de nosso inconsciente para o que acreditamos (de forma inconsciente) que irá acontecer.

Sonhar ganhar na loteria: simboliza lucro nos negócios e também conquista importante no trabalho que será fruto de seu esforço e dedicação.

Sonhar uma grande quantia de dinheiro: indica que atingirá plenamente suas metas com ganhos importantes..

*Lembrete 1: todo mundo sabe que o Brasil no placar da corrupção, é 1 dos 1ºs países no mundo, sendo que centenas de prefeitos, deputados, governadores, senadores e até 2 residente já foram presos por este nefasto crime nos últimos anos. Acusados de terem desviado verbas enormes da Saúde que tinham sido destinadas à compra de remédios grátis para o povo, dos subsídios destinados ao fornecimento de merendas escolares, das enormes somas desviadas do empenho de verba referente à construção da usina atômica em Angra 2, do custeio das centenas de pontes, creches, prédios escolares, jardins de infância e d'estradas que já tinham sido pagas mas não feitas, dos milhões referentes às centenas de construções sub-faturadas, da vultuosa receita desviada dos Jogos Olímpicos no Rio, das falcatruas na Petrobrás, das tramoias do Banco do Brasil, dos inúmeros subornos patrocinados pelas maiores construtoras do país a troco de preferência nas concorrências públicas, muitos dos eminentes políticos envolvidos nessas centenas e centenas de mamatas e tramoias inescrupulosas em todo o país, que conseguiram desviar essas enormes somas de dinheiro e verbas do governo, simplesmente depositavam esses valores ganhos por baixo dos panos em contas bancárias na Suíça, em Luxemburgo, nas Ilhas Cayman e em outros paraísos fiscais. O mais interessante nesta história, é que a maioria desses "laboriosos" e dedicados funcionários públicos, quando presos e inqueridos, não souberam justificar sua crescente fortuna verificada em suas polpudas contas de muitos cifrões e zeros. Mas, se a memória não nos falha, quando esses crimes começaram a acontecer no Brasil, em 2004,1 deles – o deputado baiano João Alves de Almeida, ao se ver envolvido num escândalo de desvio imenso de verbas federais, indagado quanto a enorme quantia em suas contas em vários países, ele simplesmente respondeu que havia ganho **200** vezes na loteria, **125** vezes só num ano! Como? Ele sempre havia sonhado com os números que seriam sorteados... Em 2013, Anthony Garotinho – então deputado ainda que depois seria eleito duas vezes governador do Rio de Janeiro, teve coragem de subir na tribuna e denunciar à CPI da Câmara, que sabia que tinha político que para ocultar seus surrupios, alegara ter ganho na loteria **550** vezes, outro **327** vezes, outro **206** e outro **107**! O assunto – afirmou parlamentar – era grave e sério. Mas em 2017, ele mesmo seriai preso e condado a quase 12 anos de prisão... Outro que foi inquerido pelas mesmas razões, referente a seus incompatíveis depósitos milionários, foi o deputado Lúcio Giacobo, que já tinha inclusive chegado a presidir a

Câmara Municipal do seu estado Paraná. Inteligente, ele também deu uma resposta tentando justificar sua bilionária cifra em depósitos bancários e também deixou todo mundo perplexo: a sua justificativa foi de ter sido premiado **12** vezes na loteria em apenas **1** ano! Sua "sorte" inclusive, tinha lhe permitido abrir várias firmas particulares com seu filho, que só em 2017 já deviam R$ 21.000.000 ao governo. E foi assim que esses "sonhos precognitivos" começaram a inspirar a muitos outros políticos da mesma estipre no Brasil.

Lembrete 2: só para a orientação de minha querida leitora, favor anotar: se você não tiver a sorte de ter 1 sonho precognitivo real em sua vida, sua chance de ganhar na mega por exemplo, será apenas de uma em 50.063.860, correspondendo apenas a 0,000002% de chances...

Sonhos mitológicos

Como representações da psique humana, a mitologia não poderia deixar de nos trazer representações mitológicas associadas aos sonhos. Podemos começar citando *Hipnos* – deus do sono, que deu origem ao famoso termo *hipnose*. Na mitologia grega, *Hipnos* vivia num palácio construído dentro de uma grande caverna, onde o sol nunca alcançava, porque ninguém tinha 1 galo que acordasse o mundo, nem gansos ou cães, de modo que *Hipnos* viveu sempre em tranquilida de, paz e silêncio. Baseado nisso, os sonhos se tornaram peças chave nos estudos e no trabalho clínico de Jung. Em toda sua trajetória, ele analisou milhares de sonhos e pôde constatar que os aspectos mitológicos estão muito presentes nos sonhos. As imagens míticas representam para a consciência humana os princípios fundamentais da forma e de significado que vêm sendo expressos através dos tempos nos rituais, artes, lendas, contos. Representam as vias pelas quais o inconsciente coletivo da humanidade, em suas diferentes manifestações culturais responde aos grandes temas da vida. Essas imagens carregadas de conteúdo arquetípico descrevem e orientam, proporcionam significados, podendo ser potentes auxiliadores na elaboração da dinâmica existencial e pessoal de cada 1.

Sonhos religiosos

Acatando o que Karl Marx já dissera no século 19: *"A miséria religiosa constitui ao mesmo tempo a expressão da miséria real e o protesto contra a miséria real. A religião é o suspiro da criatura oprimida, o ânimo de 1 mundo sem coração e a alma de situações sem alma. A religião é o ópio do povo",* os mais evoluídos escritores do mundo a partir do século 20 começaram a evitar ao máximo em colocar seus pés nesta fedorenta lama religiosa cheia d'escândalos, pedofilia e fanatismo fundamentalista com seus nababos templos vendendo produtos bentos, imagens santas, crucifixos e indulgências as mais incríveis e vergonhosas para arrancar dinheiro dos incautos crentes e pobres beatas afim de sustentar e enriquecer cada vez mais aos seus desenvergonhados parasitas. Seguido esta corrente de justificada e lógica ponderação, também não vamos tocar no assunto nem incluir neste dicionário nenhum dos sonho religioso que acontecem, já que os meus leitores também não merecem sujar seus pés.

Sonhos sexuais

Em geral: "Sonhos de natureza sexual são os mais comuns em todas as idades. No entanto, eles aumentam à medida que envelhecemos, principalmente em pessoas com mais de 60 anos" – explica o psicólogo *Ian Wallace*. E estes sonhos simbolizam que não queremos ou ainda não estamos preparados para encarar de frente certas coisas ou pessoas.

Sonhos tibetanos

Os tibetanos atribuem grande importância ao domínio do subconsciente (termo que, evidentemente, eles não usam). Creem que as manifestações de nossa real natureza são entravadas pelo condicionamento a que estamos sempre sujeitos no estado de vigília, quando temos consciência de nossas personalidade social, de nosso meio-ambiente, dos ensinamentos, dos exemplos que nossa memória torna presente e de mil outras coisas. O segredo dessa real natureza s'encontra nos impulsos que não derivam de nenhuma consideração baseada nesses dados. O sono, abolindo-os em grande parte, liberta o espírito dos entraves que o aprisionavam no estado de vigília e dá expansão aos impulsos naturais. Portanto, é realmente o indivíduo que age durante o sonho e seus atos, embora imaginários do ponto de vista de quem está acordado, são muito reais no tocante à violação e comportam todas as consequências correlatas. Baseando-se nessas ideias, os mestres místicos recomendam uma atenta observação da conduta e dos sentimentos que se manifestam nos sonhos, a fim de se chegar ao autoconhecimento. Todavia, têm o cuidado de aconselhar o discípulo a tentar discernir a parte que as influências externas podem ter nos estados de consciência da pessoa que dorme. E como em todos os países, existe, no Tibete, pessoas que creem em sonhos premonitórios. No entanto, os lamas místicos não incen tivam esse tipo de superstição. Dizem eles que o sonho da maioria das pessoas nasce do desregramento de sua imaginação durante o sono. As únicas indicações que podem apresentar, se o quiserem, são as que dizem respeito às disposições ocultas de seu caráter, como já foi dito. Um pequeno número de *naldjorpas* que adquiriu faculdades psíquicas particulares têm, algumas vezes, sonhos premonitórios ou veem, em sonhos, fatos que ocorrem a distância. Mas essas informações misteriosas são recebidas por eles, na maioria das vezes, durante transes de 1 tipo especial nos quais a pessoa nem s'encontra adormecida, nem necessariamente concentrada na meditação.

Sonhos xamânicos

O xamã é o 1 terapeuta da história. Os xamãs por serem mestres em atravessar os mundos profundo (inconsciente coletivo), médio, (realidade cotidiana) e superior (sagrado) são os sonhadores por excelência. Ao ajudarem os outros a interpretarem seus sonhos, podem auxiliá-los a triunfar sobre as limitações humanas. Isso pode significar a diferença entre a cura e a doença. A forma deles tratarem a cura é diferente, pois sempre consideram a doença como uma iniciação ou uma cura profunda. Sua grande genialidade é identificar a unidade subjacente à divindade, o fio de ligação de todas as vidas e o poder de unificá-las numa única e grande história. O xamã é o sonhador também porque é 1 visionário; ele vê muito além da realidade externa, acredita nos seus sonhos e que tudo pode mudar, é autêntico e tem 1 compromisso com a verdade que precisa ser vivida em todos os seus atos. Em todas essas técnicas está o grande poder adivinhatório do xamã, sua intuição aguçada e a facilidade em transitar no universo do sonho – o que temos quando dormimos. O xamã faz 1 psicodrama com o sonhador com seus sonhadores e isso torna o xamã o 1º terapeuta da história da humanidade, pois foi ele quem criou o psicodrama; todas as peripécias da viagem são dramatizadas e personagens sendo que todos os "demônios da doença" são exorcizados.

SUICÍDIO

Em geral: sonhar com suicídio significa que em breve alguma situação demandará todos os seus esforços. Os acontecimentos negativos com que você vem se deparando atualmente te frustram e te deixam para baixo. Saiba que tudo isso é passageiro e nada é para sempre. Quando menos perceber, já terá esquecido.

Cometer suicídio em sonho: muito mau agouro pois significa saúde precária tanto física como mental.

+ *Cuidados*: tenha calma, tudo se resolverá brevemente, não vale a pena se desesperar.

Se, em sonho, você assistiu ou foi informada(o) sobre 1 suicídio: é aviso, alguém precisa de sua presença e de seu apoio.

Evitar 1 suicídio em sonho: alegre-se sua saúde está muito boa,terá vida longa e feliz.

Alguém praticou-o no sonho: muito mau agouro pois significa saúde precária tanto física como mental.

Você cometeu suicídio: indica a frustração e o desespero que estão sofrendo neste momento. Provavelmente você é incapaz de lidar com a dor e pressão em alguma situação ou relacionamento, por isso você vê a única maneira de terminar tudo é conseguir suicídio. Considere esse sonho também poderia mostrar a vergonha que você tem para algo que você fez. Alternativamente, o sonho pode simbolizar o fim de algo que você esteja pronto para concluir.

Se você viu alguém cometer o suicídio: o sonho aponta para as preocupações que você tem para essa pessoa especial.

TATUAGENS

Tatuagens revelam muito sobre as nossas emoções e é por aí que você deve começar sua avaliação. Leve tudo em consideração, faça uma análise completa do sonho. Considere o local da tatuagem, o desenho, como você se sente em relação a ela, se a tatuagem está em você ou noutra pessoa, se a pessoa está tatuando ou apagando a tatuagem. Tudo isso vai importar para uma interpretação mais acertada do sonho.

Se sonhar com uma tatuagem que seja sua: pode indicar algo relacionado à sua individualidade e como você é ou deseja ser. Algo que seja único em você e que te faça diferente das outras pessoas que te rodeiam.

Tatuagem numa outra pessoa: pode significar que existem pessoas querendo o seu mal.

Sonhar que está fazendo uma tatuagem: pode ter 1 bom significado caso você considere a tatuagem bonita. Isso significa que você tem 1 forte desejo de mudança, de sair da rotina, de fazer algo novo com a sua vida e isso pode acontecer muito em breve.

Porém, caso você não gostou da tatuagem: caso ela lhe traga uma sensação ruim ou d'estranheza, é 1 mau sinal, pode representar que alguém esteja tentando manchar a sua reputação, que alguém esteja contando mentiras a seu respeito para pessoas com quem você convive.

+ *Cuidados*: é preciso tomar muito cuidado com pessoas falsas que podem estar próximas a você. Preste muita atenção em quem anda questionando muito sobre a sua vida ou que só aparecem quando precisam de algo.

Sonhar que você estava tatuando alguém: tem 1 significado surpreendente: pode significar que você irá se afastar dos seus amigos, mas terá 1 motivo justo para isso mesmo que estes motivos não estejam tão claros no 1º momento. Indica que esse distanciamento trará novas experiências e grandes chances de você alcançar a felicidade. Esse distanciamento previsto no sonho costuma estar relacionado a uma trajetória de auto-conhecimento. Uma decisão difícil, mas que o levará a novas experiências e ao amadurecimento. Mas atenção, caso você seja 1 tatuador na vida real, isso reflete apenas aquilo que você é e mostra que você se conhece muito bem.

Sonhar que apaga tatuagem que você não gosta: é 1 bom sinal. Significa que você irá superar complexos, angustias, tudo o que atrapalha a sua vida. Às vezes passamos por uma situação que não conseguimos superar. Uma mágoa, 1 relacionamento que terminou, 1 medo. E isso nos deixa estagnados. Mas esse sonho indica que você irá superar tudo e entrar numa fase muito mais feliz.

Sonhar com uma tatuagem no braço: aí vai depender região do braço em que a tatuagem está localizada. Caso a tatuagem esteja no bíceps, isso indica que você quer se mostrar mais forte que as outras pessoas à sua volta. Tem relação direta com a sua personalidade e serve para te mostrar a sua própria força. Se a tatuagem estiver posicionada no antebraço, ela mostra que você quer ter 1 controle melhor sobre as situações que acontecem no seu dia a dia e que você não gosta de imprevistos.

Tatuagem nos bíceps: indica que você quer se mostrar mais forte que os outros.

Tatuagem no antebraço: no entanto, mostra que você quer controlar melhor as situações que enfrenta no dia a dia.

Sonhar com uma tatuagem na perna: ou até mesmo nos pés, pode estar associado a viagens, novos mundos, novas experiências, explorar coisas diferentes. Indica transformação. Pode estar associado a viagens físicas ou espirituais. Aí vai depender do desenho representado na tatuagem. Por exemplo, 1 sonho com tatuagem de rosa na nossa perna pode implicar que nós precisamos embarcar numa jornada para encontrar 1 novo amor ou recapturar 1 amor que foi perdido. O simbolismo de uma tatuagem na perna indica que algo nos fará seguir em frente.

Sonhar com uma tatuagem na mão: representa o encontro de uma amizade muito forte e importante na sua vida. Amizades que lhe tornarão a vida melhor e mais fácil. Você pode estar passando por momentos difíceis em que sentiu falta de 1 amigo para dividir as dificuldades e ter apoio e esse sonho representa que você irá encontrar essa pessoa com quem você poderá sempre contar. Também significa o encontro com amizades fortes, que lhe tornarão mais fácil a própria vida.

Sonhar com tatuagem no rosto: pode representar o seu lado emocional. Você deve observar a tatuagem: se for bela, trará harmonia e felicidade, se for algo rústico e grosseiro, você terá sofrimentos emocionais.

Sonhar com tatuagem de dragão: o desenho do dragão representa força, liberdade, paixão e sensualidade, portanto, sonhar com tatuagem de dragão indica que algo acontecerá na sua vida amorosa. Prepare-se, pois esse amor tão forte irá te trazer muita felicidade. Caso você já esteja se relacionando com alguém, essa tatuagem indica que haverá uma mudança nesse relacionamento e para melhor! Caso a tatuagem de dragão esteja localizada no pulso, isso é sinal de que você está procurando ser reconhecido pelos seus esforços na vida real em sair da rotina e se manter em ação o tempo todo.

Sonhar com tatuagem no peito: representa que você quer se mostrar como uma pessoa forte e poderosa, que luta pelo que quer. Por outro lado, dependendo do contexto da sua vida naquele momento, sonhar com tatuagem no peito pode significar que você anda tendo impulsos de dominação ou mesmo assustando as pessoas por se achar superior. Pense bem se esse poder que você acha que tem é realmente tão grande, pois pode na verdade ser bem menor do que você pensa. Também mostra que você quer se apresentar como uma pessoa forte, poderosa, que luta por tudo o que quer. Dependendo da tatuagem, porém, pode ser o indicativo de que você está querendo dominar ou assustar as pessoas com o poder de que se acha possuidor.

Sonhar com tatuagem nos glúteos: em geral diz muito sobre o modo como você enxerga a sua vida amorosa e também a sua sensualidade. O significado desse sonho muitas vezes representa que você está tentando mostrar seus sentimentos e suas intenções com o seu parceiro ou com qualquer pessoa que você esteja interessada. Caso essa pessoa ainda não seja oficialmente sua parceira, talvez esteja na hora de deixar claras as suas intenções. Você pode conquistar 1 novo amor.

Sonhar com tatuagens acima dos glúteos: é uma representação de seus sentimentos com relação a alguma pessoa do sexo oposto, você quer se mostrar para conseguir uma conquista amorosa.

Em geral: sonhar com tatuagem tem seu significado dependendo do contexto e de como ela é representada no sonho. Varia de acordo com o lugar no corpo, se está em você ou noutra pessoa e pode ter significados bem diferentes, dependendo do tamanho, do tipo e do formato de cada tatuagem. De uma maneira geral, no entanto, sonhar com tatuagem significa desejos, amores, sensualidade. As tatuagens são representações de nosso lado emocional. Assim, sempre é preciso lembrar o que cada uma representa, pois seu significado depende da localização para saber seu exato sentido, que também pode refletir muito sobre sua.

Se no sonho você tinha uma tatuagem: isso significa seu apreço pela sensualidade, o que é muito interessante quando esta é utilizada para incrementar relacionamentos positivos para você. Mas por outro lado, pode ser 1 indicativo de que você está usando a sensualidade a torto e a direito, com quem aparece pela frente. Se for o caso, este pode ser 1 presságio para se policiar mais, não s'envolvendo principalmente com pessoas comprometidas. Dica que esta aventura amorosa não vale a pena, pois poderá mais machucar do que alegrar. Também pode ser o indicativo de algumas dificuldades que poderão ocorrer em sua vida familiar, fazendo com que se afaste 1 pouco da família.

Sonhar que você tinha várias tatuagens: representa a sua individualidade, o seu desejo de se destacar entre as pessoas, ser único e exclusivo, principalmente se você não tem tatuagens na vida real.

Ver tatuagem noutros no sonho: isto significa que existem pessoas invejando sua felicidade e procurando atrapalhar a sua vida. Tome cuidado com mentiras que o possam envolver, ou ciúmes que possam ser provocados por alguém mesquinho. Fique atento para não cair em armadilhas preparadas contra você.

Sonhar que você está fazendo uma tatuagem a qual considera bonita: é 1 sinal positivo de que há desejos de mudança latentes em você, vontade de sair da rotina, de renovar a própria vida. Por outro lado, dependendo do que é tatuado, se é uma tatuagem da qual você não gosta, pode representar a sensação de que alguém que está tentando manchar a sua reputação, contando mentiras sobre sua vida para pessoas de sua própria convivência.

Apagar tatuagem em sonho: quando você apaga uma tatuagem em sonho, da qual não gosta, é 1 bom presságio. Você poderá superar complexos, angústias, tudo o que atrapalha sua vida. A tatuagem apagada é sinal de que as marcas de sua personalidade poderão ser também eliminadas e você vai aprender o valor da conquista, da realização dos sonhos. Muita alegria à vista, tanto para você quanto para as pessoas de seu relacionamento.

Sonhar que está tatuando alguém em sonho: pode indicar que você vai se afastar de seus amigos, mas por motivo justo. Isso indica que o distanciamento poderá trazer novas experiências, com maiores chances de conquistar a felicidade. No entanto, se você é 1 tatuador na vida real, isso é apenas 1 reflexo daquilo que você é realmente, indicando que você se conhece muito bem.

Sonhar com tatuagem de dragão: o dragão sempre representa paixões fortes e sensualidade. Sonhar com uma tatuagem assim é sinal que algo irá acontecer em sua vida amorosa. Se você está tatuando o dragão no pulso, você está procurando atenção na vida real, quer ser reconhecido pelos seus esforços.

Sonhar com tatuagem de flor: uma tatuagem de flor indica que você vai conquistar o que deseja.

Sonhar com uma tatuagem de ás de ouros: mostra-lhe o seu próprio orgulho com relação às realizações e seu desejo de compartilha-las com quem está ao seu lado. As tatuagens são representações de nosso lado emocional. Assim, sempre é preciso lembrar o que cada uma representa. Combine bem a tatuagem com a localização para saber seu exato significado. O local em que está localizada a tatuagem também pode refletir muito sobre sua personalidade.

Em geral: sonhar com tatuagem é 1 tipo de sonho que muitas vezes pode estar liga-do com a forma com que as pessoas lhe enxergam, como você se relaciona com elas e como você enxerga a si mesmo. Em geral, sonhar com tatuagens representa a sensualidade, a inveja, a individualidade e as mudanças; representar o seu inconsciente, coisas que estão no seu interior e você não está sabendo lidar.

Lembrete 1: a maioria das pessoas em quase todos países do mundo, são taxatórias em, afirmar ser a tatuagem uma imenso desiquilíbrio de adolescentes infantis, pessoas sem afazeres querendo sobressair, ou cocô na cabeça idiota de quem quer extravasar para a vista de todos as suas inclinações fantasmagóricas, ou de quem se tatua para demonstrar sua apaixonite aguda por algum ídolo, jogador, roqueiro ou mostrar ser fanática por 1 time de futebol, por 1 candidato a presidente ou por 1 grupo de *hooligans*, *skean heads*, ou de 1 partido como o nazista que prega o racismo e o extermínio de todos os judeus, negros e gays. Paralelamente, não podemos esquecer, que a maioria de todas vacas e bois do mundo também exibem uma tatuagem como se fosse sua carteira de identidade e muito menos esquecer também dos 6.000.000 de judeus que eram conduzidos em vagões de gado e que nem ele, tatuados com 1 número em seus braços quando adentravam os campos de concentração onde as câmaras de morte os aguardavam. Inclusive a radical religião islâmica condena as tatuagens. A respeito do que dizem os escritos sagrados islâmicos sobre tatuar o corpo, eles são taxativos *"Allah amaldiçoou as mulheres que tatuam ou são tatuadas e aquelas que removem os cabelos das faces (sobrancelhas, etc) e aquelas que criam 1 espaço entre os dentes para parecer artificialmente mais bonitas e aquelas que muda suas características criadas por Allah* (Surata 59: 7,Bukhari, Vestimenta, Volume 7, Livro 72, Numero 815).

Lembrete 2: na principal assembleia nos USA que anualmente reúne em Washington os mais renomados selecionadores de RH para as maiores empresas do país, englobando as mais importantes empresas do país como as montadoras, bancos, financeiras, hipermercados e redes de lanchonetes do país e que têm por incumbência a enorme responsabilidade em escolher chefes, gerentes, supervisores, superintendentes e executivos para os mais importantes cargos dessas grandes firmas, até mesmo as aeromoças ou pilotos das companhias aéreas, o coordenado sempre no início da 1ª sessão, em 1º lugar lembra que todos os gerentes de Rh devem sempre ter em conta, que nenhum "marcado" por uma tatuagem, por menor que ela seja, pode ser escolhido para uma vaga, em hipótese nenhuma! Inclusive os gerentes, chefes e até mesmo superintendentes e diretores uma vez escolhidos, devem peremptoriamente ser posteriormente acompanhados ao banheiro para lá tirar suas roupas todas e mostrar que seus corpos estão plenamentas desses candidatos, embora portadoras de toda capacidade profissional e psicológica referente aos cargos aos quais se candidataram, apresentam e muitas vezes ocultamente, "atrevidas" tatuagens em suas partes mais íntimas e que, se algum dia tiverem que acompanhar visitas a 1 campo em trajes esportivos ou d'entrar numa piscina por exemplo, jamais poderão dar o vexam d'expor qualquer *"arrogância psicogicamente reprovada"* como denominam as tatuagens que, como se fosse 1 cartão de visita, que de imediato revela a falta de personalidade da pessoa – bastando olhar para ela.

VÍCIOS

Sonhar que se tem algum vício: significa que o sonhador(a) pode estar perdendo o controle sobre alguma situação.

O sonho com vício ou com alguém que é viciado: também simboliza medo, baixo amor-próprio e insegurança.

Sonhar em ser 1 viciado(a), ver 1 drogado(a) ou conhecer 1 drogado: são todos sonhos sobre o controle e como você está agindo em relação aos outros em sua vida. Esses sonhos muitas vezes são relativos a arrependimento, culpa ou medo e podem servir como advertências sobre como você está subconscientemente tratando aqueles em sua vida.

Se alguém que você conhece está se tornando 1 viciado(a): isso é 1 sinal de que você tem 1 medo interior de ver alguém em sua vida fazendo algo que não é certo e no fundo você sabe que é impossível ajudá-los a menos que eles procurem ajuda.

Se em seu sonho você é o viciado: é 1 sinal de que você sabe que está fazendo algo errado e não pode consertar. E que você também não pode obter ajuda de ninguém. Você é muito teimosa(o) e no fundo você sabe que isto é verdade, mas você não pode fazer nada sobre isso. Seu eu interior está clamando por ajuda e você não pode fazer nada sobre isso. Cabe a você mudar esse fato.

Se nesse sonho um drogado está atacando você: é 1 sinal de que alguém está tentando pedir ajuda e que você está virando sua cabeça para eles, talvez não de propósito e que deve pensar em maneiras pelas quais você possa ajudar ou socorrê-las. Eles podem estar pedindo ajuda de uma maneira muito circular, mas você precisa olhar nas entrelinhas e realmente se concentrar e tentar ajudar e prestar atenção aos acudas que eles estão lhe dando.

Se você mesmo é o viciado e está atacando alguém: é o mesmo que você tentar alcançar alguém e ele não está ouvindo. Daí, você precisa deixar mais claro para essa pessoa, que você precisa de ajuda mesmo e que precisa dela o mais rápido possível. Para isso você precisa deixar o seu orgulho ir, se realmente precisar dessa ajuda.

Se num sonho você era 1 drogado e você ficou sóbrio: é 1 bom presságio que você encontrou ajuda sem percebê-lo e que vai se sentir muito melhor sobre o seu problema.

Se você ajuda alguém a ficar sóbrio por ser 1 viciado: é 1 bom presságio que você tenha ajudado alguém mais do que pensa ou conhece e que você será capaz de ver a mudança nesse alguém certo muito em breve. Você será capaz de se sentir melhor consigo mesmo dessa maneira. Isso também pode ser uma indicação de ajudar algo através de 1 momento difícil em sua vida que você também passou e ser capaz de oferecer conselhos e assistência.

Dica psicológica: tirar uma série de fotografias da Cracolândia de sua cidade e dar a 1 diretor d'escola distribui-las entre os alunos de várias classes através de seus professores, instruí-dos, que deverão comentar a respeito.

WHATSAPP

Quando você sonha com o *WhatsApp* significa que você pode estar passando muito tempo conectado e pensando sobre isso e acaba ficando gravado no subconsciente e desenvolver através do sonho. Existem outras situações que denotam o seu posicionamento como usuário da respectiva rede social. Por exemplo, você irá perceber que se sonhou trocando mensagens com uma determinada pessoa é sinônimo de que existe uma ligação mais íntima entre você e esta pessoa.

Sonhar que está sem whatsApp: quando você sonha que está sem o whatsapp significa que seu nível de necessidade de se preencher através desta rede social é muito grande e isso é bastante para demonstrar que você não possui uma saúde emocional e psicológica. Muitas vezes você pode ser alvo da síndrome da solidão que só pode ser contida por trás da tela do computador ou do celular! Infelizmente as pessoas hoje estão cada vez mais envolvidas com este universo online e esquecendo de viver a vida real.

Sonhar que tecla no whatsApp: ao sonhar que está conversando com as pessoas no *WhatsApp* significa que você é uma pessoa solitária demais e busca aproximação. Diante disto mude 1 pouco a rotina, saia mais, converse mais com as pessoas olho n'olho, cumprimente as pessoas, faça novas amizades, enfim, reconstrua uma vida social normal. Responda para você mesma a quanto tempo você fez uma amizade sem utilizar este mundo virtual? Talvez, você nem se lembra não é verdade? Mas as pessoas que o conhecem percebem isso e querem, talvez, reconduzi-lo para uma vida normal.

Sonhar que as pessoas veem sua conversa no whatsApp: pode significar 1 medo mórbido de ser pego numa vida dupla na rede social. Tem pessoas que não tem coragem de nada na vida normal, mas nas redes faz coisas que até o diabo desacredita. Tome cuidado, pois, a Internet e as redes sociais são terrenos perigosos de se pisar!

XIXI

Através da urina e fezes, os seres vivos são capazes de descartar as substâncias que estão em nosso corpo. Juntamente com comer e dormir, é uma das necessidades básicas que tanto humanos como animais devem satisfazer, por isso é 1 sonho comum, independentemente da idade que temos.

Se no sonho você está urinando: significa que as dificuldades pelas quais você está passando estão chegando ao fim. Pode representar também uma grande reviravolta em sua vida financeira, juntamente com a chegada de muito dinheiro. Sonhar que estamos urinando também está principalmente relacionado a emoções reprimidas.

Sonhar em querer fazer xixi: representa aquelas emoções que impedimos de vir à luz, seja porque não estamos cientes delas, ou porque não queremos que nossas fraquezas sejam detectadas por outras pessoas.

Quando você vê alguém fazendo xixi em seu sonho: significa que você enfrentará vários obstáculos durante sua caminhada em rumo ao sucesso, mas todos eles serão vencidos.

Se você sonhou que molhava a cama de xixi: é sinal de que você não tem controle total sobre sua vida e que isso está pesando em sua consciência. Pode significar também que você está com problemas relacionados à sua vida sexual. Procure resolver esses problemas e os sonhos acabarão.

Sonhar que estamos nos molhando com nosso próprio xixi: significa que estamos à beira de uma crise emocional. Tentamos, sob diferentes métodos, não perder a calma e manter a sanidade, no entanto, algumas situações nos escapam das mãos. É lógico que quando estamos constantemente reprimindo opiniões ou sentimentos, chega 1 momento em que explodimos, afinal somos seres humanos e temos nossos próprios limites. Não é saudável estar sempre mostrando nosso melhor rosto, nem ser condescendente com todos, em todos os momentos. Precisamos aprender a dizer "NÃO" e expressar nossas emoções com o tempo. Desta forma, impediremos que a bomba que levamos para dentro exploda.

Se você sonhou urinando num banheiro: é sinal de que os problemas com suas emoções reprimidas estão chegando ao fim. Procure socializar-se mais com as pessoas.

Para a psicanálise: sonhar com urina está relacionado com o alívio de alguma necessidade física ou até mesmo sexual.

Sonhar que bebe urina: ao sonhar que bebe urina significa que você está completamente ganhando saúde, pois, este sonho significa saúde, recuperação de alguma doença e envolvimento com tranquilidade em seu bem estar! Sonhar bebendo urina possui esta definição que se entende ser uma manifestação de seu estado de saúde melhorando.

Sonho no qual estávamos urinando em público: externa a falta de privacidade que temos em nossos assuntos pessoais. Somos pessoas independentes, mas certas circunstâncias da vida nos levaram a levar 1 estilo de vida de que não gostamos muito. A indiscrição de algumas pessoas próximas a nós nos irrita muito, procuramos ser livres, mas a única coisa que conseguimos é nos sentir cada vez mais apegados ou oprimidos. Esse sentimento é frequente quando alguém, como nossos sogros, tenta controlar nossas vidas, usando a manipulação como arma principal. Também acontece muito em casos de separação, divórcio ou quando o amor desaparece num casal, onde as crianças são, infelizmente, objetos que são usados para vencer batalhas e acertar contas.

Sonhar que alguém urina em nós: pode ser interpretado como falta de confiança em nós mesmos. Em vez de nos concentrarmos nas coisas positivas que nos caracterizam, nos esforçamos para visualizar nossas deficiências, o que nos leva a sofrer 1 complexo de inferioridade. É comum que a pessoa que aparece nesse sonho seja alguém autoritário e poderoso, como nosso chefe. Lembre-se de que somos nós que lhes damos o poder de controlar nossas vidas.

Beber xixi em sonhos: embora possa ser considerado 1 sonho desagradável, é 1 bom presságio. Ele nos adverte que tempos melhores virão, onde seremos capazes de alcançar tudo o que planejamos, deixando os preconceitos e os medos de lado. Ninguém, nem mesmo nossos piores inimigos, pode arruinar o plano de vida que estabelecemos. Além disso, este sonho geralmente anuncia que nos recuperaremos de uma doença.

Sonhar estamos urinarmos com sangue ou que nosso xixi está nublado: sugere que devemos realizar certos checapes o mais rápido possível. Estamos nos descuidando em termos de saúde e isso pode nos trazer grandes dores de cabeça. É importante que estejamos conscientes das nossas limitações e que confiemos na opinião de 1 profissional Em suma, sonhar em urinar adquire diferentes significados de acordo com o contexto de nossa vida e nossa maneira d'enfrentar a adversidade. O médico deve saber que às vezes, uma pessoa sonhar estar fazendo xixi, simplesmente está associado com as necessidades que ela tem.

EPÍLOGO

Adquirir a capacidade de interpretar seus sonhos é uma ferramenta poderosa. Ao analisar seus sonhos, você pode aprender sobre seus profundos segredos e ocultos. Todos os elementos e conteúdo que aparecem nos sonhos possuem mensagens. São charadas.

Nosso inconsciente está em constante movimento: às vezes queremos fazer uma coisa e fazemos outra, às vezes queremos uma palavra e achamos muitas outras – menos a que procuramos. Quando dormimos não é diferente.

A construção do sonho não se dá de forma linear e clara, pois nosso inconsciente está sempre em ação, o desconhecido, as sombras, aquilo que rejeitamos. Aquilo que ainda não tomamos consciência, aquilo que reprimimos, muitas vezes aparece no sonho através de 1 simbolismo estranho e confuso. É como 1 novo pedido que fazemos a nós mesmos sobre os assuntos que valem a pena olharmos *com mais generosidade, atenção e coragem.*